高等师范院校系列教材
学前教育专业核心课教材 吴玲/执行总主编

学前教育心理学

鲁 峰 褚福斌 黄显军 编著

Xueqian Jiaoyu Xinlixue

北京师范大学出版集团
BEIJING NORMAL UNIVERSITY PUBLISHING GROUP
安徽大学出版社

图书在版编目(CIP)数据

学前教育心理学/鲁峰,褚福斌,黄显军编著.—合肥:安徽大学出版社,2013.4
(2022.4重印)

ISBN 978-7-5664-0225-7

Ⅰ.①学… Ⅱ.①鲁… ②褚… ③黄… Ⅲ.①学前教育－教育心理学－教材 Ⅳ.①G44

中国版本图书馆 CIP 数据核字(2013)第 017375 号

学前教育心理学

鲁　峰　褚福斌　黄显军　编著

出版发行:	安 徽 大 学 出 版 社
	(安徽省合肥市肥西路3号 邮编230039)
	www.ahupress.com.cn
印　　刷:	安徽昶颉包装印务有限责任公司
经　　销:	全国新华书店
开　　本:	170mm×240mm
印　　张:	19.5
字　　数:	380 千字
版　　次:	2013 年 4 月第 1 版
印　　次:	2022 年 4 月第 6 次印刷
定　　价:	35.00 元

ISBN 978-7-5664-0225-7

策划编辑:谢　莎　　　　　　　　装帧设计:李　军
责任编辑:徐　建　　　　　　　　美术编辑:李　军
责任印制:赵明炎

版权所有　侵权必究

反盗版、侵权举报电话:0551—65106311
外埠邮购电话:0551—65107716
本书如有印装质量问题,请与印制管理部联系调换。
印制管理部电话:0551—65106311

目 录

第一章　幼儿教育心理学概述 …………………………………………………… 1
　　第一节　幼儿教育心理学的研究对象与性质 ……………………………… 2
　　第二节　幼儿教育心理学的产生和发展 …………………………………… 4
　　第三节　幼儿教育心理学的研究方法 ……………………………………… 9

第二章　幼儿心理发展 …………………………………………………………… 16
　　第一节　幼儿心理发展的理论 ……………………………………………… 16
　　第二节　幼儿心理发展的特点 ……………………………………………… 23
　　第三节　影响幼儿心理发展的因素 ………………………………………… 28

第三章　学习心理概述 …………………………………………………………… 34
　　第一节　学习的概念 ………………………………………………………… 34
　　第二节　幼儿学习的动机 …………………………………………………… 40
　　第三节　幼儿学习的迁移 …………………………………………………… 46

第四章　幼儿学习理论 …………………………………………………………… 53
　　第一节　行为主义学习理论 ………………………………………………… 53
　　第二节　认知学习理论 ……………………………………………………… 57
　　第三节　人本主义学习理论 ………………………………………………… 64

第五章　幼儿语言的发展与教育…………………………………………69

第一节　幼儿语言的发展……………………………………………69

第二节　幼儿语言教育………………………………………………77

第六章　幼儿社会性学习与教育…………………………………………88

第一节　社会性概述…………………………………………………89

第二节　幼儿社会技能的发展和学习特点…………………………94

第三节　幼儿社会性学习与教育的理论……………………………109

第四节　幼儿社会性发展水平的评定………………………………115

第五节　幼儿社会性教育……………………………………………127

第七章　幼儿科学教育……………………………………………………147

第一节　幼儿思维、观察力和数学能力的发展……………………147

第二节　幼儿科学教育………………………………………………158

第八章　幼儿艺术能力的发展与培养……………………………………166

第一节　幼儿音乐能力的发展与培养………………………………167

第二节　幼儿美术能力的发展与培养………………………………189

第九章　幼儿创造性学习与培养…………………………………………204

第一节　创造性概述…………………………………………………204

第二节　幼儿创造力概述……………………………………………209

第三节　幼儿创造力的发展…………………………………………213

第四节　幼儿创造力的测量…………………………………………220

第五节　影响幼儿创造力发展的因素和创造力的培养……………224

第十章　幼儿园教学设计…………………………………………………236

第一节　教学设计概述………………………………………………236

第二节　幼儿园教学设计的基本特点和步骤………………………242

第三节　幼儿园教学目标、过程、环境的设计……………………245

第四节　幼儿园教学设计评价………………………………………255

第十一章　幼儿健康与教育 ……………………………………………… 263

 第一节　幼儿身心的健康发展 ……………………………………… 263

 第二节　幼儿健康教育 ……………………………………………… 270

第十二章　幼儿教师心理 …………………………………………………… 282

 第一节　幼儿教师的角色 …………………………………………… 282

 第二节　幼儿教师的成长 …………………………………………… 285

 第三节　师幼关系 …………………………………………………… 289

 第四节　创设良好的学校环境 ……………………………………… 291

参考文献 ……………………………………………………………………… 296

第一章
幼儿教育心理学概述

【内容提要】 本章主要介绍幼儿教育心理学的研究对象和学科性质，梳理幼儿教育心理学的发展历程和发展趋势，介绍幼儿教育心理学研究的基本原则和方法。

【学习目标】 通过本章学习，能正确理解幼儿教育心理学的定义和学科性质；了解幼儿教育心理学的发展历程和趋势；掌握幼儿教育心理学研究的基本原则和方法。

幼儿时期对个体一生的发展起着重要作用，是人生中重要的成长阶段。处于这个阶段的幼儿可塑性与模仿性较强，幼儿的身心均有显著的发育和成长。教育家陶行知曾指出："幼稚教育实为人生之基础，凡人生所需的重要习惯、倾向、态度，多半可以在6岁前培养成功。"可见，幼儿教育质量的高低直接影响未来人才的素质。依据幼儿身心发展的规律进行科学而有效的教育，既关系到幼儿个体的身心和谐、健康成长，也关系到社会的健康与进步。幼儿教育心理学揭示了在教育情景中幼儿心理发展与变化的规律，并探讨了在教育过程中如何利用这些规律促进幼儿心理健康成长，故此，幼儿教师肩负着祖国和人民的重托。幼教专业的学生，是未来的幼教工作者，必须学好这门课程，为将来成为合格的幼教工作者打下坚实的基础。

第一节 幼儿教育心理学的研究对象与性质

一、幼儿教育心理学的研究对象

(一)教育心理学的研究对象

教育有广义和狭义之分。广义的教育泛指能增进人们的知识技能、改变人们的思想和行为的活动,它包括家庭教育、学校教育和社会教育等教育形式。狭义的教育一般是指学校教育,它是根据社会政治、经济、文化发展的需要和学生身心发展规律及年龄特征,有目的、有计划、有组织地对受教育者施加影响,培养人才的过程。基于对教育的不同认识,教育心理学家对教育心理学的研究对象也有两种不同的定义:

第一,宽泛定义,认为教育心理学的研究对象就是教育过程中的种种心理现象。这种观点的缺点是使其研究对象难以与为教育服务的其他心理学分支学科相区分,如我们同样也可以把"学习心理学"、"教育社会心理学"、"学校心理学"等宽泛地定义为"研究教育过程中的种种心理现象"的心理学分支学科。

第二,非宽泛定义,即把教育心理学的研究对象限定为"学校情境中的学与教的心理学规律"。在非宽泛定义中,又可以分为两种不同的观点:一种观点强调以学生的学习为主线,把教师的教学只看成影响学生学习的外部因素;另一种观点强调以教师的教为主线,教育心理学应研究教师教的全过程。

当前,普遍接受的观点是:教育心理学是研究学校教与学情境中人的各种心理活动及其交互作用的运行机制和基本规律的科学。

(二)幼儿教育心理学的研究对象

幼儿教育即以幼儿为对象的教育,包括幼儿园教育与非幼儿园教育(如家庭教育、社会教育等)。幼儿园教育是幼儿教育最典型的形式。幼儿园教育是由幼儿园承担,由专职保教人员依据幼儿身心发展规律而实施各种有目的、有计划、有组织的教育活动。

作为教育心理学的重要分支,幼儿教育心理学是研究幼儿园教育系统中人的各种心理活动及其交互作用的运行机制和基本规律的科学。具体来讲,这一定义有三层含义:

第一,它反映了幼儿教育心理学研究的范畴是幼儿园教育,不包括家庭教育和社会教育。幼儿园是社会对幼儿进行教育活动的主要场所,幼儿园教育是幼教工作者有目的、有计划、有组织地对幼儿施加影响的过程。

第二,它反映了幼儿教育心理学研究对象的特殊性。在幼儿园教育的过程中既有教师的教,又有幼儿的学,教有教的法则,学有学的规律。教师的教必须以幼儿的心理发展规律为依据,而幼儿的学又是在教师的影响下进行的。在学与教的心理活动中,幼儿教育心理学应当以幼儿的学习活动及其心理发展规律为研究主体。这是因为在教与学的矛盾过程中,矛盾的主要方面是幼儿的学,教师的教要服务于幼儿的全面发展,教育教学过程要围绕学习过程进行。幼儿园教育的最高目标,也是幼儿教师的教所要达到的根本目的:是从知识和技能、过程和方法,情感、态度和价值,幼儿的品德行为、审美情趣与良好个性等方面去促进幼儿体、智、德、美的和谐、持续和全面发展。

第三,幼儿教育心理学的基本任务是揭示幼儿园教与学情境中人的心理活动及其交互作用的运行机制和基本规律。幼儿教育心理学作为心理学的一个分支,通过对教育、教学过程中的教育者与受教育者心理活动规律的探讨,可以丰富心理科学与教育科学的理论,它既为幼儿园教育实践服务,又从幼儿园教育实践中获得新的发展。

二、幼儿教育心理学的学科性质

幼儿教育心理学是一门实践性很强的应用科学,但它不是对普通心理学原理的简单应用,也不是对儿童发展心理学、学习心理学和差异心理学等几门与教育有关的心理学分支学科进行简单组合。幼儿教育心理学是心理科学与教育科学相交叉的产物。它既是一门心理学科,又是一门教育学科。它的产生是心理科学与教育科学发展的需要。为此,本学科应以这种发展需要为根本任务。具体表现在以下两个方面:

首先,幼儿教育心理学作为心理学科的根本任务在于研究、揭示幼儿教育系统中幼儿心理形成和发展的过程及条件,即心理规律,从而使心理科学在幼儿教育领域中得以向纵深发展。本学科研究幼儿的学习,不仅要揭示有关幼儿学习的一般性规律,还要研究各种类型学习的特点。研究学习的规律,不仅要揭示一般规律,还要研究各种特殊规律。

其次,幼儿教育心理学作为一门教育学科的根本任务在于研究如何应用幼儿心理发展规律去设计教育与教学活动,以提高教育效能、加速幼儿健康成长。所谓设计教育,即确定幼儿教育的目标系统、教材系统、教与学的活动系统,以及教育成效的考核与评估系统。当然解决幼儿教育系统的四个方面的问题,仍是所有幼儿教育学科的共同任务。幼儿教育心理学不可能去替代其他幼儿教育学科,包办所有幼儿教育系统的设计任务。

学前教育心理学

第二节　幼儿教育心理学的产生和发展

一、教育心理学的产生和发展

教育事业是塑造人类灵魂的事业,教师被誉为人类灵魂的工程师,因此,古往今来,教育总是需要心理学为其服务。而且教育的理论总是随着心理学理论的发展而发展的。

(一)教育心理学的哲学土壤

心理学是一门既古老又年轻的科学。教育心理学作为心理学的一个分支学科也不例外。在两千多年的中外文明史上,把哲学心理学思想应用于教育的例子不胜枚举。我国古代的教育家和思想家,如孔子、孟子、荀子等在论述教育问题时,都带有一定的心理学观点。世界上最早的教育专著——《学记》(成书在公元前403年至公元前211年)提出的许多教学原则,如"教学相长"、"道而弗牵,强而弗抑,开而弗达"、"长善救失"等,都闪耀着光辉的教育心理学思想。

亚里士多德堪称把古代西方哲学心理学与教育相结合的典范。他的《灵魂论》为德育、智育和体育的和谐发展提供了哲学心理学的依据。夸美纽斯强调教育要顺应人的自然本性,即儿童的身心发展规律。裴斯泰洛齐首先提出"教育心理学化"的主张,并据此提出了一系列教学原则,这些原则至今仍是教学实践所必须遵循的。赫尔巴特第一个明确提出将心理学作为教育学的理论基础。在统觉论的基础上,赫尔巴特及其学派提出了许多至今还在学校教育中有影响的教学原理。

(二)教育心理学的诞生

教育心理学作为一门独立的心理学分支学科,诞生于19世纪末20世纪初。19世纪下半叶,由于自然科学的发展,许多原来从事物理、数学、生物或医学科学研究的科学家把自然科学的实验方法引入心理学,使心理学脱离哲学,成为一门能采用自然科学的实验方法进行研究的学科,从此,心理学脱离哲学转变为一门独立的科学。19世纪末,在实验心理学成为一门独立的学科之后,欧洲一些教育家和心理学家开始利用实验、统计及测量的方法研究儿童身心发展和教育上的一些问题,出现了一个实验教育学派。实验教育学派是实验心理学与教育相结合的产物,它是教育心理学的先驱。对教育心理学的创建作出突出贡献的是美国心理学家桑代克,他于1903年写成《教育心理学》一书,这是西方第一本以"教育心理学"命名的专著。1913年至1914年,此书又发展成三大卷的《教育心理大纲》。桑代克从"人是一个生物的存在"这个角度建立自己的教育心理学体系,他的教育心理学分为三部分:第一部分讲人类的本性,第二部分讲学习心理,第三部分讲个别差异及其原因。这一著作奠定了教育心理学发展的基础,西方教育心理学的名称和体系由此确立。在此后的30年里,美国的同类著作几乎都师承了这一体系。

（三）教育心理学的发展

从20世纪初到20世纪末的100年间,科学心理学与教育实践的结合走过了一段曲折的道路,教育心理学的发展亦如此。梅耶(R. E. Mayer)将西方科学心理学与教育实践的关系比作三种道路:单向道、死胡同和双向道。

1."单向道"时期

梅耶用"单向道"比喻20世纪初心理学与教育的关系。这一时期,心理学家看到了科学心理学原理对教学的作用,对将心理学原理应用于教育持非常乐观的看法。在这种乐观精神鼓舞下,美国教育界为了推动教育改革,于20世纪20年代先后开展了4项大型教育心理学研究。其一是芝加哥大学教育心理学家贾德领导的儿童阅读心理学研究,其二是哥伦比亚大学教育心理学家桑代克主持的智力测量研究,其三是斯坦福大学心理学家推孟主持的天才儿童研究,其四是美国全国教育研究会负责的天性与教育问题研究。这些教育科学研究推动了20世纪教育心理学的发展。

2."死胡同"时期

梅耶用"死胡同"来比喻20世纪中期心理学与教育的关系。20世纪30年代后期,美国教育界人士对上述教育心理学家推行的教育改革运动进行了回顾和总结,发现其结果并不理想。由于心理学家对将心理学原理应用于教育实践的困难估计不足,在挫折面前,许多人对心理学原理的教育实际运用的研究丧失了兴趣,回到了他们擅长的心理实验室。而完全脱离教育实际的学习论研究受到鼓励。

3."双向道"时期

"双向道"观始于20世纪60年代,至80年代和90年代,这种观点逐渐占优势。持"双向道"观点的人认为,心理学与教育这两个领域是相互促进的。教育情境给心理学提出了挑战性问题,要求心理学家去阐明,从而有助于心理学理论接近真实世界。到20世纪90年代,一方面心理学家不像20世纪前半期那样集中于建立一般的学习理论,转而关注对学科心理学的学习和认知研究。学科心理学的出现表明心理学在适应教育实践需要方面取得了进步。另一方面,教育不再只是心理学知识的接受者,它已经成为推动心理学发展的动力,促使心理学从实验室人为控制情境中的一般学习研究转变为现实情境中的认知研究。在这一阶段,心理学与教育之间形成的密切关系使心理学家对心理学的教育应用又恢复了乐观的看法。

二、幼儿教育心理学的发展

(一)中国幼儿教育事业的发展

1837年,"幼儿教育之父"福禄贝尔在德国勃兰根堡建立了世界上第一个名为"幼儿园"的社会性幼教机构。"幼儿园"寓意为"儿童的花园",体现了人类对儿童价值的承认,让儿童得到快乐的愿望逐渐在世界上引起共鸣。德国政治家将之介绍到英国,通过英国博览会传入美国,并由传教士将之带入日本。19世纪末,中国留学生为了挽救危难中的祖国,把带有日本特点的福禄贝尔幼儿园引入中国,因而,中国教育制度史上最早的社会性幼儿教育机构——"蒙养院"在20世纪初诞生了,它回应了20世纪是"儿童世纪"的呼声。20世纪初产生的中国第一个幼教法规和官办幼教机构——《奏定蒙养院章程及家庭教育法章程》和张之洞敦促端方在湖北武昌创办的第一所"幼稚园",标志着幼教从慈善性向教育性转变。

"五四"运动以后,中国学者对于国外幼儿教育思想的介绍更加详细,评说也更加客观。如张宗麟在其著作《幼稚教育概论》中,肯定了福禄贝尔以自然、自由为特征的幼稚园教育思想,还指出了它存在的不足。对于蒙台梭利的幼儿教育思想,中国学者也同样采取了介绍、宣传并结合试验进行验证的办法。这一阶段,杜威的实用主义教育思想在中国广泛传播且影响很大,陶行知的生活教育理论、张雪门的行为课程、陈鹤琴的活教育理论等都与杜威的思想有着千丝万缕的联系。但是值得重视的是,陶行知、张雪门、陈鹤琴等人并没有一味地唯杜威思想是从,相反,他们在仔细研究西方幼儿教育思想的同时,也在大声呼吁并积极实践着对外国幼儿教育的反思。他们对中国幼儿教育进行了大量的调查研究,撰写了许多极富价值的文章,揭露中国幼儿教育的弊病。指出中国幼儿教育盲目抄袭外国,不符合中国国情,"如此教育,贻害吾国者实大",认为中国幼稚园的教育不适合儿童身心发展特点,将孩子管得过死,使幼儿失去了生命的活力,陈鹤琴曾形象地称当时中国的幼稚园为"幼稚监狱"。尤为可贵的是,中国幼儿教育工作者并没有仅仅停留在对幼儿教育理论的探讨上,他们还进行了深入的实验探究,并取得了很好的效果。如陈鹤琴创办的南京鼓楼幼稚园所进行的中国化幼儿教育的全面实验,陶行知对幼儿教育新大陆的探索,都是这一时期较有代表性的活动。幼儿教育中国化、科学化的探索是这一时期最具特色的工作。

50年代以借鉴苏联幼教为蓝本,基本形成了新中国的幼教体系。20世纪80年代初开始,幼教学术界打破了原来闭关自守的局面,开始介绍、引进和研究国外的幼教理论,学习国外的幼教实践经验。80年代末期以后,幼教学术界开始注重国际化和本土化相结合的问题,注重探索适合中国的幼教道路。其具体表现如下:

首先,在引进和介绍外国幼儿教育理论和实践时,注重将其与中国的幼教理论和实践相结合。例如,在引进瑞吉欧教育经验时,注重探讨其产生的背景、理论基础和思想精髓,为瑞吉欧教育经验的本土化创造了条件。

其次,注重研究本土化和本土发展的问题。如外来的理论和实践是否适合我国幼教的土壤,应该如何对其加以改造,并在此基础上发展出新的理论等问题,成为学术界研究的中心议题。

第三,进一步探索适合中国幼教发展的理论和实践。

(二)幼儿教育心理学的发展趋势

1. 全人发展的幼儿教育

全人教育思潮是20世纪70年代从北美兴起的一种以促进人的整体发展为主要目的教育思潮,后来传播到亚洲、大洋洲等地区,对各级各类教育都产生了重大影响,形成了一种世界性的教育思潮。全人教育批评传统教育只重视知识传授和技能学习的做法,倡导人在身体、知识、技能、道德、智力、创造性等方面都应得到发展,应成为一个完整的人、真正的人。从80年代中期开始,各国开始重视幼儿全面发展的教育,强调幼儿教育的目的是培养完整儿童,呼吁纠正将幼儿的发展等同于智力发展的错误倾向,把幼儿教育从"智育中心"转向促进幼儿富有个性的全面发展教育。我国2001年颁布的《幼儿园教育指导纲要(试行)》将幼儿园教育内容分为健康、语言、社会、科学、艺术等领域,并明确指出:"各领域的内容相互渗透,从不同的角度促进幼儿情感、态度、能力、知识、技能等方面的发展;各领域的内容要有机联系,相互渗透,注重综合性、趣味性、活动性。"

2. 提倡"双中心"的平衡

以赫尔巴特为代表的西方传统教育理论认为,儿童是教育的客体:儿童如同一个被动的容器,接受着教师传授的概念和知识;教师和儿童的关系就是指导和被指导的关系;在师生关系上,教师处于中心地位。而以杜威为代表的现代教育理论则认为儿童是教育的中心,一切教育措施都应围绕儿童进行。近年来,以英国幼教界为代表的学者,主张放弃现有的非此(儿童中心)即彼(教师中心)的两极化思维,力求在二者之间找到一种平衡。他们主张放弃以往的"儿童中心",即一切以儿童为主导的片面提法,认为儿童是需要教师来教的,不能将儿童的状况过分理想化,最好的早期教育应是教师主导与儿童主导之间的平衡。幼儿的主体性(幼儿的自我需要、尊重、独立性、主动性、积极参与意识和发展的能力)是在成人引导下,通过新型的、人格平等的师幼互动而得以激发、展现和发展的。

3. 适度开发儿童智力

20世纪60年代以来,受美国心理学家布鲁姆关于儿童早期智力发展观点的影响,开发儿童智力成为世界各国经久不衰的研究课题。这导致包括中国在内的很多国家的幼儿教育"小学化"倾向严重,幼儿教育在相当程度上成为初等教育的延伸。在这种情形下,人们倾向于把幼儿教育误解为早期智力开发,忽视幼儿社会性和情感的发展。诚然,儿童早期的巨大潜力有待开发,但是开发必须根据可接受性原则。根据皮亚杰的儿童认知发展理论,儿童生来就具有一定的认知结构及阶段发展规律,只能循序渐进,不可错位,儿童对事物的认识不能明显超越其认知发展阶段。因此,儿童教育必须从儿童实际出发,量力而行,使儿童"跳一跳,能摘到果子",不能违反教育规律,超越儿童的年龄特征而超负荷教育,搞掠夺性开发。

4. 注重情商教育

所谓情商教育,指的是情绪控制、管理及自我激励等非智力因素的教育。在过去的幼儿教育中,人们往往只关注知识和技能的传授,忽视了非智力的因素。现在人们已开始认识到,仅仅教会儿童知识及技能是不够的。美国心理学家戈尔曼1995年在《情感智商》一书中指出,忽视情商教育将会导致现代社会的诸多弊端,如道德沦丧、治安恶化、人际信任缺乏、敬业精神匮乏等;反之,则会带来生活幸福、身心健康、家庭美满、事业成功。幼年时期是建立身体与心理特质的基础阶段,不啻为情商教育的最佳起点,因此在幼儿时期研究和推广情商教育意义重大。

5. 重视早期心理健康教育

幼儿处在心理成长和人格形成的关键时期,其心理健康与否,将会对他们的认知、情感、个性、道德的发展和社会适应等产生极其深刻的、有时甚至是难以逆转的影响。目前,对幼儿进行早期心理健康教育越来越成为社会关注的焦点。联合国《儿童权利公约》和我国的《幼儿园教育指导纲要(试行)》等,都明确要求高度重视幼儿的心理健康。早期心理健康教育的具体内容包括:注重对幼儿的情绪情感进行合理的培养和疏导;注重幼儿良好行为习惯的养成;注重对幼儿进行挫折教育,通过成功体验培养幼儿的自信心。

为了顺应幼儿教育心理学的发展趋势,幼儿教师需要对自己的角色作出以下调整:

(1)从复制者到建构者。教学中要让幼儿积极参与教学活动,并成为知识的建构者。

(2)从传授者到促进者。教师要为幼儿学习创造一个材料丰富、气氛热烈的良好环境,激发幼儿的求知欲和好奇心,允许幼儿在探索中犯错误,让幼儿在发现中学习。

（3）从控制者到引导者。教师的任务不在于消极地禁止作什么，而在于如何把幼儿的各种行为和活动转化为教育资源，意识到幼儿是一个完整的生命个体，引导幼儿积极参与、主动思考、善于发问。

（4）从独白者到对话者。在教学中注意师幼互动，交往中人人参与、人人平等，并进行平等的对话。教师与幼儿一起参与到活动中去。

（5）从教学者到研究者。传统教师往往只关注教学是否达到了教学目标，而很少对动态的、偶然的课堂因素予以关照与反思。新时代的要求是教师应该参与行动研究，在教育理论与教学实践之间建立一座沟通的桥梁，最终走向成功的研究发展之道，成为真正的专家型教师。

第三节　幼儿教育心理学的研究方法

一、幼儿教育心理学研究的基本原则

（一）客观性原则

采取实事求是的态度，遵循客观性原则是进行科学研究的前提。客观性原则是指幼儿教育心理学研究要贯彻实事求是的精神，即根据幼儿教育心理现象的本来面貌去研究其本质、规律与机制。幼儿的心理是在活动中表现，也是在活动中发展的。研究幼儿在活动中所表现的行为及活动的成果，都可以客观地了解幼儿的心理。

（二）系统性原则

系统性原则要求人们在研究幼儿教育心理现象时，应把幼儿的心理作为一个开放的、动态的、整体的系统加以综合考虑，这样才更有可能把握各种心理现象的本质。幼儿心理的发展和许多条件密切相关：脑的成熟水平、所处的社会环境、受到的教育等都可以影响幼儿心理的发展。在研究时也必须联系这些条件进行考查，这样才能正确理解和说明幼儿心理发展的过程。

（三）教育性原则

教育性原则要求人们在幼儿教育心理学的研究过程中，所采用的试验手段与方法应能促进幼儿心理的良性发展，而绝不能违背教育方针的要求，损害幼儿身心的健康发展。凡是有害的材料内容或不恰当的研究方法，如可能引起儿童惊吓、紧张，或持续时间太长可能引起幼儿疲劳等活动，都不应采用。

（四）理论联系实际的原则

理论联系实际的原则要求幼儿教育心理学的研究应从幼儿教育实践的需要出发，研究的课题应来源于实践，研究过程要紧密结合实践，研究成果要接受实践检验、服务于实践。

二、幼儿教育心理学研究的基本方法

总体上，幼儿教育心理学的研究方法有两类，一类是描述性的研究方法，它是对教育教学活动中发生的特定情景的事实与关系进行详细的描述；另一类是实验性的研究方法，它是在严格控制的实验条件下，操纵教学情景中的一些变量而研究其效应的方法。

（一）描述性研究方法

常见的描述性研究方法主要有以下几种：

1. 观察法

观察法是通过直接观察教育教学过程并记录下个体某种心理活动的表现或行为变化，从而了解幼儿心理的方法。例如，直接观察幼儿的游戏活动，研究游戏的特点及游戏对幼儿心理发展的影响。在观察中，研究者对观察情景不加任何控制，不影响被观察者的正常行为。

观察法是幼儿教育心理学研究中最普遍、最基本的方法之一。它的优点在于：一般是在幼儿的日常生活情景中进行，幼儿照常活动，丝毫不受干扰，幼儿的心理现象在平常的情景下表现出来，因而自然、真实。这种方法使用简便，可单独使用，也可结合其他方法进行。观察法的缺点在于：虽然观察法记录的材料比较真实，但是不够精细；它不但需要观察者具有敏锐的观察力，善于从纷繁复杂的情景中捕捉所需的行为表现，同时还要进行及时的记录；观察法只能了解幼儿心理活动的某些自然的外部表现，而不能对其心理活动施加影响，了解因果关系；研究者只能等待被观察者心理现象自然发生后进行观察，不能主动进行有选择、有控制的研究。

观察法应用于幼儿心理研究有两种特殊形式：

（1）传记法。由父母或研究者全面观察儿童心理发展事实，将自然发生的心理现象，不论是动作、言语、感知觉、思维、记忆，还是性格、智力活动等都加以系统记录，进行分析研究，写成一个儿童的"传记"。这是儿童心理学发展过程中最早应用的方法。

（2）活动产品心理分析法：研究者专门观察分析幼儿的活动产品，如绘画、泥塑、折纸、舞蹈、创作的故事、儿歌，以及游戏中所搭的积木等，从这些产品中分析

第一章 幼儿教育心理学概述

了解幼儿心理发展的规律。

为了取得良好的系统观察效果,在观察中应注意:

第一,要明确规定观察的目的,对所观察的行为事先进行界定,选择特定的观察内容;观察面不宜太广,以便集中注意于所要观察的活动。

第二,研究者最好不让被试者知道研究人员的观察行为,以免影响他(她)的正常行为。如在使用录音机、摄像机等工具时更要注意,以免因为有人在场而影响了幼儿的正常心理活动,可采用单向玻璃、摄像监控等技术。

第三,观察时要详细记录幼儿的言语、动作等行为表现,可以利用一定的录音录像器材,要随时记录,不要靠事后追记,也不要只记结论,不记详细事实。

第四,观察时,不仅要注意所表现出的心理现象,而且要同时注意影响心理现象的各种因素,并把这些因素记录下来,作为解释观察结果的参考。

第五,观察时间不宜过长,对同一类行为可采用重复观察的方法,即采用"时间取样"的方式。

2. 调查法

调查法是通过多种途径(如向幼儿,或了解幼儿的父母、教师等提出问题)收集幼儿的内部心理、外显行为等资料,而后进行分析,得出结论的方法。调查法可以分为对幼儿进行访谈的直接调查法和对幼儿的父母、教师等进行访谈的间接调查法。

对幼儿进行访谈的直接调查就是向幼儿提出预先准备好的问题,请幼儿来回答。研究者除笔录或用录音笔记录谈话内容外,同时还要观察记录幼儿的谈话态度、表情变化、表达能力等。通过观察幼儿的这些客观表现,研究幼儿心理发展的规律。例如,研究者研究幼儿社会性的发展,向幼儿提出:"你在家里最喜欢谁?为什么?""你在家里最不喜欢谁?为什么?""你在幼儿园里最喜欢哪个小朋友?为什么?""你在幼儿园里最不喜欢哪个小朋友?为什么?"等问题,从幼儿的回答中了解幼儿和家庭成员及同龄伙伴之间的关系,并探索幼儿期形成不同人际关系的原因。

对幼儿进行直接访谈时要注意:

第一,事先要和幼儿建立起亲密关系,谈话时态度要和蔼亲切,使幼儿能在愉快信任的气氛中谈话,而且乐于回答问题;

第二,提出的问题要明确,能为幼儿完全理解;

第三,问题不能太多,以免幼儿疲劳、厌倦;

第四,儿童回答时,要把答话按照原词和原来的语气记下,答话和观察结果都要及时记录,不要事后凭记忆补记。

以幼儿的父母、教师为对象的间接调查可以采取多种方式:

(1)个别访谈。对幼儿的父母、教师等要逐个访谈。例如,要研究幼儿的游戏情况,可向父母和幼儿园教师提出下列问题:"最喜欢玩什么游戏?""一个人玩还是几个人一起玩?""有没有制定规则?""是否分角色?""应用什么游戏材料?""常在什么时候玩?""一次玩多久?""常在什么地方玩?"等。

(2)集体座谈:请熟悉幼儿情况且又有经验的人开座谈会,按照预先定好的座谈提纲提问。

(3)填写问卷:研究者预先将一系列问题汇编成一种问卷,分别请熟悉幼儿的人按照实际情况回答填写,而后加以统计,得出结论。

采用间接调查法,要注意下列几点:

第一,调查的对象,一定要选熟悉儿童的人;

第二,提出的问题要十分明确,使被调查者回答时不致误解;

第三,研究者要说明调查的目的、意义,以取得被调查者的真诚合作,使其能提供真实可靠的答案。

3. 测验法

测验法是采用心理测验材料研究幼儿心理发展规律的方法。心理测验是一种"标准化"的刺激。对幼儿进行心理测验是按照严格规定的程序让儿童作出反应,而后与"标准化"的"常模"比较,从而确定受试儿童心理发展的水平和特点,进而揭示心理发展规律。心理测验种类很多,包括测量智力水平的智力测验,测量兴趣、性格等个性心理特征的个性测验等。

与其他研究方法相比,测验法具有适用范围广、所得资料较客观真实,且易于整理和分析、施测简便等特点。但心理测量又具有其特殊性,主要表现在:

(1)以测验作为研究的工具,通过考查个体在测验题目上的得分来评定、推断其心理过程或心理特质,这与通过观察、访谈等获取信息的研究方式是不同的。

(2)测量的结果具有相对的稳定性,并以类别、等级和顺序关系加以表示。好的测验能够测量出一个人行为方式上的稳定的心理特质。由于心理特质也会随条件的变化而变化,所以测量所得结果的稳定性也是相对的。

(3)对测验的编制、选用有较高的要求。要想测量出幼儿的真实心理状况,则测验本身应该可靠、准确、具有实用性。同时,对于某些测验而言,还应该由受过专门训练的工作人员来进行测试、记分和解释等。

4. 个案研究

个案研究是对一个人或一组人的问题进行研究的方法。有时也与纵向的追踪研究相结合,系统记载被试者某些心理活动的发展状况、某些幼儿教育心理问题产生与发展的原因,提出相应的解决措施。这种方式比较适合于特例研究,如对智力超常儿童、特殊才能儿童、学习困难儿童的研究等。研究中对个案的材料收集要齐全、详尽,只有这样,才能对所关心的问题提出中肯的意见。

第一章 幼儿教育心理学概述

在进行个案研究的过程中,研究者除深入了解被调查者的各种情况外,还应与他们多接触,建立良好的关系,树立研究者良好的形象,使其充分信任研究者的帮助和关心,这样才能在个案研究中取得真实的第一手材料,使个案研究顺利进行。

5. 教育经验总结法

教育经验是指幼儿教育工作者对自己平时工作经验的总结,以获得对有关幼儿教育心理学的一些现象的理解。在教育教学中,由于教师接触幼儿的机会较多,对幼儿的情况比较了解,教师通过自己在教育教学过程中对幼儿进行的观察、了解,能够总结出一些带有规律性的东西。

(二) 实验性研究方法

采用描述性研究方法,我们可以得出两个变量之间是否存在一定的相关关系,从而为我们通过一个变量预测另一个变量的变化提供一定的依据。但相关关系不是因果关系,且描述性研究所得到的材料数量化程度不高,难以精确揭示变量之间的关系,要弥补这些不足,就需要用实验性研究方法了。

实验法就是由研究者根据研究目的,主动创造或改变条件,引起被试者一定的心理反应,从而研究心理发展的规律的方法。实验法的优点在于:

第一,研究时可以主动创造条件,使被试者心理现象发生,而不像观察法那样等待被试者心理现象的自然发生;

第二,可以控制条件,有意识地引起被试者心理现象的变化,排除无关因素的干扰,从而获得精确的结论。

幼儿教育心理学实验有两种主要形式。

1. 实验室实验法

实验在特殊的实验室内进行,可以使用各种特殊的仪器装置,按照规定的顺序、内容或强度呈现刺激,准确地记录回答性反应,并严格控制各种无关因素。例如,在实验室中使用速视器,按照规定的速度,呈现不同内容的图片,要幼儿记住和报告内容,以研究幼儿记忆力的发展。

实验室实验控制严格,可以获得精确的结果。其缺点在于实验室的情境不同于日常生活,幼儿在实验室表现的心理现象可能失真,不能说明幼儿的日常表现,因此,研究时应特别注意。

2. 自然实验法

自然实验是把实验安排在幼儿平常的生活情景下进行的方法。例如,研究者组织幼儿像平日一样进行"商店"游戏,让儿童"到商店去买东西",要幼儿记住所买的"货品"。从他们记住的货品数量、记忆的方法等,研究幼儿记忆的发展规律。

自然实验法兼有观察法和实验室实验法的优点,并克服了它们的缺点,用来研究幼儿心理发展较为适宜。

幼儿的心理现象虽然比较简单,但要全面深入地理解它,往往需要应用多种方法,反复研究,才能得到正确可信的结论。

【拓展阅读】

教育部关于规范幼儿园保育教育工作防止和纠正"小学化"现象的通知

教基二[2011]8号

各省、自治区、直辖市教育厅(教委),新疆生产建设兵团教育局:

近些年来,各地在加快学前教育发展的同时,积极推进幼儿园教育改革,努力更新教育观念,促进了幼儿园保育教育质量的不断提高。但是,由于应试教育和社会上一些不良宣传的影响,当前幼儿园教育"小学化"的现象日益突出,严重干扰了正常的保育教育工作,损害了幼儿的身心健康。为进一步贯彻落实《国务院关于当前发展学前教育的若干意见》(国发〔2010〕41号)和《幼儿园教育指导纲要(试行)》的精神,规范办园行为,防止和纠正"小学化"现象,保障幼儿健康快乐成长,现就有关要求通知如下:

一、遵循幼儿身心发展规律,纠正"小学化"教育内容和方式。幼儿园(含学前班,下同)要遵循幼儿的年龄特点和身心发展规律,科学制定保教工作计划,合理安排和组织幼儿一日生活。要坚持以游戏为基本活动,灵活运用集体、小组和个别活动等多种形式,锻炼幼儿强健的体魄,激发探究欲望与学习兴趣,养成良好的品德与行为习惯,培养积极的交往与合作能力,促进幼儿身心全面和谐发展。严禁幼儿园提前教授小学教育内容。幼儿园不得以举办兴趣班、特长班和实验班为名进行各种提前学习和强化训练活动,不得给幼儿布置家庭作业。

二、创设适宜幼儿发展的良好条件,整治"小学化"教育环境。幼儿园要创设多种区域活动空间,配备丰富的玩具、游戏材料和幼儿读物,为幼儿自主游戏和学习探索提供机会和条件。严禁教育行政部门推荐和组织征订各种幼儿教材和教辅材料,严禁任何单位和个人以各种名义向幼儿园推销幼儿教材和教辅材料。幼儿园不得要求家长统一购买各种幼儿教材、读物和教辅材料。幼儿园要严格控制班额,不得违反国家相关规定超额编班,坚决纠正大班额现象。

三、严格执行义务教育招生政策,严禁一切形式的小学入学考试。规范小学招生程序,依法坚持就近免试入学制度,严禁小学举办各种形式的考核、面试、测试等招生选拔考试,不得将各种竞赛成绩作为招生的依据。严禁小学提前招收不足入学年龄的幼儿接受义务教育。

四、加强业务指导和动态监管,建立长效机制。各地要充实学前教育教研力

第一章 幼儿教育心理学概述

量,建立并完善学前教育教研制度,依托城市优质幼儿园和农村乡镇中心幼儿园,形成覆盖城乡的学前教育教研指导网络,定期对各类幼儿园进行业务指导。教育行政部门要研究建立幼儿园保育教育质量监测评估机制,切实加强对各类幼儿园保育教育工作的动态监管,定期对"小学化"现象进行专项检查,对违反规定的,责令其限期整改。存在"小学化"现象的幼儿园,举办招生选拔考试的小学一律不得参与评优、评先。设立家长举报电话,加强社会监督。

五、加大社会宣传,营造良好社会氛围。各地教育行政部门要加大力度,开展多种形式的社会宣传。充分利用和引导各种传媒宣传科学的学前教育理念。幼儿园要采取多种形式开展家庭教育指导,实现家园共育,形成全社会共同关心支持的良好社会氛围。

各地接到本通知后,应采取切实可行的措施,对幼儿园教育"小学化"现象和小学违规举行入学考试的现象进行督查和整改,并于2012年3月底前将本省整改情况书面报送我部基础教育二司。

中华人民共和国教育部
二○一一年十二月二十八日

资料来源:教育部官方网站 http://www.moe.edu.cn

分析与思考

1. 幼儿园教育"小学化"会给幼儿造成哪些负面影响?
2. "通知"体现了幼儿教育领域的哪些新动向?

▶阅读推荐◀

1. 谢安邦:《全人教育的理论与实践》,上海:华东师范大学出版社,2011。
2. 丹尼尔·戈尔曼:《情商:为什么情商比智商更重要》,北京:中信出版社,2010。

▶思考与探索◀

1. 幼儿教育心理学的研究对象是什么?
2. 幼儿教育心理学的任务是什么?
3. 谈谈你对全人教育的认识。
4. 幼儿教育心理学研究有哪些基本原则?
5. 利用观察法对幼儿进行研究时应该注意哪些问题?
6. 在中国知网上查阅10篇幼儿教育领域的高水平实证性文章,分析它们分别采用了哪些研究方法,并思考还可以采取什么方法。

第二章
幼儿心理发展

【内容提要】 本章主要介绍幼儿心理发展的概念、理论、特点及其影响因素,为正确理解幼儿心理发展规律提供必要的理论基础。

【学习目标】 通过本章学习,能正确理解幼儿心理发展的概念;了解有关幼儿心理发展的主要理论;把握幼儿心理发展的特点;能够联系实际分析影响幼儿心理发展的因素。

第一节 幼儿心理发展的理论

一、幼儿心理发展的概念

(一)幼儿的概念

"幼儿",是指3~6岁,即37~72个月的儿童。这种界定,一是根据国际和国内医学界对早期儿童的分类方法;二是根据国内幼儿园的服务对象主要集中在3~6岁儿童的实际情况。其中,幼儿期还可以划分为三个具体的阶段:幼儿初期(3~4岁)、幼儿中期(4~5岁)和幼儿晚期(5~6、7岁)。不同阶段的幼儿都有不同的心理特征。

(二)幼儿心理发展的涵义

幼儿心理发展是一个积极的概念,准确地说,是指随着年龄的增长,幼儿心

第二章 幼儿心理发展

理所发生的积极的、有次序的变化。幼儿心理发展具有顺序性、连续性、阶段性、不平衡性和个体差异性等特征。

顺序性是指心理发展按照从低级向高级的方向发展,按照固定的顺序进行。

连续性是指心理发展是循序渐进的、从量变到质变的过程。

阶段性是指在幼儿心理发展的全过程中,不同的年龄阶段有不同的质的区别,每一阶段都有其最一般、最典型、最本质、与其他年龄阶段相区别的特征。

不平衡性是指同一个体的心理发展速度的不同,主要表现在两个方面:一方面是指心理的各个组成成分的发展速度是不完全相同的,例如,儿童在6个月左右出现怕生的现象,而美感、道德感等比较高级的社会情感到幼儿末期才刚刚开始萌芽;另一方面表现在个体整体面貌的变化的非等速性上。在人的一生中,心理发展有两个加速期,即学前期和青春期。

个体差异性是指每个幼儿发展的速度、发展的优势领域、最终达到的发展水平等都不可能是完全相同的。

二、幼儿心理发展理论

(一)高尔顿的遗传决定论

高尔顿是英国人类学家和心理学家。其表兄达尔文出版《物种起源》一书时,高尔顿就对进化论产生了很浓厚的兴趣,并对遗传在个体心理发展中的作用进行了深入研究,其研究成果主要反映在1869年出版的《遗传的天才》等著作中。

高尔顿的研究对象是977位名人(著名的科学家、医生等),这种人约在4 000人中才有一名,他在随机抽样的基础上,预计一个取样组只有一位有名望的亲戚,而结果却有332名。据此,高尔顿认为伟人或天才出自于名门世家,在有些家庭里出名人的概率是很高的。高尔顿汇集的材料证明,在每一个例证中的这些人物不仅继承了天才,像他们一些先辈人物所表现的那样,而且他们还继承了先辈才华的特定形态。一位杰出的法学家或律师往往出生于一个显赫家庭,而且是在法律方面的显赫家庭。与之相反,那些在心理发展上有缺陷的人,也是由于遗传的缘故。高尔顿确信,其表兄达尔文关于围绕着群的平均值或标准差的偶发变异原理,对人的一般天资和特定天资也像对鸟翼的长度或北极熊毛的长度一样适用,而且这些变异趋向于继续保留下来。总之,在高尔顿看来,个体心理的发展主要是取决于先天的遗传,他的理论称为"遗传决定论"。

高尔顿的遗传决定论重视遗传素质的作用,但夸大了遗传素质在个体心理发展中的作用,忽视了后天生活环境的作用,这是欠妥的。

（二）霍尔的复演理论

霍尔是美国第一个心理学博士，是著名儿童心理学家。为了推动儿童心理学的发展，霍尔于1891年创办了《教育学报》，他在这个学术刊物上发表了许多儿童心理学研究的成果。同时，霍尔自己也对儿童心理发展作了较深入的研究，其研究成果集中反映在1904年所著的《青少年心理学》一书中。霍尔对儿童心理学的发展作出了重大贡献。

霍尔主要采用原始的问卷法进行研究，通过问卷所获得的资料研究儿童心理发展。在霍尔以前，心理学界对儿童心理学研究的年龄范围未作确定，霍尔将儿童心理学研究的年龄确定在从出生到成熟。在解释儿童心理发展过程的问题上，霍尔采用了生物学上的复演学说来说明儿童心理的发展。在霍尔看来，儿童在出生前的胎儿时期复演了动物的进化过程，如胎儿在一个阶段是有鳃裂的，这就复演了鱼类。儿童出生以后，心理的发展就是人类的进化过程的再现。

霍尔的复演理论在当时心理学界引起了较大争议，未得到认可。不过他提出了儿童心理学研究的年龄范围，这为后来的儿童心理学研究者所接受。由于当时心理测量理论和技术尚不成熟，他采用的问卷法的科学性较差，所获得材料的价值不高，因此，他得出的儿童心理的发展复演了动物和人类的进化过程这一观点缺乏充分的科学依据。

（三）弗洛伊德的精神分析理论

弗洛伊德是奥地利精神病医生和心理学家，是精神分析学派的创始人。弗洛伊德根据他的临床经验并结合意识心理学原理，在对病态人格研究的基础上形成了著名的人格及其发展理论。其理论主要反映在所著的《梦的解析》（1900）、《精神分析引论新编》（1933）和《精神分析纲要》（1941）等著作中。

弗洛伊德认为，人格由本我（id）、自我（ego）和超我（superego）三个相互作用的系统构成。

本我是人格中一团无约束的能量，这种能量是先天具有的。本我遵循快乐原则，其唯一目的是消除或减轻机体的紧张以获得满足和快乐。弗洛伊德认为，本我是人格结构中相对于自我和超我来说最难接近的部分。在个体心理发展中，年龄越小，本我的作用就越大。

自我是来自本我经外部世界影响而形成的知觉系统。自我的主要作用是协调本我和超我之间的关系，遵循现实原则，其思维特点具有客观性和逻辑性。自我尽可能满足本我的要求，又考虑现实的可能和超我的允许，通过调节外部行为和控制活动来适应环境。

超我是个体人格结构中内化了的道德标准，它在儿童时期就伴随着自我而

第二章 幼儿心理发展

出现。超我主要由良心、自我典范及社会和文化的价值标准等构成。超我的作用主要是竭力压抑本我的盲目冲动,为自我对本我稽查和压抑提供依据。

弗洛伊德认为,本我中的性本能是人的一切心理活动的原动力。在个体发展中,性本能所处的身体部位在不断地发生变化,这种变化就决定着个体心理发展具有阶段性。这些阶段是口唇期(0~1岁)、肛门期(1~3岁)、前生殖期(3~6岁)、潜伏期(6~12岁)和生殖期(12岁至成年)。

弗洛伊德的心理发展的理论过分强调本能尤其是性本能的作用,是不可取的。但是,其深入了解个体内心世界的方法是值得肯定的。

由于弗洛伊德过分强调本能在心理发展中的作用,因而在学术界受到了许多心理学家的批判。继弗洛伊德以后,出现了以美国心理学家埃里克森为代表的新精神分析学派。埃里克森强调自我成长在心理发展中的作用,认为个体出生后在与社会环境的互动过程中,个体自我成长的需求希望能在环境中得到满足,但又不得不受到社会的要求与限制,这就使得个体在社会适应方面产生各种各样的心理矛盾,这种心理上的矛盾就是发展危机。发展危机既可能使人遭遇心理上的困扰,也可能使人在危机感压力的推动下,学会自我调节和社会适应,从而推动着个体心理的发展。埃里克森的心理发展理论相对于弗洛伊德的理论来说,重视后天社会文化对儿童心理发展的影响,这是一个进步。

(四)皮亚杰的发生认识论

皮亚杰是瑞士心理学家、日内瓦学派的主要创始人。他毕生从事儿童心理学的研究,特别是在20世纪50年代,他对儿童的思维和智力进行了规模庞大的系统研究。皮亚杰主要以生物学、逻辑学、心理学的理论为基础来研究人类的认知现象,特别是儿童认知的发展和结构,形成了著名的发生认识论。其理论主要反映在《儿童的语言与思维》(1924)、《儿童的判断与推理》(1924)、《智力心理学》(1950)、《从儿童到青年逻辑思维的发展》(1958)、《儿童的心理意象》(1971)等著作中。

皮亚杰认为,人的认识就像呼吸、消化、血液循环一样,是机体的一种功能。认识功能的实现,是通过外部刺激和主体已有认知结构的相互作用而实现的。在这一过程中有三种机能:同化、顺化(也叫顺应)和平衡化。

同化是人的一种适应机能,当外部信息作用于人时,大脑通过各种水平的作用与转化,将新信息纳入已有认知结构中,构成自身新的知识系统,这就是所谓的"同化于己"。

顺化与同化一样是人的一种适应机能,是人在适应外部环境的过程中通过改变自身认知结构以实现对环境的适应,这就是所谓的"顺化于物"。顺化不是被动的过程,而是主体通过与环境作用,主动改变自身的认知结构,使认知结构不断地向更高水平发展,由此实现主体与外部环境的协调一致。

皮亚杰认为,平衡是相对稳定的状态,平衡化则是认知发展的动态过程,是认知结构不断趋于完善的发展过程,是一个递进的、连续的、有层次的发展过程。在个体认知发展的过程中,通过主体与客体一系列的相互作用,原有平衡被打破,新的发展开始,依次循环,不断从一种认知平衡状态达到另一更高的、更为稳定的认知平衡状态。同化、顺化和平衡化推动着个体心理不断地发展。

皮亚杰将儿童心理发展分为四个阶段:感知运动阶段(0～2岁),相当于婴儿期,是儿童思维的萌芽,儿童只能协调感知觉和动作活动,在接触外界事物时能利用或形成某些低级行为图式;前运算阶段(2～7岁),相当于幼儿期,出现表象思维和直觉思维,但还没有所谓的"守恒"和"可逆性",只能从自我考虑问题;具体运算阶段(7～12岁),相当于小学阶段,出现初步的逻辑思维,儿童开始出现"守恒",开始能独立运用各种方法进行正确的逻辑运算,但还离不开具体事物或形象的帮助;形式运算阶段(12～15岁),相当于初中阶段,出现抽象逻辑思维,这时儿童根据假设对各种命题进行逻辑推理的能力不断发展,并逐步接近成人的水平。

皮亚杰关于儿童心理发展的理论,在世界儿童心理学界产生了巨大影响,后来有一些心理学家根据他的理论进行过重复验证研究,有的证实了皮亚杰研究的结论,有的却得出了不同的结论。正是由于人们不断的赞同和反对,推动着皮亚杰的发生认识论的不断发展。

(五)华生的行为主义理论

华生是美国著名心理学家、行为主义的创始人。华生对儿童心理的研究主要是在美国的一家医院中进行的。他反对将意识作为心理学的研究对象,认为心理学是研究行为的科学,各种心理现象是行为的组成因素。在研究方法上,华生反对内省法,主张采用实验法,并用刺激—反应(S—R)来解释各种心理现象。华生的儿童心理学理论主要反映在《行为主义的心理学》(1919)和《儿童心理教养法》(1928)等著作中。华生的儿童心理学理论就是"环境决定论"或"教育万能论"。

首先,华生极力否认遗传在儿童心理发展中的作用,他基于以下三个理由:第一,行为是刺激与反应联结的形成过程,由刺激可知反应,有什么样的刺激,就有什么样的反应,而刺激来自于环境,遗传对行为的影响不大;第二,华生认为虽然机体构造来自于遗传,但机体的机能并不是来自于遗传,而是来自于后天环境的影响;第三,华生的刺激—反应是以控制行为为研究目的的,机体的行为是可以通过刺激来控制的,而遗传却是不能控制的,行为主要取决于后天环境刺激。

其次,华生在否定遗传在儿童心理发展中作用的同时,夸大了环境和教育的作用。他曾这样宣称:"给我一打健全的婴儿和我可用以培育他们的特殊世界,我就可以保证随机选出任何一个,不问他的才能、倾向、本领和他的父母的职业及种族如何,我都可以把他训练成为我所选定的任何类型的特殊人物,如医生、律师、艺术家、大商人或甚至于乞丐、小偷。"

华生的环境决定论否认遗传在儿童心理发展中的作用,并且用刺激—反应来解释心理现象,这就将人的心理与动物相混淆。他重视环境和教育在儿童心理发展中的作用,但将其过分夸大。不过,华生主张研究行为,采用实验法对儿童心理进行客观研究,推动了儿童心理学研究的发展。

(六)维果茨基的心理发展理论

维果茨基是苏联建国初期的著名儿童心理学家。他始终以马克思主义为指导,对种系发展和个体发展都进行了研究,主要研究儿童的思维与言语、教学与发展的关系问题。维果茨基的儿童心理发展理论主要反映在其《思想和言语》(1934)和《高级心理机能的发展》(1960)等著作中。

维果茨基认为,人类心理是在掌握间接的社会文化经验中产生和发展的,因此在儿童心理发展上,作为传递社会文化经验的教育就起着主导作用。这就是说,人类心理发展不能在社会环境以外进行,同样,儿童心理发展离开了教育也就无法实现。在社会和教育制约下,人类(儿童)的心理活动首先是属于外部的人与人之间的活动,以后就内化为人类或儿童自身的活动。并且,随着外部和内部活动相互关系的发展,就形成了人类所特有的那些不同于动物的高级心理机能。

维果茨基在研究教学与发展的关系上提出了三个重要问题,这就是"最近发展区"、"教学应走在发展的前面"和"学习的最佳期限"问题。

维果茨基认为,儿童心理发展有两种水平:第一种水平是现有发展水平,这是指儿童独立活动所达到的解决问题的水平;第二种水平是指在有指导的情况下借助于别人帮助所达到的解决问题的水平,也就是通过教学所获得的能力。这两种水平的差异就是最近发展区。维果茨基据此提出了"教学应走在发展的前面"的思想,也就是说教学"可以定义为人的发展",教学决定着儿童智力的发展,这种决定作用既表现在智力发展的内容、水平和智力活动的特点上,同时也表现在智力发展的速度上。怎样才能发挥教学在儿童心理发展中的最大作用呢?维果茨基提出了"学习的最佳期限"问题。他认为,如果儿童脱离了学习某一技能的最佳年龄,从心理发展的观点来看是不利的,这会造成儿童智力发展的障碍。因此,进行某一种教学必须以成熟和发展为前提,但更重要的是必须首先建立在正在开始形成的心理机能的基础上,走在心理机能形成的前面。

维果茨基关于儿童心理发展的思想在心理学界产生了巨大影响。他强调心理的起源受社会文化和社会发展规律的制约、儿童心理的发展对教学的依赖关系等,至今,这些思想对我们研究儿童心理仍具有积极的借鉴作用。

(七)朱智贤的儿童心理发展水平与新需要理论

朱智贤是我国著名的儿童心理学家。他用辩证唯物主义的观点揭示了儿童心理发展的动力问题。他的关于儿童心理发展的理论主要反映在其所著的《儿童心理学》(1962)等著作中。

朱智贤认为,在儿童心理的发展过程中,儿童已有的心理发展水平与所产生的新的需要的对立统一是心理的内部矛盾,这种"旧水平"与"新需要"之间的矛盾运动推动着儿童心理的发展。

在朱智贤看来,"旧水平"是指儿童心理发展的现有水平,这种已有的心理发展水平是儿童过去心理活动的结果,在儿童心理发展的内部矛盾中代表着旧的与比较稳定的方面。"新需要"是指社会和教育向儿童提出的要求在儿童内心的反映。在儿童心理发展的过程中,"旧水平"与"新需要"的矛盾运动推动着儿童心理的发展。从矛盾双方的依存性来看,"旧水平"与"新需要"是统一的,一方面表现为需要总是在一定的心理水平上产生,依赖于儿童已有的心理发展水平;另一方面则表现为儿童一定心理水平的形成又依赖于是否有新的需要。从矛盾双方的相互排斥性上看,"旧水平"与"新需要"又是相互否定的,儿童心理发展的现有水平总是不能满足他们所产生的新需要,而一定的心理水平的形成,又意味着原来的需要被否定。在朱智贤看来,在儿童心理发展过程中,正是由于"旧水平"与"新需要"经常处于矛盾统一过程之中,因而推动着儿童心理不断的发展。

朱智贤关于儿童心理发展的动力的论述,较准确地揭示了儿童心理发展的动力是什么的问题。儿童心理发展就是他们在教育的要求下所产生的新需要与原有心理发展水平的不平衡,通过自身的努力,使这种不平衡到平衡,进而又产生新的不平衡,然后又达到平衡,以此推动着儿童的心理发展。

从上述简要介绍的七种关于儿童心理发展的理论观点来看,有的强调了遗传素质在儿童心理发展中的作用,有的强调了后天环境的作用。他们是从不同的侧面探讨了儿童心理发展的基本理论问题,都是心理学家们在研究儿童心理发展的实践中取得的宝贵成果,对我们研究儿童心理发展都具有积极的指导作用。

第二节 幼儿心理发展的特点

一、幼儿心理发展的特点

（一）幼儿认知发展的特点

幼儿认知活动表现出具体性和形象性特点。幼儿在认识事物、理解事物时，离不开对事物的直接接触。幼儿认知活动的具体形象性，主要表现在如下几个方面。

1. 对事物的认识主要依赖于感知

幼儿主要通过感知来认识周围世界。他们在认识事物时，常常喜欢摸一摸，抠抠这、碰碰那，甚至闻一闻、舔一舔。由于幼儿对事物的认识较多地依靠直接的感知，因此，幼儿对事物的认识常常停留于表面，而不能认识事物的本质或特点。

幼儿记忆事物也是依赖于对事物的直接感知。那些他们直接接触过的、形象逼真的事物，幼儿容易记住。幼儿常常对所记的材料不分析、不加工，只是按其外部的形象或特点来记忆。

幼儿的思维活动也离不开对事物的直接感知。例如两堆同样数量的扣子，一堆集中，一堆散开，问幼儿哪堆多，哪堆少，幼儿会认为散开的那堆扣子多，因为他看到这堆扣子所占的面积更大。

由此可见，感知在幼儿的认识活动中占有重要的地位。

2. 表象活跃

表象是事物的具体形象在人脑中的映象。表象虽然不是实际的事物，但它是直观的，生动形象的。因而表象也有具体性的特点。幼儿头脑中充满了具体形象。例如幼儿在幼儿园的游戏角，看见了两个相同的玩具娃娃，他们就在"娃娃家"游戏中加入了"双胞胎"。这是由于两个相同的娃娃引起了他们头脑中"双胞胎"的表象的原因。同样，小男孩拿着一个圆盘，就玩起"开汽车"的游戏，依靠头脑中的表象，他虽然在原地坐着，却"开汽车逛了全城"，玩得津津有味。

3. 抽象逻辑思维开始萌芽

整个幼儿期，思维的主要特点是具体形象的，但是，5~6岁幼儿已明显地出现了抽象逻辑思维的萌芽。例如，5~6岁的幼儿能根据概念对事物进行分类，如果给幼儿9张画有不同水果、餐具和衣服的图片，打乱后让5~6岁的幼儿分类，他们会很快把9张图片按三种概念（即水果、餐具、衣服）进行分类。而4岁的幼儿还不容易弄清水果和苹果这两个概念的关系。此外，5~6岁幼儿初步的抽象能力明显地发展起来,他们对比较抽象的概念,对事物的因果关系等的掌握都有所发展,能较抽象地推断事物的因果关系。例如他们会说"这个东西沉不下去,因为它是塑料的,塑料就沉不下去"。

(二)幼儿情感发展的特点

1. 由情感易变化向逐步稳定方向发展

喜、怒、哀、乐是情绪的表现。通过情绪表现,可以表达人的需要和愿望,也能够与他人进行交往。幼儿的情绪、情感表现很丰富,但是与成人的表现明显不同。成人心中有不快或喜悦之情时,在一定场合下能够克制自己,而幼儿却往往不能。幼儿的情绪、情感比较容易变化,而且不能自觉地加以控制。就幼儿来说,年龄小的孩子情感变化比较大,而随着年龄的增长和教育的影响,5~6岁的孩子的情绪、情感逐渐稳定。如3岁左右的幼儿,对同伴的情感是不稳定的,也没有稳定的同伴,而5~6岁的孩子则相对稳定。

2. 由情感易外露、自我控制能力差向有意识地控制自己发展

幼儿是纯真的,他们的情感大部分是表露在外的,他们不会掩饰自己的情感。年龄较小的幼儿不会控制自己的情感,常表现得比较冲动。到了幼儿晚期,幼儿开始能有意识地控制自己情感的外部表现。如有的幼儿遇到不高兴的事,也能够表现得不那么明显,教师需要细心观察才能发现。总之,幼儿随着年龄增长和教育的影响逐渐能够有意识地控制自己的情绪和情感。

(三)幼儿注意发展的特点

幼儿的心理活动和行为常常是没有目的的,具有很大的无意性。颜色鲜明、形象生动的事物,容易引起幼儿的注意。这种注意是无意注意,它是由于幼儿对事物感兴趣而引起的。幼儿对事物的注意以无意注意为主,幼儿在看卡通片、玩游戏等活动中主要运用的是无意注意。

1. 认识过程以无意性为主

认识过程的无意性是指没有目的、不需要作任何努力、自然而然地进行。无意性是由外界事物的特点引起的,而且很大程度上受情绪支配。无意性在幼儿的认识活动中表现得非常突出,特别表现在幼儿的记忆、想象等心理活动之上。

幼儿的记忆以无意性为主。他们往往不能自觉地或专门地去记住一些东西,而是在他们感兴趣的活动中不知不觉地记住。例如,让幼儿学一首儿歌,但幼儿兴趣不高,所以,教师费再大的力气,效果也不一定很好;而幼儿偶尔听到一句特别的词语,他却能毫不费力地记住。

幼儿的想象也以无意性为主。幼儿的想象大都没有目的,尤其表现在幼儿的游戏、绘画和音乐感受活动之中。当幼儿拿到一根木棍时,他一会儿把它当做

第二章 幼儿心理发展

马,骑着奔跑;一会儿又把它当做针,给人扎针。幼儿想象变化是相当快的,其变化往往是由具体行动引起的,事先没有任何的预想。幼儿在画画中无意想象的成分也很突出。

2. 情绪对活动的影响大,自我控制能力差

幼儿心理活动的无意性还表现在幼儿的心理活动易受情绪的影响。幼儿在情绪愉快的状态下,一般能够接受任务,坚持活动的时间比较长,任务完成情况也比较好;反之,如果幼儿情绪低落,不愉快,或处于恐惧、痛苦状态,活动效果就比较差。幼儿心理活动的无意性还表现为随心所欲、自我控制能力比较差等。

3. 心理活动开始向有意性发展

随着年龄的增长和教育的影响,幼儿中期开始,幼儿已能初步按成人的要求做事;到了5～6岁,幼儿已能初步控制自己的行为,有目的地进行活动,心理活动开始向有意性发展。例如,老师让5～6岁的幼儿在家里把不用的饮料盒收集起来做汽车等玩具,大部分幼儿会主动积极地去收集,能够有意识地完成任务。5岁的孩子能在游戏活动之前提出一定的目的和计划,有意地关注游戏活动过程,而3岁的幼儿则不能。

(四)幼儿个性发展的特点

幼儿初期,幼儿还没有对自己周围的人和物形成稳定的态度和行为方式,随着活动和与他人交往的发展,幼儿开始表现出一些初步的稳定的个性。

1. 出现了具有一定倾向性的兴趣爱好

幼儿初期,兴趣还不够稳定,易于变化。在随后的两三年中,幼儿们的兴趣和活动特点出现了明显的差异。如自由选择活动时,有的孩子很喜欢玩积木,而有的孩子则喜欢唱歌。

2. 表现出较为明显的气质特点

幼儿出生时就已表现出一定的气质差别,到了幼儿期,这种气质特点表现得更为突出。如有的幼儿活泼、灵活,有的幼儿则缓慢、沉静。

3. 表现出最初的性格特点

幼儿在活动与交往中逐渐形成了对人、对事和对物的态度和相对稳定的行为方式。如有的幼儿喜欢帮助别人,有的幼儿则只顾自己;有的幼儿爱护东西,有的幼儿对东西很无所谓;有的幼儿在活动中积极主动,有的幼儿则需要不断提醒、督促;有的幼儿霸道独占,有的幼儿则随和谦让。

二、不同阶段幼儿心理的发展特点

儿童的心理发展与儿童的年龄增长有着密切的关系。在幼儿园,小班(3～4岁左右)的孩子明显地不同于中班(4～5岁左右)的孩子,与大班(5～6岁左右)

孩子的心理水平就更不相同。这表明,幼儿时期心理的发展显示出明显的阶段性特征。但是要注意,我们只是说年龄与幼儿的心理特征存在着一定的关系,而不能说年龄决定幼儿的心理发展。

(一)幼儿初期的心理特点

3岁,对于多数儿童来讲,是生活上的一个转折年龄。正是从3岁起,儿童才开始离开父母进入幼儿园,过起集体生活。这个变化比较大,儿童要有一个适应过程。而适应的关键,在于使幼儿与老师、幼儿园、小朋友建立感情,其中最重要的是师生之间的感情,这是因为小班儿童有一个突出的特点——情绪性强。

1. 行为具有强烈的情绪性

小班儿童的行动常常受情绪支配,而不受理智支配。情绪性强,是整个幼儿期孩子的特点,且年龄越小越突出。小班儿童情绪性强的特点表现在很多方面:高兴时听话,不高兴时什么也不听;如喜欢哪位老师,就特别听那位老师的话等。小班幼儿的情绪很不稳定,很容易受外界环境的影响,如看见别的孩子哭了,自己也会莫名其妙地哭起来,老师拿来新玩具,马上又破涕为笑。

了解儿童的这个特点,对教育工作有重要意义。如每年开学初,小班教师都面临一个接待新入园儿童的问题。大多数初次离开妈妈的儿童刚入园的几天总爱哭,有经验的老师总是一边用亲切的态度对待每个孩子,稳定他们的情绪,一边用新鲜事物(如新奇的玩具、儿童喜爱的小动物等)吸引儿童的注意,使他们不知不觉地加入到小伙伴的行列。

2. 爱模仿

小班儿童的独立性差,爱模仿别人。看见别人玩什么,自己也要玩什么;看见别人有什么,自己就想有什么。所以小班玩具的种类不必很多,但同样的要多准备几套。在教育工作中,要多为儿童树立模仿的榜样,比如,需要集中儿童的注意力时,可以说"看×××小朋友学习多认真,小眼睛一个劲地看着老师呢!"一般不要批评没有注意的孩子。如果老师说"×××,把你的手绢收起来!"可能会引起更多孩子玩手绢。教师常常是儿童模仿的榜样,因此,应该时刻注意自己的言谈举止,为孩子们树立好榜样。

3. 思维仍带有直觉行动性

思维依靠动作进行,是学龄前儿童的典型特点,小班幼儿仍然保留着这个特点。如让他们说出某一小堆糖有几块,他们就用手一块一块地数才能弄清,他们不会像大些的孩子那样在心里默数。

由于小班儿童的思维还要依靠动作,因此他们不会计划自己的行动,只能是先做后想,或者边做边想。比如,在捏橡皮泥之前往往说不出自己要捏成什么,而常常是在捏好之后才突然有所发现:"面条!"

小班幼儿的思维很具体,很直接。他们不会分析、综合事物,只能从表面去理解事物。因此,对小班儿童更要注意正面教育,讲反话常常引起违反本意的不良效果。例如,上课时,有的孩子要上厕所,其他几个孩子一个跟着一个学,也要去。老师不高兴了,说:"都去!都去!"孩子们一下就全跑光了。对儿童提要求也要把要求说得具体一些,最好说"眼睛看着老师!"而不要说"注意听讲!"因为儿童不容易接受这种一般性的抽象要求。

(二)幼儿中期的心理特点

1. 爱玩、会玩

幼儿都喜欢游戏。但小班儿童虽然爱玩却不大会玩。大班儿童虽然爱玩,也会玩,但由于学习兴趣日益浓厚,游戏的时间相对少了一些。中班处于典型的游戏年龄阶段,是角色游戏的高峰期。中班儿童已能计划游戏的内容和情节,会安排自己的角色。怎么玩、有什么规则、不遵守规则应怎么处理,基本都能商量解决,但游戏过程中产生的矛盾还需要教师帮助解决。

2. 思维具体形象

中班幼儿的思维可以说是典型的幼儿思维,他们较少依靠行动来思维,但是思维过程还必须依靠实物的形象作支撑。譬如,他知道了3个苹果加2个苹果是5个苹果,也能算出6粒糖给了弟弟3粒还剩3粒,但还不理解"3加2等于几?6减3等于几?"的抽象含义。

中班幼儿常常根据自己的具体生活经验来理解成人的语言。例如,他们常常认为"儿子"一词的意思就是"小孩"。当他们听说某个大人是××的儿子时,常常感到不可思议:"这么大,还是儿子?"为了使教师说的话能让幼儿明白,必须注意了解幼儿的水平和经验,避免说过于抽象的语言。语言教学中,尽量用形象的解释来帮助儿童理解新词。如教"笔直"一词,可以竖起一支铅笔,"笔直"就是像铅笔一样直的意思,这样幼儿就能懂,而且能牢牢记住。

(三)幼儿晚期的心理特点

1. 好学、好问

好奇是幼儿的共同特点,但大班儿童的好奇与小、中班有所不同。小、中班儿童的好奇心较多表现在对事物表面的兴趣上。他们经常向成人提问题,但问题多半停留在"这是什么"、"那是什么"上。而大班儿童不光问"是什么",还要问"为什么"。问题的范围也很广,天文地理,无所不有。

好学、好问是求知欲的表现。甚至一些淘气行为也反映出儿童的求知愿望。家长、教师都应该保护幼儿的求知欲,不应该因嫌麻烦而拒绝回答孩子的提问。对类似破坏玩具的行为也不要简单地训斥了事,而应该加以正面引导,一面耐心讲道理，一面向幼儿介绍一些简单的机械原理，以满足他们渴求知识的愿望。

2. 抽象概括能力开始发展

大班儿童的思维仍然是具体形象的，但已有了抽象概括性的萌芽。例如，他们已开始掌握一些比较抽象的概念（如"左"、"右"概念），能对熟悉的物体进行简单的分类（白菜、西红柿、茄子都是蔬菜，苹果、梨、葡萄都是水果）；也能初步理解事物的因果关系（针是铁做的，所以沉到水底下了；火柴棒是木头做的，所以能浮上来）。由于大班幼儿已有了抽象概括能力的萌芽，所以，可以对他们进行一些简单的科学知识教育，以引导他们去发现事物间的各种内在联系，促进其智力的发展。

3. 个性初具雏形

大班儿童初步形成了比较稳定的心理特征。他们开始能够控制自己，做事也不再"随波逐流"，显得比较有"主见"。对人、对己、对事开始有了相对稳定的态度和行为方式：有的热情大方，有的胆小害羞，有的活泼，有的文静，有的自尊心很强，有的有强烈的责任感，有的爱好唱歌跳舞，有的显示出绘画才能……

对于幼儿最初的个性特征，成人应当给予充分的注意。幼儿园教师在面向全体幼儿进行教育的同时，还应该因材施教，针对各人的特点，长善救失，使儿童全面、健康地发展。

第三节　影响幼儿心理发展的因素

一、遗传和成熟是幼儿心理发展的物质前提

人的心理是人脑对客观现实的能动的反映。人脑是心理的器官，客观现实是心理的源泉。因此，幼儿心理的发展必需具备这样两个方面的条件：脑和客观现实。遗传和成熟，特别是幼儿脑的发展，为幼儿心理的发展提供了物质前提；客观现实，即环境，特别是教育，则是幼儿心理发展的决定性因素。

遗传是一种生物现象——父母通过细胞核里的染色体把自己的生物特征传递给下一代。通过遗传传递的生物特征有许多，这里说的主要是指机体的构造、形态（如身高、容貌等）、感官及神经系统等生理特征，其中对幼儿心理发展最关键的是脑的结构和机能特征。这些遗传的生物特征就是通常所说的遗传素质。遗传素质在后天是不断地生长、发展的。

成熟就是遗传素质在后天条件下不断地发育、生长、显现的过程。幼儿的生理成熟是有一定的规律的。一般来说，成熟的顺序是从头到脚，从中轴到边缘。从身体结构的发育来看，头部发育最早，其次是躯干，然后是上肢，再后是下肢；再以动作机能的发展为例，先是会抬头，然后是会翻身，再是会坐、会爬，最后才

会走。幼儿生理成熟的速度也有一定的规律,在出生的头几年,年龄越小,生长的速度越快。

事实和实验都表明,遗传和成熟是幼儿心理发展的物质前提。良好的遗传素质和正常的生理成熟,是幼儿心理健康发展的基础;而遗传素质的缺陷,生理成熟的异常,是幼儿心理发展的重大障碍。没有先天遗传和生理成熟作为基础,幼儿心理是不可能产生和发展的。

例如,生来失明的孩子,不能产生视觉;先天耳聋的孩子,难以产生听觉;无脑畸形儿生来不具有正常脑髓,因而不能产生思维,最多也只有一些饥饿、疼痛等很低级的感觉。而那些小钢琴家、小歌唱家、小画家及小速算家,之所以在早期就表现出突出的特殊才能,则与他们具有该方面的较优越的遗传素质条件有关,比如手指长而灵活,声带音质纯净、节奏感强且准确等。

幼儿生理成熟对其心理发展的影响也是显而易见的。1岁左右的乳婴儿神经系统发育还很不完善,抑制机能较差,兴奋和抑制过程不平衡,因而其对外界事物的反映是很肤浅的,而且容易激动,注意力不能集中,感知不够仔细,情绪的变化起伏很大。到了五六岁,幼儿大脑皮质的抑制机能日益发展,兴奋和抑制过程逐渐趋于平衡,皮质对皮下的控制、调节作用也逐渐加强,这就使得幼儿有可能逐渐减少冲动性行为,对外界事物的反映更加集中、精确,从而使调节自身情绪、行为的能力及感知、记忆、想象、思维等心理过程都日益发展起来。可见,遗传和成熟是幼儿心理发展的重要条件,是必不可少的物质前提,我们不能轻视它们的作用。对于从事幼儿教育工作的人来说,更需考虑遗传、成熟因素,以及神经系统、大脑的生理发展对幼儿心理发展的影响,以便更好地利用这些规律来促进幼儿心理的健康发展。

二、环境和教育是幼儿心理发展的决定性因素

遗传和成熟在幼儿心理发展中的确起着重要的作用。但是,必须明确,遗传和生理成熟毕竟仅仅是幼儿心理发展的物质前提。对于一般的正常儿童来说,心理能否发展,向什么方向发展,发展的速度和水平如何,不是由遗传和成熟决定的,而是由环境和教育决定的,其中教育更起着主导作用。我们知道,心理是人脑对客观现实的反映,显然,只有产生心理的物质前提,而没有客观现实的影响,是不能形成人的心理的。这可以由各种动物哺养长大的人类婴儿,如狼孩、熊孩、豹孩等来说明。

印度狼孩卡玛拉在出生后不久被狼叼去,在狼的环境中生活了七八年。被发现时,她只能用四肢行走,昼伏夜动,吃东西不用手拿,而是把食物放在地上用牙齿撕开吃。虽然她已经七八岁,但智力只相当于六个月乳儿的水

第二章　幼儿心理发展

平。她对人不发生兴趣,没有感情,不让人们给她洗澡。人们花了很大的力气也不能使她很快适应人类的生活;训练两年后,卡玛拉才会直立;六年后才会艰难地行走,但快跑时仍需四肢并用。卡玛拉到十六七岁时死去,死时她还不能讲话,智力只及三四岁的孩子,并常有许多狼的习性的表现。

这就告诉我们,人只有人类共同的遗传素质还是不可能产生人的心理的,遗传和成熟只是人的心理发展的自然基础,即可能性,而要把这种可能性变为现实性,要使人的心理切实得以产生、发展,还必须要有环境和教育的影响和作用。由于狼孩在出生后便脱离了人类的社会环境和教育,她接触的是狼的环境、狼的"教育",因而尽管她长着人的脑,却成不了人,最终只是个"狼孩",没能形成正常人的心理。

环境和教育不仅影响人的心理的形成,而且也影响人的心理发展的方向、速度、水平等。研究表明,人们的遗传素质和生理成熟是差不多的。正常儿童出生时,都具有人所共有的、基本相同的解剖生理特征,然而,现实生活中却没有心理发展水平和表现完全一样的儿童,每个孩子的智力、兴趣、爱好、性格等都是千差万别。造成这种差异的主要原因不在于遗传,而在于环境和教育。有关双生子的研究进一步证明了这一点。我们知道,同卵双生子的遗传素质是基本相同的,而异卵双生子的遗传素质则不太相同。如果将同卵双生子放在不同的环境下抚养,接受不同的教育,而将异卵双生子放在相同的环境下抚养,接受相同的教育,其结果是:异卵双生子在心理,包括智力、性格等方面的相似性都大于同卵双生子。显然,心理是遗传和成熟与环境和教育交互作用的结果,遗传和成熟为幼儿心理发展提供了物质基础,环境和教育决定了幼儿心理的发展方向、水平、速度。

在环境和教育中,教育起着主导作用。这是因为:

①教育对幼儿进行的是一种有目的、有计划的系统影响,这无疑比那些自发的、偶然的、无计划的环境因素的影响要更有力、更有效。

②幼儿进入幼儿园后,主要的、大部分的时间是在幼儿园接受教育,也就是说,在他们所接触到的环境影响中,主要的是幼儿园教育,即教学和老师的影响。

③教育可以充分利用、发挥遗传和环境中的有利因素,克服和消除其不利因素,以促使幼儿心理更快、更好地发展。例如,有人曾对幼儿数概念发展的水平作过一次调查。结果表明,受过幼儿教育和未受过幼儿教育的儿童在计数、数序和运算能力的发展水平上都存在着明显的差别,未受过教育的 6.5 岁儿童,较同龄受过幼儿教育的儿童,在"数"概念的发展上要晚两年。这些差异形成的原因,主要就在于教育。

总之,幼儿心理的发展,遗传、成熟、环境、教育缺一不可。但是,对于正常儿童来说,环境和教育更重要,是幼儿心理发展的决定性因素,特别是教育,更起着主导的作用。

三、教育必须通过幼儿心理发展的内因才能起作用

我们虽然承认环境和教育对幼儿心理发展的决定性作用,但也反对把环境、教育的作用机械化、绝对化。对于幼儿心理发展来说,环境和教育毕竟只是外部条件、外部原因,要使其对幼儿心理发展起到作用,还必须通过幼儿心理发展的内因。例如,有的老师注意了解幼儿的心理发展规律和特点,从幼儿的具体实际情况出发进行教育,则教育、教学效果很好,幼儿心理也得到健康、迅速的发展;而有的老师虽然主观愿望良好,但是不掌握幼儿心理发展的规律和特点,认为只要老师多教点,教难点,幼儿心理发展的水平就能比别人高些,其结果是事倍功半,反而影响了幼儿心理的正常发展。幼儿心理发展的内部原因包括以下两个方面:

①新的需要。需要是指人在一定社会或教育的要求下,所产生的追求和倾向于一定事物的心理反应。它的表现形式,有愿望、兴趣、好奇心、动机、目的、信念等,是人从事任何一种活动的动力。当客观的要求被儿童所理解和接受,而成为他们主观的需要时,就会激发、推动幼儿去从事这种活动。例如,老师要求小朋友好好学画画,争取"六一"儿童节参加画展。当这一要求变成幼儿自身内在的需要时,他们上美术课就会更专心、更认真了。

②幼儿原有的心理水平或状态,包括幼儿的认知水平、心理特征、年龄特征等。比如,思维方面,婴儿思维带有很大的直观动作性和突出的具体形象性;言语方面,两三岁的幼儿只会使用一些基本的简单句和个别复合句,五六岁幼儿会使用各种类型的复合句。

这两者相互作用就构成了幼儿心理发展的内部矛盾。在这一内部矛盾中,需要是代表着新的、比较活跃的一面,原有的心理水平或状态是代表着旧的、比较稳定的一面。需要总是在一定的心理水平或状态的基础上产生,而一定的心理水平或状态的形成,也依赖于幼儿是否有相应的需要。

两三岁的儿童只有最初步的口语发展水平,他(她)就只能产生进一步用口头言语进行交往的需要,而没有掌握书面语言的需要;当幼儿有了进一步用口语进行交往的需要时,他会去仔细地倾听和模仿成人的说话,从而使他的口语交往水平得到进一步的提高。可见,幼儿心理发展内部矛盾中新的一面(新的需要)总是不断地和旧的一面(已有的心理水平或状态)既统一又对立,统一、对立的结果是新的需要不断地否定着已有的心理水平或状态,从而使幼儿心理在这个过程中不断地得到发展。幼儿心理发展的内部矛盾是幼儿心理发展的内因,教育必须通过这个内因,通过新的需要和已有的心理水平、状态之间的矛盾运动,才

能真正发挥它的作用。因此,作为教师,就应当深入了解幼儿,提出一定的、适当的要求,并使之为幼儿所接受,变成幼儿的新需要,以便引起幼儿心理的内部矛盾运动,促进幼儿心理日益向更高的水平发展。

四、教育要求要符合幼儿心理特点

幼儿的新需要是在一定的教育要求下产生的。但是,并非所有的教育要求都能为幼儿所接受,变成幼儿主观的需要,引起幼儿心理发展的内部矛盾运动。

教育所提出的要求能否被幼儿所理解和接受并转化成为幼儿的新需要,有个必要的条件,这就是教育要求是否符合儿童的心理特点。如果符合,就会为幼儿所理解、接受,变成幼儿的新需要,形成幼儿心理发展内部矛盾的新的一面;如果不符合,情况就会相反。这就是教育与幼儿心理发展的辩证关系,一方面幼儿心理发展离不开教育的要求、指导;另一方面,教育要求又必须适合幼儿心理发展的水平和特点。

教育要求怎样才能符合幼儿的心理特点呢?这需要从以下两个方面做起:

①教育要求高低、难易合适,需要幼儿作出一定的努力才能达到,而不是过高过难。比如,要求小班幼儿静坐半小时听老师朗读诗歌,或学习数的组合分解,这一要求就过高了;而要求大班幼儿学习画苹果、太阳,或复述故事《拔萝卜》、《小兔乖乖》,这一要求就太低了。这两种情况对幼儿都不合适,都不利于幼儿产生学习的兴趣和愿望。

②教育要求要具体、明确。有时要求虽高低、难易合适,但提得很笼统、抽象,这也不利于幼儿把教育要求变为内在的需要。比如,要求幼儿上课坐好,如果只简单地说"坐好",是毫无作用的,教师必须将"坐好"的具体标准和要求交代清楚:"把手放腿上,两脚并齐,身子不能趴着,眼睛看老师。"只有把教育要求具体、明确化,才能促使幼儿积极地按照这些要求去调节、控制自己的行为。

【案例分析】

"嘴巴闭上"

教师在给幼儿介绍如何保护牙齿。这时候,一个小男孩举手问教师:"老师,为什么牙齿里会有虫呢?牙齿里的虫是不是和我们平时见到的虫一样呢?"教师听完不耐烦地说:"我在讲如何保护牙齿,我讲了牙齿里有虫吗?怎么那么多问题呢,别再问了,嘴巴闭上,烦死了。"小男孩听后,很无奈地坐了下去,他很疑惑,因为他根本不知道教师为什么生气。

资料来源:中国婴幼儿教育网 http://www.baby-edu.com

分析与思考

你认为这位教师的行为有何不妥?会带来哪些消极影响?

▶阅读推荐◀

1. 陈帼眉. 幼儿心理学. 北京师范大学出版社,2006。
2. 莎拉科. 幼儿园教师与儿童的认知风格. 上海:华东师范大学出版社,2011。

▶思考与探索◀

1. 你从本章第一节介绍的关于儿童心理发展的观点中获得了哪些启示?你认为是什么推动着儿童心理的发展?
2. 幼儿认知活动的发展表现出哪些特点?
3. 幼儿情绪情感的发展表现出哪些特点?
4. 幼儿个性发展表现出哪些特点?
5. 不同阶段的幼儿心理发展表现出哪些特点?
6. 影响幼儿心理发展的因素有哪些?如何发挥教师对幼儿心理发展的积极促进作用?

第三章
学习心理概述

【内容提要】 本章主要介绍学习、学习动机及学习迁移的概念和分类；阐述幼儿学习的特点，以及如何根据幼儿学习动机和学习迁移的特点开展有针对性的教育。

【学习目标】 通过本章学习，能了解幼儿学习、学习动机及学习迁移的概念和分类；理解它们在幼儿身上表现出的特点；掌握培养幼儿学习动机和促进幼儿学习迁移的有效方法。

第一节 学习的概念

一、学习的定义

学习是个体在一定的情境下由于反复的经验而产生的行为或行为潜能的比较持久的变化。这一概念有三层含义：

首先，学习是以行为或行为潜能的改变为标志的。学习是有机体获得新的个体行为经验的过程。经过学习，有机体将出现某些可观察的行为变化，可以完成一些以前无法完成的事情。个体行为的变化可能是由经验引起的，也可能是由成熟、疲劳或疾病引起的。前者是学习，而后者不是学习。

其次，学习引起的行为变化是相对持久的。无论是外显的行为变化还是行为潜能的变化，只有行为改变的持续时间较长才能称为"学习"。敏感化和习惯化也是由经验引起的行为变化，但这些变化往往是暂时的。敏感化是指有机体对环境中的某一个特定的刺激更容易作出反应;习惯化是与敏感化相反的过程,它是指当一个特定的刺激单纯地反复出现时,有机体对这个刺激的反应将逐渐减少。对正常的有机体来说,敏感化和习惯化都可能是短暂的,因而不能叫"学习"。但当敏感化和习惯化是由复杂刺激引起的,而行为成为持久的改变行为时,就可以称为"学习"。

最后,学习是由练习和经验引起的。学习是个体在与环境的交互作用过程中产生的。有机体必须通过练习和经验才能使行为发生改变。

二、学习的分类

学习过程非常复杂,学习内容非常广泛,学习的形式也是多种多样的。因此很难对学习进行统一的分类。下面介绍较有影响的两种观点。

(一)加涅的学习分类

加涅根据学习的复杂程度,提出了累积学习的模式,一般称为学习的层次理论。他将学习从简单到复杂分为八类:

①信号学习:是指在经典条件作用的基础上形成的、对信号刺激作出的某种特定反应。例如,小孩子看见穿白大褂的护士就联想起打针,从而表现出恐惧,这种恐惧是由信号学习引起的。信号学习是形成行为的最小单位,也是最基本的学习,包括不随意反应和情绪反应等。

②刺激—反应学习:这是基于操作性条件作用的学习,学习时具有一定的情境,有机体作出某种行为后得到强化,因而该行为将再次出现并得到巩固。例如,儿童在课堂上由于正确回答问题而得到老师的表扬,因此,多次以后,儿童就会变得爱在课堂上回答问题。

③系列学习:又称"连锁学习",是指将一系列刺激—反应动作按一定系列联合起来的学习。各种技能的获得都离不开系列学习,例如,学蛙泳就必须学会用手臂划水、蹬腿、抬头呼吸,以及如何将上述三个动作组成一个和谐的系列动作。

④言语联想学习:这类学习与系列学习相似,只不过学习的单位是言语刺激。如言语联想学习就是一系列连续性的词语联结。

⑤多种辨别学习:学习辨别多种刺激的异同,并对之作出不同的反应。

⑥概念学习:在对刺激进行分类时,学习对同一刺激作出相同的反应,即对该类事物的抽象特征作出反应。概念学习时,人不仅要比较事物的异同,而且要将事物的本质特征抽取出来,并将具有同样本质特征的事物归为一类,由此形成概念。

⑦原理学习:原理学习就是对概念关系的学习。

⑧问题解决学习:是运用所学的原理解决问题、从问题初始状态到达目标状

态的学习。

（二）奥苏贝尔的学习分类

奥苏贝尔根据学习材料与学习者原有知识的关系，将学习分为意义学习与机械学习，又根据学习进行方式将学习分为接受学习和发现学习。奥苏贝尔特别重视意义学习，这是他的学习理论的核心。

1. 接受学习与发现学习

奥苏贝尔认为，接受学习与发现学习有明显的区别。接受学习的特点是，讲授者将学习的内容以定论的形式传授给学生，对学生来说，学习是被动接受知识的过程，学习中不要求学生主动去发现什么，而只要求他们把学习的内容转化为自身的知识，并能在以后恰当的时候把知识提取出来或加以运用。发现学习的基本特征是，讲授者不直接把学习内容教给学生，而是让学生自己去发现这些内容。

2. 意义学习与机械学习

意义学习是指学习者通过符号、文字而在头脑中获得相应的认知内容的学习。也就是说，要在用符号代表的新知识与学习者原有的知识结构之间建立一种"实质性的"和"非人为的"联系。所谓"实质性的"联系是指人们可用不同的符号表达知识，但它代表的意义是相同的。"非人为的"联系是指这种联系是内在的而不是任意的。

机械学习与意义学习恰恰相反。在机械学习中，学习者没有理解学习符号的真实含义，只是在学习内容与已有的知识结构之间建立一种非本质的、人为的联系。在课堂学习中，机械学习经常表现为一种死记硬背的学习方式。

三、幼儿学习的基本活动及特点

（一）幼儿学习的基本活动模式是操作学习

1. 操作与学习的关系

操作学习在很大程度上能弥补言语学习的不足。在儿童言语产生之前，其知识、技能主要是通过操作学习获得的。尽管儿童言语在2岁左右就已产生并不断发展，但操作活动，特别是实物操作活动作为儿童主要活动之一的地位并没有变，因为儿童是天性好动的，操作学习符合这种特点；又因为操作活动是儿童自己的行动，有利于调动儿童的主动性。所以，操作活动对儿童来说是十分合适的活动形式，应该是构成儿童学习活动的主要方式和内容。

首先，操作中有学习，在操作过程中融入学习的内容和目的，学习的结果（获得某种知识和技能）往往成为操作结果的有机组成部分。动物就是在一系列操作中获得某些经验的。儿童通过对物质进行外部直观的作用来获得对物质的具体的认识,然后通过内部操作获得对物质更深刻(发现某些本质属性)的认识。如儿童的积木操作不但会增加其操作兴趣,获得愉快感,而且有利于他对积木形状、颜色及积木上描绘的内容的学习和掌握。因此,学习过程在这里成了操作过程的有机组成部分。

其次,学习中有操作,任何一种学习活动都有操作活动的成分,不仅是游戏、美术活动,甚至识数和劳动都是建立在操作的基础上的。学习离不开操作,这是众所周知的。例如学习舞蹈、游泳,离开了具体的操作,学习将无从谈起。在这里,操作不仅作为学习的方法和手段,为学习目的服务,如模仿性操作,而且由于操作活动的相对独立性,使它在学习活动中更灵活、更巧妙地发挥其学习的作用。总之,操作在这里是作为学习活动的有机组成部分出现的,其活动目的、内容,甚至方法和结果,都是为学习活动服务的。

第三,操作活动和学习活动是两个相对独立的活动,但他们在活动目的、内容、方法或结果上是部分一致的,也就是这两个活动具有共同的要素。例如:为了让儿童掌握某些学习内容,教师要求儿童进行相关内容的操作活动,但儿童在实际操作时,由于操作情境的趣味性,使他们往往沉迷于操作活动本身的过程中,甚至忘了他们为了什么去操作。

最后,操作本身就是一种学习,操作过程就是掌握操作方法和动作技能并使之得到巩固的过程。学习在此意义上讲也就是一种操作,学习的目的、内容、方法和操作完全相同,这样两个过程就合二为一了。例如:儿童学画画、做作业,甚至像理解、分析、比较、综合、概括等内部动作过程既是学习过程,也是操作过程,在内容、作用机制及变化结果上很难甚至不可能将二者分开。

综观操作与学习的关系,不管操作活动是作为学习的方式、手段,还是作为学习活动本身出现,操作学习(操作性学习和操作本身的学习)这一说法毫无疑问是成立的。对儿童来说,操作学习是一种不可缺少的学习方式,比较适合儿童的认知特点。对教师来说,操作学习意识非常必要。因为它关系到能否有效培养儿童操作学习的能力,能否通过操作学习达到发展儿童创造能力的教育目的等一系列素质教育问题。

2.操作学习的运行机制

操作学习是一个复杂的认知过程,它既包括以操作为方法和手段的操作性学习,又包括以操作为目的和内容的操作本身的学习。作为一个整体,操作学习有它的动行机制,每一次的操作都能带来结果(客体的改变),而一定的结果能使主体产生对客体的认识,而认识能改进操作方法。这样不断地产生新的操作方法和新的认识,于是在操作学习过程中,出现了反复的"操作—认识"现象,即多重性操作学习的循环。首先,在实物客体刺激的作用下,形成条件反射,感官在大脑的支配下对实物进行外部的探究性操作,结果引起实物客体的改变(如方位的改变),同时实物客体对主体进行信息反馈,主体大脑对反馈来的信息进行加工,从而形成对客体的认识,而认识又促使出现新的动作(操作方法)。这样,通过对实物的感知,在实物外部操作与具体认识间产生了一个循环,即一级操作学习循环;在一级操作学习循环的基础上形成二级循环:主体通过象征性活动对指示物(客体)进行操作,获得对客体形象的概括性认识,此认识又能丰富象征性活动,这就形成了"象征操作—形象认识"循环,即二级操作学习循环;最后,在前两级操作学习循环的基础上产生了"概念操作—本质认识"循环,即三级(最高级)操作学习循环。

一级操作学习循环适合幼儿早期的心理特点,因而它在这一时期儿童的学习活动中占主要地位。二级操作学习循环在幼儿中期占主要地位。三级操作学习循环开始于幼儿晚期,因为这个时期的儿童开始掌握较高一级的概念(与初级的概念相比),并在概念水平上进行内部的智力操作。

3. 操作学习的特点

操作是针对语言学习而提出的。我们可以从它们之间的区别来考察操作学习的特点。首先,在学习方式上,操作学习是以内、外部动作来经验的学习,即"动作—经验",学习动作是学习的载体;语言学习通过语词理解,是"语言—经验",语言为学习的载体。其次,在学习内容上,操作学习的知识、技能是语言学习所无法获得的,比如学习舞蹈、游泳,甚至工具的使用方法和技能,都要靠操作去掌握。而语言学习的内容是操作学习内容的深化,或者说,是概括化了的操作学习的内容。最后,在学习过程和结果上,操作学习是以儿童为主体的活动,结果是获得主体的经验;而在语言学习中,儿童既是学习活动的主体,又是教学活动的对象,因而有一定的被动性,语言学习的结果是获得他人的经验。

(二)操作学习的类型

根据学习的主要目的,操作学习可以分为:

①探究性操作学习:这类活动的目的是培养和增加儿童的操作学习兴趣,使儿童善于发现问题并积极思考,从而锻炼其思维和感知能力。

②形成性操作学习:主要目的是掌握知识、技能及培养分析、综合、分类、概括、理解等能力。

③强化性操作学习:该类活动以动作技能的巩固和掌握为主要目的,因而带有训练性。

④模仿性操作学习:这类活动由演示、观察和再现等系列操作环节组成。这类活动又可分为感知性模仿操作学习和象征性模仿操作学习。模仿性操作学习活动的目的主要是吸收有关(在眼前和不在眼前的)原型的知识。

⑤创造性操作学习:这类活动的特点是依靠想象,将经验进行创造性运用,使现实中的东西寓于变化。因此,培养创造能力是这类活动的主要目的。

根据学习目的将操作学习进行分类有助于操作学习与教育目标的衔接,便于教育内容的安排。

根据学习过程中师生的互动关系,操作学习可分为:

①示范性操作学习:是指在儿童动手操作前老师为使其掌握操作的基本程序和技巧而进行示范的操作模式。目的是让儿童清楚地观察到操作的全过程,并在此基础上自觉地进行模仿,实现经验的内化,从而获得知识。

②指导性操作学习:是指在儿童动手的操作过程中,教师根据儿童操作情况予以指导的模式。要求教师根据自己在操作现场的所见、所闻、所感而及时地对儿童的操作予以合适的评价与指导,或鼓励,或劝止,力求在活跃思维的同时优化操作。

③个体探究性操作学习:是指儿童在动手操作过程中独立自主地探究知识的操作模式。在这种操作学习中,儿童自觉质疑、思考、尝试、顿悟、自我探索、自我发现、自我肯定,有利于发展儿童的认知能力和意志水平,激发学习动机,进而优化学习效果。

④群体协作性操作学习:是指在儿童动手操作过程中互相启发、互相促进、互相协作,依靠群体力量获得知识的操作模式。这是一种多个主体互动的操作学习。在操作中群体协作能够集思广益,且娱乐性强,便于大范围开展,并且有利于培养儿童的集体观念和互助友爱的精神。

(三)操作学习的指导

1. 操作学习与言语学习的统一

在强调操作学习的同时不能忽视言语学习,言语学习是儿童学习过程中的重要方式之一,言语学习对促进儿童智力发展、知识增长的作用是操作学习无法代替的。没有言语学习,儿童的思维就很难从具体形象思维向抽象逻辑思维发展;没有言语学习,儿童的学习就会长期停留在直接的经验水平;没有言语学习,儿童就不能很好地适应社会。实际上,操作学习过程本身也离不开语言的指导,语言的参与能够提高操作学习效果。柳布林斯卡娅(1966)对儿童进行分组实验,一组儿童的实物操作伴随言语进行,另一组则没有言语伴随。结果发现,实物操作伴随言语的情况下动作的巩固只要7~19次,而没有言语伴随的则需要重复70~90次,并且第一组儿童能在没有专门训练的情况下将形成的操作联系迁移到新情境中去。因此,在操作学习中,绝不能忽视言语学习,相反,我们应该把言语学习与操作学习有机地统一起来,以提高儿童的学习水平。

2. 教育主体与学习主体的统一

应在保证充分发挥儿童操作学习的积极性与主动性的基础上，灵活处理教育主体与学习主体的关系。教师应将重点从指导性操作转向儿童的主体性操作。通过观察儿童的操作过程获得信息，调整指导策略。教师的主体作用不在于指导的次数，而在于质量，即在多大程度上调动了儿童学习的主体性。在操作学习中，教师的主体性应体现在操作材料的提供、操作情境的创设及灵活机智的指导方法上。具体地讲，教师的指导价值蕴藏于儿童的独立操作之中。

3. 操作的灵活性与规范性的统一

应在充分发挥儿童的积极性、主动性、首创性的同时，明确操作活动的规范。一方面，由于操作学习的开放性，学习过程依赖一定的外部规范的支持。如果因强调对儿童主动性、首创性的培养而在其操作过程中不予以适时的约束，也不予以适当的规范，可能会使操作活动偏离原来的目标，使整个学习环境失去正常的秩序。另一方面，由于操作学习对操作材料的依存性，因此，学习过程必须以"人—物对话"的方式展开，儿童的操作程序必须根据材料的性质及其功能和使用方法来安排或设计，而不能任意而为，否则，不仅难以从中获得有用的信息，而且会导致学习混乱。

4. 操作材料的量与质的统一

在操作学习中，操作材料构成了教师与学生相互作用的媒介。一方面，教师通过操作材料的投入及操作指导实现对儿童独立操作过程的调控；另一方面，儿童通过操作材料的利用或加工实现"译码"，即从操作中获得相应经验，从而上升到一定的认知结构。在操作过程中，必须以"利用率"为中心，尽量发挥操作材料的潜在价值。同时，操作材料的组合应尽量符合儿童的认知特点，便于儿童从中获取相应的操作经验。

第二节 幼儿学习的动机

幼儿的主动性学习是由动机引起的，这已经成为人们的共识。那么，是什么因素促使幼儿想要学习，并愿意努力学习呢？因素是多方面的。"动机"就是用来解释幼儿发起和维持学习行为的重要概念。近些年来，早期教育越来越重视幼儿的自主学习，关注如何使幼儿学会学习，促进幼儿形成主动学习的意识与能力，激发幼儿学习的兴趣与乐趣。作为一名幼教工作者，必须了解幼儿学习的动机的各个方面，特别是对幼儿学习动机的各种理论及如何有效激发幼儿学习动机等问题，有比较清晰的认识。

一、幼儿学习动机及其分类

动机是指激发、引起个体活动,引导、维持已引发的活动,并促进该活动朝向某一目标前行的内在动力。其作用主要表现在三个方面:(1)引发行为的原因;(2)使行为指向某一目的的原因;(3)维持某一行为的原因。也就是说动机是使儿童开始活动,维持活动,并且决定行动方向的动力。

科隆巴赫和史诺通过研究区分出两种动机:防御性动机和建设性动机。防御性动机指的是儿童学习的焦虑水平,通常是因为动机过高所引起的;建设性动机指的是儿童保持的、积极、适中的学习需求。

动机和学习之间的关系是辩证的,动机能推动幼儿的学习,而学习又能进一步保持或激发幼儿学习的动机,动机与学习之间的关系是典型的相辅相成的关系,绝非一种单向性的关系。因此教师在强调动机对儿童学习的重要作用的同时,也应看到学习活动本身也能激发幼儿学习的积极性。

(一)幼儿学习动机的分类

①普遍型学习动机与侧重型学习动机。前者指幼儿对各项学习活动均有较强的内在学习动力;后者指幼儿只对某一项或某几项领域的学习有较强的动机,而对其他领域的信息缺乏动机。

②内在动机与外在动机。前者指幼儿对学习本身感兴趣,由此引发的动机。这种动机的满足在活动之内,不在活动之外,即活动本身形成了幼儿学习的动力与需求。它不需要外界的诱因、惩罚来使学习行动指向目标。后者指幼儿由外部诱因所引起的动机。动机的满足不在活动之内,而在活动之外。幼儿不是对学习本身感兴趣,而是与学习所带来的奖励或避免惩罚等密切相关。近年研究发现,外在动机与内在动机并不是同一连续体的两端。一些幼儿可能既希望得到教师的表扬,又因为对学习有兴趣而学习,其内在与外在动机都很高;而另一些幼儿可能两种学习动机都很低,或是其中一个高,另一个低。有经验的教师在帮助幼儿形成学习动机时,会较多强调内在动机,因为随着年龄的增长,这种动机将会越来越显示出其重要性。

(二)幼儿学习动机的内容

有学者认为,对知识价值的认识(知识价值观)、对学习的直接兴趣(学习兴趣)、对自身学习能力的认识(自我效能感)及对学习成绩的归因(成就归因)等是中小学学生学习动机的主要内容。而对于幼儿来说,我们认为,学习动机主要表现在好奇、兴趣和诱因这三个方面。其中,好奇是幼儿学习最主要的动机,它促使幼儿积极主动地参加学习活动,从而满足内心的探索问题的需要,积极的情绪体验也伴随着出现。由于幼儿的学习价值观、意志、自我效能感等尚未形成,因此,激发幼儿的学习动机也主要是从好奇心、兴趣、诱因等方面入手。

①好奇。好奇是指幼儿通过观察、探索、操作,询问新奇、有趣的事物,从而获得对事物了解的一种原始性的内在冲动。

②兴趣。兴趣与动机有着密切关系。它是指幼儿对某人、某物或某事所表现出来的选择性注意的内在倾向。兴趣是一种带有情绪色彩的认识倾向,它以认识和探索某种事物的需要为基础,是推动幼儿认识事物、探求现象的一种重要动机,也是幼儿学习动机中最活跃的因素。动机的实现与否又会影响到幼儿兴趣的进一步形成或改变。

③诱因。诱因是指诱发个体行为的外在原因。外在原因通常是指环境刺激。但并非任何环境刺激都可以引起幼儿的学习行为,有些环境刺激反而会阻碍、制约幼儿的学习。诱因按其性质的不同,可以分为两类:凡是令幼儿趋向或是接近,并由接近而获得体验满足的环境刺激,称为"正诱因",如食物、玩具、小红花等;凡是令幼儿逃离或躲避,并由躲避而获得满足的刺激,就是"负诱因",如惩罚、批评等。

二、动机理论与幼儿的学习

幼儿的学习既可能受外部力量的激发,也可能受内部力量的驱动。不同学者在解释学习动机时从不同视角出发,形成了各种学习动机理论。

1. 行为主义的强化理论与幼儿的学习

行为主义不仅用强化来解释学习的发生,而且用强化来解释动机的产生。不少行为主义者,如斯金纳认为,无需将学习与动机区分,因为引起动机与习得行为并无两样,都可用强化来解释。在他们看来,没有必要区分独立的学习理论与动机理论,动机只是儿童强化后的产物。

2. 人本主义的需要理论与幼儿的学习

人本主义心理学家把教育视为发展个体内在潜能的过程。在讨论学习动机时,人本主义心理学将其视为个体成长、发展的内在原动力,这与行为主义的外部动机观完全不同。行为主义的学习动机理论,主要考虑对幼儿的某种行为给予何种强化,如何给予强化,给予多大程度的强化,从而维持其学习动机。而人本主义的学习动机理论,重视的是创设良好的师生关系与温馨的课堂气氛,认为这是维持学习动机的基本要素。人本主义学者认为,有了良好的师生关系,幼儿就会感受到教师的关爱和支持,增强学习的信心,而不需要外在的奖励,幼儿就会有学习的热情和渴望;有了温馨的课堂气氛,幼儿就会感到安全,而不会产生因失败而受到惩罚的恐惧,他们才会在学习中勇于尝试错误。在人本主义理论中最有代表性的是马斯洛的需求层次理论。他认为,个体的多种需要,可按其性质由低到高分为 7 个层次：①生理需要，指维持生存的需要；②安全需要，指受到保护，免于威胁从而获得安全感的需要；③归属与爱的需要，指被人接纳、爱护、关注、鼓励及支持等的需要；④尊重需要，指获得他人尊重并维持个人自尊心的需要；⑤求知的需要，指希望理解事物变化的需要；⑥审美需要，指对美好事物欣赏的需要；⑦自我实现需要，指在精神上臻于至高人生境界的需要。

3. 认知主义的归因理论与幼儿的学习

认知主义的动机归因理论虽然也将学习动机视为内在的动机，但与人本主义所指的内在动机有所不同。人本主义的内在动机，是指以趋向自我实现为终极目标的各种需要所形成的内在动力，并认为这种动力是个体与生俱来的。而认知主义则认为，学习动机是环境（刺激）与个体行为（反应）之间的中介历程，也就是说，学习动机是个体在外界环境影响下所产生的认知需求。

在现代教育心理学的发展过程中，认知主义的学习动机理论层出不穷，如认知失调理论、成就动机理论、期望理论、自我价值理论、个人专注论等。其中，以维纳的归因理论最为突出。

韦纳是归因理论的集大成者，其理论受到海德尔的归因学说及波特的控制点理论的影响。他提出了归因的六个因素和三个维度：其中六个因素是指能力、努力、任务难度、运气、身心状态和其他因素；三个维度包括内因与外因、稳定与不稳定、可控与不可控。

三、幼儿学习动机的主要特征

1. 内在动机以好奇、兴趣为主

个体学习的内部动机有多种，如努力、能力、兴趣等。在幼儿阶段，儿童的内部动机主要是以好奇为主。儿童从一出生就开始探索周围世界，对环境充满了好奇。幼儿总是不停地提问：这是什么？那是什么？为什么？这反映了幼儿对外部世界的好奇心与探索欲。儿童刚接触社会，世界上一切事物对他们来讲都是新鲜有趣、具有吸引力的，好奇是幼儿心理的一个特点，他们什么都要看一看，摸一摸，问一问。

幼儿好奇心的发展历程大致如下：半岁的孩子开始萌发感知兴趣，好奇心促使他伸手抓东西，看见来人就表现出带有情感色彩的行为，如乐、笑、哭，对与自己相同的群体产生兴趣。情感兴趣逐渐表现明显：听到音乐、听见熟悉的声音就欢乐地手舞足蹈；2 周岁进入托班的幼儿，对同龄人群体的兴趣明显增强，动作与口语一起表达，喜欢与人交往，会抢玩具等；2～3 岁幼儿和成人对话时喜欢提出要求，从要什么、不要什么，到爱与特定的人玩，喜欢新玩具等；4～6 岁的幼儿语言表达能力迅速发展，各种动作日趋协调，好奇且好问，个性初具雏形，能长时间参加有兴趣的游戏。

随着年龄的增长,幼儿的内部动机逐渐从好奇变为兴趣。兴趣与好奇有联系,并常常表现为幼儿的探究行为,但它与好奇又有区别。不同之处在于,好奇更多受外在环境的影响,表现为在外部新异刺激的影响下受到吸引;而兴趣更多体现的是个体性,与个体的内在倾向相关联。智力超常儿童的兴趣倾向明显突出,求知欲望强烈,学习兴趣高,对有兴趣的游戏全神贯注,对某些活动产生浓厚的兴趣,有不达目的不罢休的韧劲。相反,智力发展迟滞的幼儿,对周围事物的兴趣较弱。

2. 外在动机逐渐增长

幼儿期,外在的学习动机逐渐增长。主要表现为渴望得到成人的肯定、鼓励和表扬。教师在幼儿心目中有很高的威望,幼儿在各种活动中总是力求得到教师的鼓励,包括精神鼓励和一些物质鼓励(如教师的微笑、口头表扬、物质奖励,如小红花等)。虽然幼儿对学习已产生内部动机,逐渐具有探求与认识外部世界的认知需求,但是外部动机在幼儿的学习活动中仍然是重要的,幼儿仍然离不开教师的支持与肯定,教师对幼儿内部动机的激发起着重要作用。

3. 较稳定的学习成败归因的形成

内、外控制点与学习动机有着重要联系。研究表明,5~6岁时幼儿已形成较稳定的学习成败归因;6岁时的幼儿已初步形成较稳定的内外控倾向;7岁时的儿童已形成较稳定的内外归因。

四、培养幼儿学习动机的有效方法

1. 设置"问题情境",激发幼儿的认知兴趣和求知欲

认知失调理论指出,在面临认知冲突时,儿童的认知兴趣和求知欲会被激发起来。因此,教师应创设激发幼儿探索的"问题情境",即在活动内容与幼儿已有的认知结构之间产生一种"不协调"或"矛盾",激发幼儿产生"这是为什么?""为什么会是这样?"这样一些"冲突性"问题,从而激发幼儿主动探索与发现兴趣。同时,教师还要设计有趣的活动内容,让幼儿积极参与学习活动,让幼儿"动"起来。这个"动"不仅仅是"手动",更重要的是"心动"。此外,教师还要特别注意对幼儿的提问方式,要运用开放式问题,而非封闭式问题,因为开放式问题不仅可以激发幼儿的想象,而且可以激发幼儿主动的探索兴趣。

2. 重视幼儿学习活动中的游戏动机

游戏是幼儿认识世界的重要方式。游戏适合幼儿心理发展的需要,符合幼儿心理发展的水平。皮亚杰指出游戏有三种类型:

(1)练习性游戏:也称"机能性游戏"或"感觉运动游戏",是孩子为了获得某种愉快体验,而单纯重复某种活动或动作的游戏。

(2)象征性游戏:幼儿主要依靠象征来进行思维活动。在游戏中,幼儿以遐

想的情境和行为方式,将现实生活和自己的愿望反映出来。

(3)规则性游戏:以一些有规则的竞赛性游戏为主,如下棋、玩弹子、打球等。

教师可以运用这三种类型的游戏,激发幼儿玩的动机,并在游戏中学习各种知识与能力。

3. 为幼儿学习创设安全、开放、温馨的氛围

根据马斯洛的需要层次理论,幼儿在产生求知需求前,必须满足其基本需要,如生理需要、安全需要、归属与爱的需要等。因此,为激发幼儿学习与探索的主动性,教师必须创设安全、开放、温馨的学习氛围。安全,指的是让幼儿在生理和心理上感觉到安全。研究表明,处于依恋期的幼儿,他们的探索与学习是以重要的依恋对象——母亲为"安全基地"的,当母亲在他的身边,他的探索兴趣就会增加,母亲的离去则会使幼儿感到焦虑,降低主动探索的兴趣。教师有时出于"安全"考虑,不许幼儿做这个、做那个,束缚了幼儿的手脚,也就阻碍了幼儿探索与求知的欲望。温馨,指的是教师要为幼儿学习创设宽松的氛围,特别是当幼儿探索失败,学习不成功时,教师不应指责,而要宽容幼儿的失败,在温馨的学习环境中,幼儿不会因自己的失败而退缩,而是大胆探索与发现,保持学习的兴趣。

4. 让幼儿体验学习的成功与快乐

获得成功与快乐是幼儿学习的重要动力。假如幼儿在追求成功的过程中屡遭失败,学习动机就难以维持。教师必须针对幼儿学习的个体差异,使每个幼儿获得成功的体验,以期在努力之后获得满足,肯定自己的价值。教师在评定幼儿学习时,应该重视幼儿学习的努力程度与进步情况,并予以积极表扬。例如,美国IEPS(个别化教育计划)特别强调儿童的学习和成绩目标,这一计划首先对儿童在每学期要努力获得哪些学习目标作一个整体说明,然后使儿童通过获得每阶段目标的成功,产生学习的快乐体验,激发儿童下一阶段学习的兴趣及对学习成功的渴望。

5. 运用适宜反馈激发幼儿的学习动机

维纳的归因理论指出,幼儿内部或外部归因的形成与教师的评价和影响有关,教师的反馈对幼儿的学习归因与学习动机有很大影响。教师的反馈无论是正面的(赞许或鼓励),还是负面的(批评或训斥),均会成为幼儿对自己学习成败归因的根据。例如,当幼儿失败时,教师对他说:"你的能力就是比较弱,你看你,又失败了。"这样经常得到消极反馈的幼儿,就会感觉到自己能力差,对自己的失败进行内部归因,从而降低了学习的兴趣与动力。相反,如果教师对这位学习失败的幼儿做出外部归因的评价,"这次任务太难了,所以失败了,但你的总体能力还是很强的,下次你再努力,发挥得好一些,就会成功。"得到积极反馈的幼儿就会将失败视为自己还不够努力的原因,因此在以后的学习中会更加努力,增强学习动机。

第三节 幼儿学习的迁移

一、学习迁移及其分类

学习是一个连续的过程,新的学习必须依赖个体已有的知识经验和认知结构,而新的学习过程又会对个体原有的知识经验、态度和技能、认知结构产生影响。这种新旧学习之间的相互影响,就是学习之间的迁移。迁移有时表现为对学习的积极影响,有时则表现为消极影响。探讨幼儿学习迁移发生的规律,以此作为教育教学的理论依据,有针对性地改进教学活动,是非常必要的。人们关注迁移现象还有一个重要原因:即使在同一领域,知识与技能的种类也是多种多样的,个体不可能在有限的时间内学习所有的知识与技能。于是就产生了一个想法:通过学习某些知识或技能,使之对其他知识、技能的形成和发展产生积极的影响。

通常,学习的迁移是指先前学习中所获得的知识、技能、情感和态度等对后来的学习或解决新问题的影响。但迁移不仅表现为先前的学习对后继学习的影响,而且表现为后继的学习对先前学习的影响。例如:学习了建构主义的教学理论,有助于进一步丰富与深化先前所学的认知主义学习理论。因此,迁移是"在一种情境中所获得的技能、知识或形成的态度对在另一种情境中获得的技能、知识或形成的态度产生的影响"。简言之,迁移可理解为"一种学习对另一种学习的影响"。

可以从多个角度对迁移进行分类。

1. 顺向迁移与逆向迁移

从迁移向度来说,迁移既可以是顺向的,即先前学习对后继学习的影响,称为"顺向迁移";也可以是逆向的,即后继学习对先前学习的影响,称为"逆向迁移"。例如,当幼儿面临新的问题时,如果他利用原有的知识、经验与技能去解决新问题,就是顺向迁移;反之,如果幼儿原有的知识经验不足以运用到新的问题情境中,需要对原有的知识结构进行补充或重组,即后继学习对先前学习产生影响,就是逆向迁移。就迁移的向度来说,它有些类似于皮亚杰认知结构理论的同化与顺应说。我们以往关注较多的是顺向迁移,而忽视了逆向迁移。实际上,在面临新问题时,由于已有经验不能解决这一问题而引起儿童对已有认知结构的重组(逆向迁移),对儿童的学习来说同样重要。"认知不协调"所产生的认知结构冲突,会激发儿童产生学习动机,并促进其认知结构的重组与完善。

2. 正迁移与负迁移

从迁移的效果来看,它可以是积极的,称为"正迁移";也可以是消极的,称为

"负迁移"。正迁移是一种学习对另一种学习的积极、正向的影响,包括一种学习是儿童具备了进行另一种学习活动的良好准备状态,一种学习节约了另一种学习所需要的时间,或是已具备的知识经验能有效地解决面临的新问题。正迁移又分为两种:横向迁移和竖向迁移。横向迁移是指儿童把已学到的知识经验推广到其他内容和难度类似的情境中。竖向迁移是指不同内容、不同任务难度的两种学习之间的相互影响与迁移,它又可分为两种:一中是自下而上的迁移,是指已有较容易的学习对难度较高学习的影响,即逐渐深入的学习;另一种是自上而下的迁移,是指较高层次的学习原则对较低层次学习的影响,即先掌握概念,再运用它去学习较低层次的具体应用。

负迁移是指一种学习对另一种学习的消极影响,或是两种学习之间的相互干扰、阻碍。如汉语拼音的学习有可能干扰英语音标的学习;又如,教幼儿认识"星期"时,幼儿先前所获得的数数经验对认识"星期"就有负迁移的作用。除了前面的学习对后面的学习有迁移作用外,后面的学习对前面的学习也有迁移作用。如幼儿初学会"6"的写法时,很少出现写法方面的错误,但在学习"9"的写法后,幼儿往往会把"6"写成"9",这是后继学习"9"的写法对前面所学的"6"的写法产生的负迁移。

3. 低路迁移和高路迁移

由萨洛曼和帕金斯提出的这两种迁移,分别发生在不同的情境中。低路迁移的发生是自然的、自动化的。一个非常熟练的技能从一种情境迁移至另一种情境时,通常不需要思维或者只需要很少的思维,这就是低路迁移。高路迁移需要个体有意识地将在某种情境中学到的抽象知识应用于另一种情境。

4. 特殊迁移和非特殊迁移

从迁移的发生方式上看,迁移又可以分为特殊迁移和非特殊迁移。前者是指某一领域的学习直接影响另一种领域的学习;后者是指迁移产生的原因不明确,既可能是原理、原则的迁移,也可能是态度、情感方面的迁移。

从迁移发生的学习领域看,迁移不仅发生在对知识、经验和动作技能的学习上,而且也发生在情感和态度的形成方面。如教师要求幼儿学会自我负责、自己收拾玩具,这就会在培养幼儿形成自我责任心的同时,也可能使幼儿产生了对他人的责任心、同情心等方面的迁移。

二、学习迁移的理论

人们对学习迁移的系统研究始于 18 世纪中叶。此后,研究者们从不同的理论视角出发,解释了迁移发生的原因。

1. 形式训练说

以沃尔夫为代表的官能心理学提出了迁移的形式训练说。官能心理学认为人的心智是由许多不同的官能所组成的,这些官能主要包括注意、意志、知觉、想象、推断、判断等。不同官能的组合构成各种心理活动。教学之所以对儿童起作用,主要在于训练形式,而不在于内容,因此称为"形式训练说"。按照形式训练学说,迁移就是儿童的某种官能得到训练而发展的结果。某些学科具有训练某一或某些官能的价值,如拉丁语、希腊语等古典语言和数学具有训练记忆、推理和判断的心理官能的作用,因此必须重视古典语言和数学的作用,而不必重视对英语、法语和其他实用知识的学习。这一学说在欧洲盛行了200多年,得到了一些实验心理学家的支持。

20世纪初以后,由于实验心理学的不断完善,形式训练说不断遭到驳斥。其中最有冲击力的影响来自桑代克的研究。1924年,桑代克对8 500名学生的学业成绩与智商分数之间的迁移做了研究。3年后,他又对另外5 000名学生重复进行这一实验。他设想:如果某些学科在发展"心智"方面比其他学科更有效的话,那么在智力测验上必然也是如此。然而结果表明,学习传统学科的学生,并没有与那些原来智商相同、但选择实用学科的学生有显著差异。因此形式训练说逐渐被桑代克的相同要素说所取代。

2. 相同要素说

在对形式训练说进行批评的同时,桑代克等人提出了相同要素说。根据实验他们得出这样的结论:发生学习迁移的原因,是由于联系与迁移之间有相同的要素,两者之间的相同要素越多,迁移性越强;反之迁移性越弱。

桑代克比较了学习前智商相当的学生在选择不同科目后的智商变化情况,以了解不同科目对智商的迁移情况。测量学生整个学期智商变化的情况,可以确定各种课程的迁移效应。桑代克从实验中总结出:"只有当两种训练机能之间有相同的要素时,一种机能的变化才能改变另一种机能的习得。"

3. 概化理论

相同要素说提出后受到了概化理论的否定。概化理论认为,迁移的发生不在于任务之间的表面相似性,而在于儿童是否获得了对有关知识的概括性理解。也就是说,相同要素说强调任务本身的特点,即任务共同要素,而概化理论则强调儿童是否能概括出迁移性的原则与概念。

概化理论是贾德依据水中打靶实验的结果而提出的。他认为儿童在实验中学到的原理、原则是迁移发生的主要原因。后来,亨德里克等人改进了贾德的实验。

概化理论还影响到其后的一些迁移理论,如格式塔的转换理论。格式塔学派的代表人物韦特海默认为,迁移的关键在于儿童对情境中各种关系的顿悟,顿悟所获得的往往是关于情境关系的原理与规则。如果两个问题具有相同的深层结构关系,那么对其中一个问题的练习将对另一个问题产生迁移。学习定势理论可以看做概化理论的一种革新,它不认为儿童是通过突然顿悟来解决新问题,而认为,能够从一种情境迁移到另一种情境中去,才使儿童掌握了学习的能力。

4. 认知迁移理论

20世纪60年代以来,认知心理学家从知识获得与运用角度探讨迁移发生的条件和机制。通过对这些研究成果的概括,特别是在人类学习与记忆的信息加工理论的基础上,罗耶提出了认知迁移理论。该理论认为,迁移的可能性取决于儿童在记忆搜寻过程中提取相关信息的可能性。认知迁移理论的基本前提是:领会是学习迁移的必要条件。我们在没有领会的情况下也可以习得信息,但其迁移性非常低。因此若要形成学习迁移,首先必须领会知识。这样,教育问题就变成:如何增加儿童提取课堂学习所获得相关材料的可能性。罗耶还提出,任何增加交互连结网络"丰富性"的教育方法,都有助于增加迁移的可能性。

5. 20世纪80年代后的迁移研究

20世纪80年代,涌现出解释迁移机制的许多新理论。严格地说这些理论并不是全新的,它们引入了认知心理学研究的新成果,发展了已有的迁移理论。其中图式理论、共同要素理论、元认知理论、认知灵活性理论影响最大。

(1)图式理论。该理论主要是建立在问题解决迁移研究的基础上的,强调图式获得和规则自动化对迁移的影响。库伯等人认为,图式获取和规则自动化对解决问题的促进作用是不同的。图式获取对迁移问题的解决具有重要促进作用,而规则自动化则对相似问题的解决具有促进作用。他们不仅考虑图式的作用,而且还考虑到图式中操作的自动化问题,从而为迁移理论提供了完整的框架。

(2)共同要素理论。从迁移任务和训练任务之间的关系解释迁移机制的共同要素理论,是桑代克相同要素说的现代版本。不同之处在于,共同要素理论引入了产生式概念——产生式规则取代相同要素说。1989年,西格利和安德森在《认知技能迁移》一书中系统阐述了"共同要素理论"。按安德森的观点,知识可以分为陈述性知识与过程性知识。前者是包括事实、概念、原理的知识;后者是关于解题过程或操作程序的知识。这一理论认为,熟练技能的形成是陈述性知识被"编辑"为过程性知识的结果。同时,一种任务的产生式规则,不能用于另一种任务,这一结论被称为"知识使用的特定原则"。根据这一原则,安德森指出,两种技能发生迁移的条件是它们必须具有相同的过程性知识,如果两种技能共用较少的过程性知识,即使它们使用相同的陈述性知识,它们之间也将很难迁移。

(3)元认知理论。元认知是指主体对自己的认知过程、结果及与之相关活动的认知,它使主体能够监控自己正在进行的认知活动并进行调节。元认知主要表现为结果预期、自我指导、自我评价、自我调整等行为。布朗等人进行了元认知学习策略培养的研究,期望儿童能将习得的元认知策略迁移到新的学习情境中。研究发现,经过训练后,儿童能掌握认知策略,并迁移到其他学习活动中。元认知训练实际上就是帮助儿童"学会学习"。实践表明,儿童的学习困难常常是因为缺乏有效的元认知能力造成的。通过自我提问、自我评价、自我调节等元认知训练,儿童能掌握有效的学习方法,并进行迁移。

(4)认知灵活性理论。作为建构主义学习理论的一个重要分支,认知灵活性理论是由斯皮罗等人提出的。它接受建构主义学习理论的基本观点:学习是学习者主动建构内部心理表征的过程。认知灵活性,是指学习者通过多种方式建构自己的知识,以便在情境发生根本变化的时候能够做出适宜的反应。其含义是,学习者在学习复杂和非良构领域的知识时,要通过多维表征方式才能完成,能够较好地迁移到其他领域。从单一视角提出的观点是不充分的,只有超越单一概念维度的多维知识表征,才能完成对复杂和非良构领域知识的建构;而当学习者对知识有了全面的理解之后,就能够在各种不同的情景中灵活地运用知识。认知灵活性相当于我们所说的活学活用。

三、促进幼儿学习迁移的教学策略

为促进幼儿的学习迁移,教师要注意以下几方面问题。

1. 关注情感因素对幼儿学习迁移的影响

各种学习迁移理论从不同侧面探讨了儿童的学习迁移,但也存在不足,特别是对情感因素在幼儿学习中的重要影响有所忽视。对于幼儿来说,影响学习迁移的一个重要因素是情感因素,特别是幼儿对学习和对幼儿园的态度。如果幼儿认为幼儿园是一个令人愉快的,能获得有益知识和经验的地方,而且他(她)与教师和同伴建立了良好、融洽的关系,那么学习迁移就较容易产生;相反,如果幼儿对教师、幼儿园有害怕或厌恶的情绪,则不利于其学习迁移。

2. 幼儿学习迁移离不开具体事务的支持

概化理论、认知迁移理论均指出,儿童在学习迁移中必须形成共同原则、一般概念,这样才能导致迁移的产生。但这些理论可能更适用于少年儿童。对幼儿来说,其思维发展尚处于具体运算阶段,还未完全形成抽象逻辑、概括推理能力,因此幼儿产生学习迁移,常常要借助具体、形象、直观的事物,如图片等实物。幼儿学习迁移更多表现在先后学习内容间、较为具体的相同要素之间的相互影响,而不是抽象概括的原理。因此相同要素说、共同要素理论更能揭示幼儿的学习迁移过程。

3. 丰富幼儿的日常生活,使其在学习中发生迁移

概化理论和图示理论均强调幼儿原有知识经验和认知结构在学习迁移中的重要作用。为了促进幼儿的学习迁移,必须丰富幼儿在日常生活中的各种体验

与经验。认知灵活性理论的奠基人斯皮罗指出,学习情境主要体现在生活中。生活中充满着各种各样的知识,要使幼儿能够解决不同生活情境中的新问题,就必须丰富幼儿的生活实践,帮助他们获得生活的各种丰富经验与感性知识,这有助于幼儿在学习中更好地迁移。

4. 提高幼儿的分析与概括能力

幼儿的分析能力和概括能力是影响学习迁移的又一个重要因素。如果幼儿分析能力和概括能力强,那么他就很容易分析概括出新旧知识之间的共同点,掌握新旧知识之间的联系,这样就有利于知识经验的迁移;反之很难将以前所学的知识、技能迁移到当前的学习中来。

幼儿的分析能力和概括能力是在知识的不断迁移中形成和发展的。要提高幼儿这方面的能力,教师应该在教学过程中对幼儿进行相应的训练。布鲁纳认为,这方面最有效的方法就是采用"发现法"。让幼儿在分析、比较、概括中掌握知识,不但让其"知其然",还要让其"知其所以然"。例如,教师在进行数学教学时,如果只是把有关知识"灌输"给幼儿,就没有起到真正启发他们的思维的作用。幼儿学到的是僵化的知识,对后继学习极少能起到迁移作用,幼儿在运用这些知识的过程中,亦缺乏相应的灵活性。

【案例分析】

驼鸡

星期天,妈妈带小丫去动物园玩。小丫见围栏里有几只驼鸟,长长的腿,长长的脖子,就问妈妈:"这是什么鸡啊?"

妈妈:"这是驼鸟,不是鸡。"

小丫:"是鸟吗?那它怎么不飞呢?"

妈妈:"驼鸟不会飞。"

小丫:"不会飞怎么能叫鸟呢,应该叫驼鸡才对。"

资料来源:《新侨报》2009年6月3日,童言趣语

分析与思考

小丫的话说明了什么现象?我们在教育中应该注意哪些问题?

▶阅读推荐◀

1. 陈杰琦. 多元智能理论与儿童学习活动. 北京师范大学出版社,2002
2. 俞春晓. 幼儿园集体教学活动设计方法与实例. 北京:中国轻工业出版社,2012

▶思考与探索◀

1. 简述幼儿学习的基本活动及其特点
2. 幼儿学习的动机有哪些?
3. 幼儿的学习动机有哪些主要特征?
4. 如何培养幼儿的学习动机?
5. 学习迁移的理论主要有哪些?
6. 如何促进幼儿的学习迁移?

第四章
幼儿学习理论

【内容提要】 本章主要介绍行为主义、认知主义、人本主义的代表人物关于学习的基本主张、主要理论贡献及局限等,为全面、深入地理解学习的实质提供必要的理论基础。

【学习目标】 通过本章学习,能了解行为主义、认知主义、人本主义各学派的代表人物和他们的主要贡献及局限;理解他们的基本主张;思考如何将这些理论用于指导幼儿教育实践。

西方现代学习理论是现代心理学研究的重要领域,产生了行为主义、认知主义、人本主义等重要理论。这些研究及其成果极大地丰富了学习理论,对我们正确认识幼儿的学习规律有着很大的借鉴意义。其主要观点可以概括为:

(1)行为主义的学习观:学习是刺激-反应之间联结的加强;(2)认知主义的学习观:学习是认知结构的改变;(3)人本主义的学习观:学习是自我概念的转变。

第一节 行为主义学习理论

一、行为主义简介

美国心理学家华生在1913年作了题为《行为主义者心目中的心理学》的演讲,并发表了以该稿为基础的一系列文章,标志着行为主义心理学正式诞生。根据行为主义的观点,学习是因经验而导致的能直接观察到的行为上的持久改变。

它视学习者外显行为变化为学习发生的唯一依据,把学习所引起的变化看成行为的相对持久的变化,一些因疾病、药物或情绪引发的短期改变不能认为是学习,同样,因成熟而发生的改变也不能被认为是学习。例如,6岁的幼儿可以行走自如,而半岁的幼儿却不能。他的成长和强壮是机体逐渐成熟的结果,而不是学习。

巴甫洛夫的经典条件反射、桑代克的联结主义、赫尔的系统行为理论、斯金纳的操作条件反射等都是行为主义理论发展过程中的代表性学习观,它们虽各有差异,但同属"行为主义"流派,都关注学习的强化、信息保持、迁移、学习者行为操练等,也非常强调环境对学习影响的重要性。行为主义者认为,"当学习者对某种特殊的刺激作出了适应的反应,就表明产生了'学习',这种刺激与反应的联结正是行为主义学习理论的要点"。这种学习理论为建立一整套包括任务分析、教学方法、教学评价、教学测量的教学设计体系打下了基础。

无论是行为主义还是新行为主义,对学习均主张以下理论假设:

(1)客观主义(Objectivism)。对学习的研究应当局限于可观察的行为,教学活动就是教师将客观知识传递给幼儿。

(2)还原主义(Reductionism)。知识可以归结为一些简单的单项知识,而我们又可以通过将这些单项知识进行简单组合,以获得较高层次的知识。

(3)决定论(Determinism)。学习与教学是一种严格按照事先指定的步骤去进行学习的固定过程。教学结果完全可以预期,也可以重复。

(4)控制论(Controllability)。学习与教学活动是一种强化过程,外部环境是决定个体学习行为的唯一的决定性因素。

由于行为主义的学习理论适用于某些低层级,特别是各种技能的学习,而传统教育正是以培养具有知识与技能,能从事简单机械劳动的劳动者作为直接目的的,因此,行为主义的学习理论在较长时期内处于主导地位。

二、行为主义的代表理论

(一)桑代克的试误学习理论

美国心理学家、动物心理实验首创者、教育心理学体系和联结主义心理学的创始人爱德华·桑代克认为,人和动物的学习都是一个尝试和改正错误的过程。在此基础上,桑代克还提出了学习的三条定律:准备律、练习律和效果律。

根据准备律,学习需要一种准备状态。这种准备状态也可以出现在儿童身上。卢梭认为,儿童具有语言的能力、感觉的能力、模仿的能力,并且认为这是儿童的天性。美国教育家杜威认为,儿童的身上存在语言和社交、制作、研究和探索、艺术四种本能。"这四方面的兴趣是天赋的资源,是未投入的资本,儿童生动活泼的生长是依靠这些天赋资源的运用获得的"。因此,儿童是准备好去学习的。当然,对于具体的学习而言,儿童的学习准备状态不仅需要教师的引导、教育环境的创设,还需要教学内容的设计符合儿童的天性。例如,蒙台梭利幼儿园就为儿童准备了丰富多彩的环境,儿童根据自己的兴趣去学习。兴趣实际上就是一种很好的准备状态。因此,不给儿童准备丰富的学习对象而要求所有的儿童一致地、同时间地去做同一件学习活动是不符合儿童的天性的,也很难使儿童具有良好的学习准备状态的。

刺激与反应的联结是随练习次数的增加而加强的。当我们需要幼儿掌握某种技能、知识、规范的时候,反复的练习是十分必要的。重复是学习之母,人的知识、技能等都是通过反复的练习而获得并得以强化的。除了在教学过程中,对学习的内容要多次重复外,幼儿园还要创设一个能够吸引幼儿去学习的环境、场景,而不是强迫幼儿去学习,因为离开了幼儿的学习意愿,就不会有好的学习效果。例如,在蒙台梭利幼儿园里,就为幼儿准备了丰富的玩具,其中感觉教具中的带插座圆柱体发挥了诱人的功效,竟然吸引一位4岁女童重复地操作了44次之多。如果不是学习对象的有趣,是不会产生这种效果的。

当幼儿的尝试正确并得到肯定的时候,其联结就会加强,否则就会减弱。因此,在幼儿的探索性学习中,教师很有必要及时对幼儿给予指导、引导。在社会规范的学习中,对于幼儿的不正确行为,教师不仅要及时指出,还要立即纠正,以免幼儿养成不良的行为习惯。

(二)斯金纳的操作学习理论

斯金纳是新行为主义的代表人物。他坚持行为主义的立场与信念,同时又对经典行为主义提出了批评,并进行了重建。斯金纳是教育心理学界最重要和最有影响的人物之一,其思想在今天的教育心理学研究,特别是在儿童心理干预与矫正中被广泛应用。

斯金纳认为,在操作性活动发生之后,若我们希望学习者的行为持续下去,我们就应该呈现增强反应发生概率的刺激和事件,即强化;如果学习者的行为错误,我们就应该呈现使反应发生概率下降的刺激和事件,如批评、惩罚。这样做的目的是使正确的行为继续下去,而使错误的行为得以纠正。应该说,斯金纳的操作学习理论并不是什么新的东西,因为在从古至今的教育中,都主张对儿童的正确行为进行褒奖,对错误行为实施惩戒。

在幼儿教育中,我们经常在游戏中肯定和奖励幼儿的正确行为,批评和纠正幼儿的错误行为,应该说这也是受到了斯金纳的操作学习理论的影响。在现在的幼儿教育中存在两种不良的倾向,一种是依靠惩罚和奖励来维系纪律,教师在纠正错误行为时大动干戈,甚至对一些不遵守纪律的幼儿进行体罚;而在鼓励正确行为时,教师则过多地对全体儿童进行同样的奖励,造成幼儿为了获得奖励和逃避惩罚,可能会产生许多新的不良行为。还有一种是只强调对正确行为的"强化"(表扬、奖励等),而弱化对错误行为的"惩罚",表现为轻描淡写地干涉,造成幼儿在犯错误时无法得到及时的纠正和引导,从而助长了不良行为。这些显然与斯金纳的操作学习理论的原理不符,也不利于幼儿的健康成长。

三、行为主义学习理论在幼儿教学中的运用

行为主义幼儿教育理论认为,环境是影响儿童行为与发展的重要因素,人的大部分行为是后天习得的,是个人经验的产物。儿童的行为与发展具有可塑性和可控制性,可以通过外部因素的影响来塑造与修正儿童的行为。行为主义的幼儿教育理论主张:

(1)注意环境影响。创设适宜于儿童发展的良好环境,尽可能避免来自于外界环境的一切不良刺激,以养育身心健康的儿童。教师是环境的设计者,是利用环境因素来形成与培养幼儿良好行为的"工程师"。教师应当根据对幼儿行为与进步的观察,来提供适宜的学习材料,与当天活动有关的材料应当放在显著的位置,以吸引幼儿的注意力。

(2)学习目标的制定要具体详尽。教师在制定教学目标时,要把期望幼儿的行为或任务,分解成为一系列细小的行为步骤。例如"进餐"可以分解为使用勺子、倒水入杯、用餐巾纸或毛巾、传递食物等具体而细致的环节;其中每一个环节还可以再分为更细小具体的步骤,例如用毛巾或纸巾擦嘴或擦手,还可以再分为打开、平铺、擦等动作。当教学目标或任务被分解为具体的行为步骤之后,就可以通过提供榜样、教师示范和练习等方式,按照"小步子接近"原则,一个动作、一个动作地帮助幼儿掌握动作技能,最后完成预期的教学任务。

(3)注意运用强化控制原理。行为主义认为,人的行为能否保持下去与它的后果有关。例如,一个幼儿做了好事,受到教师的表扬,那么这个幼儿就再去寻找机会做好事。教师的表扬是对幼儿行为的强化。强化作用是塑造与修正儿童行为的基础,表扬、奖励、批评、惩罚是强化的基本手段。教师应当注意观察儿童的行为,及时强化期望出现的行为,或教师认为好的行为,忽视或不去注意不期望出现的、不好的行为。要谨慎地运用批评等手段,因为运用不当,反而会强化不好的行为倾向。教师要了解每个儿童的兴趣与爱好,根据幼儿的兴趣与爱好来选择适当的奖赏方式。因为并不是每个幼儿都喜欢同样的奖赏。可以用作奖赏的有红花、星星等图样,以及食物、花样不干胶、游戏的机会等。最好的奖赏来自于活动本身的结果。只有在必要的时候才使用人为的外在奖赏。

(4)注意榜样对幼儿学习的影响。行为主义非常重视榜样对幼儿学习的影响,认为幼儿是通过直接经验和观察来学习的。以观察学习为基础的示范教学,

可以为幼儿提供正确的模仿榜样或对象,减少尝试错误和不必要的时间浪费。在示范教学中要选择幼儿感兴趣、容易为幼儿接受的模仿对象,要研究幼儿的模仿心理。教师是幼儿心目中的"权威",教师的一言一行都对幼儿产生影响,成为幼儿的模仿对象。例如,教师如果责骂或体罚幼儿,等于为幼儿示范了攻击性行为;教师如果态度和蔼、亲切,幼儿就能学得良好的待人态度。因此,教师必须注意自己的一言一行,注意言传身教。家庭教育要和幼儿园教育配合一致,父母也应为幼儿树立良好的榜样。

虽然总的来说行为主义的幼儿教育理论把幼儿看成消极被动的学习者,不利于培养幼儿的主动探索精神和创造能力,但它重视环境与教育的影响,重视教师与父母的榜样作用对幼儿学习的影响,强调合理运用强化手段等,这对我们做好教育工作是很有启发意义的。行为主义的"小步子接近"行为塑造技术,对于幼儿行为习惯的培养,也有一定的实际效果。

第二节　认知学习理论

一、认知主义简介

认知学习理论,产生于20世纪60年代中期,它是建立在认知科学理论基础之上的理论。认知学习理论主张,对学习的研究,必须要研究个体记忆新信息、新技能时所难以观察到的内部心理历程,认为"个体的学习不是刺激与反应间的联结关系,而是个体对整个学习情境中事物关系的整体认知与了解"。认知主义的学习理论并非一家之言,而是包括许多派系理论的总称,其中最主要的有两派理论:一是以加涅和斯滕伯格为代表的信息加工学习论,二是以奥苏贝尔和布鲁纳为代表的认知结构学习论。前者关注个体对事物经由认识、辨别、理解而获得新知识的认知历程;后者认为,个体所学到的是思维方式,即认知主义心理学者所说的认知结构。

二、认知主义的主要理论

(一)格式塔学习理论

1. 格式塔学派的顿悟说

认知学习理论发端于早期认知理论的代表学派——格式塔心理学的顿悟说,其观点直接影响到今天认知学习理论的形成与发展。格式塔学派的代表人物有考夫卡、韦特墨、苛勒等。该学派认为,学习的实质是构造与组织一种完形,而不是形成刺激与反应的联结。

考夫卡：作为格式塔心理学的主要传播者，他是最早向美国心理学界介绍格式塔心理学的人，而且他是柏林学派中最多产的作者，这些都对格式塔心理学的流行起到了重要作用。他的代表著作有：《心的发展》和《格式塔心理学原理》。后者被誉为是"对格式塔作全面系统的叙述的唯一尝试"（波特，1981年）。

韦特墨：将完形心理学的原理应用于人类创造性思维的研究，并倡导在教育过程中培养学生创造性思维的重要性。主要著作有：《创造性思维》、《格式塔心理学源考》、《对抗：心理学与当今的问题》和《心理学的基本问题》等。

苛勒：以大猩猩解决问题的实验为基础，提出了解释学习的过程和学习的迁移现象的"顿悟说"，对以后的认知学习理论产生了重要影响。苛勒认为学习是由顿悟而实现的，顿悟即是完形的组织构造过程，学习就是知觉的重新组织。这种知觉经验变化的过程不是渐进的尝试与修正错误的过程，而是突然领悟的。

2. 格式塔学习理论的五个基本观点

（1）学习即知觉重组或认知重组。格式塔心理学家对学习的解释，往往倾向于使用知觉方面的术语。学习意味着要觉察特定情境中的关键性要素，了解这些要素是如何联系的，识别其中内在的结构。所以，学习与知觉、认知几乎是同义词。通过学习，会在头脑中留下记忆痕迹，记忆痕迹是因经验而留在神经系统中的。但格式塔心理学认为，这些痕迹不是孤立的要素，而是一个有组织的整体，即完形。

（2）顿悟说及对尝试错误说的批判。学习是一种智慧行为，是一种顿悟过程，需要有理解、领会与思维等认识活动的参与，并且它是一个突现、速变、飞跃的过程。顿悟学习有其特点，可归纳如下：问题解决前尚有一个困惑或沉静的时期，表现得迟疑不决，有长时间停顿；从问题解决前到问题解决之间的过渡不是一种渐变的过程，而是一种突发性的质变过程；在问题解决阶段，行为操作是一个顺利的不间断的过程，形成一个连续的完整体，很少有错误的行为；由顿悟获得的问题解决方法能在记忆中保持较长的时间；由顿悟而掌握的学习原则有利于适应新的情境，解决新的问题。

（3）顿悟学习可以避免多余的试误，同时又有助于迁移。格式塔心理学家认为，通过对问题情境的内在性质有所顿悟的方式来解决问题，就可以避免与这一问题情境不相干的大量随机的、盲目的行动，而且有利于把学习所得迁移到新的问题情境中去。韦特墨区别了两种类型的问题解决办法：一类是有首创性的和顿悟式的解决办法；另一类是不适当地应用老规则，因而不能真正解决问题的办法。顿悟学习的核心是要把握事物的本质，而不是无关的细节。

（4）真正的学习是不会遗忘的。通过顿悟获得的理解，不仅有助于迁移，而且不容易遗忘。顿悟将成为我们知识、技能中永久的部分。用现代认知信息加工心理学的术语来说，顿悟的内容进入了长时记忆，将永远保留在学习者的头脑中。

（5）顿语学习本身就具有奖励的性质。真正的学习常常会伴随着一种兴奋感。当学习者了解到有意义的关系、理解了一个完形的内在结构、弄清了事物的真相,就会伴有一种令人愉快的体验。这是人类所能具有的最积极的体验之一。在没有其他诱因时,在不可能用顿悟的方式来理解学习时,也不妨可以使用一些外部奖励。就一般而言,达到理解水平本身就具有自我奖励的作用。

（二）现代认知学习理论

1. 布鲁纳的认知发现说

（1）布鲁纳强调指出:学习过程是一种积极的认知过程。他认为学习的实质在于主动地形成认知学习。学习任何一门学科,都有一连串的新知识,每个知识的学习都要经过获得、转化和评价这3个认知学习过程。

（2）布鲁纳非常重视人的主动性和己有经验的作用,重视学习的内在动机与发展学生的思维,提倡知识的发现学习。他说:"发现不限于那种寻求人类尚未知晓的事物之行为,正确地说,发现包括用自己的头脑亲自获得知识的一切形式或方法。"他认为发现学习具有以下一些优点:①有利于激发学生的潜力;②有利于加强学生的内在学习动机;③有助于学生学会学习;④有利于知识的保持与提取。

2. 奥苏贝尔的认知同化说

奥苏贝尔提出了独具特色的有意义学习理论,即认知同化说(又称"认知—接受说")。他认为新知识的学习必须以已有的认知学习为基础。学习新知识的过程,就是学习者积极主动地从自己已有的认知学习中,提取与新知识最有联系的旧知识,并且加以"固定"或者"归属"的一种动态的过程。过程的结果导致原有的认知学习不断地分化和整合,从而使得学习者能够获得新知识或清晰稳定的意识经验,原有的知识也在这个同化过程中发生了有意义的变化。

奥苏贝尔根据学生学习的方式,把学生的学习分为接受学习和发现学习;根据学习过程的性质,又把学习分为机械学习与有意义的学习。

（1）接受学习,即学习者把以现成的定论的形式呈现给自己的学习材料与其已形成的认识结构联系起来,以实现对这种学习材料的掌握的学习方式;发现学习是指在教师不加讲述的情况下,学生依靠自己的力量去获得新知识,寻求解决问题方法的一种学习方式。与布鲁纳强调发现学习相反,奥苏贝尔更强调接受学习。

（2）机械学习,即不加理解,反复背诵的学习,亦即对学习材料只进行机械识记;有意义的学习,是指由语言文字或符号所表述的新知识能够与学习者认知学习中已有的旧知识建立一种实质的、非人为的联系的学习。有意义的学习需具备两个条件:学生要具有意义学习的心向,即把新知识与认知学习中原有的适当观念关联起来的意向;学习材料对学习具有潜在意义,即学习材料具有逻辑意义,并可以和学生认知学习中的有关观念联系。这两个条件缺一不可,否则会导致机械地学习。

3.加涅的累积学习说

加涅是将行为主义学习论与认知主义学习论相结合的代表,他从两大理论中汲取合理的成分,在20世纪70年代之后,引进现代信息论的观点和方法,创立了累积学习说。

他认为,学习过程是信息的接受和使用的过程,学习是主体和环境相互作用的结果,"个体的先前的学习导致个体的智慧日益发展"。教学上主张给学生最充分的指导,使学生能够沿着严格规定的学习程序,一步一步地、循序渐进地进行学习。知识学习可以看成动机阶段(预期)—了解阶段(选择性注意和知觉)—获得阶段(编码储存通道)—保持阶段(记忆储备)—回忆阶段(检索)—概括阶段(迁移)—作业阶段(反应)—反馈阶段(强化)这样的一条链条。

(三)建构主义心理学的学习理论

建构主义是认知主义的进一步发展的结果,它不仅研究学习者的内部认知过程与结构,而且批判认知主义的客观主义立场,认为世界并非是完全客观存在的,每个儿童对世界的理解和认知都是多元的、有差异的,知识是每个儿童根据自己原有的经验,通过实践活动而不断生成的,它不是独立于儿童而客观存在的,"与其说知识是累积而成的事实,倒不如说它是个体主动建构的"。建构主义有不同派别,但都明确肯定学习是学习者以已有经验为基础的主动建构活动。

1.建构主义对学习的基本主张

(1)如何看待知识——知识是生成的。

哈勒尔总结为,知识是由学习者主动建构的,而不是由教师直接传授的。建构主义学者对知识的本质理解可归纳为三点:①知识不是对外在世界的真实摹写,而是人们对客观世界的一种解释或假设,因此它必然随着人们认识活动的深入而不断得到升华和改写。②知识不是通过感知和交流而被个体被动接受的,而是由认知主体主动建构的。③建构过程中为适应不断扩展的经验,个体的图式会不断地进化,所有的知识都是在这种个体与经验的对话中建构起来的。

建构主义将知识视为动态的、开放的自我调节系统。儿童并非站在知识之外旁观它,他(她)本身即处在这一系统之中,通过交往和实践来把握它。知识的生成性还表现在,对个体而言知识也是不断生成和变化的。如对幼儿来说水是透明的,对小学生来说水是无味的。

(2)如何看待学习者——幼儿是有主体性的。

建构主义学习理论认为儿童不是消极被动的有待教师填充知识的客体,不是装知识的容器,而是有主观能动性的学习者。建构主义学习理论认为儿童的主体性表现在两个方面:

①幼儿在学习中不是一块白板。任何时候他们都不是空着脑袋进入课堂的,他们有已有的经验和"前结构"。教师不能只做简单的知识传授工作,还要注重幼儿对各种问题的理解,倾听他们的想法,引导幼儿形成新的知识结构。

②幼儿是主动的建构者。儿童以自己的方式理解事物。他们通过与同伴合作,对事物的理解能够更加丰富和全面。建构主义认为事物的意义并非完全独立于个体而存在,而是源于学习者的主动建构。由于每个儿童以自己的方式理解事物的某些方面,所以教学要增进儿童间的合作,使他们能彼此发现不同的观点及其原因。因此建构主义学者很重视儿童的合作学习。

(3)如何看待学习过程——学习是主动建构的。

建构主义学习理论把儿童看做知识经验的主动建构者,看作在不断进化的经验世界中主动活动的主体。学习是通过新旧知识经验之间的交互作用而不断生成新理解的过程。建构主义更加强调新信息与新知识是儿童在具体问题情境中主动建构的。

2.建构主义的教学方式

建构主义的教学方式主要有以下三种:

(1)随机通达教学。

以认知灵活性理论为基础。斯皮罗进一步对学习进行了分析,将学习分为初级学习和高级学习。初级学习阶段儿童只要知道一些重要的概念和事实就可以了;而高级学习则不同,儿童必须充分把握概念的复杂性,并能广泛而灵活地应用到具体情境中。他们认为儿童对同一内容的学习要在不同的时间里多次进行,且每次情境都要有一定的变化,每次情境分别着眼于问题的不同侧面。这种反复,由于每次学习情境都不相同,因而能促进儿童更深刻地把握概念的实质,而绝非为巩固知识技能而进行的简单重复。即随机通达教学不是抽象的让儿童记住概念,而是将概念具体到一定的实例中,与具体情境联系起来,每个概念的教学都包含了充分的实例变化,这有助于儿童对所学知识的深刻理解。

(2)情境性教学。

建构主义批评使学习去情境化的做法,指出学习不能脱离具体的情境,知识只有在一定的文化背景、生态场景下才具有相对的正确性、合理性,并不是在所有境遇中都具有完全的解释力,因此提倡情境性教学。

①儿童的学习应与现实情境相类似,以解决儿童在现实生活中遇到的问题为目标。学习要选择真实性任务,不能将学习内容抽象化,脱离具体情境,而应

呈现情境中的类似问题。

②这种教学过程与儿童解决实际问题的过程类似，教师不是将事先准备好的内容教给儿童，而是提出儿童可能遇到的问题，支持儿童自主探索，在特定情境中解决问题。

③这种教学不采用独立的、脱离情境的测验方法，而是采用融合式测验法。在学习中，解决具体问题的过程本身反映了儿童思维过程和学习效果，或是进行与学习过程一致的情境化评估。

(3) 支架式教育。

围绕教师和儿童在教育和学习过程中的作用，建构主义者提出了支架式教学，"支架式教学应当为学习者建构对知识的理解提供一种概念框架。教师事先要把复杂的学习任务加以分解，以便把学习者的理解逐步引向深入"。

这种教学思想来源于维果斯基的"最近发展区"理论和"辅助学习"的观点。支架式教学首先肯定学习是一个主动的过程，儿童原有经验和发展水平是学习的基础。同时为了确保学习的有效性，教师必须不断提出挑战性任务和提供必要的支持，帮助儿童不断从借助支持到摆脱支持，逐渐达到独立完成任务的水平。按照支架式教学的教学思想，教师应启发孩子在完成一个任务后再提出新目标，以让他知道在哪个方面作进一步的努力。

三、认知主义学习理论在幼儿教学中的运用

(一) 突出了"幼儿中心"的思想

认知学习理论把幼儿作为研究的中心，将研究重点由对教师"教"的研究转向对幼儿"学"的研究。其理论前提是，幼儿才是决定学习什么的关键和直接因素，教师、教材、教法、教学环境等一切外部条件虽然是重要的，但都是间接因素。这为科学的发挥幼儿的主体性提供了科学的依据和实用的操作原理及方法。认知学习理论不仅研究幼儿的认知过程、认知策略、认知条件等，还研究认知活动展开的支持系统，如情感、意志等。认知学习与幼儿主体思想相互印证，相互促进，相得益彰，它随着幼儿主体思想的发展而发展，并不断得以深化，突出了幼儿自主建构的意义和必要性。

(二) 教学设计以利用和形成幼儿良好的认知学习作为价值和目标导向

基于认知学习的广泛内涵和重要作用，教师在进行各方面的设计时，要以激发和形成幼儿良好的认知学习为目标。这些设计包括环境设计、课程内容设计、学生活动设计等，其总体目标是为幼儿提供条件，让其自主地进行认知学习的建

构。这不仅是学习知识的需要,更是培养幼儿的主体性和创造性的需要,是基于幼儿主体思想所做出的必然选择。

（三）突出了学习与生活的关系

环境可以促进幼儿的认知学习,并使其处于激活状态,为新旧知识提供接触点。在活动环境的设计方面,要将情境融入真实的生活情境中去,让学习与生活连接,使幼儿在情境中感知;尽量创造和谐、民主的人际环境,加强师生之间的交流,促进师生、生生之间的互动。

（四）活动内容设计的条理化、结构化和整合化

根据认知建构理论所揭示的原理,教学内容的设计可采取两条互逆的途径:由一般到特殊和由特殊到一般的设计顺序,即遵循逐步分化和逐步统合的原则(奥苏贝尔的观点)。运用这两条途径的共同前提是,教师要了解学科的基本结构和各部分的相互关系,并且始终以形成学生优质的认知学习为目标。在实际的教学设计中,两条途径一般交叉使用。在奥苏贝尔的多种学习分类中,在他的原则中,明显地体现了交叉使用的原则。斯皮诺认为,双重表征知识能加强学习的认知弹性,促进语义表征和图像表征的结合,消除单纯语义表征的弊端。

（五）活动设计要体现幼儿主体性和自主性

这也是由认知学习的特性决定的。活动设计要为幼儿的自主活动留有余地,以幼儿的现有认知学习为起点,以幼儿自主建构的良好认知学习为终点。在空间设计上注意广延性、开放性;时间设计上要求有弹性,少讲多练,为幼儿的自主活动留下足够时间;方法设计上注意教会幼儿学的方法和策略;内容设计上要循序渐进,以旧知促新知,让幼儿能够自主吸纳,自主建构。总之,要幼儿做到建构性的学、累积式的学、目标指引式的学、反思性的学。

（六）教学中要设计有关认知学习的专门策略

教学设计不仅要考虑从宏观上对内容、情境进行设计,还要考虑从微观上对策略进行设计。这些策略包括激活原有认知学习的策略、巩固新建认知学习的策略,促进认知学习条件化、结构化、整合化的策略等。认知学习理论特别强调认知学习的作用,但认知学习并不是时时处于活动状态,也不是一经建立就能永久保持的。因此,进行上述策略的设计就尤为必要。围绕认知所进行的设计都是发挥和培养学生主体性的表现。

第三节 人本主义学习理论

一、人本主义简介

人本主义心理学是 20 世纪五六十年代在美国兴起的一种心理学思潮,其主要代表人物是马斯洛和罗杰斯。人本主义的学习与教学观,深刻地影响了世界范围内的教育改革,是与程序教学运动、学科结构运动齐名的 20 世纪三大教学运动之一。人本主义思想的核心就是认为人性来自自然,自然人性即人的本性,反对将人的心理低俗化、动物化,强调人是自然实体而非社会实体。这同以往的精神分析学派和行为主义学派相对立,因此也被称作心理学中的"第三思潮"。

人本主义的目标是要对作为一个活生生的完整的人进行全面描述。人本主义心理学家认为,行为主义将人类学习混同于一般动物学习,不能体现人类本身的特性,而认知心理学虽然重视人类认知结构,却忽视了人类情感、价值观、态度等最能体现人类特性的因素对学习的影响。在他们看来,要理解人的行为,必须理解他所知觉的世界,即必须从行为者的角度来看待事物。要改变一个人的行为,首先必须改变其信念和知觉。人本主义者特别关注学习者自己的个人知觉、情感、信念和意图,认为它们是导致人与人的差异的"内部行为",因此他们强调要以学生为中心来构建学习情景。

二、人本主义的主要理论

(一)马斯洛的自我实现论

马斯洛认为人类行为的心理驱动力不是性本能,而是人的需要。他将人的需要分为两大类、七个层次,好像一座金字塔,由下而上依次是生理需要、安全需要、归属与爱的需要、尊重的需要、认知需要、审美需要、自我实现需要。人在满足高一层次的需要之前,至少必须先部分满足低一层次的需要。第一类需要属于缺失需要,可引起匮乏性动机,为人与动物所共有,一旦得到满足,紧张消除,兴奋降低,便失去动机。第二类需要属于生长需要,可产生成长性动机,为人类所特有,是一种超越了生存需要之后,发自内心的渴求发展和实现自身潜能的需要。满足了这种需要,个体才能进入心理的自由状态,体现人的本质和价值,产生幸福感,马斯洛称之为"顶峰体验"。马斯洛认为人类共有真、善、美、正义、欢乐等内在本性,具有共同的价值观和道德标准,达到人的自我实现关键在于改善人的"自知"或自我意识,使人认识到自我的内在潜能或价值。人本主义心理学就是要促进人的自我实现。

(二)罗杰斯的自我理论

罗杰斯认为刚出生的婴儿并没有自我的概念,随着他(她)与他人、环境的相互作用,他(她)开始慢慢地把自己与非自己区分开来。当最初的自我概念形成之后,人的自我实现趋向开始激活,在自我实现这股动力的驱动下,儿童在环境中进行各种尝试活动并产生出大量的经验。有些经验会使他(她)感到满足、愉快,有些则相反。满足愉快的经验会使儿童寻求保持、再现;不满足、不愉快的经验会使儿童尽力规避。在孩子寻求积极的经验中,有一种是受他人的关怀而产生的体验,还有一种是受到他人尊重而产生的体验。不幸的是儿童这种受关怀、尊重需要的满足完全取决于他人。他人(包括父母)是根据儿童的行为是否符合其价值标准、行为标准来决定是否给予关怀和尊重的,所以说他人的关怀与尊重是有条件的,这些条件体现着父母和社会的价值观,罗杰斯称这种条件为"价值条件"。儿童不断通过自己的行为体验到这些价值条件,会不自觉地将这些本属于父母或他人的价值观念内化,变成自我结构的一部分,渐渐的儿童被迫放弃按自身机体估价过程去评价经验,变成用自我中内化了的社会的价值规范去评价经验。这样儿童的自我和经验之间就发生了异化,当经验与自我之间存在冲突时,个体就会预感到自我受到威胁,因而产生焦虑。预感到经验与自我不一致时,个体会运用防御机制(歪曲、否认、选择性知觉)来对经验进行加工,使之在意识水平上达到与自我相一致。如果防御成功,个体就不会出现适应障碍,若防御失败就会出现心理适应障碍。罗杰斯的以人为中心的治疗目标就是将原本不属于自己的,而是经内化而成的自我部分去除掉,找回属于他自己的思想情感和行为模式,用罗杰斯的话来说,就是"变回自己","从面具后面走出来",只有这样的人才能充分发挥个人的机能。人本主义的实质就是让人领悟自己的本性,不再倚重外来的价值观念,让人重新信赖、依靠机体估价过程来处理经验,消除外界环境通过内化而强加给自己的价值观,让人可以自由表达自己的思想和感情。

(三)人本主义学习理论的基本观点

人本主义学习理论是建立在人本主义心理学的基础之上的。人本主义主张,心理学应当把人作为一个整体来研究,而不是将人的心理肢解为不完整的几个部分,应该研究正常的人,而且更应该关注人的高级心理活动,如热情、信念、生命、尊严等内容。人本主义的学习理论从全人教育的视角阐释了学习者的整个的成长历程,以发展人性;注重启发学习者的经验和创造潜能,引导其结合认知和经验,肯定自我,进而自我实现。人本主义学习理论重点研究如何为学习者创造一个良好的环境,让其从自己的角度感知世界,加深对世界的理解,达到自我实现的最高境界。

罗杰斯认为人类具有天生的学习愿望和潜能,这是一种值得信赖的心理倾向,它们可以在合适的条件下释放出来;当学生了解到学习内容与自身需要相关时,学习的积极性最容易被激发,在一种具有心理安全感的环境下可以更好地学习。教师的任务不是教学生知识,而是要为学生提供学习的手段,至于应当如何学习,则应当由学生自己决定。教师的角色应当是学生学习的"促进者"。

马斯洛认为儿童的经验可划分为积极的经验和消极的经验,划分的依据是这种经验是否增强了其自我实现的倾向;儿童保持那些有助于自我实现的经验,规避那些相反的体验;每一个儿童自出生起就具有一种自我实现的倾向,并通过有目的的行为来获得满足。

与行为主义心理学和认知心理学相比,人本主义心理学的学习理论有两点独特之处:其一,人本主义心理学家提倡的学习理论,不像行为主义和认知心理学那样,是从验证性研究中得到原则后所作的推论,而多半是根据经验原则所提出的观点与建议。其二,人本主义心理学家所提倡的学习理论,不像行为主义和认知心理学那样,局限于对片面行为的解释,人本主义学习理论强调把人作为一个整体来研究。

三、人本主义学习理论在幼儿教学中的运用

人本主义学习理论从人的自我实现和个人意义的角度出发,认为学习是个人自己的,是个人整体投入其中并产生全面变化的活动。

今天的儿童是具有独立存在的价值、丰富的精神生活和不断发展的人。自主学习需要看到儿童的这一特性,把儿童作为"完整的人"来教育,在关注儿童认知学习的同时,重视儿童人格的全面发展,特别是儿童自我概念的发展。

(一)人本主义理论与对幼儿自主学习的尊重

1. 尊重幼儿选择学习内容的权利

人本主义理论和幼儿教育实践启示我们,幼儿具有自主探索的能力,有自己的兴趣、需要和水平,同样也具有自主选择学习内容的能力和权利,而怎样选择学习内容,则是由幼儿特有的发展水平和兴趣决定的。

2. 尊重幼儿选择学习方式的权利

新课改形式下的教学活动是教与学的双边活动。因此,我们不能忽视幼儿是学习的主体的地位,要从关注教师"怎么教",转为关注幼儿"怎样学",即关注幼儿的学习方式,尊重幼儿选择学习方式的权利。

3. 尊重幼儿交往游戏的权利

在很多成人尤其是家长的观念中,往往把学习活动和幼儿的交往、游戏活动相对立,限制甚至反对游戏、交往等活动。殊不知幼儿游戏、交往活动是最适宜

第四章 幼儿学习理论

幼儿的学习方式。在日常生活中,幼儿个体经常与他人有某些联系,如同伴游戏、交流、合作、冲突等,这些联系本身就是幼儿的一种学习,是幼儿在"关系中的学习"。

(二)人本主义理论与幼儿自主学习的策略

在尊重儿童的学习内容、学习方式和游戏需要的理念下帮助儿童有效地进行自主学习,使幼儿的"学习潜能"逐步转化为"学习能力"。需要注意以下几点:

(1)创设具有心理安全性的学习气氛。儿童的自主学习是在与他人的交往过程中实现的,这种交往的顺利进行依赖于一种良好的学习气氛。

(2)良好的学习气氛使群体成员间充满真诚、相互信任和理解。幼儿能体会到归属感,他们因此而觉得独立和自由,愿意表达自己的内心世界。

(3)作幼儿学习的"促进者"。情感是认知的动力,人的学习积极性是由"情感反射"推动的。如果教师发挥情感因素,就会促进儿童自觉地、乐意地、积极地学习。

【案例分析】

我长大了

那天,活动室里格外热闹,原来是保健老师把孩子们的体检报告单拿来了,孩子们纷纷拿起写有自己身高、体重的报告单,煞有介事地看了起来。"你多高呀?""我比你高""你没我重""我长大了"孩子们的讨论声此起彼伏……汪老师观察到这一切,不失时机地问孩子们:"你们都知道自己的身高、体重了?"在汪老师的建议下,孩子们各自拿着报告单与同伴交流起来……

汪老师说:"我刚才听到有的小朋友说自己长大了,你们怎么知道自己长大了呢?"刘伯谦说:"我照照镜子,就知道自己长大了。"妞妞说:"我过生日的时候发现妈妈给我买的皮鞋都穿不上了,我就知道自己长大了。"嵇颖说:"我现在吃得很多,我知道我长大了。"曹思漩说:"爷爷带我称过电子秤,那上面红灯一亮,就会有数字显示出来,我知道我长大了。"汪老师说:"你们说了那么多,告诉我你们长大了,可是我还是有点不大相信。因为我只看到了你们现在的身高、体重,你们光凭这张报告单就能知道自己长大了吗?"孩子们摇摇头。"那怎么办呢?"这下子孩子们面面相觑,被难住了。汪老师笑嘻嘻地问:"曹思漩,你还记得爷爷带你去称电子秤时的身高、体重吗?"曹思漩:"我不记得了,但是我家里有一张小卡片,我回去找。"

第二天,曹思漩拿出了记有自己身高、体重的卡:121厘米,21千克。汪老师问:"你有没有长大呢?"曹思漩使劲地点点头说:"我现在是123厘米,24千克。"这下,孩子们才恍然大悟。在孩子们的要求下,汪老师从保健老师那儿拿来了他们上学期的身高、体重测量数据。孩子们每人拿到自己上学期的报告单,便迫不及待地将两份报告单比较起来。

这时,汪老师说:"保健老师很想知道我们班到底有多少小朋友既长高又长胖了,有多少小朋友长高了但没长胖,有多少小朋友没长高却长胖了,有多少小朋友既没长高也没长胖,你们有办法吗?"孩子们七嘴八舌地讨论开了。最后,他们达成了一致意见——由每个小组记录该组孩子长高、长胖的结果。接着,又一个问题出现了:"怎么记呢?"在汪老师的建议下,孩子们分成小组进行讨论。

经过讨论、协商、争议和妥协,四个小组完成了记录。汪老师把四张记录纸分别贴在黑板上,每组所用的统计方法和统计符号并不一样:第一组用的是打"√"的方法,第二组用的是画"○"的方法,第三组是写名字,第四组则是用写数字的方法。最后,在讨论和协商中孩子们完成了对全班儿童身高、体重、长高、长胖情况的记录。

资料来源:《幼儿教育》2005年11期,作者:黄瑾

分析与思考

汪老师的教学方法体现了哪一种学习理论的思想?

▶阅读推荐◀

1. B. R. 赫根汉,马修·奥尔森. 学习理论导论(第七版). 上海教育出版社,2011

2. 朱家雄. 建构主义视野下的学前教育. 上海:华东师范大学出版社,2009

▶思考与探索◀

1. 简述斯金纳的操作学习理论的基本观点及其在幼儿教育的中的指导意义。
2. 如何根据行为主义学习理论指导幼儿教育实践?
3. 认知主义学习理论对幼儿教育有何指导意义?
4. 建构主义学习理论对幼儿教育有哪些启示?
5. 人本主义学习理论对幼儿教育有何指导意义?

第五章
幼儿语言的发展与教育

【内容提要】 本章主要阐述幼儿语言在语音、词汇、语法和口头表达能力等方面的发展特点,以及如何在全语言教育理念指导下开展幼儿早期语言教育。

【学习目标】 通过本章学习,能正确了解幼儿语言发展的特点;理解并思考全语言教育理念对幼儿教育的启示;掌握早期阅读教育和书写教育的方式、方法。

皮亚杰认为,语言是思维的工具,是为思维服务的。同时,语言也是接受知识的工具,没有这个工具,我们将很难获得广泛的知识。人类之所以优于其他动物而取得今天的进步,就是因为使用了其他动物所不具备的语言。学前期是人类语言发展的关键时期,学前期语言教育是整个幼儿教育中最基础、最重要的组成部分。

第一节 幼儿语言的发展

一、语言的概念和作用

(一)语言的概念

语言是一种社会现象,它是人类在社会实践中逐渐形成和发展起来的交际工具,是一种社会上约定俗成的符号系统。人们在改造客观世界的活动中,产生了交际的需要,而伴随着交际就产生了语言。人类有了语言后,就可能在较短时间内认识和掌握科学知识,可以接受老一代的经验。一个民族往往是使用一种语言。如:汉语,它是以一定的语音和字形被人们所感知(视、听)的;汉语的词汇就像丰富的建筑材料,代表不同的事物或现象;而语法,则反映出我们祖先的思维逻辑性。用语言作为工具进行的交际活动,就是言语活动。

(二)语言在幼儿心理发展中的作用

1. 幼儿掌握语言的过程,也就是幼儿社会化的过程

幼儿掌握语言的过程,即是幼儿社会化的过程。因为幼儿说话和学习语言,主要是为了能和别人交流,其中包含表达自己的愿望、不满、请求或命令,保持自己和别人之间的关系,获得知识、发表见解等。

语言在幼儿时期的功能,除了请求和问答外,还有陈述、商量(协调行动)、指示和命令、对事物的评价等。与此相适应的是连贯性语言、陈述性语言逐渐发展。4 岁以后,幼儿之间的交谈大为增加。他们会在合作活动中谈论共同的意愿、活动方式,并在"讨论"中学会商量共事。5 岁以后,在幼儿的争吵中,已经开始出现用语言辩论的形式,而不再是单纯靠行动来表示了。

2. 言语与幼儿的认识过程

语言是思维的武器,个体言语水平影响其思维过程。由于语言的参与,使幼儿的认知过程发生了质的变化。尤其是语言在感知中的概括作用充分说明了这一点。具体表现为:

(1)借助语词可以把感知的事物及其属性表示出来。通过语词使感知到的东西成为理解了的东西。

(2)借助语词将相似的物体及其特征加以比较,易于找出并辨别各种物体的差别。

(3)借助语词可分出事物的主要和次要特点。

(4)借助语词能概括地感知同类事物的共同属性,易于认识事物的共同特征,而且可以根据事物的主要特征,认识同类的未知事物。例如:幼儿吃过梅子知道梅子是酸的,后听说"山楂很酸",则幼儿不用尝山楂便可知其味酸。也就是说,语言能助幼儿迅速认识和概括出新事物的特征。

3. 言语对幼儿心理活动和行为的调节作用

言语对幼儿心理活动和行为的调节功能,即自我调节功能,是和其概括功能——自觉的分析综合功能密切联系的。幼儿只有对自己的认知过程中的种种因素进行分析综合,才能对认知过程进行调节。

各种心理活动向有意性发展,这是由语言的自我调节功能引起的。如幼儿初期无意注意占优势,这种注意是由外界事物本身的特点引起或由成人的语言来组织的。到幼儿晚期,幼儿会用自己的语言来组织自己的注意,即较自觉地产

生了有意注意。同样,幼儿的识记由最初的无意识记向有意识记发展,也是这个道理。此外,幼儿的情绪和意志行为,也是由执行成人的指示、受成人组织,过渡到渐渐能自己用语言来提出对自己的要求,形成能够自己控制和调节的情绪和意志行为。

二、幼儿语言的发展

幼儿语言的发展,可以从语音、词汇、语法、口头表达能力等四方面来分析。

(一)语音

1. 幼儿发音的正确率与年龄的增长成正比

幼儿语音水平是随着年龄增长,发音器官日趋成熟而不断提高的。3~6岁是儿童语音发展最重要、最迅速的时期,其中,4岁是语音准确性进步最快的年龄。以汉语普通话发音为例,3岁时,城市儿童声母和韵母发音准确率均在66%左右,而到4岁时,则可达到97%~100%。

4岁以上幼儿一般能掌握本民族语言语音。此后发音开始稳定并趋于方言化,即开始局限于本民族或本地方的语音。因此,4岁前后,是培养正确发音的关键期,在这期间,儿童几乎可以学会世界各民族语言的任何发音。而在4岁以后,发音则逐渐趋向于方言化(如:南方儿童在学普通话时,对"en"和"eng"、"in"和"ing"等有无鼻音的韵母就较难区分,这和成人在学外语或其他方言时常带乡土口音的情况是类似的),因此,必须注意学前儿童,特别是3~4岁儿童的正确发音。

到6岁时,孩子们不仅能准确地发出词音,而且能按语句的内容调节自己的音调,能清楚准确地发出四声。假如这时的幼儿还有发音不清的情况,就属于个别现象了,应该进行专门的检查和治疗。

2. 幼儿发声母比发韵母困难,错误较多

3岁左右的幼儿,由于听觉不够灵敏,还不能区分差别较小的声音;同时,他们发音器官的发育尚未完善,控制发音器官的能力较差,还不会运用发音器官的某些部分发音及使用正确的发音方法,所以有不少声音发不准。如:常常把需要用舌根的不送气塞音"g"、"k",发成舌尖音"d"、"t",从而出现把"哥哥"说成"得得","开水"说成"苔水"的现象;常常把需要用舌尖后位的"zh"、"ch"、"sh",发成舌尖前位的"z"、"c"、"s",或是发成舌面的"j"、"q"、"x",从而出现把"老师"叫成"老西","汽车"说做"汽切"的现象。幼儿对于"n"和"l"、"r"和"l",以及"h"和"f"也常常分不清,从而把"奶奶"叫做"来来",把"真热"说做"真乐",把"灰尘"说成"飞尘"。而在35个韵母中,对单韵母 e 和鼻韵母 an、ian、ing、ueng、iong,容易混淆。另外,幼儿对语音的组合和音节的转换也有困难,有时单音发准了,但讲成句子,仍然发不准,如把"老公公快快来"讲成"老蹦蹦派派来"。但幼儿语音的发展极为迅速,他们对语音的模仿力强,可塑性大,可以根据环境所提供的语音模式学发各种语音。

3. 语言环境是影响儿童正确发音的重要因素

虽然发音器官的成熟度决定了幼儿的发音水平,但社会环境也严重影响着幼儿发音的准确度。据研究,在跟随成人即时发音时,幼儿对不少音素的发音是正确的,然而当他们独自背诵学会的材料时,不少原来能正确发的音却又变得不正确了。这说明,当发音器官已基本成熟之后,当地语言的发音习惯对幼儿的正确发音产生了严重的阻碍作用。

除此之外,环境中的其他因素(教育条件,家庭环境)也会影响幼儿的正确发音。如,同年龄的农村儿童,特别是3~4岁儿童的语音发展落后于城市儿童,主要原因是农村儿童的家庭、社区环境和教育条件,特别是早期教育条件不如城市。

4. 发生语音意识

幼儿期,主要是4岁左右的语音意识明显发展起来,逐渐开始能自觉地、有意识地对待语音,这表现在他们对别人的发音很感兴趣,喜欢纠正、评价别人的发音上,也表现在对自己的发音很注意上,积极努力地练习不会发的音。幼儿学会后十分高兴,如果别人指出他发错的音,他就会生气,对难发的音常常故意回避或歪曲发音,甚至为自己申辩。这些都说明幼儿已有正确发音的听觉表象,并实际掌握了发音标准,在自觉主动地学习语音。

(二)词汇

对词义的理解是儿童正确使用语言和理解语言的基础,是语言发展中极为重要的方面。幼儿期是儿童掌握词汇最关键的时期,在这个阶段,幼儿掌握的词汇数量、范围和对词义的理解及运用都在迅速地发展。

1. 词汇量增加

幼儿期是人一生中词汇量增加最快的时期。在此阶段,当幼儿遇到一个新词后,能够很快把这个新词与一个潜在的概念联系起来(这一过程被称作"快速映射")。他们通过把新词与已经掌握的词进行比较,来理解新词的意义;他们还会通过观察词汇在句子中的使用来发现词的意义;另外,他们还可以利用成人的社会线索及成人直接提供的信息来增加自己的词汇量;幼儿们一旦掌握了充足的词汇后,就会延伸语义,创造出新词。

所以,幼儿的词汇量每年都在迅速增加:3岁时能达到800至1 100个,4岁时达到1 600至2 000个,5岁时增至2 200至3 000个,而到6岁时,幼儿的词汇数量可达3 000至4 000个,这一增长速度是以后各个时期所达不到的。

2. 词类范围扩大

词从语法上可分为实词和虚词两大类。实词指意义比较具体的词,包括名词、动词、形容词、代词、副词等;虚词指意义比较抽象的词,一般不能单独作为句子成分,包括介词、连词、助词、叹词等。国内外研究表明,幼儿掌握词的类型由少至多,体现了一定的顺序。其规律如下:

幼儿一般先掌握实词,再掌握虚词。实词在3~4岁时增长的速度较4~5岁迅速,而虚词则在4~5岁时增长较为迅速。由此可见,4~5岁是词汇丰富的活跃期,而5岁是幼儿语言能力朝着连贯、简练发展的转折点,也是言语质量提高的关键期。当然,在幼儿词汇中,虚词仅仅占很小的比例,远远不能与学龄儿童相比。

在实词中,幼儿最先掌握名词,其次是动词、形容词和其他实词。在三四岁幼儿所掌握的词汇中,绝大多数是名词、动词,还有部分形容词。到五六岁时,形容词大量增加,其他各类词如副词、数词、量词等也逐渐被掌握和使用。到幼儿末期,人类言语活动中最基本的一些词类在幼儿言语中都可以找到。

名词在幼儿的词汇中占主要地位,比例最大,然而3~6岁期间名词的绝对量虽在不断增加,但在词汇总量中的比例却有递减趋势。此外,与西方儿童相比,中国儿童对动词的掌握尤为迅速,这是因为在汉语中,名词在成人的语言里经常被省略,而动词经常被强调的原因。

3. 词义丰富和加深

幼儿期,随着生活经验的丰富,在思维发展的同时,词的概括性联系系统也逐渐发展,对词义的理解趋向丰富和深刻化。这表现在:一方面幼儿掌握的每一个词本身的概括性逐渐增长。如"兔子"一词,对较小的幼儿来说,意味着只是兔子的外形特征;而对较大的幼儿来说,还包括兔子的生活习性,兔子和人类的关系等;另一方面,幼儿掌握的较高抽象性、概括性的词汇数量逐渐增加。比如,在过去,幼儿只掌握"老虎"、"狮子"、"狗熊"、"猴子"等词,现在则掌握了概括这几种东西的词——"动物"。当然,和成人相比,幼儿对词义的掌握,还是不够丰富和深刻的。对多义词,幼儿通常只能掌握其最基本和最常用的意义,而对词的转义,还几乎不能掌握。高级词汇在幼儿掌握的词汇中,也还是较少的,而且幼儿对这些词的理解与学龄儿童或成人相比也有很大区别,显得幼稚、肤浅,更谈不上很好地运用。幼儿掌握、运用得较好的,还是基本的、常用的、抽象概括性较低的词。

4. 积极词汇增多

积极词汇是指儿童既能理解又能正确使用的词汇;消极词汇是指不能理解或有些理解却不能正确使用的词汇。在儿童语言发展过程中,幼儿的积极词汇随年龄的增加而不断增多,并使消极词汇不断转化为积极词汇。如有研究表明,各年龄段能积极应用的时间词汇占该年龄段时间词汇总数之百分比分别为：2岁占0.33％，2.5岁占5.94％，3岁占9.9％，3.5岁占10.56％，4岁占16.17％，5岁占19.14％，6岁占37.95％。不过，虽然幼儿已经掌握了许多积极词汇，但仍有不少消极词汇，因此常常发生乱用词的现象。例如：把"粗"说成"胖"，把"一个人"说成"一只人"，把"明天"说成"昨天"等等。所以在教育上应注重发展幼儿的积极词汇，促进消极词汇向积极词汇转化。

幼儿对积极词汇的掌握，有赖于两个条件：第一，对词义有正确理解，这与幼儿是否具有关于这个词的直接或间接经验有关。如果所学的是一个很抽象的词，跟幼儿经验没有任何联系，那么，纵然幼儿也能"鹦鹉学舌"地说出来，但它仍是一个消极的词。第二，在不同场合正确地使用词。有许多幼儿能听懂但不会使用，或者不能正确地使用，那么，这些词仍然是消极的词汇。为了把消极词汇变成积极词汇，就要创造条件使幼儿能在不同的场合来使用这些词。从中，我们能够看出，作为对思维细胞——概念的物质外壳的词的理解和应用，本身就体现了思维发生和发展的水平。因此，发展幼儿的积极词汇，是加速他们思维发展的一个重要措施。

（三）语法

仅有词汇并不能进行言语交往，还必须按照造句的规则，将词或词组组成句子，才有使用言语交流思想的可能。而语法即是指我们把词汇组合成有意义的词组或句子的方式。在整个学前期内，幼儿在学习说话的过程中，不仅掌握了语音、词汇，而且无形中也逐渐掌握了各种基本的语法结构形式。幼儿对语法的掌握有以下特点：

1. 从不完整句到完整句

最初，幼儿所掌握的句子结构是不完整的，多是单词句和电报式句子。如"妈妈买"、"爸爸在电脑"。2岁以后，逐渐出现比较完整的句子。3岁幼儿使用的句子基本上都是完整的简单句，并且开始使用较复杂的修饰语，如"我要买好多好多玩具"。3岁半左右是幼儿使用复杂修饰语句子的数量增长最快的时期，使用复杂修饰语句子的能力也在逐渐增长，同时，幼儿期句子的长度也在随着年龄的增加而递增，结构也日趋复杂。

2. 从简单句到复合句

研究表明，不管是简单句还是复合句，在幼儿时期均在增加；且简单句所占的比例随着年龄增加而逐渐下降；而复合句所占的比例随着年龄增加而逐渐上升。3岁左右的幼儿大量运用的是由十来个字词组成的简单句，由于他们对词和词的关系掌握不好，所以经常出现语法上的错误。4岁左右，幼儿开始能够大量准确地运用简单句，并能用许多简单句来较具体地描述自己的见闻，或说明自己的意思。语言发展较好的幼儿,已经开始出现了复合句式。不过,他们的复合句式,基本上只是简单句的结合,没有连词。到五六岁时,由于幼儿思维的发展,知识经验的积累,且在正确教育的影响下,幼儿语言中各种类型的复合句相继出现,并且不仅有反映时间、空间关系的复合句,而且还有反映原因和结果、手段和目的、部分和整体等关系比较复杂的复合句。

当然,整个幼儿期简单句所占的比例还是比较高的,而且,幼儿所说的复合句有一个明显特点,就是连词用得少。5岁以后,虽然出现了连词,但有时还用得不很恰当。这与幼儿对词义的理解不深和揭示事物间关系的思维能力还较差有关。并且,在整个幼儿期,幼儿虽然能够说出各种合乎语法规则的句子,但并不能把语法规则当做认识对象,他们只是在语言习惯上把握了它。因此,专门的语法学习对幼儿来说是很困难的,也没必要。

3. 从陈述句到多种形式的句子

在整个幼儿期,简单的陈述句仍然是最基本的句型,占的比例最大。其他形式的句子,如疑问句、祈使句、感叹句等也发展起来了。其中,疑问句产生得较早。

在幼儿的语言发展中,还可看到他们由于受简单陈述句句型模式的影响,往往对一些复杂的句子形式不能理解而发生误解。如对双重否定句很难正确理解,于是把"没有哪个小朋友是不去幼儿园的"误解为"没有小朋友去幼儿园",或根本不理解。此外,四五岁以前的幼儿一般不能正确理解被动句的含义,他们会按照词语出现的次序来做出自己的解释,这种理解策略叫做"词序策略"。例如,对"乐乐把豆豆的脸抓破了",幼儿可以正确理解,但是对"豆豆的脸被乐乐抓破了",幼儿就可能理解为"豆豆抓破了乐乐的脸"。当然,如果幼儿发现解释不合常理时,也会改变并作出正确的解释,这种理解策略叫做"可能性策略"。例如,对"蛋糕被妈妈吃完了",幼儿就可以正确理解。如果成人在与幼儿交流时,较多的使用被动句及其他较复杂的句式,并鼓励幼儿使用,就可以促进幼儿对这些句式的掌握。

(四)口头表达能力

在掌握比较丰富的词汇和基本的语法结构的同时,幼儿的口语表达能力也相应地发展了起来。

1. 从对话言语逐渐过渡到独白言语

从交际的方式而言,口语可分为对话式和独白式两种。对话是两个人之间的互相交谈;独白则是一个人独自向听者讲述。

从对话能力的发展来看,在小班初期,幼儿之间比较多的是互相模仿、互相告知或自言自语,不能针对别人的需要讲话,只是偶尔夹杂着极其简短的对话。

而师生之间的对话,其针对性要比幼儿之间的对话强,因为教师能根据幼儿说话的内容和幼儿的理解能力提出一些问题,使会话继续下去。中、大班的幼儿能更主动地找教师交谈,也能提出比较复杂的问题请教师解答,但师生之间的对话仍然需要教师作些引导,才能不断提高对话的水平。在教师的教育下,5~6岁幼儿的对话能力有了明显的发展。幼儿之间产生了交谈,而且能就共同关心的问题开展讨论。

由于幼儿独立性的发展,活动范围的扩大,在他们与同伴及成人的交往中,需要独立向别人传达自己的思想感情、知识经验等,这就促进了独白言语的产生和发展。当然,幼儿独白言语的发展水平还是很低的,尤其在幼儿初期。3~4岁时幼儿虽然已能主动讲述自己生活中的事情,但由于词汇贫乏,表达显得很不流畅,常有一些多余的口头语。4~5岁时幼儿可以独立地讲故事或各种事情。在良好的教育条件下,5~6岁的幼儿能够大胆而自然、生动且有感情地进行讲述。

2. 从情境性言语过渡到连贯性言语

情境性言语是指幼儿在独自叙述时不连贯、不完整并伴有各种手势、表情,听者需结合当时的情境,审察手势表情,边听边猜才能懂得言语的意思的语言。这种言语是幼儿言语从不连贯走向连贯过程中的一种言语形式。连贯性言语则是指句子完整、前后连贯,能反映完整而详细的思想内容,使听者从语言本身就能理解所讲述的意思的语言。

学前初期,幼儿的言语表达能力是比较差的,和婴儿期差不多,带有很大的情境性。他们不能作完整、连贯的叙述,而经常是想到什么,就说什么,东一句、西一句地讲,使用的是没头没尾、断断续续的短句;经常出现没有主语、动宾不当或词序颠倒、重复等现象;并且夹杂较多的手势和表情,以此辅助口头表达上的不足。

在学前中期,随着实践活动和集体活动的增多,幼儿需要向成人或小朋友表述自己的知识经验、思想感情、兴趣爱好,甚至某种生活经历,而那种夹杂着浓厚的情境性的、不连贯的言语,已不能完成上述任务。因此,这就促使幼儿的连贯性言语逐渐发展了起来,这个时期幼儿开始能够比较完整、连贯地进行叙述。

到学前晚期,在教育和环境的影响下,在不断的表达实践中,幼儿的连贯性语言逐渐代替了情境性语言,成人仅凭言语本身,就可理解幼儿所要表达的意思了。

3. 内部言语的发展

言语可按活动的目的和是否出声,分为外部言语和内部言语两类。内部言语是言语的高级形式,它不是用来和人交际的言语。它的发音隐蔽,而且比外部言语更概括、更简练。

内部言语是从幼儿前期开始产生的,它是在儿童外部言语发展到一定阶段的基础上逐步派生出来的。它的原始形态或过渡形态是一种介于有声言语和内部言语之间的言语形式,即出声的自言自语。首先发现这个现象的是皮亚杰,他把这种言语形态称为"自我中心言语"。自我中心言语有两种形式,一种是"游戏言语",另一种是"问题言语"。

游戏言语是一种在游戏、绘画活动中出现的言语。其特点是一边做动作,一边说话,用言语补充和丰富自己的行动。这种言语通常比较完整、详细,有丰富的情感和表现力。如幼儿一边搭积木,一边发出声音"这里面可以走人,桥洞里可以过船……"

问题言语是在活动中遇到困难或问题时产生的言语,用以表示困惑、怀疑、惊奇等。这种言语一般比较简单、零碎,由一些压缩的词句组成。

幼儿中期以后,内部言语逐渐在自言自语的基础上形成。原来由自言自语所承担的自我调节功能,也随年龄的增长逐渐由内部言语来实现。

第二节 幼儿语言教育

一、全语言教育理念

全语言教育理念是近年来国内外儿童语言教育界最为重要的一种理论思潮,是美国学院派实验、研究的成果。20世纪70年代末80年代初,以心理语言学家古德曼为代表的一批学者,受维果茨基理论的影响,将儿童语言教育置于社会文化环境中进行再思考,并且吸收了当代有关儿童语言发展的研究成果,开展了"全语言"的语言教育改革运动。20世纪90年代以来,全语言教育的思想逐步传入我国,对我国的语言教育产生了积极的影响。总体上讲,"全语言教育"是一种教育哲学观,而不是一种教学方法,它主要是对影响儿童语言学习与发展诸多因素的重新思考,提倡开放式的语言教育,即将传统的"师传生受"的语言教学过程转变为教师和儿童合作学习的过程。全语言教育理念的基本原则有以下几点:

1. 儿童的语言学习是整体性的学习

儿童从出生起就已经具备了学习作为人的全部语言的基本条件,儿童语言发展的过程是以完整的方式呈现出来的。因而儿童语言的学习应当是完整的学习,早期语言教育应当不仅重视儿童听说能力的发展,同时也要注意为他们读写能力的发展作准备。

2. 儿童的语言学习是自然而然的学习

全语言的提倡者注重儿童语言发展的规律,认为儿童是以通过与他人互动的方式学习和使用语言的,主动理解是儿童学习语言的特点。因此,有关教育机构要为幼儿提供各种学习语言的机会和资源,让幼儿被充满语言和文字信息的环境所包围,同时采用"自然学习模式"(即示范、参与、练习或角色扮演、创造表达)进行语言教育。

3. 儿童的语言学习是有效的和有用的学习

研究发现,有效的语言学习不一定是"正确的"或者是"标准的",而是连接个人生活经验和社会的学习。对幼儿来说,只有当他们的语言学习是有用的,即能够用语言来沟通时,这种学习才能对他们产生意义。因此,教育者要注意引导幼儿在情景中学习语言,脱离了情景的语言对儿童来说是没有意义的。

4. 儿童的语言学习是整合的学习

全语言教育的新观念告诉人们,人的学习是符号的学习。从早期语言教育的角度来看,语言既是幼儿学习的对象,也是幼儿学习其他内容的工具。全语言的研究者吸取了维果茨基的观点,认为任何符号系统学习的原理都是相通的,因而建议将不同的符号系统交叉运用到儿童学习的过程中来。例如,在语言学习中运用艺术、戏剧、音乐、舞蹈等手段。这种打破学科界限的学习,不仅有利于儿童的语言学习,而且有利于儿童对其他相关领域内容的学习。

5. 儿童的语言学习是开放而平等的学习

在全语言教育观念中,教师和儿童是构造愉快学习过程的共同体。从教师方面来说,他们熟悉学习和教学理论,据此选择课程内容和教材,并设计教学活动。从儿童方面来说,在教育过程中,儿童和教师是合作学习关系。教师的责任是为儿童创设一个良好的语言学习环境,并在儿童之间营造一个非竞争性的学习共同体。尤其要注意的是,当儿童有权自主选择的时候,学习的效果会更好。

6. 儿童的语言学习是创造性的学习

语言的学习和应用兼具守成与创新两方面的特点。守成是指语言是社会约定俗成的产物,一个特定的社会文化环境里的通行语言一定是有共同定义的。但是,语言也是不断创新的产物。在全语言研究者的眼里,儿童学习语言的过程是没有"错误"可言的,有的只是他们的"尝试"和"创新"。只有尝试了,才会获得正确的表达方式,尝试是创新的前奏和必由之路。教育工作者应当充分肯定和鼓励儿童语言学习的创新精神。

二、早期阅读教育

(一)早期阅读的意义

阅读是将要伴随儿童一生成长的活动,是学习的基础。人的阅读能力往往决定了他的学业成就,同时也是一个人未来从事各项工作的基本条件。不过,与

第五章　幼儿语言的发展与教育

学龄阶段的阅读不同,对于幼儿来说,只要是与阅读活动有关的任何行为,都可以算作阅读。如用拇指和食指一页一页地翻书;会看画面,能从中发现事物的变化,将之串联起来理解故事情节,读懂图书;会用口语讲述画面内容,或听老师念图书文字等。幼儿早期阅读的重要性主要体现在:

(1)能够激发幼儿的学习动机和阅读兴趣;

(2)是幼儿语言能力学习的重要途径;

(3)可以开阔幼儿的视野;

(4)为今后的学习所需要准备阅读技巧;

(5)陶冶幼儿的情操。

(二)幼儿自主阅读能力

3~8岁是儿童学习阅读的关键期,在这个时期,儿童需要养成阅读的习惯,形成自主阅读的能力,且在阅读学习过程中逐渐能够独立思考。尽管他们还不完全识字,但是他们能够独立阅读各种图文并茂的书,能够自己与书对话,成为成功的自主阅读者。唯有成为自主阅读者,才算真正具备了基本的阅读能力,才会对通过阅读获取信息具有持续的兴趣和热情。幼儿自主阅读能力主要包括两个方面:

1. 口头语言与书面语言的对应能力

学龄前阶段是幼儿口头语言发展的关键期。对幼儿来说,他们的早期阅读过程是与他们已经获得的口语分不开的,学习书面语言是调动自己口语经验,将书面语言信息与自己已有的口语经验对应起来,是幼儿自主阅读能力发展的一个重要方面。比如,在他们阅读的时候认读"妈妈"这两个文字,必须要调动自己原有的语言经验,使之与文字符号对应起来;再如"我要红气球"和"气球是红的"是不同语法的表现形式,需要幼儿在阅读这样的书面语言时,能够调动口语语法经验来完成认知加工过程。

2. 能够流畅阅读的策略预备能力

幼儿还不可能是流畅的阅读者,因为他们对阅读内容并没有也不可能真正理解。要成为一个流畅的阅读者,需要他们在理解阅读内容时掌握几种初步的技能:

(1)反思的策略预备能力。

让幼儿在听故事看图书的过程中,能对故事里所发生的事情、对故事里的人物等进行种种思考,或听完故事、看完图书之后,有一个对阅读内容的反思过程。这种能力将有利于幼儿加深对阅读内容的理解。

(2)预期的策略预备技能。

在幼儿积累了相当的听故事和阅读图书的经验之后,就有可能在听到或看到类似的内容时,对故事的事件发展和人物的取向做出推测。这样的预测能力,可以帮助幼儿在未来的阅读学习中,能比较快速地理解阅读内容。幼儿认读或书写文字,及各种书面语言的学习过程,均需要这样的技能参与。如:在《兔子先生去散步》的阅读中,当页面出现"●"符号时,教师以提问的形式引导幼儿思考"兔子先生会遇到什么样的事情呢?他是继续往前走呢,还是回家去?"教师适宜地提问,引导幼儿对即将发生的故事进行预期思考,就能帮助幼儿形成善于推测的思维习惯和能力。

(3)质疑的策略预备技能。

在整合的阅读理解过程中,还需要幼儿有质疑阅读内容的能力。如听完故事或看完图书之后,问一问幼儿为什么这个人会这样做,为什么这件事情会发生等问题让幼儿养成思考"为什么"的习惯,有助于幼儿在阅读时寻找到事件发生发展的某种原因,以比较深入正确地理解阅读内容。质疑不仅是阅读的基本技能,也是科学探索所必须具备的能力,二者是可以互通并相互促进的。我们在有组织的科学活动中,如加强培养幼儿的质疑能力,则对他们阅读技能的提高将有很大帮助。

(4)假设的策略预备能力。

假设是与想象联系在一起的。听故事或者看图书之后,我们可以让幼儿假设:换一个条件或情景,故事里的人或者动物会怎样?事情会朝着什么样的方向发展?假如这样会如何?假如那样又会怎么样?幼儿有了这些假设的策略技能之后,可以将之推广到未来书面语言的学习过程中去,将会对他们未来的阅读和写作产生积极的作用。

(三)早期阅读教育的方法

早期阅读并不在于单纯发展幼儿的阅读能力,而是要让幼儿通过各种途径接受各种信息,形成看、听、读、写一整套的养成性教育,为幼儿今后的学习打下良好的基础。

1.创设适宜的阅读环境,激发幼儿的阅读兴趣

教师和家长要充分利用室内外空间为幼儿营造一个能够处处见到汉字与实物紧密结合的环境。如大门、花园、教室、桌椅、门窗、玩具等凡是能与汉字结合的实物都尽可能地与汉字挂钩,让孩子们在见到物的同时就能见到与之相对应的汉字。这样孩子们就会自然而然地把图像、声音、语义、符号自动地整合到一起,从而实现对汉字的认识。带幼儿外出参观、散步时,可以引导幼儿观察街道、商店、建筑物上的汉字,让幼儿感觉到文字无处不在。

在人际交往中,也要注意营造汉字教育的环境。例如,可以把孩子们的名字写入"标志",在胸卡上、杯子上、小床上、橱子上都有每个人的"标志"。孩子在与

教师、小朋友的交往中,"标志"上的汉字自然就记住了。这样做,既可以加深人与人彼此间的感情交流,又在不知不觉中进行了识字教育。

根据幼儿年龄特征,选择一些图文并茂、以图为主、文字大而少的图书、报刊等供幼儿阅读。在安全的前提下,不论大书还是小书,都要放在幼儿伸手可及的地方,让幼儿摸到书,使幼儿和书建立亲密的感情。同时要允许幼儿刚接触书时对书的"不爱惜",因为,幼儿是通过撕、咬等行为对书进行探索的。

2. 培养幼儿的阅读常规,养成良好的阅读习惯

在培养幼儿早期阅读兴趣的同时,应有目的地训练幼儿做事认真细致、有条理、不怕困难、做事有始有终等良好的学习习惯。

注重阅读技能、习惯培养。了解书的结构,知道书有封面、封面上有书名,每页书上有页码;掌握拿书、翻书和看书的基本方法;知道阅读要从左到右,自上而下,书要一页一页从前往后轻轻翻;在图书角看书时要安静,不能打扰别人;对图书要爱惜,不折损、不撕页、不在书上乱涂乱画等。

引导幼儿读懂图书内容:会看画面,能从中发现人物表情、动作、背景,将之串联起来理解故事情节;要求幼儿仔细阅读,理解内容,想想、说说书中讲了一个什么故事。有时教师在讲述过程中设置悬念,以引导幼儿根据自己的经验,自由想象,自由发挥;通过讲述,帮助幼儿反思,请幼儿想想说说事情为什么会这样。同时要将书面语言的学习贯穿到阅读的过程中去,可采用点画、点读文字等方式讲解,引导幼儿有兴趣地探索文字的音、形、义,理解阅读内容。

激发创造:朗读后,请幼儿谈谈他(她)是否喜欢这个故事,为什么,从而引导幼儿质疑。最后可引导幼儿改变书中情节,如:爸爸不是开车,是坐车,故事又会怎么样呢?通过假设,对故事进行加工、补充、处理,实现"二次创造",以发展幼儿的口语及想象创造等多种能力;并且通过阅读后创编,学习规范的语言表达方式;了解口语与书面语的关系,增强对书写的兴趣,让幼儿觉得自己也能编书、写书。还可以和小朋友一起表演书中故事,从而进一步激发幼儿渴望读更多更好的书的兴趣。

3. 运用多种方法指导幼儿自主阅读

注重整合,联系生活实际。所谓整合,一是指对语言教育活动内容的整合,如把语言教育活动与其他各科内容进行整合,在选择和编排语言教育活动内容时,把语言学习内容视为一个整体;二是指语言教育活动形式的多样性。在语言教育活动的设计和组织中,教师应为幼儿创设不同的交流情境,使语言教育活动的过程成为教师和幼儿共同互动的过程。教师还应该注意把语言教育活动渗透到各种游戏和一日生活的各个环节中,以帮助幼儿学习语言。如:秋天到了,幼儿园内的各种树木发生了变化,在户外自由活动时,让孩子们仔细看一看,找一找幼儿园发生了什么变化,然后让幼儿在观察中议论、想象,及时地用语言表达

出来。在观察过程中,很自然地发展了幼儿的口语表达能力。

4. 注重家园配合,发展阅读能力

教师要经常与幼儿家长沟通,向他们宣传有关早期自主阅读的教育理念;定期召开家长会或开展家访,指导家长为幼儿选购适合他们阅读的图书资料,为幼儿创造温馨的早期阅读家庭环境;向家长介绍幼儿早期阅读的活动目标、计划,以及幼儿早期阅读行为观察表、评估表等;展示幼儿自制的小图书、自编的录音小故事、阅读过的图书目录等;开放半日活动,邀请家长直接参与幼儿的阅读活动;开展任务活动,如让幼儿阅读完大、小图书之后回家讲给父母听,也可以和父母一起表演故事,或把幼儿在家自编的故事、儿歌和父母一起记录下来带回幼儿园。

三、早期书写教育

(一)早期书写的意义

幼儿园的孩子要不要学写字一直是学前教育领域争议的热门话题。一些专家的观点是:书写是一种极为精细的动作技能,它由大脑将信息和指令传送到手,在手、眼、脑的协同作用下,将各种笔画组合成文字。对不到6岁的幼儿来说要完成这一复杂的过程是艰难的,会对今后学龄儿童按笔画书写带来一定的负面影响。然而研究表明,随着幼儿年龄的增长,其读写经验逐渐增多,读写能力逐步增强,幼儿后期即具备了读书、写字的教育基础。反对学前儿童进行书写活动的观点,实际上是来自于成人的一种主观想法,它脱离了孩子书写发展的实际状况,仅将学前期看做小学教育的准备阶段。

早期书写是指学前儿童以笔、墨、纸张及其他书写替代物为工具,通过画图和涂写,运用图画、图形、文字及其他符号表达、传递信息,与周围的同伴和成人分享、交流其思想、情感、经验的游戏和学习活动。

幼儿的早期书写与"正式的、系统的书写"不同,2~5岁幼儿所进行的模拟书写尤其如此。它经常掺杂着潦草的笔迹、奇怪的线条和随意安排的可识别的字形,这些书写作品往往与特定的场景结合在一起,通过幼儿的口头解释才可被阅读和理解。这种早期的作品并不是语言的替代品,而是语言的伴随物,更确切地说,是一种扩展和精心的阐述。在此基础上,幼儿才开始逐渐地独立写出能跨越时空的作品。

(二)早期书写的特点

1. 游戏性

幼儿早期书写活动既是游戏活动,也是学习活动,但首先是游戏活动。游戏性是幼儿早期书写活动的最主要、也是最重要的特征。大多数儿童在15~20个月时就开始出现无规则、无目的地乱涂乱画。视觉效果的影响和成人的赞赏促使儿童的绘画技能经历乱涂阶段、组合阶段、集合阶段和图画阶段,这些构成了儿童书写技能发展的前奏。幼儿正是在涂涂画画的自主游戏中,在笔走迷宫、情境添画等游戏行为中,体验着自由绘画和书写的愉悦,发展着书写的技能。

2. 图画性

书画同源。早期书写活动是将书(写)、(绘)画融于一体的活动,而且是以绘画和涂画为主、以文字书写为辅的书写游戏(学习)活动。儿童主要是利用涂画图形、事物形象、象形符号和书写简单的文字来表情达意。幼儿的早期书写活动与学龄儿童和成人的以文字书写为主,且在内容、形式方面有规范性、格式化要求的正式书写活动有着根本的区别。

3. 过程性

早期书写活动目标达成的关键在于儿童兴趣盎然、乐此不疲地自主进行绘画书写活动的过程,而不在于书写了多少数字、字母、字词,以及写得好不好等。只有在绘画书写活动的过程中,才能激发幼儿内在的书写兴趣和爱好等,幼儿才能获得由涂涂画画产生的愉悦、自信、成功的体验与感受。这与正式书写活动强调书写的结果、质量和效益有着很大的不同。

4. 经验性

早期书写活动主要是为了让幼儿经历一些有趣的书写过程,并由此获取有关的书写经验,包括认识书写工具、书写动作和书写结果的关系,知道并了解一些粗浅的书写常识,感受图画、文字的视觉、审美效果和代表的意义,进而产生相应的体验。

5. 兴趣性

早期书写活动主要在于培养幼儿对书写活动的兴趣,并保持和发展这种兴趣。与正式书写活动不同,正式书写活动对书写的知识、内容和形式有严格的要求。

(三) 早期书写教育的方法

幼儿的画即写,写即画。从幼儿拿起画笔的那天起,实际上他们就已经开始了书写。尽管幼儿绘画行为与写字行为不尽相同,但幼儿在绘画过程中对线条、空间布局、造型、比例、用笔轻重的把握,对工具的认识及画画时的执笔姿势、坐姿及所形成的习惯等,无不对其今后的书写质量有深远的影响。所以幼儿教育工作者应看到早期绘画与早期书写教育之间的联系,更好地引导幼儿书写,不能等到进入大班后才开始重视书写训练,否则在小、中班养成的一些绘画(书写)坏习惯将很难纠正。因此,早期书写教育应从小班时期就有目的、有计划地开展。

1. 提供丰富、生动、有趣的书写材料

首先,要尽可能地为幼儿提供多种多样的书写工具,特别是书写替代物,激发他们尝试书写的兴趣,丰富他们的书写经验,帮助他们认识书写工具的多样性等。

其次,为幼儿提供丰富多彩、生动形象、生活趣味浓的绘画书写内容,尽力避免和减少机械重复、单调、割裂的笔画、笔顺的简单描画和正式的文字书写练习。注意将抽象的文字符号图像化,让抽象的文字在孩子的眼中变为形象的图案、符号,让幼儿自主感知、临摹、描画,不要求孩子认读文字,或做纯文字书写练习。

2. 以幼儿感兴趣的活动方法组织早期书写活动

在对幼儿进行书写指导时,可采取多种形式,如独立写、分享写、交流写等,使幼儿的读写经验与实际生活联系起来,让幼儿觉得书写有意义,能满足其认知与情感的需要。

(1)情境游戏法:让幼儿在富有情境性、趣味性的游戏活动中,自主进行绘画书写活动。取消那些由教师统一规定,全班儿童统一操作,在活动内容上是一写到底,在活动空间上是一坐到底,在操作结果上是一个要求的集中、专项、枯燥的文字书写练习。

(2)节律性言语引导法:可以将书写坐姿、笔画、笔顺等内容编成节律性语言、韵律性儿歌等,让幼儿吟唱。既让幼儿感到歌谣语言的生动有趣,也提醒幼儿养成良好的书写习惯。

(3)全语言活动法:在游戏和学习中,将听、说、读、写相互融合,使幼儿有用书写表达、交流的需要。

(4)趣味操作练习法:采用丰富的内容、有趣的方式、趣味的图卡、形象的材料,吸引幼儿参与书写活动,并保持较高的兴趣。

(5)展示激励法:展示幼儿的书写作品,让幼儿朗读自己书写的故事、留言、赠语等。

3. 与其他教育活动有机结合

早期书写活动与其他教育活动的有机结合是幼儿园课程综合化的必然要求。而且,早期书写活动与其他教育活动的自然融合,也是提高幼儿书写兴趣的基本方式。早期书写活动与社会活动、科学活动、艺术活动、健康活动都有许许多多结合点,有助于早期书写活动自然地渗透和呈现在幼儿的生活中。

幼儿的文字书写经验、能力和习惯是在游戏活动和其他自主性活动,以及与其他各类活动有机结合中获得和养成的。比如:让幼儿在早期阅读中描红,在数学活动中书写数字,在绘画活动中自主涂抹描画,在音乐活动中仿画图谱等;指导幼儿用绘画和文字相结合的方式,书写自己的故事、留言、日记,制作卡片等。同时,在集中教育活动中提出规范性要求,在游戏活动、区域活动、家庭活动、晚

间活动中开展自主的书写练习活动等。

4. 精心创设有助于激发幼儿早期书写活动的家园环境

在幼儿园开辟、创设图文并茂的写写画画园地,为幼儿提供自由涂鸦、书写的空间,并做好书写教育的宣传和成果展示活动,以争取得到家长的支持。同时也可以请家长在家里为幼儿设置书画角,供孩子随心所欲地涂涂、画画、写写。

【案例分析】

小班阅读《一只手套》

目标:

1. 幼儿会按先后顺序观察每幅画面,培养幼儿看书时要一页一页从前往后翻阅的良好阅读习惯。

2. 喜欢参加阅读活动,愿意开口讲述自己看到的画面内容。

3. 在看看、听听、想想、说说的过程中,了解画面的主要内容。

过程:

一、幼儿翻阅图书

要求:引导幼儿掌握看书的正确方法。

1. 今天我们又要一起来看书讲故事了。

2. (幼儿翻阅)好,现在我们一起来仔细地看看这本书(教师提醒幼儿注意看书的姿势,教师要了解幼儿的阅读情况)。

看好了就把书合起来(允许幼儿边看边讲)。

二、师生共同阅读

要求:了解图书画面的主要内容。

1. 你在书上看到了什么?(幼儿看好后把书合起来。)

2. 老师讲故事。边看边提问:

(1)这张图上有谁?他在干什么?

(2)大灰狼捡到手套以后做了一件什么事?

(3)把手套穿在脚上后,大灰狼会说些什么?做些什么呢?

(4)觉得不舒服后,大灰狼是怎么做的?谁拣到了这只手套?(捡到手套后,小狗又是怎么做的?是不是呢,我们来看看)。

(5)小狗把手套戴在哪里了?

(6)你们猜猜小狗把手套戴在头上后会发生什么事?

(7)小狗会怎么做?

(8)谁拣到了手套?可是小猴不知道这是什么呀?这个时候谁来告诉(帮助)它了?

(9)她会对小猴说些什么?小猴会对她说写什么?

三、完整讲述一遍(师生共同阅读)

要求:边听边看,故事讲到哪里就要翻到哪里。进一步熟悉故事,对故事有个完整、连贯的印象。

指导语:故事里的每幅图片都已经看过了,现在我们一起看着自己的书,把这个故事完整地讲一遍。

讲完后提问:

1. 大灰狼把手套当做什么了?
2. 小狗把手套当做什么了?
3. 谁告诉小猴这是手套?手套应该戴在哪里?如果把这只手套送给别的小动物,那他们会拿这只手套做些什么用途呢?

资料来源:中国教育文摘 http://www.eduzhai.net

分析与思考

该教案的优点有哪些?你会做哪些改进?

▶阅读推荐◀

1. 周兢;余珍有.幼儿园语言教育.北京:人民教育出版社.2004。
2. 周兢.幼儿园早期阅读教育活动设计.北京:教育科学出版社.2010。

▶思考与探索◀

1. 幼儿语音发展有哪些特点?
2. 幼儿词汇发展有哪些特点?
3. 幼儿园是否适合开设英语课?
4. 幼儿口头表达能力的发展有哪些特点?
5. 全语言教育理念对幼儿教育有何启示?
6. 早期阅读教育的方法有哪些?
7. 早期书写教育应该注意哪些问题?
8. 上网了解关于幼儿语言发展的主要理论,并谈谈自己的看法。
9. 课后观察:幼儿和同伴的交流与他们和成人的交流,在方式上有何不同?
10. 活动设计:床边的"小太阳"。

床边的"小太阳"

老鼠奶奶病了,躺在床上起不来。泥洞里又暗又冷,她多想到外面晒晒太阳啊!

一天,老鼠们排着队走进了泥洞,来看望老鼠奶奶。老鼠奶奶可高兴了,问:

"孩子们,外边的天气好吗?"

"外边的太阳红红的!"小老鼠说:"奶奶,您要去晒晒太阳吗?我们扶着您走。"

"唉,不行喽!"老鼠奶奶说:"我的腿没一点儿力,哪能走得动啊!"

小老鼠们告别老鼠奶奶,走出了泥洞,一起商量着,说:"我们想个办法,让奶奶不出门也能晒到太阳。"

小老鼠们想啊想,有只小老鼠说:"我们在奶奶的泥洞上边挖个洞吧,太阳就能照进泥洞了。"

"不行,不行!下雨天,雨水会漏进洞里的。"其他的小老鼠说。

小老鼠们又想啊想,终于想出了一个好办法:把小镜子对着老鼠奶奶的泥洞口。太阳照在小镜子上,反射出一束透亮的阳光,照进了泥洞里。这时,老鼠奶奶的床上一片光亮。当老鼠奶奶看到泥墙上出现了一个"小太阳",开心地笑了。

第六章
幼儿社会性学习与教育

【内容提要】 本章主要介绍幼儿社会性及社会性学习的基本含义;阐述在新纲要理念和世界学前教育大发展的背景下,幼儿社会性发展与教育研究将面临的挑战与机遇;提出在幼儿社会性教育的过程中,应如何面对幼儿出现的各种社会适应性问题,如何树立正确的幼儿社会性发展理念,以及制定可行的教育措施、明确教育目标等。

【学习目标】 通过本章学习,能正确理解社会在对个体社会化要求越来越高的条件下幼儿社会性发展的重要意义;明确幼儿社会性发展的内容;理解幼儿社会性教育的原则;联系实际领会幼儿园社会教育的内容、指导策略及评价标准。

早在20世纪30年代,社会性就作为儿童心理发展的重要组成部分进入研究者的视野。80年代后,社会性发展备受发展心理学家的关注。社会性发展,或者说社会性,是一个进程,在这个进程中,儿童"吸取"周围文化或亚文化群的价值观念、风俗习惯和看法,建立人际关系,遵守社会行为规范和控制自身社会行为。一般来说,社会性研究主要涉及生物学基础、社会性行为起源、家庭和社会关系的影响、社会认知、自我控制、道德和利他行为及性别角色差异等领域[1]。在社会性研究领域里,幼儿社会性发展及教育问题早在20世纪60和70年代就已受到重视。80年代以后,幼儿社会性发展研究形成一股世界性潮流,成为儿童心理学家、教育心理学家和幼儿教育家关注的热点。幼儿期是个体社会性学

---

[1] 陈帼眉,姜勇.幼儿教育心理学.北京师范大学出版社,2007

第六章 幼儿社会性学习与教育

习与发展的关键期,也是个体终身学习与发展的奠基时期。幼儿社会性发展是幼儿心理发展的重要指标,是影响幼儿适应现实生活的重要因素,也是其成年后社会适应良好的重要前提和基础。因此,幼儿教育应担负起促进幼儿社会性发展的任务,更确切地说,在这一时期进行社会性教育不仅有利于幼儿适应周围的社会环境、正常地与同伴、成人交往,而且有利于其今后积极参与社会生活,并在努力实现自我完善的过程中积极地影响和改造周围环境。

在我国,1985年以前,对社会性发展问题研究很少,而1986年以后,则迅速增加。近年来,我国心理学刊物发表的研究报告中,有关对儿童社会性发展的研究在数量上已接近甚至超过对认知发展的研究。1980年至1989年,在我国公开发行的五种心理学学术期刊《心理学报》、《心理科学》、《心理发展与教育》、《心理学探新》、《心理学动态》上,共发表了122篇有关儿童社会性发展与教育的文章,占总论文数的46%。同时,儿童社会性发展与教育的专业杂志,如《儿童社会性》等也开始出现。这些均表明儿童社会性发展与教育问题日益受到关注与重视。另外,自20世纪80年代中期以后,陆续出版了一些有水准的专著、译著和研究报告,如薛素珍的《儿童社会学》(1984)、王振宇等的《儿童的社会化与教育》(1992)、周宗奎《儿童社会化》(1995)、张文新《儿童社会性发展》(1999),E·齐格勒等著、李凌等译的《社会化与个性发展》(1988)。另外,江苏教育出版社2002年翻译出版 Laura. E. Berk 的《儿童发展》一书中有专门章节介绍儿童个性与社会性发展问题。1983年出版的 Willy 和 Sons 的《儿童心理学手册》(第三版)也专设第四卷介绍儿童社会性发展领域的研究结果。这反映出我国学术界对儿童社会性发展与教育研究的浓厚兴趣。在幼儿教育领域,以"幼儿社会性"为题名搜索中国期刊网核心期刊,则能搜索到近30篇论文。较有影响的杂志有《学前教育研究》、《幼儿教育(教育科学版)》、《早期教育》等。总之,幼儿社会性发展的理论和实证研究均呈逐年上升趋势,成为与认知发展研究并驾齐驱的研究领域。

第一节 社会性概述

一、社会性及其相关概念

(一)社会性的概念

国内外不同学者对"社会性"(Sociality)有不同解读。在国外,关于社会性,学者们并不重视给其下一个准确的定义,他们更注重的是阐述社会性的结构。比如,"社会性是发展心理学的一个领域,它总是根据个体与环境的相互作用观点来看待发展变化的。儿童的社会性是由其稳定的内部结构和通过遗传与环境因素相互作用而形成的那些特性"(Bergan,1976)。

"社会性"一词在20世纪80年代见诸我国儿童心理研究和学前教育界。和西方学者相比,我国学者对界定儿童社会性概念的关注程度要更高一些。大致有以下几种表述:

一些研究者认为社会性是人的一种心理特征。比如,卢乐山(1991)认为,社会性是人的一种心理特征,是指人们进行社会交往、建立人际关系,理解、掌握和遵守社会行为准则,以及人们控制自身行为的心理特征。有关幼儿教育词典对社会性做了如下界定:所谓社会性是指人在社会化过程中获得的作为一个社会成员所具有的一切心理特征,如情感、性格等。它是个体社会化的内容和结果,并通过人际交往活动体现出来。

一些研究者认为社会性是指由人的社会存在所获得的一切特性。比如,傅安球(1993)认为,社会性是指由人的社会存在所获得的一切特性,就个体而言,社会性既包括有出生时所处的既定历史条件和社会关系所获得的先赋社会性,也包括通过自身活动继承、学习、创造而获得的后成社会性(梁志燊等人,1995;周燕,1998)。张文新(1999)认为,"社会性是指由人的社会存在所获得的一切特性,符合社会规范的典型行为方式。社会性所揭示的个体的典型行为方式,例如,能公正、健康地与人合作,对他人的权利和行为予以适当的关怀;对自己采取客观态度,不以自我为中心,从集体利益出发评价判断事物等,都是典型的社会性行为方式。"

还有一些研究者认为社会性有广义和狭义之分。比如,陈帼眉(1994)[①]认为广义的社会性是指人作为一个社会成员的一切特性;狭义的社会性是指人的社交与群居倾向。陈会昌(1994)认为广义的社会性是指人在社会上生存过程中所形成的全部社会特性的总和,它是和人作为生物个体的生物性相对而言的。而狭义的社会性是指由于个体参与社会生活,与人交往,在他固有的人物特性基础上形成的那些独特的心理特征,他们使个体能够适应周围的社会环境,正常地与别人交往,接受别人影响,也反过来影响别人,在努力实现自我完善过程中积极地影响和改造周围环境。

俞国良等人(2004)认为社会性是指个体与社会系统的相互作用,以及在这个作用过程中对社会事物的认识和适应过程及其结果。

综上所述,我们认为,从广义上讲,社会性是指由人的社会存在所获得的一切特征。从狭义上讲,社会性是指相对于人的认知而言的一切心理特征,即人在

---

① 陈帼眉主编.学前儿童发展与教育评价手册.北京师范大学出版社,1994

第六章 幼儿社会性学习与教育

社会交往过程中建立的社会适应、理解、学习和遵守社会行为规范,控制自身社会行为,在其固有的生物特征基础上形成的那些独特的心理特征。

(二)社会性发展的概念

学术界在谈到社会性时还常提到"社会性发展"(Social Development)概念。和"社会性"的概念一样,要想对"社会性发展"的概念进行清晰的界定并非易事。已有一些学者从不同的角度加以阐述:

周宗奎(1992)指出,社会性发展,或叫"非智力发展",是指除生理和认知发展以外的一切心理特征的发展。

发展心理学家墨森、康格和哈森(Mussen,Conger & Huston,1990)认为社会性发展是儿童学习其所处的社会(环境)的文化或标准、价值和所期望的行为的过程。

向海英(1997)认为,个体社会性发展是指个体在与社会相互作用中,通过学习和内化社会文化,逐渐形成适应该社会的行为方式,履行该社会所期待的角色行为,发展自身社会性的过程,是个体从自然人转化为符合该社会要求的合格社会成员的过程。

张文新(1999)认为:"社会性发展是指儿童在与他人关系中表现出来的行为模式、情感、态度和观念,以及这些方面随着年龄而发生的变化。"

有研究者认为,儿童的社会性发展是指儿童学习他所属的社会中的人们必须掌握的生活技能、行为规范和价值体系,以取得社会生活适应性的过程(张榕芳,2001)。

除了以上观点,我们还可以罗列出许多的观点。笔者认为,社会性发展是指个体的社会性特征的形成和发展,即个体在与社会相互作用中,逐渐学习到认识自己、了解他人,如何待人接物、遵守规则、关爱他人等合乎社会规范的一切态度、观念与行为,并成为合格社会成员的过程。儿童的社会性发展,包括从接受成人的全面护理到儿童由于协调作用而在一定的社会秩序中得到相对自治、并学会接受妥善处理人际关系的全过程。

从发展心理学和幼儿教育学角度看,幼儿社会性发展是指幼儿在生物特性基础上,在与社会生活环境相互作用,掌握社会规范和社会技能,学习社会角色,获得社会性需要、态度、价值,发展社会行为,由自然人发展为社会人的社会化过程中所形成的幼儿心理特性[①]。

---

① 但菲主编.幼儿社会性发展与教育活动设计.北京:高等教育出版社.2008

二、社会性的结构

社会性结构的研究是儿童社会性发展、影响因素及教育实验研究的基础。不同的研究者提出的"社会性结构"的含义也不同。

齐格勒(Zigler,1990)等人强调人的社会性主要包括人的社会知觉和社会行为方式。通过社会知觉,人们觉察他人的想法,向他人表达自身行为的动机和目的;通过社会行为的学习,人们掌握约定俗成的举止方式、道德观念,从而能够适应社会。

特质论者主张,在儿童社会性的心理结构中,起最重要作用的因素有四个:信念、情绪、态度和价值观[1]。

墨森(Mussen,1990)等人则认为,儿童社会性包括儿童对父母的依恋、气质、道德感和道德标准、自我意识、性别角色、亲善行为、对自我和攻击性的控制、同伴关系等。

谢弗尔(Shaffer,1989)[2]认为儿童的社会性包括:情绪和对周围亲人的亲密关系、自我概念、社会技能、性别角色,以及以攻击性、利他性为核心的道德发展。

王坚红(1991)将社会性归纳为4个方面:(1)早期依恋感,与家庭成员的相互作用与关系;(2)道德发展,在与同伴、老师或其他人的相互作用中,涉及社会道德规范的认知、情感和行为;(3)社会能力,认知与处理社会关系的能力和与别人交往的技能、策略与效果等;(4)个性的形成,包括自我概念、独立能力、自制力、性格、性别等。

王振宇(1992)将儿童的社会性划分为人际关系、社会规范和自我发展三个维度。

陈会昌(1994)认为广义的社会性包括人的社会心理特性、政治特性、道德特性、经济特性、审美特性、哲学特性等。

周宗奎(1996)将社会性分为社会认知、情绪社会化、性别角色与性别差异、道德发展、成就动机与成就行为、社会技能。

有些学者虽未直接提出儿童社会性的结构,但从他们对关于儿童社会性发展及教育内容的列举中,也可见其带倾向性的观点。比如:

有人列举了80年代儿童社会性发展的课题,主要包括亲子关系、同伴关系、自我系统的发展、个别化、攻击性行为和亲社会行为的发展、道德发展、社会认知

---

[1] Kohlberg, L. Revisions in the theory and practice of moral development. New Directions for Child Development, 1978, 2: 83~88

[2] 转自李朝霞. 家庭精神环境对5~6岁儿童社会性发展的影响因素研究. 陕西师范大学硕士毕业论文, 2008

第六章 幼儿社会性学习与教育

发展、学校社区及其他文化环境对儿童社会化的作用等(朱智贤等,1988)。

申继亮(1993)等认为儿童社会性发展研究,主要是指对自我意识、性别化、社会化过程、攻击行为和亲社会行为,以及家庭、学校和同伴关系等方面的研究。

石绍华(1994)将儿童社会性发展分为社会认知、社会情感、社会行为、自我和社会性的发生机制5个领域。当然,还可以作如下划分:①按逻辑分,可以分为社会认知、社会情感、社会行为。②按内容分,可分为社会性品质——同情心、责任心、自制力、自信心、克服困难的意志力等;社会性行为——积极行为,如合作、分享、谦让、助人,消极行为,如招惹、打架、抢占、说难听话等。

陈会昌(1994)将儿童社会性发展分为七个主要维度,即社会技能、自我概念、意志品质、道德品质、社会认知、社会适应能力和社会性情绪。

陈帼眉(1994)指出,一般认为,社会性发展的内容主要有自我概念、情绪、亲社会行为和攻击性行为、性别化、亲子关系、同伴关系、道德等方面。

梁志燊等人(1995)认为儿童社会性发展主要包括三方面内容:一是自我系统的发展,这又包括自我认知、自我意识、自我评价、自我反省和自我调节等方面的内容[①];二是社会系统方面的发展,这又包括亲自交往、同伴交往、师生交往及其他社会交往等方面的内容;三是社会规则(范畴)系统方面的发展,包括性别角色、社会角色、社交规则、社会规范和社会道德等规则或范畴方面的建构与发展。

吴文菊等人(1999)[②]认为个体社会性发展实际是社会认知、社会情感和社会行为技能的统一。社会认知是对社会中的人、社会环境、社会规范的认识;社会情感是人们在社会生活、社会交往中的情感体验;社会行为技能是与人交往、参与社会生活时表现的行为技能。

杨丽珠(2000)认为儿童社会性发展的内容包括:①个体对自我、他人和人际关系的认知;②儿童的社会情绪发展和变化;③性别角色的分化;④儿童道德的发展;⑤儿童成就动机与成就行为的发展;⑥儿童交往技能的形成和发展等。

具体到幼儿社会性发展上,其内容也呈现出多个方面,比如,《幼儿园工作规程》(1989)中有关幼儿社会性发展的内容包括:萌发幼儿爱家乡、爱祖国、爱集体、爱劳动的情感,培养诚实、勇敢、好问、友爱、爱惜公物、不怕困难、讲礼貌、守纪律等良好品德、行为、习惯,以及活泼、开朗的性格。近年来,我国幼教工作者根据《幼儿园工作规程》的基本精神及幼儿心理发展的具体特点,对幼儿社会性发展目标进行了较多研究,概括起来,目标的基本框架包括如下内容:(1)自我系统的发展,包括:自我认识、自我评价、自尊心和自我价值感、成就感与好胜心、自信心、主动性、独立性、自制力与坚持性等。(2)情绪情感的发展,包括:一般情绪

---

① 庞丽娟、李辉.婴儿心理学.杭州:浙江教育出版社.1993
② 吴文菊、李道佳.幼儿社会性发展与品德的关系.幼儿教育.1999(11)

状态、情绪情感的表达与控制和同情心、责任感、好奇心与兴趣等。(3)社会交往的发展,包括:交往态度、交往能力(合作、轮流、分享、遵守规则、解决冲突)、人际关系等。(4)品德发展,包括:爱周围人、爱集体、爱祖国、礼貌、诚实、爱劳动等。① 也就是说,自我意识、社会认知、社会情感、社会行为技能、社会适应和道德品质等均是幼儿社会性发展的重要内容。

第二节 幼儿社会技能的发展和学习特点

社会技能是幼儿社会性学习的重要组成部分,社会技能的获得和发展是个体社会性发展的基础。社会技能在很大程度上决定了幼儿的社会关系好坏,也在一定程度上与个体的心理健康、事业的成功与否及社会生活的满意度高低相关联。

一、社会技能的界定及构成

之所以对社会技能作专门的说明,是由于每个人似乎都知道什么是良好的社会技能,什么是不良的社会技能,但没有一个人能给出一个恰当的定义。

要明确界定社会技能及其研究定位,必须先对心理学中整个社会交往研究的框架有一个基本的认识。目前,国际上对儿童交往的心理学研究按其复杂程度主要分为四个层次,即个体特点、社会交互作用、双重关系和群体,这四个层次构成一个相互联系的整体②。显然,社会技能属于个体特点层次,其研究可能会涉及交往的其他层次,但其主要目的是探讨具有广泛性的个人特点(比如,个人的年龄、性别、性格、认知水平等)。社会交往中的个体特点研究是将个人作为交往活动的单元。有很多个人特点影响着社会交往活动,其中最受关注的是个人的社会技能、社会能力等。此类研究的基本假设是儿童的社会技能、社会能力影响着其社会交往的状况和水平,主要包括社会技能影响个体的情绪、行为和同伴关系。社会技能对以后成年期的社会适应状况有着重要意义,社会技能缺陷儿童在未来成长过程中会出现更高的青少年犯罪率、更多的成年期心理健康问题等。

---

① 梁志燊、李辉.关于幼儿德育与社会性发展教育的几个基本问题.学前教育研究.1995(03)

② Rubin K H, Bukowski W, Parker J G. Peer interactions, relationships, and groups. In W. Damon (Gen. Ed.) & N. Eisenberg (Vol. Ed.), Handbook of child psychology: Vol. 3. Social, emotional, and personal development (5th ed., pp. 619~700). New York: Wiley, 1998

(一)社会技能的界定

任何涉及社会技能方面的研究,首先都会探讨社会技能的概念及分类问题。已有的研究中虽然出现了不少关于社会技能的定义,但目前学术界对此概念的认识尚未达成共识。

在心理学中,一般将社会技能视为个体在成长过程中从外界习得的一系列相对稳定的行为方式。关于对社会技能的界定,有两种不同的行为视野观点,其一是行为过程视野。行为过程视野偏重于从行为过程的角度来界定社会技能。代表性的界定如下:

社会技能是在特定情境中被证明是有效的或者说是能最大限度地产生、维持或提高交往者的积极交往结果的那些反应(Foster & Ritchey,1979)。

社会技能是指儿童将认知和行为组织成为一种整合的行动过程,以达到文化所能接受的社会或人际关系目标的能力(Ladd & Mize,1983)。

社会技能是在一定刺激条件下,经过一系列由信息到行为的转换过程而产生的适当行为。这一转换过程可以划分为三个连续的阶段:刺激译码、决策和反应编码(McFall,1982)。

另有学者认为,社会技能是指在一定的社会情境中,人与人相互作用时被社会认可的、能给自己的交往带来最大效益的行为方式。

其二是行为结果视野。行为结果视野偏重于从行为结果的角度来界定社会技能。代表性的界定如下:

社会技能是一种能力,它保证个体在特定的情境中以社会可接受或尊重、同时使个人受益、他人受益或使双方受益的方式同他人进行相互作用(Combs & Slaby,1977)。

社会技能不仅涉及发起和维持与他人的积极交往,而且也包括实现个人与他人互动的目标的能力(Morgan,1980)。

社会技能是可以提高他人对个体的社会技能评价的行为(Hughes et al.,1988)。社会技能是个体介入、适应、发展、协调和处置社会关系的本领,也是个人影响和操纵他人的一种本领(秦启文,2002)。

以上这些概念都是从行为的结果来界定社会技能的。

除了以上行为方式定义外,社会技能的定义方式还有同伴接纳定义和社会效度定义。前者主要用同伴接纳或人缘指标来定义社会技能,认为社会技能是指个体具有让同伴认可、接纳或受到同伴欢迎的能力;后者认为社会技能是在特定情境中,对儿童预示着重要社会性后果的那些行为,这些后果包括同伴接纳或人缘、重要人物对其行为的判断,以及与同伴接纳或重要人物判断相关的其他社会行为(Gresham & Elliot,1984)。

目前,学术界对于社会技能定义的界定,更趋向综合、全面,比较强调儿童社会交往中的同伴接纳、个人行为和社会效度三者的有机结合。比如,周宗奎(1996)认为,社会技能是指个体经过学习获得的,在特定社会情境中有效而适当地与他人进行相互交往的活动方式。它包括行为、认知和情绪三种成分。按内容分,可分为社会性品质和社会性行为。社会性行为包括积极行为,如自信、自控、分享、合作、助人、人际交往能力等。这一定义体现了社会技能的三个特点:首先,社会技能是一种活动方式;其次,社会技能是在特定的社会环境中表现出来的行为方式;其三,社会技能的高低是可以衡量的,其指标就是交往效果是否恰当和有效。

(二)社会技能的结构

社会技能很难定义的部分原因是有关社会技能结构的观点众说纷纭,并且结构分类由只依据一个方面发展到依据多个方面,即逐渐呈现出多样化、综合化、全面化的结构特点。归纳起来主要有以下几种结构分类:

1. 行为相关技能的分类

由于行为分析方法的多样化,社会行为技能的分类也呈现多样化。最有代表性的是史蒂芬斯和阿诺德(Stephens & Arnold,1992)采用任务分析法将学龄前儿童的社会技能分为4大类:即环境行为技能,是指儿童应对周围环境和在交往中处理物品的技能,包括爱护环境、遵守课堂纪律、恰当处理物品、卫生行为等;人际行为技能,是指儿童参与群体活动、进行人际交往的技能,包括处理冲突、引起注意、问候他人、帮助他人、进行交谈、组织游戏、容忍他人、有礼貌等;自我相关行为技能,是指儿童自我控制、自我管理的技能,包括接受后果、意图认知、情绪表达、自我接纳等;任务相关行为技能,是指儿童完成学习和日常生活中的基本任务的技能,包括提问与答问、参与讨论、遵从老师指令、独立工作、保证作业质量等。这四类行为既相互独立,又互相联系,共同构成一个有机整体。这一分类标准得到了我国学者周宗奎(2002)的实证研究支持。史蒂芬斯等人对儿童社会技能的分类已经广泛应用到儿童社会技能培养的实践工作中。我国学者陈尧坤、刘翔平(1995)也认为学生的社会技能大致分为4种:人际交往技能(主要解决的任务是适应他人)、顺应学校环境的技能(主要解决的任务是为自己的学习创造一个良好的环境条件)、正确对待自我的技能(主要解决的任务是学会自我管理,建立责任感,树立公民意识)和完成任务的技能(主要解决的任务是保证课业的完成)。

卡尔达雷拉和梅里尔(Caldarella & Merrell,1997)对21项儿童和青少年的社会技能表现进行元分析研究,该分析采用奎伊(Quay,1986)使用的方法,研究涉及22 000名儿童和青少年,把儿童和青少年的社会技能分为以下5个维度,即同伴关系技能(包括称赞同伴、提供帮助和支持、邀请同伴共同游戏、参与讨论、维护同伴的权利、保护遇到麻烦的同伴、发起或加入同伴的交谈、对同伴的情绪具有较高的敏感性、会交朋友、有幽默感等)、自我管理技能(包括遇事沉着冷静、愤怒时控制自己的脾气、遵守规章制度、在冲突情境中懂得妥协、较好地接受批评、恰当地应对嘲弄等)、学业技能(包括独立完成作业、听从老师的指导、恰当地利用自由活动时间、恰当地寻求帮助和提问题、学习时不理睬同伴的干扰行为、有学习责任感等)、遵从技能(主要包括遵从指导、遵守规则、分享玩具或物品等)、自信技能(包括主动发起谈话、积极邀请同伴一块游戏、交朋友、对不公正的规则能主动且积极地提出质疑、向初次认识的人做自我介绍、犯错误时能表达出自己的情绪等)。这5个维度在社会技能研究领域已得到了比较广泛的认同,并被应用于一些具有广泛影响的测评(Merrell,1994;Walker,Colvin & Ramsey,1995)和干预(McGinnis & Goldstein,1984)方案中。这一分类系统,可以较具体地鉴别儿童在社会技能不同维度上的优势和弱点,指导社会技能培养方案的设计,评定社会技能培养的结果,同时也有助于儿童社会技能及其培养理论的发展。也有研究者将社会技能分为几个主要的行为群,每个行为群由一系列具体的行为反应方式构成。当前这种分类较有代表性的是埃利奥特和格雷沙姆(Elliott & Gresham,1993)的CARES分类,即把社会技能分为5种行为群:合作(Cooperation),包括工作与游戏技能和课堂交往技能两个子行为群;决断(Assertion),包括交谈技能和参与技能两个子行为群;责任(Responsibility),包括请求成人的帮助、倾听他人谈话、拒绝他人不合理的要求和回应同伴的赞美等;移情(Empathy),包括积极反馈技能和积极倾听技能两个子行为群;自我控制(Self-control),包括解决冲突技能和制怒技能两个子行为群。

2. 认知相关技能的分类

它主要包括社会知觉和人际问题解决策略。斯皮费克和舒尔(Spivack & Shure,1974)指出,儿童的社会技能是由一系列相互关联的人际认知问题解决技能构成(Interpersonal Cognitive Problem-solving Skills)的。这些人际认知问题解决技能包括:想出多种解决人际问题的方法;准确理解问题原因;正确预期行为后果等。换言之,就是儿童考虑如何一步步达到社会目的的能力。道奇(Dodge,1986)也从认知的角度出发,提出了社会技能的社会信息加工理论模型。该理论模型认为,儿童对接受到的社会刺激的反应包括五个环环相扣的信息加工阶段。这五个阶段是,对社会刺激编码译码、解释社会刺激、搜索可能的行为或情绪反应、评价行为反应和执行所选择的行为。

3. 情绪相关技能的分类

主要包括与社会交往有关的情绪,如社会性焦虑和孤独感。良好的社会情绪技能体现在对这两种情绪的有效调节上,且制约交往策略的选择、交往行为的实施。一些研究(Asher & Wheeler,1985;Hymel & Franke,1985)认为,孤独感、社会性焦虑是儿童在同伴群体中感到不安或不满的重要指标。因此,这类儿童不受同伴的欢迎,其中被拒绝儿童是最孤独的群体,他们会有更多的社会适应困难。沮丧的儿童也较少表现出期望的社会技能,比如友谊、热情和理性(Lewinsohn,Mischel,Chaplin & Barton,1980)。美国心理学家里吉奥(Riggio,1986)认为,完整的社会技能应该是一个包含了社会信息的接受、解释和传递等技能在内的多维结构体。这些基本社会技能从功能上分为表达、感受和控制三类,并且在两个层面上(情感沟通与言语沟通)进行操作。由此形成了社会技能的六个组成部分:情感表达技能(Emotion Express,简称 EE)、情感感受技能(Emotion Sensitivity,简称 ES)、情感控制技能(Emotion Control,简称 EC)和言语表达技能(Verbal Express,简称 VE)、言语感受技能(Verbal Sensitivity,简称 VS)、言语控制技能(Verbal Control,简称 VC)。EE 主要是指个体情感的表达能力,侧重于情感信息的输出;ES 是指个体接受与解释他人情感信息的能力;EC 是指控制与调整自己情感表现的能力;VE 是指在社会沟通过程中语言表达及促进他人参与交往的能力;VS 是指对他人的言语信息的解释能力;VC 则是指个体社会角色扮演、控制自我言语表现的能力。该模型也称为"六要素结构模型"。我国学者于鲁文(1994)[①]根据里吉奥于 1986 编制的社会技能量表(Social Skills Inventory,简称 SSI),将社会技能分为非言语和言语的社会技能。其中情感技能是非言语技能的重要组成部分,它包括情感表达(EE)、情感感受(ES)、情感控制(EC)。其中,情感表达(EE)技能主要是指个体的非语言表达技能,包括面部表情和身体姿势等;情感感受(ES)技能则是个体接受或感受他人的非语言信息的能力;情感控制(EC)技能是指个体控制或调节自己非语言情感表现的能力。

目前,学术界对于社会技能结构的分类,更有综合化取向,比较强调儿童社会技能中的行为、认知和情绪技能的有机结合。比如,卡尔达雷拉和梅里尔(1997)的社会技能分类,虽然主要针对行为技能,但其中也多少涉及了一些认知和情绪的成分。我国学者周宗奎(2002)认为,儿童的社会技能包括行为成分、认知成分和情绪成分。其中,行为成分主要指社会技能的具体行为表现,认知成分包括人际问题解决、对社会交往的归因等,情绪成分包括与社会行为相伴随的各种情绪体验。三种成分相互联系,相互影响,构成一个社会技能的整体。综合其他文献资料显示:很多学者对社会技能的划分都涉及了行为、认知和情绪三部分(见 Riggio,1986;于鲁文,1994;杨重明,1994;Cartledge & Milburn,1995;邹泓,

---

① 于鲁文.社会技能量表简介.心理发展与教育.1994(02)

1996;秦启文,2002;Chris,2000),每个部分都是社会技能的重要成分,都是衡量社会技能水平高低的重要指标,但无论哪个成分抽取出来都不能代表社会技能的全部。这就要求我们在权衡社会技能的各理论模型时,应该从相互联系、相互补充的角度去理解。在进行社会技能干预理论建设和实践活动时,全面把握好社会技能的结构成分,不能以偏概全。

二、幼儿社会技能的发展

个体社会技能的发展是以一般认知和社会认知能力的发展为基础的,社会技能发展的研究主要体现在年龄差异的研究上。一般来说,个体的社会技能有随年龄增加而提高的趋势。

3岁前,是社会技能发展的萌芽期,婴儿的社会技能是片断的、零散的。这个年龄段的婴儿有一种社会认知能力,即模仿能力,能帮助婴儿很好地融入社会。3~6岁的幼儿进入幼儿园,与社会的交往范围不断扩大,交往时间和频率也不断增加,在认知发展上正处于皮亚杰所说的前运算阶段。该年龄段是语言发展的重要时期,且语言是幼儿与他人交往的重要工具,幼儿喜欢用语词和形象来表征事物,甚至到了大班仍然喜欢接受别人用拟人化的语言来指令自己收拾不愿收拾的游戏材料。幼儿思维具有自我中心化且具有不可逆的特点,记忆提取策略有限。儿童在这一阶段处于他律道德推理阶段,是根据行为的后果来判断行为的好坏的(皮亚杰,1934。参见李伯黍等,2001)。

在具体的社会技能方面,主要体现在社会问题解决技能、冲突解决技能的发展上。此时,幼儿的社会认知能力和情绪理解能力迅速发展。4~5岁时,想出解决人际问题的不同办法和策略在同伴眼中被认为是首要的技能,用因果联系来考虑人际问题的技能也变得极为重要(Shure & Spivack,1980)。幼儿在困境认知方面逐渐由绝对的自我中心或他人中心过渡到关系中心,且随着年龄的增长,在助人策略选择上是心理援助策略(如安慰、体贴、劝告、打抱不平等)和求助他人策略(如向老师报告、要求他人和自己共同实施帮助等)日益占主导地位。在侵犯行为方面,哈特普(Hartup,1974)认为,大些的幼儿正在学习社会认知技能,这使得他们更多地去推断同伴的意图,并报复自认为伤害了自己的同伴(Dodge,1980)。此外,由于幼儿社会认知技能较低,在认知和行为方面有一定的脱节,但随年龄的增长,其一致性会有所提高。

情绪理解方面,随年龄的增长,幼儿逐步获得整合各种情绪线索的能力。比如,胡金生等(2005)[①]认为,3岁幼儿是情境依存型,他们往往把自己对情境的体

---

① 胡金生,杨丽珠.教室中幼儿自发的助人行为.辽宁师范大学学报(社会科学版).2005(01)

验投射到他人,带有很强的自我中心性;4岁幼儿处于社会知识依存型阶段,他们更倾向于根据已有的社会知识做出刻板的推测;5岁幼儿处于行为信息依存型阶段,已能根据特定对象的行为信息比较灵活地进行推测。学前期儿童的情绪理解能力还很肤浅,无法做到对他人喜怒哀乐的真正移情。

自我控制能力是个体社会技能的重要组成部分,幼儿期正是自我控制开始产生、发展的重要时期。自我控制对幼儿适应社会生活相当重要,它是幼儿完成各种任务,协调与他人关系的必要条件。马克比(Maccoby,1980)[1]将自我控制活动分为四类,即运动抑制、情绪抑制、认知活动抑制、延迟满足。还有研究者认为,幼儿自控能力包括自制力、自觉性、坚持性和自我延迟满足(杨丽珠等,2003)。研究表明,自我调节的延迟满足在儿童4岁时出现明显的个体差异,并可预测其在童年期、青少年期、大学时期的社会能力高低。3~4岁的幼儿的自我控制能力还不明显,自我控制能力发展的转折年龄在4~5岁,5~6岁的儿童绝大多数都有一定的控制能力,幼儿的自控能力随年龄增长而呈上升趋势(韩进之等,1986)[2]。不过由于幼儿的皮质兴奋机制相对抑制机制仍占很大优势,要儿童对某种信号不作出反应比让儿童作出反应要困难得多,且幼儿往往选择即时报酬而不是等待,所以幼儿更多地表现为冲动性,其自我控制能力还较弱。

3~5岁的幼儿对人际交往沟通技能关注较多,该技能包括作为听者的反应、轮流、积极强化,以及利用常规来维持注意(Eisenberg & Harris,1948)[3]。当幼儿与陌生人进行交往时,表现积极,主动引发话题与其交谈,气氛融洽。杨心德(1998)认为,幼儿期幼儿的分享、谦让、合作等亲社会技能获得了一定的发展,其中,幼儿合作行为发生的频率最高,其次是分享和助人行为,安慰行为较少。5~6岁幼儿则对学习问题的关注超过了对人际交往的关注。

幼儿的移情能力发展主要表现在开始能意识到别人具有与自己不同的情感、需要及对事物的理解(Hoffman,2000)。环境因素对幼儿移情有一定影响。父母对情感的表达也与幼儿的移情反应相关(Vallente et al.,2004)[4]。祖克等(Zook et al.,1991)的研究结果表明,不同的同伴交往变量对移情的影响不同,即在婴儿期被照顾得很好的幼儿、自由活动时积极参与各种活动的幼儿和易被同伴接受的幼儿,较之于婴儿期被照料者忽略的幼儿、较少参与自由活动的幼儿和不被同伴接受的幼儿,具有更高的移情水平。这一研究结果说明,同伴交往的质量影响幼儿的移情水平。

---

[1] Maccoby E E. Social development. New York:Harcourt,Brace. Jovanovich. 1980
[2] 转引自林崇德主编.发展心理学.北京:人民教育出版社.1995,245页
[3] 转引自周宗奎著.儿童的社会技能.武汉:华中师范大学出版社,2002
[4] 转引自肖琼华.幼儿移情影响因素的研究.东北师范大学硕士毕业论文,2006

随着幼儿与同伴的交往逐渐增多,幼儿间的友谊也随之逐渐发展起来。在3~4岁之间,与同伴建立起友谊的次数有显著增加,但这时幼儿的友谊是短暂的,多建立在地理位置接近、有共同的兴趣和喜爱的活动,以及拥有有趣的玩具的基础上。5~6岁的幼儿经过两年多的共同生活,志趣相投的幼儿结成好朋友,且关系较为稳定。但幼儿对友谊的认识还比较浅显。山姆森认为,4岁幼儿的友谊关系是短暂的玩伴关系,6岁以后,幼儿才能发展起互惠的友谊关系(罗慧编译,1996)[1]。

三、幼儿社会技能发展的影响因素

从现代认知心理学的角度来看,社会技能是个体经过学习获得的,在特定社会情境中,保证个体以社会接受或尊重的方式与他人进行有效、恰当地相互作用的活动能力。社会技能的发展既表现出一定的个体差异,也离不开社会生态环境的影响。其中,环境是最重要的影响因素之一,它包括家庭、学校、同伴群体、文化等,社会技能是个体与社会环境互动的产物。

(一)个体特征差异

个体特征除了前面讲过的年龄发展的差异外,还包括性别、个体认知水平等,个体特征差异会影响个体社会技能的发展。

在性别方面,性别不同的个体,其社会技能的表现和发展也不同,很多经典的儿童社会行为量表(CBCL)都承认性别差异,并分性别建立常模(Achenbch & Edelbrock,1986)。幼儿期的男孩更喜欢身体活动(包括攻击行为)的社会性游戏,而女孩喜欢被动的和安静的社会性游戏。Merrell等(1998)从发展角度研究发现,从幼儿期开始,女孩的社会技能比男孩高,反社会性行为比男孩少。

在社会认知方面,社会认知包括人际关系认知(如目标、策略、对结果的预期、同伴归因等)和自我认知(如自我知觉、自我效能等)。各种研究表明,儿童在认知的很多方面存在差异。比如,Dodge 和 Feldman(1990)[2]发现:高同伴接纳儿童倾向于在同伴交往中有多种类型的目标和策略,而低接纳儿童倾向于建立工具性或以自我为中心的目标,形成非常规、无效、进攻性的策略。

---

[1] 罗慧编译. 幼儿期的友谊. 学前教育研究. 1996(06)

[2] Dodge K A, Feldman E. Issues in social cognition and sociometric task. In: Asher S R, Coie J D, eds. Peer rejiection in childhood. New York, NY: Cambridge University Press, 1990: 119~155

(二)环境因素

通常而言,培养个体成才有三大切入点,即所谓环境育人、教育育人、服务育人。其中,环境既是促进个体成长的重要因素,也是教育育人和服务育人所依托的背景,更是培养个体社会技能的重要组成部分。所谓"环境"是指人处在其中的周围情况和条件。周围的环境无外乎自然环境和社会环境两类,但若作更狭义的理解,则可分为物理环境、心理环境和制度环境。环境可以影响人的行为,这是环境的基本功能。勒温曾提出著名的"行为是人与环境的复合函数"[1]这一公式。生态环境的"生态"是指有机体或个人正在经历着的,或者与个体有着直接或间接联系的环境。

1. 物理环境

物理环境是指个体生活周围的设施、建筑物等物质系统。广义的"物理环境"还应包括动物、植物、水、空气等自然界中的各种有生命或无生命的物体,即自然环境。物理环境能影响人的行为。例如,一个整洁干净的环境,能够抑制随地乱扔废弃物的行为;但一个又脏又乱的环境,则会助长这种随地乱扔废弃物的行为。心理学研究表明,物理环境的美能使人产生积极愉快的情感,当一个人心情愉快的时候,更容易与他人交往及做出积极的行为。

以幼儿园物理环境为例,它包括幼儿园的场地、园舍设备、材料和空间结构与环境布置等构成要素。刘焱(1999)[2]认为,幼儿游戏和活动材料是幼儿社会性发展的重要影响因素。在游戏场上,经常看见的结构性强、技能强的电动玩具和设备玩具都需要幼儿的自我效能感,即运用新东西的自信心。另外游戏材料投放得多或少,也影响幼儿社会技能的培养。比如,如果想培养幼儿的分享、合作、轮流与等待技能,那么让幼儿2~3人玩一个球比较妥当。如果每人一球,就成了练习拍球的技能了。还比如,在"娃娃家"门口贴上4双小脚丫,意味着当所有的脚丫上放满鞋子后,再有人想进就不行了,这对培养幼儿的自控能力有积极作用。

除此之外,幼儿活动的空间密度也是幼儿社会性发展的重要影响因素。空间密度是指在活动场地面积一定的情况下,每单位面积参与活动的幼儿的多少。研究表明,过于拥挤的物理环境会增加儿童攻击性行为发生的可能,降低儿童的社会性交往活动的频率,使观望、旁观、不主动参与活动的儿童人数增加(丁海

---

[1] 转引自颜洁,庞丽娟. 论有利于儿童社会性发展的环境创设. 学前教育研究. 1997(04)

[2] 刘焱主编. 幼儿教育概论. 北京:中国劳动社会保障出版社. 1999

东,2003)①。也有研究表明,在活动面积较大和活动材料丰富的情况下,儿童表现出来的竞争性、侵犯性和破坏性行为都低于活动空间小、活动材料贫乏的情况下产生的类似行为(颜洁、庞丽娟,1997)②。比蒂(Beaty,1999)③提出了创设亲社会物理环境的几种方法。比如:布置能让儿童轻松进入并使用的学习中心;给儿童提供足够的材料,避免产生冲突;给儿童充分的时间,让他们深深沉迷到材料与活动中;提供自我管理装置,让儿童独立使用学习场所。这有利于控制儿童的攻击行为,引导儿童的社会技能发展。赵肖东(2002)④提出利用餐桌创造社交环境的观点:专门设立一张供两人坐的小桌子——"好朋友桌",尽可能让孩子接触班上的每个人,为他们创造交朋友的机会。幼儿园的各种区域活动能使幼儿的交往能力得到淋漓尽致的表现(邵洁,2006)⑤。

2. 心理环境研究

心理环境是指主体所能感受到的对其心理产生影响的一切信息的总和。如果心理环境宽松、和谐,则幼儿感受到的压力较小,更愿意尝试各种活动,而且容易取得成功。无论是在幼儿园还是在家里,创设良好的心理环境对幼儿的身心发展均有非常重要的影响。

心理环境的内涵非常丰富,包括各种制度、规范、组织氛围、家庭氛围、家庭教养方式,以及诸如亲子关系、师生关系、同伴关系等人际关系。以下将就人际关系和教养方式作进一步的阐述。

(1)亲子关系。郑希付(1998)⑥认为,与其他关系(比如同伴关系、夫妻关系、同事关系)相比,亲子关系具有不可替代性、持久性、强迫性、不平等性和变化性等特点。良好的亲子关系可以预示儿童将有良好的社会技能。布思等(Booth et al.,1989)⑦研究发现,个体社会技能与母子相互作用的质量呈正相关。克恩斯(Kerns et al,.1996)⑧指出,安全依恋的儿童能形成更多应答反应、较少批评

---

① 丁海东主编.学前游戏论.大连:辽宁师范大学出版社.2003
② 颜洁,庞丽娟.论有利于儿童社会性发展的环境创设.学前教育研究.1997(04)
③ Beaty J J. Prosocial guidance for the preschool child. Upper Saddle River, NJ: Merrill
④ 赵肖东.为幼儿创设良好的社会环境和物质环境.幼儿教育.2002(01)
⑤ 邵洁.浅析幼儿园班级的环境创设.当代教育论坛.2006(09)
⑥ 郑希付.良性亲子关系创立模式.湖南师范大学社会科学学报.1998(01)
⑦ Booth C L, Mitchell S K, Barnard K E, Spieker S J. Development of Maternal Social Skills in Multiproblem Families: Effects on the Mother-Child Relationship. Developmental Psychology Vol. 1989,25(3),403~412
⑧ Kerns K A, Lisa Klepac, AmyKay Cole. Peer Relationships and Preadolescents' Perceptions of Security in the Child-Mother Relationship. Developmental Psychology, Vol. 32, 1996(3),457~466

的同伴关系。其他研究发现,在强制型亲子关系或父母虐待中生活的儿童在以后的交往中更具有对抗性,更不容易发展友谊(Katz & Gottman,1993)①。依恋质量影响着儿童的交往情感、社会技能及关系模式(Fagot et al.,1997)②。戈尔曼(1998)对遭受家庭暴力的1～3岁幼童的研究表明,在家庭中受到虐待的儿童在面对同伴的痛苦时不会表现出关切、难过或怜悯,而表现出恐惧、生气。如果同伴继续哭泣,他们就会愤怒、大吼,继之以痛打,这些儿童对同伴痛苦施加的暴力,只不过重演了他们的父母对待眼泪与痛苦的做法(吴雪梅,2005)③。由此可见,儿童在亲子关系中的表现可以预示儿童在成人后的社会交往中的交往质量和人际关系能力。亲子关系对个体社会技能发展有重大影响,亲子关系不良的儿童,其社会问题行为相对更多。

(2)父母教养方式。父母教养方式也影响儿童社会技能的发展。父母教养方式是指父母在教育抚养子女的日常活动中表现出的一种行为倾向,是其教育观念和教育行为的综合体现。父母教养方式源于父母的教育观念,在亲子互动中,父母的观念来自自我建构和文化建构。父母教养方式最终要通过父母的教养行为,把社会的价值观念、行为方式及社会道德规范传授给儿童,并由此构成了儿童社会化的具体内容和目标。父母教养方式有三种类型:权威型、专制型、娇宠型。其中权威型父母的男女儿童在社会技能发展方面均胜过专制型和娇宠型,娇宠型父母的女孩在社会能力方面得分很低。父母对儿童社会交往的直接控制也可能会影响儿童的社会技能。一些研究者(Parke & Ladd,1992;Parke & Burial,1998)认为,在有情感表达、有应答反应和支持性的教养方式下,儿童能获得与同伴交往的技能。年幼儿童通常是在非正式同伴游戏中学会社会技能的,若父母安排这类活动的频率比较多,则预示着儿童有更广的社会接纳和更多的亲社会行为(Ladd & Hart,1992)④。研究也发现,儿童所表现出来的能力会影响母亲控制儿童交往的程度,受到母亲高卷入、低质量管理的儿童显得能力较差。如果频繁使用低质量的管理,可能会对儿童的社会技能发展产生消极的作用,而且家长直接影响作用的形式及功能因儿童的成熟程度不同而不同(Miez,

---

① Katz L F, Gottman J M. Patterns of marital conflict predict children's internalizing and externalizing behaviors. Developmental Psychology,1993,29(6):940～950

② Fagot B I, Gauvain M. Mother-child problem solving:Continuity through the early childhood years. Development Psychology,1997,33,480～488

③ 转自吴雪梅.社会智力的影响因素及培养.上海托幼.2005(06)

④ Ladd G W, Hart C H. Creating informal play opportunities:Are parents' and preschoolers' inmitions related to children's competence with peers? Developmental Psychology,1992,28(6):1179～1187.

1995,参见万晶晶,2001①)。

(3)师生关系。师生关系是个体与他人之间的主要社会关系之一,对儿童的发展起着至关重要的作用。近年来,有关师生关系的研究逐渐增多。由于儿童与不同成人建立的依恋关系具有相似性,因此,儿童与教师之间建立的依恋关系,一方面,将成为儿童与其他个体建立关系的内部模式,并决定这些关系的性质;另一方面,将对儿童的社会性发展起着极为重要的作用。根据"多重依恋关系"理论(Goossens et al.,1990)②,儿童可以与在不同环境里(家庭、学校)扮演不同角色的成人(如父母、老师)建立不同的依恋关系,而且当师生依恋关系的特质被用于预测儿童在校的社会交往能力时,其预测性高于亲子依恋关系,甚至良好的师生依恋关系能够对安全性低的亲子关系起到补偿的作用(Howes et al.,1988)③。还有研究表明,在民主—亲密型师生关系下,儿童表现出大方、开朗的性格和乐于助人的行为;在专制—紧张型师生关系下的儿童,表现出更多的逆反心理和胆怯心理;在放任—冷漠型师生关系下,儿童表现出较多的不合作行为和攻击行为。钱亚兰(2007)④指出,教师对幼儿应多关注、多关爱、多接纳、多鼓励,积极健康的精神环境能为幼儿的情绪情感起到积极的作用。教师主动问好,有利于拉近师幼的距离(黄丽红,2007)⑤。

(4)同伴关系。同伴关系在儿童的社会化中起着成人无法取代的重要作用。在个体的三大主要人际关系中,同伴关系与个体社会技能的发展最为密切,这已经得到了以往研究的有力支持。就结构而言,同伴关系与成人后的平等社会关系更相似,而亲子关系是种不对称的结构,它不能提供给儿童所需要的社会技能。就功能而言,亲子关系的心理功能主要在于发展儿童的情感信赖及自我信任,形成心理安全感;而同伴关系在儿童社会化中的功能则在于发展儿童的社会认知和社会技能,塑造儿童的自我概念和满足儿童正常的心理需要。由此看来,各种社会关系之间并不存在决定性的因果关系,而是相互影响、部分独立的关

---

① 万晶晶.近十年来国外儿童同伴关系与社会技能研究进展.山西大学师范学院学报.2001(04)

② Goossens F A,Ijzendoorn M H. Quality of infanints' attachments to professional caregivers:Relation toinfantparent attachment and daycare characteristics. Child Development,1990,61:832~837

③ Howes C,Rodning C,Galluzzo D,Rarlene C. Attachment and child care:Relationships with mother and caregiver. Early childhood Research Quarterly. Dec. Special issue:Infant day care:11. Empirical studies,1988,3(4):403~416

④ 钱亚兰.环境也创造人——浅谈幼儿园环境创设与幼儿发展.吉林教育(教科研版).2007(04)

⑤ 黄丽红.幼儿园良好环境的创设.教育评论.2007(04)

系。同伴关系在儿童社会技能发展中发挥了独立于亲子关系之外的重要作用。

同伴关系影响了人的各种具体社会技能的发展。比如,同伴关系中的合作与感情共鸣使得儿童获得了关于社会的更广阔的认知视野,在儿童与同伴交往中出现的冲突将导致社会观点采择能力的发展,并促进社会交流所需要的技能的获得(皮亚杰,1932)①。我国学者张文新(1999)②关于同伴间的社会互动经验的研究也支持了这一结论。该研究发现,同伴间的社会互动经验对儿童观点采择能力的发展具有重要影响,在同伴关系中处于孤立地位的儿童,其社会观点采择能力的发展显著落后于高同伴互动组。一些实证研究进一步证实了同伴在个体人际交往能力发展中扮演着重要的角色,而且获得的社会技能将影响个体的长期适应。有关男孩的研究指出,同伴接纳的男孩比同伴地位低的男孩会提供更多的亲社会行为和有效的社会问题解决策略(Mayeux & Cillessen,2003)。当然,没有与同伴平等交往的机会,儿童将不能学习有效的交往技能,不能获得控制攻击行为所需要的能力,也不利于性别社会化。这些都说明了积极的同伴关系有利于个体社会技能的发展。

同伴关系不良容易导致儿童产生孤僻、退缩、压抑等心理障碍,使他们适应社会困难,甚至出现反社会行为。现在的同伴关系现状令人担忧,据一项对5～7岁儿童的调查研究表明(Yanghee,2003)③,10%～24%的儿童是受欢迎的,20%～50%的儿童是不受欢迎的,其余儿童属于平均受欢迎水平。还有纵向研究(Ladd,Price,& Hart,1988)④显示,受欢迎儿童和一般的儿童具有中度的稳定性,而被拒绝儿童具有高度的稳定性。与同伴的攻击性交往可以预测儿童以后的反社会人格或者其他的一些指向外部的问题;被动地与同伴进行交往可以预测儿童神经质的人格或其他指向内部的问题。

总之,儿童早期所接触的人及与这些人所形成的关系对儿童社会技能发展有着至关重要的影响。如果儿童与所接触的人形成了积极的关系,从他人那里得到的是积极的信息、积极的评价,儿童就会发展成为一个相信他人、相信自己的人,进而形成健康的个性品质。

---

① Piaget J. The moral judgement of the child. London:Routledge & Kegan Paul,1965 (Orignial work published in 1932)

② 张文新.儿童社会性发展.北京师范大学出版社,1999

③ Yanghee A K. Necessary social skills related to peer acceptence. Childhood Education,2003(4):23～45

④ Ladd G W,Price J M,Hart C H. Predicting preschoolers' peer status from their play ground behaviors. Child Development,1988,59:986～992

第六章 幼儿社会性学习与教育

四、幼儿社会技能的学习特点[①]

学习本身是一个发展过程。个体社会技能学习也就是个体社会技能发展过程。幼儿社会技能学习是初级的社会技能发展过程,是指幼儿在社会实践活动中有效而适当地与他人进行相互交往而获得社会技能,并改变其行为的过程。社会技能学习对幼儿之所以重要,不仅在于它有助于幼儿建立融洽的人际关系,愉快地度过美好的童年,而且在于其为幼儿成年后的社会适应奠定必要的、良好的基础。幼儿社会技能学习有其特定的学习内容和学习特点,了解这些学习特点有利于我们更有目的地指导幼儿的社会技能学习。

1. 随机性和无意性

社会技能学习离不开社会生活的方方面面,可以说,生活中无处不有社会技能学习的因子。如幼儿在与同伴游戏时,学习了如何与同伴交往;在外出游玩时,认识了家乡的山山水水、名胜古迹,更加深了爱家乡的情感;在劳动中,学会了做事认认真真、不怕脏累等。《幼儿园教育指导纲要(试行)》指出:"社会学习具有潜移默化的特点,尤其是幼儿社会态度和社会情感的学习,往往不是教师直接'教'的结果,而是渗透在多种活动和一日生活的各个环节之中。"幼儿可以在游戏、生活活动中随机地、无意地进行社会技能的学习。幼儿在社会技能学习过程中的记忆,往往是无意记忆;幼儿的联想,往往是无意的自由联想。幼儿社会技能的学习有很大的随机性;幼儿喜欢模仿,模仿是幼儿社会学习的重要方式,幼儿往往在无意中模仿他人的言行。

正是因为这种学习具有随机性和无意性特点,所以家长和教师一定要十分注意自己的言行,以免因言行不当而在无意中伤害了孩子。另外,家长和教师要避免过多要求幼儿进行有意性的社会技能的学习。

2. 长期性和反复性

幼儿社会技能学习是长期的任务,个体从出生开始,就面临着如何掌握社会行为规范、不断适应社会的任务。幼儿社会技能学习的长期性还表现在任何好的行为习惯的培养、积极的自我控制能力的建立,都不是一朝一夕的结果,而是长期的、缓慢的过程。

幼儿阶段处于人生的初始阶段,各方面的行为、意识还不稳定,可塑性较大。这种可塑性一方面为教育工作提供了较大的可能性,使幼儿易于接受教育;另一方面,这种可塑性又造成了较大的可变性,为教育工作带来了一定的困难。如幼儿在幼儿园已经形成了合作、谦让等良好的社会行为技能,但经过一个暑假,由

[①] 曹中平.幼儿教育心理学.大连:辽宁师范大学出版社,2001

于家长的娇惯、宠爱,这些良好的社会技能可能已经丢掉了,还得重新培养。所以,幼儿社会技能学习有长期、反复的特点。幼儿社会技能学习具有可塑性和不稳定性,有时会出现反复。

3. 实践性和体验性

幼儿社会性学习具有实践性特点。如当某幼儿打其他小朋友时,成人会教导他"不许打人"、"打人不对",但"不许打人"只是外在要求。在实际交往中,同伴则可能因为他打人而拒绝和他玩,用这种行为告诉他"我们不喜欢你打人"。幼儿通过这些渠道知道了"不应该打人"这一规则。这时,如果幼儿十分愿意小朋友和他玩,他就会用"不打人"这一条要求约束自己,克制自己的打人愿望,使自己符合别人对自己的要求。这时"不打人"这一交往规则逐渐变成他自身的行为,逐渐被他所内化。正所谓"实践出真知",实践中有学习,在实践过程中融入学习的内容和目的,学习的结果(获得某种技能)往往成为实践结果的有机组成部分。实践帮助幼儿获得真实的经验,只有这样的社会技能学习才是有意义的。

幼儿主要是通过在实际生活和活动中积累有关的经验和体验而学习的。体验学习是指课程内容源于学习者的真实世界,利用真实的生活场景或模拟真实生活的学习情境,让学习者在活动中看、听、闻、问、做。在体验学习中,学习者的社会知识得到运用、社会情感得以表达、社会行为得到练习。学习者主动贴近生活,走进社会,有更多机会尝试解决实际问题,学习过程也因此变得更为灵活、有趣、直观、生动。

在掌握社会行为规范、交往准则的过程中,幼儿在实践活动中亲身体验,使外在的规范、准则内化为意识和行为。如幼儿学习过马路应遵循"红灯停、绿灯行"的交通安全规则后,就会在实践中感知、探索和体验过马路时究竟该怎样"红灯停、绿灯行",从而将课堂安全知识内化为交通安全意识和行为。

我们的社会教育如果是远离幼儿生活的说教、伦理式的教育,是难以深入幼儿的内心世界的。不能进入幼儿的内心世界,就不能要求幼儿能有多大的变化。比如,有这样一个案例:

  在一次评优课上,有一位老师选择的是社会领域的教育内容,她想大班期末孩子们要毕业了,应该对孩子进行爱的教育。刚好快七月了,她想让孩子认识党旗,知道中国共产党。于是,她就精心地策划了一节有关认识党旗的活动。

  当她把一面党旗挂在黑板上的时候,顺便问了一句:"孩子们,你们认识这是什么吗?"一名幼儿说:"老师,我知道,这是红旗。"老师说:"不对,红旗是红的,那上面还有花呢!"幼儿又说:"老师,我知道,这是国旗。"老师说:"不对,国旗是五星。孩子们,有谁认识这面旗帜啊?既然有花,国旗是五星的。这个上面还有一个不认识的图案,那这是什么呢?"

孩子们都摇摇头,教师心中窃喜:啊,我找到的是儿童社会知识领域的一个盲点,因为他们都不认识,于是,老师又说:"小朋友,我告诉你们,七月一日就是党的生日,这面旗帜就是党旗。跟我说'党旗'。"孩子们响亮地说:"党旗!"

接下来,老师讲了很多身边党员的故事,也讲了很多有关党的知识。最后,老师拿出了一个大蛋糕,对孩子们说:"孩子们,你们看看这是什么呀?"幼儿说:"蛋糕!"老师说:"你们告诉我什么时候吃蛋糕啊?"幼儿说:"老师,我知道,过生日的时候!"老师说:"对,真聪明!老师刚才说了谁要过生日啊?什么时候要过生日啊?"幼儿说:"老师说七月一日有生日。"老师说:"啊,对,七月一日有生日,七月一日是谁的生日,你们知道吗?"

孩子们你看看我,我看看你,都说不知道。老师说:"党要过生日。"老师后面又讲了许多许多的话……

孩子们的小眼睛目不转睛地盯着那个蛋糕。最后,有一个孩子终于按捺不住了,"党怎么还不来呀,我们都想给他分蛋糕呢。"

听课的人一下子忍不住了都笑了。老师也觉得好尴尬。实际上,这些东西是远离儿童生活的,儿童认为过生日是一个具体的人,而党是一个组织。虽然老师的判断没错:他们不认识党旗。但是她选择的这个活动实际上对于儿童来说,不是通过伦理的、说教的方式才能完成的,它需要孩子更多的生活体验学习才能完成。

体验学习对孩子有渗透、渐进的作用。越来越多的证据证明,社会经验和对问题的熟悉程度才是解决问题的关键因素,孩子是否成功地解决问题,更多地取决于他们的经验而非聪明程度。因此,孩子遇到的问题越多,越能帮助他们积累解决问题后的快感。例如,在寒冷的冬天,孩子和邻居小伙伴在小区的垃圾箱旁边,寻找游戏材料。当他们用装修房屋的一些废弃边角木料搭建出"儿童公园"而忘记回家吃饭时,父母不应责怪孩子,以免减少孩子的体验,阻碍孩子成长的步伐。另外,体验学习能使幼儿的社会学习内容不孤立、封闭,可以突破领域学习的界限,与其他领域学习相互渗透和联系。

第三节 幼儿社会性学习与教育的理论

一、精神分析理论

(一)弗洛伊德对自我的关注

弗洛伊德认为道德任务是不快乐的、几乎不可预测的和矛盾冲突的。本我

(性的冲动)在幼儿期和儿童早期的身心发展中起着支配作用,影响着其终身人格的发展。为了使本我平衡,他提出"自我"概念,通过自我调节来控制本我。随着儿童的成长与成熟,自我功能才能逐渐缓慢地变得精确、高尚。

另外,超我的作用对道德发展也是十分重要的。超我作用来自于外部的社会力量,最初是父母,然后是教师和其他权威人物,其通过超我的作用对儿童进行约束、限制和禁止。

(二)阿德勒强调社会兴趣[①]

阿尔弗雷德·阿德勒(Alfred Adler,1870~1937)是奥地利精神病学家,是个体心理学创始人,人本主义心理学先驱,现代自我心理学之父。作为弗洛伊德的学生,阿德勒放弃了还原论的性本能理论,强调社会化影响。他认为,一个人若以一个自卑的姿态进入世界,像婴儿,就会面临无助和依赖。从生命的最初起,个体都努力克服一种无能感,即为优越而努力。他还认为,儿童的社会性发展包括儿童的社会兴趣、性格特征、情感与情绪、生活风格、性别角色观念这些方面的发展。这五个方面的发展紧密联系,共同决定着儿童社会性发展的方向。教育者对儿童进行社会性教育应该从这五个方面入手。其中,将社会兴趣设想成天生的,但随着儿童成长和成熟,又是可以培养和发展的。因此,培养儿童的社会兴趣,在依赖儿童成熟标准的同时,应该赋予他们社会任务和行为责任。他还提出了对儿童进行社会性教育的一些方法。

二、班杜拉的社会学习论[②]

班杜拉强调观察学习对儿童道德行为的影响。儿童通过观察生活中的重要人物而学习社会行为,观察有助于儿童把模仿行为的心像和符号表征储存起来。儿童模仿的行为,可以是助人等亲社会行为,也可以是攻击、不诚实和欺骗等不受欢迎的行为。影视中的暴力人物对儿童攻击行为是有影响的。

模仿行为有三类:一是抑制—非抑制效应,指观察到他人因为出现与自己类似行为而伴随不愉快结果,反应就会受到抑制;二是引出效应,榜样通过影响观察者已经出现的各种反应技能而发生作用;三是模仿效应,个体可能有帮助无家可归者的倾向,但直到观察到朋友参加这样的活动时才会去做。

依据社会认知理论,道德思想对行为的影响表现为自我调节机制。其功能

---

① 冯芳、刘晶波.阿德勒社会性教育理论对我国幼儿社会性教育的启示.长沙师范学校专科学报,2010(03)

② 韩云龙.班杜拉的社会学习理论对幼儿社会教育的启示.教育导刊(幼儿教育).2008(11)

为:行为的自我监督、依据个人标准和环境状况进行行为判断,作出情感反应。在自我调节中,自我效能感是很重要的,自我效能感越强,越具有持久性,对违反道德的标准的诱惑有更高的抵抗力。

三、皮亚杰的儿童道德发展理论

皮亚杰认为,一个人道德上的成熟,主要表现在尊重准则和社会公正感两个方面。一个有道德的人就应该能按社会规定的准则公平、公道地对待别人。皮亚杰研究了儿童对规则的态度和对行为责任的道德判断,把儿童道德认知分成两种水平:一是他律水平,二是自律水平。儿童道德认知的发展表现为:

（一）儿童从单纯的规则到真正意义的准则

年幼儿童在一起玩弹子游戏时,虽然都在按照游戏规则进行比赛,却各自按照自己的想像去执行规则,他们还没有把规则当做一种义务去遵守;年长儿童则把规则看做大家在游戏中应该共同遵守的行动准则。

（二）从客观责任到主观责任

从客观责任到主观责任这一道德认知发展进程是皮亚杰在研究儿童对行为责任的道德判断中发现的。年幼儿童往往根据行为者行为在客体上造成的伤害,即行为的客观责任去做出判断;年长儿童则往往根据行为者行为的主观意向性,即行为的主观责任去做判断。

（三）从服从由公正到公平和公道的公正

年幼儿童对"公正"概念尚不理解,他们以成人的是非为标准,好坏标准取决于服从或不服从,认为听话就是好的行为,按自己的意愿行事就是坏的行为。10岁左右儿童道德判断的内在基础发生了质的变化。这一时期儿童的公正判断不再以服从或不服从为标准,他们已能以公平、不公平或平等、不平等作为评判是非的标准了。

（四）从抵罪性惩罚到报应性惩罚

有两个问题:一是在儿童心目中什么样的惩罚最为公正？在儿童看来什么样的惩罚最有效？皮亚杰发现,年幼儿童往往认为,应该用强制手段使犯过者遵从成人的命令或规定。他们认为惩罚要严厉,最严厉的惩罚将是最公正和有效的。如,小孩不听话就不给看小人书,他们认为犯过内容与惩罚性质之间没有必然联系。皮亚杰称这种惩罚观为抵罪性惩罚。年长儿童已认识到行为准则与同伴行为之间的关系。

皮亚杰认为,抵罪性惩罚是儿童在成人的约束和强制条件下的产物,带有专断的性质,是他律道德的表现;报应性惩罚是儿童同伴间社会交往和社会合作的产物,不带有专断的性质,是自律道德的表现。

(五)理论的概括:从他律到自律

根据以上观点,年幼儿童的道德判断具有强烈的尊重准则倾向。这些准则在儿童心目中都是权威人物,如上帝、警察、父母、教师等制定的准则是神圣的、不可改变的、每个人都必须遵从的。这些儿童的道德观念就是他律道德。

随着年龄的增长,儿童认识到社会准则是共同约定的,在道德上不是绝对的,是为了保障他人的需要,是可以改变的。

四、柯尔伯格的道德发展论①

柯尔伯格(1927~1987)是道德发展心理学的创立者,他运用实证方法建立起儿童认知发展的理论。他认为,在道德发展过程中,儿童的道德发展遵循着一种普遍的顺序原则而变化。同时,道德判断并不单纯是一个是非对错的问题,而是在面对具体的道德情境时,个人从他人、自我、利弊及社会规范等多方面考虑所做的价值判断。

柯尔伯格在1969年出版了《道德思想与行动发展分期》一书,提出了著名的三水平六阶段道德发展理论。

柯尔伯格的道德发展阶段论表

时期	发展阶段	心理特征
前习俗道德水平 (9岁以下)	1. 避免惩罚、服从取向 2. 相对功利取向	只从表面看行为后果的好坏。盲目服从权威,旨在逃避惩罚。 只按行为后果是否带来需求的满足来判断行为的好坏。
习俗道德水平 (9~15岁)	3. 寻求认可取向 4. 遵守法规取向	寻求别人认可,凡是成人赞赏的,自己就认为是对的。 遵守社会规范,认定规范中所定的事项是不能改变的。
后习俗道德水平 (16岁以后)	5. 社会法制取向 6. 普遍伦理取向	了解行为规范是为维持社会秩序而经大众同意建立的。只要大众有共识,社会规范是可以改变的。 道德判断以个人的伦理观念为基础。个人的伦理观念用于判断是非时,具有一致性与普遍性。

---

① 陈帼眉,姜勇.幼儿教育心理学.北京师范大学出版社.2007

柯尔伯格的道德认知发展理论得出了人类道德认识发展遵循由他律到自律的规律。这一原则的教育启示是：要想促进幼儿的道德发展，就要先教他们遵守行为规范，从适当的行为开始培养。由于幼儿的道德认知是"告知"的，而非"自知"的，因此，对幼儿来说，为其订立明确可行的行为习惯与道德规范是非常必要的。

五、群体社会化发展理论[①]

现如今，煞费苦心的父母和老师们感叹，孩子太难教了，太难伺候了！但是，一些父母发现当孩子与同龄人在一起时，则容易让他们学习父母期望的行为。例如，孩子不爱吃某一种食物，父母无论怎么说都不管用，但是，当他跟五六个同龄的孩子在同一个饭桌上一起吃饭时，他挑食的习惯却慢慢改了。同样，一个在家里很娇惯的孩子在同学面前却很懂事听话。于是，有些聪明的父母就会让自己的小孩和别人家的小孩一起吃饭、一块玩，效果还真不错，孩子变得懂事多了。这究竟是怎么回事呢？

用群体社会化发展理论可以很容易地解释这种现象。当原来挑食的孩子看到别的孩子都吃各种食物的时候，自己之所以也跟着吃，是因为吃与不吃这种食物对孩子有了社会意义。如果孩子不吃而别人都吃，他也许怕别人笑话，也许要显示自己不比别人差，也许什么也没想，只是对同龄伙伴的单纯模仿。不管怎么说，是同伴这个"社会"改变了他挑食的习惯。而家庭这个"社会"则对他无济于事，他回到家里还会继续挑食。

1995年，美国心理学家哈里斯(Harris. J. R)在美国颇具影响的《心理学评论》上发表了《儿童的环境在哪里——群体社会化发展理论》，首次提出了群体社会化理论，认为同伴群体对个体的发展起决定性影响。1998年，哈里斯又出版了《抚育的假定》一书，批判和否定了父母对儿童成长有决定性作用的观点，更为详尽地论述了群体社会化理论。

（一）同伴群体中的社会化

群体社会化理论的核心假设是社会化具有情境特异性。具体地说，就是儿童在家庭内的习得行为与其在家庭外的习得行为是两个独立的系统；儿童长大成人以后，家庭之外的行为系统逐渐取代、超越家庭之内的行为系统，最终成为其人格的后天习得部分。所以，父母对儿童没有长期影响，家庭外环境才是儿童社会化至关重要的影响因素。根据该理论，家庭对儿童年幼时的最初社会化有

---

① 安秋玲.群体社会化理论及其对学前教育的启示.幼儿教育(教育科学版),2006(01)

重要影响,但这些影响后来逐渐减弱,被青少年的同伴群体影响所替代。青少年的同伴群体一旦形成,即会发生群体同化和群体异化现象,传递已有的社会文化并形成新的文化。因此,该理论主要论述发生在家庭之外的各种同伴群体中的社会化问题。

群体社会化理论认为,从个体的整体社会化发展过程来看,对个体的发展起决定性影响的是群体,而不是家庭(父母)。

(二)文化通过群体过程传递

文化传递主要是通过群体与群体之间的交流完成的,其中包括家长同伴群体和儿童同伴群体。文化传递的途径一般是从家长群体向儿童群体传递。儿童认同的是同伴群体,而不是自己的父母;他们认同的文化不是由父母直接向他们传递的文化,而是由父母群体向同伴群体传递的文化。也就是说,在文化传递过程中,儿童完成社会化的过程,主要是在同伴群体过程中实现的。它包括群体间过程和群体内过程。

文化传递的另一种方式是同伴内文化交流。卡萨罗把儿童期的社会化描述为经历了一系列同伴文化而最后形成的产品。所有的同伴群体都积极地向新来者传授群体成员所必需的知识和技能,而新来者也乐于接受。如果这种传授不是自觉自愿的,同伴群体将以强迫的方式施加影响。

(三)群体间的发展过程拓宽了群体间的差异

当儿童群体在性别、种族、社会阶层、学业等方面的差异日渐扩大的时候,人们通常把其中的原因归之于父母或老师,而实际上,是群体成员所起的作用;社会群体总是强调群体内的相似性和群体间的差异。当群体的特性较为突出时,群体内成员更加相似,与其他群体更加不同。在这样的信念指导下,越来越大的群体间差异便形成了。

(四)群体内的同化与分化,加大了成员的差异

与群体间对比相对应的是群体内的过程,它包括同化和分化。当儿童的主要活动场所从家庭转移到家庭之外时,他们的言谈、举止、态度等越来越趋于伙伴。任何一个同伴群体都有自己的规则,要求群体内的成员遵从。如果谁违反了规则,谁就将受到同伴的严厉制裁。从另一方面看,儿童不仅受到同伴群体的压力,更重要的是他们迫不及待地使自己与同伴群体的行为保持一致。群体内的这种同化过程对儿童个性的发展具有长期的影响。同化与分化是群体内同时进行的两个过程。在某些方面,儿童趋同于同伴,而在其他一些方面,则与同伴相异。其他同伴或成人也会对儿童进行社会比较,以此对儿童进行群体中的成

员定位。这种社会比较与群体定位,加大了同一群体中各个成员之间的差异,也对儿童今后的发展作了预测,从而产生深远影响。

总之,群体社会化理论认为,父母对儿童社会化没有长期影响,同伴群体的影响是儿童人格发展最主要的原因。儿童同伴群体一旦形成,就成为儿童社会化发展的主要场所。儿童从群体学习社会文化,形成自己的群体文化。对那些违背了群体规则的儿童,同伴会给予严厉惩罚。儿童正是在自己的群体中学会了怎样在公众中行事,怎样使自己的行为适应群体成员,怎样认识别人和自己,从而完成了自己的社会性发展。在这一过程中形成的社会性,成为他们个性的组成部分,对他们的一生将产生重大影响。

第四节 幼儿社会性发展水平的评定

一、幼儿社会行为的评定

在评价幼儿社会性发展时,通常要对其社会行为进行评定,即评定幼儿在与人交往、适应社会中表现出的行为。幼儿社会行为问题的测量工具主要有康奈尔儿童行为评定工具和阿肯巴赫儿童行为量表。

1. 康奈尔(Conners)儿童行为问卷

包括父母用的症状问卷(Parent Symptom Questionnaire,PSQ)和教师用的评定量表(TRS)两种。后者在美国已广泛用于行为科学、儿童精神病学及儿童神经病学等领域。康奈尔父母症状问卷[①]是父母用的儿童行为评定量表,主要评估儿童多动症,可用于临床辅助诊断及科研,也可作为筛查工具用于流行病学调查。该量表在国外应用较为广泛,信度和效度较好。国内也有临床应用,证明其是儿童多动症的较好评定工具。问卷共有48个需要父母回答的问题。应用前首先向父母解释问卷的使用方法,要求对每一个问题都要如实、准确地填写。每个项目(问题)均采用四级记分:即"完全没有"(记0分),"有一点"(记1分),"问题较严重或经常出现"(记2分),"很严重"(记3分)。康奈尔儿童行为问卷经过因素分析处理可测出6个方面的问题:品行障碍、学习问题、心身问题、冲动—多动、焦虑、多动指数。6个分量表各有自己的项目,例如,多动指数与问题4,7,11,13,14,25,31,33,37,38有关;焦虑与问题12,16,24,47有关;学习问题与问题10,25,31,37有关。将量表各有关问题得分的总和除以问题的数目,即为各有关分量表的得分。如多动指数与上述的10个问题有关,10个问题的总

---

① 苏林雁,李雪荣,黄春香,罗学荣,张纪水.Conners父母症状问卷的中国城市常模.中国临床心理学杂志,2001(04)

分除以 10,即为患儿的多动指数。根据统计研究,多动指数平均分高于 1.5,即提示儿童有多动症。

康奈尔的教师用儿童行为问卷(教师评定量表,Teacher Rating Scale,TRS)共设 28 个问题,各问题的记分同样分为 0,1,2,3 四个分级。经因素分析,该量表可分为 5 个方面的问题:攻击行为、注意力不集中、焦虑、多动、人际关系(社会—合作)。较多的多动与问题 1,5,7,8,10,11,14,15,21,26 有关。多动指数的计算方法同 PSQ。如指数高于 1.5,提示有多动症的可能。

2．阿肯巴赫儿童行为量表(Achenbach child behavior checklist,CBCL)

该量表也是西方国家常用的行为测量表。分两大部分,第一部有 7 个项目,3 个主要分量表;第二部分有 113 个项目,经因素分析归纳为 9 个方面的内容。适用于 4～16 岁儿童。该量表用于测查 4～16 岁儿童的社会能力和行为问题,由家长根据孩子半年内的情况作出分级评定。该表所测查的社会能力主要包含儿童的体育运动能力、社会交往情况和在校学习情况;行为问题包括的因子范围较广,有抑郁、交往不良、强迫倾向、社会交往退缩、多动等。不同年龄和性别的儿童在因子的数量和名称上有所不同。

湖南医科大学精神卫生系儿童精神医学教研室的苏林雁、李雪荣、万国斌、杨志伟、罗学荣等对该量表进行了标准化处理,制定了湖南常模。认为 6～16 岁儿童的常模适用于我国儿童,4～5 岁儿童常模的信度、效度不够理想,应该慎用。

3．行为评定法

拉瑟福德(Rutherford)等[①]对学前儿童的自私性行为进行了研究。研究者给每个班老师一叠卡片,卡片上写着该班幼儿的姓名,一个名字一张卡。请老师把这叠卡片分成 5 堆,第一堆为:"这孩子是我所见过的最慷慨无私的幼儿之一";第五堆为:"我所见过的最自私的幼儿之一";第三堆为:"似乎是中性的,既不很大方,也不很小气自私"。第二、四堆的自私或大方程度介于第一、第三和第五堆之间。

加利福尼亚学前儿童社会能力量表[②]是由莱文等设计编制的教师用标准评定量表。要求教师对每一幼儿在 30 个项目方面做出等级评定。这些项目包括:遵循指令、交往需求、招呼新来儿童、依赖成人、接受常规变化、分享、帮助别人、接受成人设定的限制、寻求帮助、对挫折的反应、对陌生情景的反应等。每一项目中有 4 种程度的表现可供选择,表明儿童在该特定社会行为方面的能力程度。例如在"帮助别人"这一项目中的 4 种选择是:a 他从不帮助别人;b 只有在和他

---

① 虞永平.幼儿园课程实施指导丛书(社会).南京师范大学出版社,1997

② 王坚红编.学前儿童发展与教育科学研究方法.北京:人民教育出版社,1991

一起玩时,才提供帮助;c 他有时停止自己的游戏去帮助别人;d 他经常停止自己的游戏去帮助别人。教师在对儿童在类似方面的长期观察(一般要求不少于一学期)后,选择与各儿童典型状况最切近的一个等级,作为该项目的评定分数。在各项中,能力最低(选择第 1 句)者,记为 1 分;能力最强(选择第 4 句)者,记为 4 分。将各项分相加得出总分,再按量表说明书提供的常模表转换为百分等级分数,就表示一个儿童的社会能力发展状况在同龄儿童中所处的相对地位。

二、同伴关系测量:社会测量法

社会测量法是在美国精神病学家莫雷诺(Moreno,1934)提出的社会计量测验的基础上发展起来的一种研究方法。它主要用于揭示团体(特别是小团体)内的社会结构模式——人际相互作用的模式。近年来,此方法被大量运用于儿童同伴联系的研究。

社会测量法的基本做法是需设置一种情况,让团体中每个儿童按自己的愿望选择(或拒绝)自己的活动或游戏伙伴,通过分析儿童之间相互选择的结果来了解彼此间吸引或排斥的心理关系,从而了解儿童同伴间人际关系的状况。

(一)社会测量技术类型

加拿大学者海梅尔(S. Hymel)曾对大量研究文献进行了细致的检阅。发现近年来用于学前儿童同伴关系研究的社会测量技术主要有下面几种类型:同伴提名法、同伴评定法、猜人测验等。

1. 同伴提名法[①]

同伴提名法是指班级中每一幼儿按照一定标准提出一定数量的同伴。每名幼儿所设的积极提名分数被看做同伴接纳的指标。相反,消极提名分数则意味着幼儿被同伴拒绝的程度。由于消极提名可能会提醒或强化幼儿对同伴的消极看法,因此,在研究中教师应谨慎使用消极提名法。同伴提名法的基本实施方法是:让被试根据对某种心理品质或行为特征的描述,从同伴团体中找出最符合这些描述特征的人来。比如,研究者以"喜欢"或"不喜欢"为标准,让幼儿说出班上他最喜欢或最不喜欢的 3 个小朋友,然后对研究结果进行一定的技术处理,并作出解释。

2. 同伴评定法

是让儿童对同伴的被欢迎或被拒绝程度做出评定的方法。常用的方法是对照片进行分类,即用 3 个盒子,上面各贴一个脸面图,其表情分别为快乐的、中性

---

① 庞丽娟.同伴提名法与幼儿同伴交往研究.心理发展与教育.1994(01)

的、悲伤的,分别表示与该儿童的同伴关系得分为1,2,3分。要求每个儿童把班里孩子的照片分别放入3个盒子中,把自己最乐意与他(或她)玩的伙伴的照片放入表示快乐的盒子里,把自己最不喜欢一起玩的伙伴的照片放入悲伤的盒子里,其余的放入中性的盒子里。每一个儿童的得分,就是所有同伴评定的分数。

3.同伴行为描述法

它实际上是一种结构化的提名程序。"班级戏剧"是其中的重要方法之一:幼儿假想自己是戏剧导演,将同伴"对号入座"地分派一系列积极或消极角色,如"如果要演一个领导能力强的角色,你认为在你的班上谁最适合?"

附录1:Conners的《父母症状问卷(PSQ)》项目

1. 某种小动作(如咬指甲、吸手指、拉头发、拉衣服上的布毛)
2. 对大人粗暴无礼
3. 在交友或保持友谊上存在问题
4. 易兴奋、易冲动
5. 爱指手画脚
6. 吸吮或咬嚼(拇指、衣服、毯子)
7. 容易或经常哭叫
8. 脾气很大
9. 白日梦
10. 学习困难
11. 扭动不安
12. 惧怕(新环境、陌生人、陌生地方、上学)
13. 坐立不安,经常"忙碌"
14. 破坏性
15. 撒谎或捏造情节
16. 怕羞
17. 造成的麻烦比同龄孩子多
18. 说话与同龄孩子不同(像婴儿说话、口吃、别人不易听懂)
19. 抵赖错误或归罪他人
20. 好争吵
21. 撅嘴和生气
22. 偷盗
23. 不服从或勉强服从
24. 忧虑比别人多(忧虑孤独、疾病、死亡)

25. 做事有始无终

26. 感情易受损害

27. 欺凌别人

28. 不能停止重复性活动

29. 残忍

30. 稚气或不成熟（自己会做的事仍要帮忙，依赖别人，需要鼓励、支持）

31. 容易分心或注意力不集中

32. 头痛

33. 情绪变化迅速、剧烈

34. 不喜欢受纪律的约束

35. 经常打架

36. 与兄弟姐妹不能很好相处

37. 在努力中容易泄气

38. 妨害其他儿童

39. 基本上是一个不愉快的小孩

40. 有饮食问题（食欲不佳、进食中常跑开）

41. 胃痛

42. 有睡眠问题（不能入睡、早醒、夜间起床）

43. 其他疼痛

44. 呕吐恶心

45. 感到在家庭圈子中被欺骗

46. 自夸和吹牛

47. 让自己受别人欺骗

48. 有大便问题（腹泻、排便不规律、便秘）

附录 2：康奈尔教师用儿童行为问卷
（教师评定量表，TRS）

项目	0	1	2	3
1. 坐立不安				
2. 不应出声时出声				
3. 想要什么应立即满足				
4. 自以为聪明（无礼、顶嘴）				
5. 常发脾气、行为不可捉摸				
6. 对批评过分敏感				
7. 易分心，注意力不持久				
8. 扰乱其他同学				
9. 好幻想、做白日梦				
10. 常常生气、板脸				
11. 情绪变化迅速剧烈				
12. 好争吵				
13. 对权威很顺从				
14. 活动过多，一刻不停				
15. 容易兴奋、冲动				
16. 过分要求教师关注				
17. 明显地不受同学欢迎				
18. 易于受其他同学领导				
19. 游戏时不公平，不守规则				
20. 缺乏领导才能				
21. 做事有头无尾				
22. 幼稚、不成熟				
23. 不肯认错，总怪别人				
24. 不能和其他孩子和睦相处				
25. 与同学不合作				
26. 做事易灰心				
27. 与老师不能合作				
28. 学习有困难				

附录3:阿肯巴赫(Achenbach)儿童行为量表(CBCL)

第一部分:一般项目

儿童姓名		性别	
年龄		出生日期(＊年＊月＊日)	
父母职业(请填具体,例如车工、鞋店售货员、主妇等)	父亲职业		
	母亲职业		
填表者(和孩子关系)			
填表日期: 年 月 日			

第二部分:社会能力

Ⅰ.(1)请列出你孩子最爱好的体育运动项目(例如:游泳,棒球等):

无爱好:□

爱好:a.

　　　b.

　　　c.

(2)与同龄儿童相比,他(她)在这些项目上花的时间是多少?

不知道:□　　较少:□　　一般:□　　较多:□

(3)与同龄儿童相比,他(她)的运动水平如何?

不知道:□　　较低:□　　一般:□　　较多:□

Ⅱ.(1)请列出你孩子在体育运动以外的爱好(例如集邮、看书、弹琴等,不包括看电视)

无爱好:□

爱好:a.

　　　b.

　　　c.

(2)与同龄儿童相比,他(她)花在这些爱好上的时间是多少?

不知道:□　　较少:□　　一般:□　　较多:□

(3)与同龄儿童相比,他(她)的爱好水平如何?

不知道:□　　较低:□　　一般:□　　较高:□

Ⅲ.(1)请列出你孩子参加的组织、俱乐部、团队或小组的名称

未参加:□

参加:a.

　　　b.

　　　c.

(2)与同龄的参加者相比,他(她)在这些组织中的活跃程度如何?

不知道:□　　　较低:□　　　一般:□　　　较高:□

Ⅳ.(1)请列出你孩子有无干活或打零工的情况(例如送报、帮人照顾小孩、帮人打扫卫生等)

没有:□

有:a.

　　b.

(2)与同龄儿童相比,他(她)工作质量如何?

不知道:□　　　较差:□　　　一般:□　　　较好:□

Ⅴ.(1)你孩子有几个要好的朋友?

无:□　　　1个:□　　　2~3个:□　　　4个及以上:□

(2)你孩子与这些朋友每星期大概在一起几次?

不到1次:□　　　2~3次:□　　　3次以上:□

Ⅵ.与同龄儿童相比,你孩子在下列方面表现如何?

	较差	差不多	较好
a.与兄弟姐妹相处	□	□	□
b.与其他儿童相处	□	□	□
c.对父母的行为	□	□	□
d.自己工作和游戏	□	□	□

Ⅶ.(1)当前学习成绩(对6岁以上儿童而言)

未上学:□

	不及格	中等以下	中等	中等以上
a.阅读课	□	□	□	□
b.写作课	□	□	□	□
c.算术课	□	□	□	□
d.拼音课	□	□	□	□

其他课(如历史、地理、常识、外语等)

e.( )	□	□	□	□
f.( )	□	□	□	□
g.( )	□	□	□	□

(2)你孩子是否在特殊班级？

不是：□

是：□，什么性质？_____

(3)你孩子是否留级？

没有：□

留过：□，几年级留级？_____

留级理由：_____

(4)你孩子在学校有无学习或其他问题(不包括上面三个问题)？

　　没有：□

有问题：□，问题内容：_____

问题何时开始：_____

问题是否已解决？

未解决：□

已解决：□，何时解决：_____

第三部分：行为问题

Ⅷ.以下是描述你孩子的项目。只根据最近半年内的情况描述。每一项目后面都有三个数字(0,1,2)，如你孩子明显有或经常有此项表现，圈2；如无此项表现，圈0。

1.行为幼稚与其年龄不符	0	1	2
2.过敏性症状(填具体表现)_____	0	1	2
3.喜欢争论	0	1	2
4.哮喘病	0	1	2
5.举动像异性	0	1	2
6.随地大便	0	1	2
7.喜欢吹牛或自夸	0	1	2
8.精神不能集中，注意力不能持久	0	1	2
9.老是想某些事情不能摆脱(说明内容)_____	0	1	2
10.坐立不安现象过多	0	1	2
11.喜欢缠着大人或过分依赖	0	1	2
12.常说感到寂寞	0	1	2
13.糊里糊涂，如在云里雾中	0	1	2
14.常常哭叫	0	1	2

15. 虐待动物	0	1	2
16. 虐待、欺侮别人或吝啬	0	1	2
17. 好做白日梦或呆想	0	1	2
18. 故意伤害自己或企图自杀	0	1	2
19. 需要别人经常注意自己	0	1	2
20. 破坏自己的东西	0	1	2
21. 破坏家里或其他儿童的东西	0	1	2
22. 在家不听话	0	1	2
23. 在校不听话	0	1	2
24. 不肯好好吃饭	0	1	2
25. 不与其他儿童相处	0	1	2
26. 有不良行为后不感到内疚	0	1	2
27. 易嫉妒	0	1	2
28. 吃喝不能作为食物的东西(说明内容)_____	0	1	2
29. 除怕小学外,还害怕某些动物、处境或地方(说明内容)_____	0	1	2
30. 怕上学	0	1	2
31. 怕自己想坏念头或做坏事	0	1	2
32. 觉得自己必须十全十美	0	1	2
33. 觉得或抱怨没有人喜欢自己	0	1	2
34. 觉得别人存心捉弄自己	0	1	2
35. 觉得自己无用或有自卑感	0	1	2
36. 身体经常弄伤,容易出事故	0	1	2
37. 经常打架	0	1	2
38. 常被人戏弄	0	1	2
39. 爱和出麻烦的儿童在一起	0	1	2
40. 听到某些实际上没有的声音(说明内容)_____	0	1	2
41. 冲动或行为粗鲁	0	1	2
42. 喜欢孤独	0	1	2
43. 撒谎或欺骗	0	1	2
44. 咬指甲	0	1	2
45. 神经过敏,容易激动或紧张	0	1	2

		0	1	2
46. 动作紧张或带有抽动性(说明内容)＿＿＿＿		0	1	2
47. 做恶梦		0	1	2
48. 不被其他儿童喜欢		0	1	2
49. 便秘		0	1	2
50. 过度恐惧或担心		0	1	2
51. 感到头昏		0	1	2
52. 过分内疚		0	1	2
53. 吃得过多		0	1	2
54. 过分疲劳		0	1	2
55. 身体过重		0	1	2
56. 找不出原因的躯体症状：	a. 疼痛	0	1	2
	b. 头痛	0	1	2
	c. 恶心呕吐	0	1	2
	d. 眼睛有问题(说明内容。译注:不包括近视及器质性眼病)	0	1	2
	e. 发疹或其他皮肤病	0	1	2
	f. 腹部疼痛或绞痛	0	1	2
	g. 呕吐	0	1	2
	h. 其他(说明内容)＿＿＿＿	0	1	2
57. 对别人身体进行攻击		0	1	2
58. 挖鼻孔、皮肤或身体其他部位(说明内容)＿＿＿＿		0	1	2
59. 公开玩弄自己的生殖器		0	1	2
60. 过多地玩弄自己的生殖器		0	1	2
61. 功课差		0	1	2
62. 动作不灵活		0	1	2
63. 喜欢和年龄较大的儿童在一起		0	1	2
64. 喜欢和年龄较小的儿童在一起		0	1	2
65. 不肯说话		0	1	2
66. 不断重复某些动作,强迫行为(说明内容)		0	1	2
67. 离家出走		0	1	2
68. 经常尖叫		0	1	2
69. 守口如瓶,有事不说出来		0	1	2

70. 看到某些实际上没有的东西(说明内容)_____	0	1	2
71. 感到不自然或容易发窘	0	1	2
72. 玩火(包括玩火柴或打火机等)	0	1	2
73. 性方面的问题(说明内容)_____	0	1	2
74. 夸耀自己或胡闹	0	1	2
75. 害羞或胆小	0	1	2
76. 比大多数孩子睡得少	0	1	2
77. 比大多数孩子睡得多(说明多多少。译注:不包括赖床) 说明:_____	0	1	2
78. 玩弄粪便	0	1	2
79. 言语问题(说明内容。译注:例如口齿不清)	0	1	2
80. 茫然凝视	0	1	2
81. 在家偷东西	0	1	2
82. 在外偷东西	0	1	2
83. 收藏自己不需要的东西(说明内容。译注:不包括集邮等爱好)_____	0	1	2
84. 怪异行为(说明内容。译注:不包括其他已提及的)_____	0	1	2
85. 怪异想法(说明内容。译注:不包括其他已提及的)_____	0	1	2
86. 固执、绷着脸或容易激怒	0	1	2
87. 情绪突然变化	0	1	2
88. 常常生气	0	1	2
89. 多疑	0	1	2
90. 咒骂或讲粗话	0	1	2
91. 声言要自杀	0	1	2
92. 说梦话或有梦游(说明内容)_____	0	1	2
93. 话太多	0	1	2
94. 常戏弄他人	0	1	2
95. 乱发脾气或脾气暴躁	0	1	2
96. 对性的问题想得太多	0	1	2
97. 威胁他人	0	1	2
98. 吮吸大拇指	0	1	2

99.过分要求整齐清洁		0	1	2
100.睡眠不好(说明内容)_____		0	1	2
101.逃学		0	1	2
102.不够活跃,动作迟钝或精力不足		0	1	2
103.闷闷不乐,悲伤或抑郁		0	1	2
104.说话声音特别大		0	1	2
105.喝酒或使用成瘾药(说明内容)_____		0	1	2
106.损坏公物		0	1	2
107.白天遗尿		0	1	2
108.夜间遗尿		0	1	2
109.爱哭诉		0	1	2
110.希望成为异性		0	1	2
111.孤独、不合群		0	1	2
112.忧虑重重		0	1	2
113.请写出你孩子存在的但上面未提及的其他问题:	a._____	0	1	2
	b._____	0	1	2
	c._____	0	1	2
一、请检查一下是否每条都已填好				
二、请在你最关心的条目下画线				

注:若符合对应情况,则在"□"中打钩。

第五节 幼儿社会性教育

一、幼儿社会性教育的原则

幼儿社会教育的基本原则是指在对幼儿进行社会教育时必须遵循的规则要求。幼儿自身的社会性学习特点和社会教育本身的特殊性,也决定了幼儿社会教育必须遵循一定的原则。具体包括:

1. 随机教育原则

幼儿的社会学习具有随机性的特点,这就决定了幼儿社会教育的随机性。具体来说,首先,教师必须认识到随机教育是渗透、延伸到日常生活中去的,是整个教育过程必不可少的组成部分。也就是说,日常生活是进行社会教育的良好契机,如洗手时渗透着爱惜水的教育;进餐时渗透着爱惜粮食、不挑食、文明进餐的良好习惯教育;处理幼儿因玩具发生争抢的矛盾时,渗透着学会分享、谦让等良好品质教育。其次,教师必须做一个善于发现教育时机的有心人,善于捕捉教育机会,还要主动积极地寻找和创造教育机会。这就对教师的敬岗爱业、责任心、爱心提出了新的要求,同时要求教师在教育过程中保持对幼儿活动、行为及周围环境的敏感性,随时注意观察、了解,以随时发现,随机把握教育契机,进行更有针对性、更及时有效的教育。教师要有随机教育策略与方法的意识。在随机教育中,教师必须充分发挥自己的主导作用,通过提问、话语、表情等引导幼儿积极参与到情境、事件中,启发、引导幼儿展开思考、分析、讨论,对幼儿的积极行为及周围的良好现象进行适时、恰当的正强化,对幼儿的消极行为及周围环境中的不良现象进行及时、适时的干预与矫正,以充分发挥随机教育在幼儿社会性教育中的积极作用。

2. 行为实践原则

它是指教师不仅要重视向幼儿传递社会认知观念、技能、知识,而且必须为幼儿提供大量实践的机会,并对其行为实践进行指导。

幼儿是通过实际生活和活动积累有关的经验和体验而学习的,尤其是对社会态度和社会情感的学习,往往不是教师直接"教"的结果。有这样一个案例:

> 有这样一位幼儿教师,她为了教育幼儿互相谦让,给幼儿讲了《小羊过桥》的故事。讲完之后,幼儿该喝水了,她以为幼儿会吸取小羊的教训,互相谦让,排队喝水。可是,幼儿一点也没有谦让的意思,相互争抢着接水喝。显然,她这次"教"的效果不好。经过反思后,她又组织了一次幼儿游戏——《搬家》活动。这次她换了一种教育方法,她首先在班里搭了两座独木桥,然后,又用大型积木把两个家搭在了独木桥的一边。她把幼儿分成两队,对幼儿说:下了好几天大雨,小河这边的地被水淹了,小动物的家里马上就要进水了,河那边地势高,不容易被水泡着,小动物经过商量之后,决定搬家。可是,通向小河那边的只有独木桥,桥下的河水很急,千万不能掉进河里,天又要下雨了,小动物现在得快点搬家,你们帮小动物搬家吧,看哪个队搬得快。
>
> 幼儿在听到她的口令之后,马上认真地搬起家来,可是,谁都想快一点,谁也不让谁,总是有人掉进河里。这时幼儿都很着急:"我们怎么才能搬得又快,又不掉进河里呢?"他们商量之后决定:一个接着一个走,谁都得谦让,不能乱挤。商量好了以后,幼儿搬家过桥的速度非常快,很快就把家搬完了。①

---

① 徐明编著.幼儿社会教育.北京:中国劳动社会保障出版社.1999

我们是不是可以这样认为：在幼儿社会教育的过程中，幼儿要内化许多社会道德规范、行为准则。但是，这些社会道德规范、行为准则不是光靠"教"就能习得的。只有当幼儿在遇到问题、参与实践时，他才醒悟，认识到要遵守它们。为此，对幼儿进行社会性教育时，教师要让幼儿在实际的生活、活动中把相应的观念、认识、情感变为行动。而且，教师要为幼儿提供大量的行为实践的机会，比如，教师可以带领幼儿修补班上的一些坏图书或坏的桌椅等，从而教育幼儿要爱护公物、书本等，使幼儿养成良好的行为习惯。只有在实际的生活、活动过程中，幼儿才能进行社会知识经验、行为规则的具体学习实践，并将和自己行为有关的社会知识转化为实际行动，通过实践逐渐养成习惯，内化成为一种品质。

行为实践还意味着教师应当有意识地把问题展现给幼儿，让他们有机会协商、讨论，并在教师的引导下自己解决问题。例如，在小朋友发生拥挤或帮助某些小朋友解决困难时，教师不一定要利用自己的权威和指令来处理这些问题，而可以有意将这些问题摆到孩子面前，让幼儿尝试用自己所学的社会知识、行为规范，所具有的行为、能力来分析讨论、商量解决这些问题。

此外，教师应当特别注意引导、帮助幼儿将其在特定教育活动或情境中学到的认知、行为迁移到更广泛的日常生活情境中去。比如，在教师对幼儿进行了小朋友摔倒后应予以帮助的教育之后，有的幼儿就会在本班或基本相同的情景下做出帮助行为，而不能在其他场合（如院子里、马路上看见他班小朋友，不认识的弟弟、妹妹、老人摔倒了）助人。社会性教育的目的是幼儿能够在不同的时间、地点、人物、情境等条件下，只要他人需要帮助，都能表现出类似的行为，而非仅局限于特定的情境，即助人行为要能成为幼儿行为习惯的一部分，成为幼儿的一种内化了的行为品质。

3. 榜样作用原则

根据班杜拉的社会学习理论，幼儿对其周围人物言行的有意或无意模仿是其社会化中很重要的学习方式与过程。人生活于社会中，无论是自觉的、有意识的，还是不自觉的、无意识的，都要受到别人的影响，总是会根据自己的经验来评价他人的行为。因此，为幼儿树立正面的、积极的榜样，就成为幼儿社会教育中最基本的原则。越是在个体发展早期，榜样的影响作用就越大。幼儿的模仿对象非常广泛，包括日常生活中经常交往的教师、同伴和自己的父母等。

为此，教师应当非常重视自身对幼儿的榜样作用。教师的言谈举止，包括无意识的偶然行为都会影响幼儿。如教师待人亲切友善、关心助人，则教师就在无形中为幼儿树立了正面的榜样。另外，同龄伙伴也可以成为幼儿互相学习的榜样。随着幼儿年龄的增长，其认同与接纳心理越来越强，同伴对幼儿社会性的作用日益增大。为此，我们要为幼儿选择在生活和学习中各方面比较接近的、具有较大影响力的同伴作为学习的榜样。此外，不能忽视家长的榜样示范作用。幼儿自出生之日起,就受到父母的潜移默化的影响,耳濡目染了父母的行为、兴趣爱好等。为了给幼儿树立良好的榜样,父母要注意自己的示范作用,给孩子创造一种良好的学习生活环境,以促进幼儿社会性的发展。为幼儿提供的示范榜样,除了生活中真实的人物之外,大众传媒中的各种文字、图像、艺术形象等也都有可能成为幼儿的榜样,起到示范的作用。不过,大众传媒在带给人类便利的同时,也充斥着很多不利于幼儿健康成长的东西。加之幼儿的社会学习具有潜移默化的特点,他们总是在不知不觉中接受着环境的刺激,其中有正面的、积极的,也有很多负面的、消极的。因此,我们要有意识地消除这些不良的刺激,以确保幼儿生活的社会环境健康(韩云龙,2008)[1]。

4. 一致性原则

一致性原则包括教师言行的一致性;幼儿园内教师间的一致性,即幼儿园园长、各班带班和配班老师及其他工作人员,在对待幼儿的社会性发展上都应持一致的观念、态度和行为;家园一致性,即社会性发展是幼儿所面临的各种社会环境综合效应的结果,其发展的性质、水平、特点不仅受幼儿园各方面的影响,而且受到幼儿的家庭环境、父母的教育观、教育态度及行为方式等的影响。

5. 情感支持性原则[2]

它是指教师在与幼儿的日常交往中,应积极地建立双向接纳和爱的情感联系,并在教育过程中有意识地以积极的社会性情感感染激发幼儿的社会性情感。

情感支持性原则的核心内容包括以下两个方面:

一方面,建立接纳与关心的情感联系。首先,教师必须接受孩子;其次,教师应积极接纳、尊重儿童;再次,教师应对幼儿持有理解、支持的情感态度。

另一方面,积极的情感投入和情感激发。为此,教师不仅应当在教育活动和日常生活中以积极、温暖、友善的态度对待幼儿,还应有意识地在教育过程中积极投入自己的情感。

> 比如,张老师因地上有水不小心滑到了,晕倒在地。这时,许多小朋友看见了,他们或旁观,或看看走开,或愣着不知所措,或哈哈大笑地说:"真好玩,老师那么大了,还摔跤。"这时王老师看见了,马上急切地冲了过去,将张老师扶起、按人中,并焦急、关切地询问:"张老师,你怎么了?""张老师,你哪儿不舒服?"……又转身对小朋友说:"张老师晕了,坐不住,怎么办?""张老师晕得那么难受,怎么办?"在教师的真情感染带动下,小朋友逐渐地参与进

---

[1] 韩云龙. 班杜拉的社会学习理论对幼儿社会教育的启示. 教育导刊(幼儿教育). 2008(11)

[2] 庞丽娟. 儿童社会性教育(录像). 北京师范大学音像出版社,1999

第六章 幼儿社会性学习与教育

来,他们有的忙着抬桌子让张老师躺下;有的怕张老师躺在光桌板上冷,搬来了娃娃家或自己的被子给张老师盖上;有的给张老师倒水喝;有的帮张老师揉胳膊和腿;有的则焦急地去找医生……由于王老师的真情投入,感染、激发了孩子们的善良情感,使其行为发生了很大的变化,孩子们在积极的参与中受到了一次深刻的教育。

二、幼儿社会性教育的目标

(一)总目标①

总目标包括目标1:能主动地参与各项活动,有自信心;目标2:乐意与人交往,学习互助、合作和分享,有同情心;目标3:理解并遵守日常生活中基本的社会行为规则;目标4:能努力做好力所能及的事,不怕困难,有初步的责任感;目标5:爱父母、长辈、老师和同伴,爱集体、爱家乡、爱祖国。

"目标1"指向的任务是社会认知学习,即发展良好的自我认识、自我意识。它包括三个方面:第一,认识自己。完成这个目标,关键是培养儿童的主动性,达成的程度是自信与愉快;第二,认识自己与他人的关系。完成这个目标,关键是营造融洽的关系,达成的程度是交往积极、合群宽容;第三,认识自己与社会的关系。完成这个目标,关键是培养归属感,达成的程度是常被接纳、自我约束。"目标2"和"目标3"指向的任务是社会态度与行为技能(亲社会行为)学习。它包括三个方面:第一,友爱乐群。基础是安全感,安全感来自对环境的信任。要领是鼓励与人交往,从中养成包容、同情心态。第二,互助合作。基础是理解别人的观点或情感,要领是在共同活动中学习互助、分享、谦让。第三,公德意识。基础是会简单评价自己和他人。要领是引导幼儿初步判断行为的对与错。"目标4"和"目标5"指向的任务是社会情感的培养,即责任和爱的培养。它包括五个方面:抗挫折、能独立、会关心、懂尊重、知荣誉。

(二)幼儿社会性教育年龄阶段目标②

1. 小班

(1)人与自己。

1)自我认知。

第一,了解自己的身份,明确自己在家庭和幼儿园中身份的区别;第二,能认

---

① 参见教育部.《幼儿园教育指导纲要(试行)》之社会领域目标.2001
② 袁爱玲、王娟.我国幼儿社会领域教育目标体系的构建.保定学院学报.2008(03)

识自我的外形特征;第三,能够较为准确地感受到自己的情绪变化,认识到自己处于怎样的情绪状态;第四,能了解自己的兴趣爱好和特长等;第五,能够认识到自己的行为和人格特点,并能作出较为客观的评价。

2)自我管理。

第一,具备基本的生活自理能力,保持清洁卫生,能够独立地完成自己分内的事情;第二,能够运用合理的方式表达自己内心的想法;第三,能够适当地控制自己的情绪;第四,懂得保护自己,具备基本的自护意识和知识;第五,能够尝试独立完成任务,体验到独立解决问题的乐趣;第六,能够经受住有限的挫折,为了解决问题或达到一定的目的肯牺牲自己的利益;第七,能够为实现目标而坚持尝试;第八,能较合理地安排自己的时间。

3)情感态度。

第一,能够相信自己,并通过努力尝试发挥出自己的能力;第二,能够主动积极地面对外界事物;第三,能够爱护自己的劳动成果,尊重自己的劳动产物;第四,能够保持良好的情绪,有一定的自律意识;第五,对自己分内的事情具有一定的责任感。

4)道德品质。

第一,待人诚实,不说谎话;第二,能够宽容地对待别人,原谅别人因无意造成的伤害;第三,在与小朋友相处时能共同感受、分担喜或忧;第四,富有同情心、爱心,能够用适当的方式表达出来。

(2)人与社会。

1)社会规范认知。

第一,认识初步的社会规则,习得生活中的基本礼仪和道德规范;第二,掌握社会生活所必需的基本的社会知识与经验;第三,了解与自己生活关系密切的社会机构的概况和基本特点;第四,基本认识各种职业的特点;第五,发展积极的规则意识;第六,能够初步认识自己所在区域的地理位置等。

2)社会文化认知。

第一,知道我国的重要节日,熟悉基本的风俗习惯;第二,认识并尊重我国的国旗、国徽、国歌、首都等;第三,知道基本的关于其他国家的重要节日与风俗习惯;第四,知道几个比较感兴趣的我国少数民族的基本知识;第五,知道其他国家的一些基本常识。

3)社会交往。

第一,能够认识到他人的基本特点,能够较为准确地回答别人提出的相关问题;第二,有意识地了解别人的情绪状态,能够通过合理的方式尝试了解;第三,发展良好的交往技能,能够较为恰当地表示友好、礼貌问好和交流、倾听;第四,能够主动关心他人,恰当地表达自己对家人、老师或朋友的爱;第五,与家人感情融洽,在家中不任性,不霸道;第六,自己的事情自己做,能帮助家长做力所能及的家务,有事情和家人商量。

4)社会和集体意识。

第一,积极主动并乐于参与小组和集体活动;第二,在同伴群体之中能表达出自己内心的想法,通过商议共同决定大家要做的事;第三,服从集体的决定和规则;第四,热爱幼儿园和家乡,认识到祖国的辉煌历史,并能通过行动表明对祖国的热爱。

5)社会技能。

第一,能够适应社会环境的变化,具备基本的适应能力;第二,能够通过各种途径获得一定的知识信息;第三,能够识别基本的标志符号及其意义。

(3)人与环境。

1)环境认知。

第一,初步认识人类生活的环境所包含的内容,形成基本的环境观念和意识;第二,能够认识到因为地域的不同导致了全球各地丰富多彩的景观;第三,初步了解自己所在地的地貌特征;第四,初步认识地球的特征,并能根据自己的喜好主动探索。

2)环境保护。

第一,初步认识目前所处地域环境的现状;第二,初步了解资源的现状,知道珍惜自然资源;第三,初步了解环境保护的相关知识,并能付诸实践。

3)自然生态。

第一,初步感知自然变化的规律,知道不同季节的特点及人们相应的生活方式;第二,能够较为准确地认识各种动植物生活的环境;第三,关心天气变化,关注气候变化的特点。

2. 中班

(1)人与自己。

1)自我认知。

第一,了解自己的基本身份;第二,了解自我的外显特征,并大胆自信地向他人介绍自己各个方面的情况;第三,知道自己处于何种情绪状态,能够运用语言、表情、体态语等大胆得体地表达自己的情绪、看法或需求;第四,能够较为客观全面地评价自己的言谈举止;第五,能够对自己的情感、经验和表现进行自我反思与评价;第六,清楚自己的兴趣、爱好和特长,以及自己各方面能力的强弱,并能找出能力强弱的原因。

2)自我管理。

第一,具备较强的生活自理能力;第二,懂得保护自己,有自护意识,关心自身的身体健康,积极参加预防疾病的必要活动;第三,能够独立自主地完成力所能及的任务;第四,能够为了完成任务或达到一定的目标而经受住挫折,具备一定的抗挫折能力;第五,对自己要完成的事情有短期的或长期的安排、基本的统筹规划观念和能力;第六,积极地在自己不太感兴趣或是存在困难的领域中发现问题,并寻求解决问题的办法;第七,能够从心理上悦纳自己,喜欢自己,认同自己的过去,并对未来充满信心。

3)情感态度。

第一,能够自信乐观、主动、有意识地应对自己的事情;第二,能够较为合理地安排自己的时间;第三,珍惜、爱护、尊重自己的劳动成果及属于自己的物件;第四,能够严格地要求自己,为了达到目的而尝试付出努力,具备自律意识;第五,主动积极地面对遇到的困难,不逃避,不退缩;第六,有初步的责任意识,对事对人有一定的责任感。

4)道德品质。

第一,具备诚实、守信的态度,并能够亲自践行;第二,能够与人分享心情,会采取适当的表达方式;第三,能够从自己的角度看待事物,用自己的感受去推想他人感受;第四,有同情心,能够采取适当的方式表达自己的爱心。

(2)人与社会。

1)社会规范认知。

第一,能够清楚地了解生活中的礼仪,具备基本的礼仪常识。第二,能够理解基本的社会规则,具备生活必需的规则意识和道德规范。第三,了解与自己生活关系密切的社会机构的概况和特点,并能较准确地认识它们的主要职能。第四,了解各种职业的特点。第五,建立积极的规则意识,在游戏中学习如何坚持自己正当的权利、要求,知道控制自己的言行,以符合游戏规则。第六,具备基本的行政知识。

2)社会文化认知。

第一,认识我国传统的重要节日与风俗习惯,并能够清晰地讲述相关的文化故事;第二,认识并尊重国旗、国徽、国歌、首都等,能通过合理的方式表达自己对她们的感情;第三,认识中外历史上自己比较喜欢的杰出人物,知道他们的故事及重要贡献,通过合理的方式表达对他们的尊敬之情;第四,认识几个不同地域具有代表性的建筑及当地的风俗民情;第五,对较为感兴趣的世界文化能够进行深入的探索研究,有探究的精神。

3)社会交往。

第一,较为准确地理解他人的基本特点,并大胆准确地向他人介绍与自己关系亲密的人。第二,理解他人的情绪情感特征。通过观察他人言语、表情、体态等表现,或通过倾听、询问等方式识别他人的情绪情感。第三,学会参照自己的感受或与他人的交流去理解、体会别人的感受。第四,尊重和关心长辈,用适当的语气和称呼同他人打招呼；关心家人、老师或其他关系亲密的人；积极地关注家中亲人的情绪和身体状况。第五，富有同情心，乐于助人，关心伙伴，同情并热心帮助残疾人。第六，能使用各种方法与他人建立和保持联系和沟通。第七，具备良好的交往技能，能够用恰当的方式表示友好。

4）社会和集体意识。

第一，能够积极地处理同伴与集体的事情，主动参与小组和集体活动，乐于协作，团结互助。能够得到同伴的认同和信任。第二，具备良好的协作技能。当遇到意见分歧时，可以委婉地向对方表达自己的不同见解。第三，能够爱惜公物，并监督周围的人也能做到。

5）社会技能。

第一，能够积极主动地适应不同的生活环境，具备对不同环境的较强的适应能力；第二，能够通过不同的途径获得所需的信息，并能够应用于自己的生活中；第三，能够看懂简单的地图，具备基本的图片阅读技能。

(3) 人与环境。

1）环境认知。

第一，能够准确认识到人类生活环境所包含的部分，大体知道人类与环境、土地使用、城市建设、生态系统变化之间的关系；第二，能够主动地认识和准确地表述当地有代表性的景观；第三，初步理解地貌形成的过程及各种地形的特点；第四，能够较为准确地认识地球的性质和总体概况。

2）环境保护。

第一，能够对不同的地貌环境进行客观的对比，并尝试做出自己的分析；第二，了解资源的来源、用途和意义，懂得如何珍惜和保护自然资源；第三，能探究地球的物理特征及其变化的方式，以及这些变化之间的联系。

3）自然生态。

第一，能够根据自己的喜好积极探索各种动植物的生活环境；第二，关注气候的变化，初步了解自然灾害的严重后果及预防灾害的常识；第三，能举例表述保护环境的法规和政策。

3. 大班

(1) 人与自己。

1）自我认知。

第一，正确认识自己的身份，能够准确地描述自我的外显特征，分析出自己与众不同之处，认识到自己在世界上是独一无二的；第二，能够描述个人发生的变化，如身体的成长和兴趣的发展；第三，理解自我的情感特征，知道自己对人、对事、对物的好恶；第四，能清楚地知道自己处于何种情绪状态；第五，能够较为客观地理解自己的性格特征；第六，能够愿意接受自己，看到自己的可取之处和缺点;第七,能对自己的情感、经验和表现进行较为客观的自我反思和评价,愿意接受他人的意见和反馈。

2)自我管理。

第一,具备一定的生活自理能力,能照顾自己的生活起居;第二,能够体会和征求他人对自己的评价和看法,调整自己的态度和行为;第三,具备一定的自我保护意识,知道各种经常性活动所必需的装备与注意事项;第四,能够尝试独立完成较有难度的任务,体验到其中的快乐;第五,能运用语言、表情、体态语等大胆得体地表达自己的看法或需求;第六,具备反省能力、自决及自律能力,会合理分配自己的时间,如每天都可以对自己一天的行为做出总结,并找到自己需要改进的地方,想想下次如何做得更好;第七,具备一定的领导能力,在活动中能够合理地分配任务,懂得激励他人、调动他人。

3)情感态度。

第一,能够始终相信自己的能力,为自己争取去做事情的机会;第二,对自己的事情有一定的主动权,能够有意识地、主动地做出决定;第三,从内心肯定自己,尊重自己的过去,相信自己的未来;第四,能够自觉地实施行动;第五,能乐观地面对生活中的困难,保持积极向上的心态;第六,具备责任意识,积极关注自己的工作和职责。

4)道德品质。

第一,能够真诚地对待别人,养成诚实不说谎话的好习惯;第二,能够言出必行,说到做到;第三,能够从他人的观点、他人的感受来看待事物,并与他人交流、分享情感和感受;第四,具备基本的辨伪意识,采取合适的途径帮助需要帮助的人。

(2)人与社会。

1)社会规范认知。

第一,能够遵循生活中的基本礼仪、基本规则和道德规范,并能够对别人进行监督;第二,了解与自己生活关系密切的社会机构的概况、特点及功能;第三,了解各种职业的独特性、区别及联系,认识到虽然有职业的分工不同,但是职业都是平等的;第四,具备积极的规则意识,能够遵守规则并能维护规则的运作;第五,知道维持社会运转所必需的机构,了解它们的基本职能和特点;第六,了解我国基本的行政区域状况,大体知道我国的行政区域划分情况。

2)社会文化认知。

第一,认识我国与世界各国的某些重要节日,理解其他国家的风俗习惯;第二,熟悉代表一个国家主权的标志物,并对自己较为感兴趣的国家的文化进行探索;第三,能够较为主动地认识国内外杰出人物,能够较为确切地讲述他们的重要贡献;第四,能区分各级地方政府和中央政府,知道各级领导者的称谓;第五,

第六章 幼儿社会性学习与教育

关注自己感兴趣的新闻和话题等。

3) 社会交往。

第一,能准确客观地理解他人的基本特点;第二,有良好的交往技能,学会根据不同的场合和情境调整自己的角色和言行等;第三,能反思与评价他人的情感、经验和行为表现,对他人某种行为的动机和影响做出初步评价,并提出建议,帮助他人解决矛盾;第四,能够参照自己的经验,分析评价他人的行为,试着从他人的立场思考问题;第五,知道尊重、肯定、赞赏他人及他人的观点和做法;第六,对社区和班集体及小组分配的任务能积极承担,且能认真完成;第七,友善、宽容地对待他人,能分担他人的痛苦,分享他人的快乐。

4) 社会和集体意识。

第一,具有集体意识,能够为了集体的利益暂且牺牲自己的利益;第二,能主动向同伴或群体提出自己的意见与想法;第三,能服从集体的共同决定和规则;第四,在活动中有主见;第五,能用实际行动表达自己对集体、家乡和祖国的热爱。

5) 社会技能。

第一,关心日常生活中常见的简单标记和文字;第二,能运用地图册、数据库、图表、图解和照片等适当的数据资源和地理工具,去形成、操作和解释信息;第三,能探索科技在通讯、运输、信息处理、武器发展等方面的作用。

(3) 人与环境。

1) 环境认知。

第一,能够较准确地评价目前人类生活环境的现状,并能合理地提出自己的观点和分析;第二,能够较为客观地认识到人类生活环境的复杂性;第三,能初步认识地质变迁的原理和过程。

2) 环境保护。

第一,能够根据自己的兴趣继续对地球、天文等知识进行探究;第二,积极关注周围的环境变化,尝试作出分析,并采取实际行动关心周围的环境;第三,能够用自己的方式进行资源和环境的保护,并督促周围的人也行动起来;第四,能观察、思考人类活动对环境造成的影响。

3) 自然生态。

第一,注意观察周围的生活环境、动植物,以及人们的生活方式和习惯,并能对不同的地域进行对比;第二,关注世界各地的自然灾害,理解环境恶化的原因;第三,能够主动地寻求解决途径,解决身边的破坏环境的现象;第四,能够提出为保护环境、个人权利和大众利益,而对科技进行监控的一些建议。

三、幼儿社会性教育的内容

幼儿园社会性教育的内容主要包括社会心理和社会行为。

1. 社会心理

人的社会心理指导着人的行为,社会行为又影响着社会心理。幼儿社会性教育内容从心理学角度可分为自我意识、社会认知和社会情感三个方面[①]。

自我意识。自我意识是人对自己与客观世界关系的一种认识,包括自我认识、自我评价、自我体验和自我控制等。自我意识大约在2.5岁时出现,是社会性发展的结果,但是它一旦形成又会影响到社会性的进一步发展,影响儿童对自己心理活动进行整合,形成独具个性的行为方式,因此,它在社会性教育中处于核心地位。(1)自我认识是自我意识形成的开端,是指儿童对自己的认识,包括对身体、性别、姓名和心理等方面的认识;(2)自我评价是在自我认识的基础上,通过分析别人对自己的态度,对自己的好坏、对错等而做出的价值判断;(3)自我体验是指在自我认识和评价基础上,对自己行为能力与价值的体验,包括自尊、自信、自卑、自负等;(4)自我控制力是个人对自身的行为与心理的主动掌握,是个体自觉地选择目标,在没有外界监督的情况下,抑制冲动,调控自己的行为的一种综合能力,如遵守规则、控制情绪等。

社会认知。包括(1)社会环境认知。家庭、社区、幼儿园及公共场所是社会环境的具体体现,每一环境都有其特定的物质设施、人际关系、职业角色及行为准则。(2)道德规范与行为准则认知。如公德意识、环保意识、文明礼貌用语、文明行为规范及日常卫生习惯等,都是一个公民所必备的应有素质。(3)性别角色。包括性别认同、性别稳定性、性别恒常性、性别角色观等。

社会情感。包括(1)对物的情感,对周围一切物质环境、对动物植物的爱惜之情;(2)对人及社会群体的情感;(3)抽象的社会情感。

2. 社会行为

包括亲社会行为、反社会行为和社会适应行为。其中,社会适应行为教育具体有挫折教育、独立性教育、自我保护教育及行为教育等。

四、幼儿社会性教育的方法

社会教育的核心在于发展幼儿的社会性,社会教育有一些别具一格的教育方法。这些方法具有较强的针对性、适用性。

---

① 马慧、郑淑杰.幼儿社会性教育内容的理论构建.内蒙古师范大学学报(教育科学版).2004(10)

1. 价值表决法

即指教师在社会教育活动中运用各种方法让儿童当众表明自己对某件事的价值选择,以明晰自己态度,并逐渐引导自己行为的一种社会教育方法。它认为每个人都按照自己的价值观去行事,儿童也不例外。但由于种种原因导致价值观的混乱,只有通过价值澄清,才能建立自己清晰的价值观和恰当的生活方式。实践证明,价值表决法简单、有趣,对于培养"自律"的社会行为非常有效[1]。要注意的是:第一,确立表决的价值问题最好有一个主题。第二,让幼儿表决的问题不要太多,一般不超过 10 个。第三,要注意面向全体幼儿,让每个幼儿都有表决的机会。价值表决的目的就是向幼儿提供公开自己价值观的机会,让孩子获得他(她)对自己价值的态度。譬如,教师可围绕"分享"设计 6 个价值判断题[2]:

①当自己有了一件心爱的玩具,你愿不愿意把心爱的玩具给其他伙伴玩?
②当小朋友从你许多玩具中拿走了你最心爱的玩具,你愿不愿意?
③老师发手工纸发到最后,手工纸不够,你的好朋友没有,你愿不愿意把你的给他?
④老师发手工纸发到最后,有个小朋友没发到,你愿不愿意把你的给他?
⑤妈妈把家里剩下的一小块巧克力给客人小朋友吃,你愿意吗?
⑥妈妈把家里剩下的两块巧克力,一块给客人小朋友,一块给客人阿姨,你愿意吗?

总之,我们要巧妙使用价值表决法帮助幼儿树立待人接物的正确态度。

2. 移情体验法

移情体验法就是通过故事、情境表演等形式使幼儿设身处地地站在别人的位置上,从别人的角度去体验别人的情感。这种方法的有效运用能够让幼儿学习换位思考,培养他们的同情心,并对幼儿进一步学会关心、关爱他人,与同伴和谐相处有促进作用。例如,社会情感培养活动"我会同情"中有一个生活情景:小玲把小明的新书抢破了,小明哭了。为了让孩子们体验到小明的情绪,需要教师进行深入的移情引导。因为幼儿在表达情绪上常常简单化,虽然他们已经能感受到多种情绪成分。因此,教师要重点引导幼儿分辨出小明哭的多种情绪成分与产生原因:一是因为心爱的新书被撕破感到"心疼"而哭;二是因为自己没做错却被人撕破了书感到"委屈"而哭;三是对小玲的行为感到"生气"甚至"愤怒"而哭;四是看到撕破的书,不知该怎么处理而"无助"地哭;五是想到回家后不知该如何向爸爸妈妈解释事情经过产生"担忧"而哭……如果移情体验能这么充分,那么之后的行为引导就十分容易了。孩子们会在情感体验的基础上说出很多帮

---

① 苏玲.幼儿社会技能培养教育方法新探.教育探究.2009(02)
② 虞永平.幼儿园课程实施指导丛书(社会).南京师范大学出版社.1997

助小明的方法,如让小玲道个歉、帮助他修书、安慰他、帮助他给爸爸妈妈打电话解释一下……总之,教师要善于运用移情体验法培养幼儿的同情心。

3. 观察学习法

观察学习法是社会学习心理学家提出的。其代表人物是班杜拉。通过模仿或观察学习,个体直接学会了新的行为模式。幼儿通过观察学习而获得相应的社会与行为的方法,就是观察学习法。

运用观察学习法要注意:①选用此法必须根据幼儿社会性发展的水平选择观察学习的模式和行为。②模仿的榜样是真实的榜样还是象征性的榜样,是人物榜样还是符号榜样,是现实榜样还是内隐榜样。③要根据模仿内容所涉及的行为规范,确定强化是正强化还是负强化。④使用观察学习法还必须结合使用其他方法如讲解法、演示法等使用。再如大班下学期《社会》教育"尊敬老人的好娃娃"活动,根据幼儿后期能逐渐从自我中心摆脱出来的特点,设计关心老人、尊敬老人的教育内容,该内容决定了榜样类型是人物,强化形式采取正强化,以引发幼儿产生关心、尊敬老人行为的欲望。教师运用讨论法和讲解法,讨论榜样行为,介绍老人的大半辈子的辛劳,从而达到启发、诱导孩子为老人做好事的目的。

4. 角色扮演法

角色是指社会中有相应职位,承担一定责任并遵守特定社会规范的个体。角色扮演就是幼儿遵循角色要求和期望所表现出来的一系列行为。角色扮演法就是:创设现实社会中的某些情境,让幼儿扮演一定的社会角色,使幼儿表现出与这一角色一致且符合这一角色规范的社会行为,并在此过程中感受角色间的关系,感知和理解他人的感受、行为经验,从而掌握自己承担的角色所应遵循的社会行为规范和道德要求。斯托帕曾用实验的方法检验儿童扮演角色的活动对于儿童道德行为发展的影响。实验证明,通过角色扮演法训练的幼儿可以通过承担某种角色,了解角色行为特点,设身处地地理解角色的心情,有利于利他行为的产生。

使用角色扮演法时应注意:(1)教师让幼儿承担的角色必须是有足够的知识水平、生活阅历、情境理解力的幼儿等。(2)角色扮演效果还取决于幼儿角色技能,教师要针对技能做些教育准备。(3)根据幼儿社会性发展水平与教育目的确定角色,使角色扮演更具有针对性。如《幼儿园课程指导丛书·社会》大班(上学期)基本教育——"我是大班的哥哥姐姐"活动,在活动中,幼儿扮演哥哥、姐姐的角色,而且与相应的职责和行为要求相符,如礼貌待弟妹,关心、帮助弟妹,做弟妹的好榜样。承担角色的过程也是练习的、实践的过程。

综上所述,"教育有法,而无定法"是教育方法的一个重要特点。教育方法的确定和选择,是依据教育过程本身所具有的规律而选择和确定的,同时,又不是机械的,而是需要老师发挥教育的智慧,即根据条件和需要,对教育方法进行艺术性的再创造,再加工,灵活地运用于教育实践。

五、教师在幼儿社会性教育中的指导

(一)教师对幼儿改善同伴关系的指导

针对同伴关系中处于被忽视和被拒绝地位的幼儿,教师要以适当的方法进行指导,以改善其与同伴间的关系。值得指出的是,一些幼儿之所以处于被忽视地位,与教师不适宜的教育行为有很大关系。有些教师眼里只有"优秀"幼儿,很少关注智力发展较慢的幼儿。

被忽视幼儿的心理特点是缺乏自信,常因害怕挫折或被同伴取笑而不敢有所表现;多为较安静、内向、守规矩者。因其无特别好或有消极的表现,不会、也不敢为自己争取表现的机会,所以,往往被同伴甚至教师视而不见,以致几乎忘了他们的存在。对这些幼儿,教师不仅不能忽视他们,而且还要以多种方式来帮助他们。

鼓励其勇敢地表达己见或参与同伴的讨论和游戏。

给其表现的机会,如帮教师做事(发美工纸),或在午餐时帮助教师分发碗筷。

引导较活泼的同伴带领他一起进行活动。

主动关心或给予特别的注意,发掘其才能,让其展现,或耐心等待其表现的意愿,引起同伴的注意。

以游戏方式鼓励其参与活动。

与家长联系,了解幼儿的家庭状况,了解幼儿在家的表现。

教师要做到经常注意被忽视幼儿,肯定其能力及聪明才智,并给予口头褒奖,以提高其自信心。让他们重新认识自己,也改变同伴对他们的看法。同时,适宜的社会技巧也是被忽视幼儿所需要学习的,如主动提供协助、表现友善的微笑或言辞、主动接近兴趣相同的同伴,或加入游戏团体的技巧等,都可以通过教师的指导、演练而获得。此外,教师还要帮助幼儿懂得不是每个人都一定会在任何时间、地点被任何人所接受的,偶尔被拒绝并没有关系,还有其他的选择,或再继续努力。至于来自家庭的问题,就需要教师与家长共同合作来加以改善。

和被忽视儿童的特质相比,被排斥或被拒绝儿童的特质就较多样化,教师辅导的方式也因幼儿的个别差异而有所不同。如:

建议幼儿保持整洁的外表。

个别谈话,使其明了受排斥的原因,提醒其自我约束,并指导其与人相处的技巧。

赞美其优点,增强其自信心。

安排被拒绝者与受欢迎者一起游戏活动,以起到潜移默化的功效。

给予他们为班级服务的机会,并当众夸赞其良好行为,以获得同伴的认同与接纳。

与班上幼儿讨论改变被拒绝者言行的方法。

通过角色扮演、小团体活动方式让幼儿有机会表达自己及倾听他人不同的想法或感受。

(二)教师对幼儿社会能力发展的指导

1. 培养幼儿理解能力,促进幼儿社会能力的发展

社会理解能力指导可通过以下两种方法来进行。

(1)引导幼儿关注他人的情感。帮助幼儿注意他人的情感,这是培养儿童社会能力的重要方法之一。因为,社会能力是儿童在社会交往活动中表现出来的能力。社会交往是两个或两个以上的主体的共同活动,那么就可能发生争执与冲突。无论社交能力,如协商、对话、交流,还是亲社会能力,如助人、关爱、抚慰、分享、谦让等,都需要幼儿注意到他人的情感需要。为了帮助幼儿注意他人的情感需要,教师的指导方式可以采用面向集体的方法,例如,在讨论某一项活动时,教师可以邀请每一幼儿发表自己的意见,提出自己的观点,同时征求其他幼儿对这一观点的看法,并引导幼儿注意倾听同伴的观点,使之认识到同伴的想法与自己的不一定相同,自己的观点未必就是别人的观点。教师的指导也可以是因个别情境而产生。例如,教师正在和一名幼儿玩积木游戏,突然班上的保育员老师胃疼了,教师发现了这一情况,但孩子并没注意到,这时教师引导幼儿观察:"王老师是怎么了,她怎么捂着肚子?她脸色这么难看,还有汗珠滴了下来,你说她是怎么了?"通过教师这样的指导,幼儿能逐渐关注他人的情感。

(2)指导幼儿积极理解他人的行为。攻击性强的幼儿常常把同伴的过失行为理解为是故意的,因而对同伴做出攻击反应。因此,教师要帮助幼儿理解同伴的行为。例如,一名幼儿在搭积木,同伴从旁边跑来,一不留神碰倒了积木,搭积木的幼儿非常生气,朝他又嚷又叫,这时教师可以引导他,"呀!你搭的高楼被撞倒了,可他心里也很难过,他是有急事所以跑得特别快,他是不小心撞的吧!好吧,那我们一起再来搭。"这样,教师通过唤起幼儿的移情,引导儿童注意到他人的情感,从积极的角度理解同伴的行为,从而帮助儿童建立初步的社会理解能力,为其形成积极、适宜的社会交往能力奠定基础。

2. 通过交往促进幼儿社会能力的发展

幼儿社会能力缺乏常常表现在社会交往能力方面,包括交往态度、交往技能、亲社会行为倾向与技能等。例如,某幼儿很想参加同伴的活动,但不敢主动提出要求:"我可以和你们一起玩吗?"又如,某幼儿对身体不适的同伴感到同情,

但又不知采取哪些方法去抚慰、关心他。我们在观察中发现，不少幼儿在教师"不舒服"时被激发了同情感，但缺乏亲社会技能，他们一起挤到教师身边，却不知可以为教师做点什么。因此对幼儿的指导是非常必要的。

第一，教师应指导幼儿用正确的言语表达自己的想法。幼儿同伴交往的最大障碍是不能准确地表达自己的情绪、情感状态和观点，使同伴不了解自己的感受和体验。教师要帮助幼儿清晰地描述、表达自己的情感、需要和想法。对于不同发展水平的幼儿，教师的引导应有所不同，如对不知如何直接表达自己想法的孩子，教师的建议可以是直接引导，"告诉津津'请递给我那盒水彩'"；而对另一名不知如何与同伴协商的孩子，教师的建议是，"让玲玲知道，当他摇动桌子的时候就打扰了正在画画的小朋友"。

第二，教师给予幼儿轮流活动(Turn-Taking)的指导。幼儿常会为一个好玩的玩具而争执、争抢，此时教师可以指导他们采用"轮流玩"的方法。事实上，很多的社会交往活动，如谈话、讨论等都需要"轮流"进行。怎样指导幼儿学会轮流活动是教师头疼的问题。问题之一是正在玩的孩子不愿把手中的玩具给同伴玩，而是只顾自己玩。二是等待玩的孩子不耐烦，要去抢正在玩的孩子手中的玩具。通常教师在指导幼儿分享、轮流时只是要求玩的孩子谦让，却忽视了对等待的孩子的指导。例如，玲玲在玩新的玩具，而强强在一旁等，他等得不耐烦了就去抢玲玲手里的玩具。这时教师把强强拉到身边说，"我知道你很想玩，但我们可以看一看玲玲是怎么玩的，你认真地看一看，告诉我她是怎么玩的，玩得好不好。"接着教师又走到玲玲身边，轻声说："你看强强一直在旁边等，他一定很着急，你有什么办法让他不着急？"在这一情景中，教师不指责玩的孩子没有谦让，也没有指责等的孩子缺乏耐心，而是对玩的孩子和等的孩子都进行了有针对性的轮流活动的指导，这样的指导有助于儿童社会能力的提高。

第三，教师应对幼儿的角色扮演进行指导。角色扮演的指导要求教师帮助、引导幼儿通过角色游戏、情景剧人物扮演而体验、理解、感悟人物当时的心情，站在他人的角度思考问题。教师应有意识地为儿童创设各种人际交往情境，例如，如何与他人交朋友，如何参与别人正在进行的活动，如何邀请朋友参加自己的活动，如何请求别人帮忙，或者想玩别人的玩具时，应该怎样向别人说等。让幼儿在情境中扮演各种角色，与同伴一起讨论解决问题的方式，使之在游戏活动中学会正确的行为方式。

【案例分析】

案例一：在蜜罐中长大（中班）——培养幼儿战胜困难的意志品质

一、案例引入

点点是一个5岁的小女孩，因为父母在外地工作的缘故，她从小就和年迈的爷爷、奶奶生活在一起。点点的奶奶非常疼爱她、宠她，什么都不让她做。她入园后，教师慢慢发现，点点在幼儿园里，平时除了玩就是撒娇，生活自理能力很差，什么事都不会做，只会叫老师，而且在做事的时候，总是不紧不慢的样子。

为了保证孩子的健康成长，满足孩子的合理要求，让幼儿吃好、穿好、睡好、玩好是必要的，但是对他们的过分要求则不能给予满足，要正确引导。

一次中午吃饭时，别的小朋友都自己吃了起来，只有点点没有动。教师问她："你为什么不吃饭？"她说："我自己不会吃，老师，你喂我！"在接下来的日子里，教师便从最基本的拿餐具教起，边教边鼓励。一星期之后，她已经学会自己拿勺吃饭了。教师表扬了点点，点点脸上也露出了甜甜的微笑。

磨炼儿童的意志要从小开始。有一次，点点摔跤了，教师没有马上扶起她，而是让她自己勇敢地站起来，鼓励她战胜困难。当点点受了委屈哭时，教师没有马上去哄她，而是采取冷处理方法。点点不哭了，教师才去询问并帮助她。

二、教师评析

今天的儿童，特别是城市儿童，由于从小生活在优越的物质环境中、在"蜜糖罐"中逐渐长大，他们往往害怕困难、娇气十足、缺乏自理能力和自立精神。他们得到过多的保护、过多的享受，因此，变得过分的依赖，意志力的发展也比较差。

《幼儿园教育指导纲要》指出：教幼儿能做好力所能及的事，不怕困难，有初步的责任感。对幼儿进行磨炼意志的教育，并不是一件轻而易举的事情。只有教师和家长紧密配合，保持教育的一致性，注重教育形式的灵活多样，并经常交流沟通，才有利于幼儿良好品质的培养。

磨炼幼儿的意志需要注意的是，成人如果给予幼儿太多，也意味着幼儿失去的更多。当幼儿遇到困难时，一定让幼儿自己想办法去解决，以克服其对成人的依赖习惯，培养幼儿战胜困难的意志品质。

案例讨论：

1. 核心问题

（1）想一想：造成点点生活自理能力差的主要原因是什么？

（2）说一说，怎样才能磨炼点点战胜困难的勇气？

2. 学习建议

首先，进行小组自由讨论，以上述案例为学习材料，在规定的时间阅读完成后，由学生相互提出问题，并解答。

讨论后，小组代表发言，组内其他同学给予补充。

最后，教师对学生的答案进行归类，对学生的学习情况进行评价和总结。

3. 指导要点

（1）引导学生讨论核心问题。

（2）运用思潮冲击法组织学生讨论。

第六章　幼儿社会性学习与教育

案例二：诚实的好孩子(大班)——加强对幼儿的诚实教育

一、案例引入

小勇是一个活泼好动的小男孩,总喜欢带自己的玩具来幼儿园里玩,也愿意和其他小朋友一起玩,小朋友们都喜欢他。

一天,小勇带到园里一个非常好玩的玩具,小朋友们都很喜欢,纷纷围拢过来观看。这时小刚对小勇说："我们一起玩好吗？"小勇说："好吧,但你不许弄坏我的玩具。"小刚答应了小勇,于是,他们就开始一起玩。许多小朋友围在旁边凑热闹,争先恐后地对小勇说："给我玩一会！给我玩一会！"

刚玩一会儿,只听小勇放声大哭起来。教师急忙跑了过去,发现小勇的玩具坏了。于是教师问："是谁弄坏的？"没人吭声,教师问小刚："你能告诉老师,玩具是怎么弄坏的吗？"小刚说："不是我弄坏的。"

教师继续教育大家：咱们小朋友都爱护玩具,谁也不会故意弄坏小勇的玩具,准是谁不小心碰坏的,没关系,承认了就是诚实的孩子。

这时,小宁红着脸轻声说："是我！"可是,小雪争着说："是我！"教师把她们两个叫到跟前,分别了解情况,结果小宁说的话很具体很真实,而小雪站在教师旁边发呆,根本说不清玩具是怎么坏的。教师问："不是你做的事,为什么要承认呢？"小雪说："因为老师说谁承认谁就是诚实的孩子。"

老师笑着说："自己做错事能承认就是好孩子,你没有做错事,就是好孩子,不需要认错。"教师转身对哭泣的小勇说："没关系的,小勇,让我们一起动手把它修好,好不好？"小朋友们都说好,于是大家就一起动手修了起来,很快玩具就修好了,小勇和大家又高兴地玩了。

随后,教师结合这件事向小朋友们讲明了一个道理：是自己做的事,不管是对的还是错的,都要承认；不是自己做的事,就不要随便承认,这才是诚实的孩子。

二、教师评析

陈鹤琴指出：幼稚期是人生最重要的一个时期,什么习惯、言语、技能、思想、态度、情绪都要在此打下基础,若基础打得不稳固,那健全的人格就不容易建立了。因此,对幼儿进行诚实教育关系到幼儿一生的发展。即使发现幼儿不诚实,教师和家长也不要斥责孩子。要善于分析幼儿心理发展的年龄特征,培养幼儿诚实的品质。

1. 对幼儿进行引导,向幼儿灌输做人要诚实的观念。大部分幼儿都喜欢听故事,教师和家长要有针对性地找一些有关诚实的故事讲给幼儿听,讲完后,要向幼儿说明做人诚实的好处、说谎的坏处。

2. 强化幼儿诚实的品质。当教师和家长发现幼儿说谎后,应观察幼儿的言行,冷静地分析原因,然后教育幼儿勇敢地承认自己的错误,让幼儿明白改正错误就是好孩子的道理。

三、案例讨论

1.讨论的核心问题

(1)想一想小宁为什么弄坏了小勇的玩具？小宁的动机是什么？

(2)怎样对幼儿进行诚实教育？

2.学习建议

首先进行小组自由讨论,以上述案例为讨论材料,由学生互相提出问题并解答。

讨论结束后,小组代表发言,组内其他同学给予补充。

最后,教师对学生的答案进行归类,对学生的学习情况进行评价与总结。

3.指导要点

对学生进行引导,向学生讲解做人要诚实的道理。

▶阅读推荐◀

1.张文新.幼儿社会性发展.北京师范大学出版社.1999.

2.李幼穗.儿童社会性发展及其培养.上海:华东师范大学出版社.2004

3.王秀玲.幼儿(2～6岁)社会性发展整合课程研究与实验.宁波出版社.2003

4.但菲主编.幼儿社会性发展与教育活动设计.北京:高等教育出版社.2008

▶思考与探索◀

1.理解幼儿社会性的含义。

2.浅谈群体社会化理论的基本观点及其对幼儿社会性发展和学前教育的启示。

3.简述幼儿社会性教育的原则。

4.简述幼儿社会性教育的方法。

5.结合幼儿社会性发展与教育的某一理论谈谈你对幼儿社会性发展的看法。

6.谈谈社会环境对幼儿社会技能发展的影响。

第七章
幼儿科学教育

【内容提要】 本章在阐述幼儿思维、观察力和数学能力等的基础上,探讨幼儿科学教育的目标、内容及教师的定位。

【学习目标】 通过本章学习,能正确了解幼儿思维、观察力和数学能力等的发展特点;理解幼儿科学教育的目标和内容。

第一节 幼儿思维、观察力和数学能力的发展

一、幼儿思维的发展

1. 幼儿思维的特点

思维的具体形象性是幼儿思维的主要特点。儿童的思维主要是凭借事物的具体形象或表象,而不是凭借对事物的内在本质和关系的理解(即凭借概念、判断和推理)来进行的。例如,一个幼儿能够正确回答"爸爸有 3 个苹果,妈妈有 3 个苹果,他们一共有几个苹果?"的问题,却不知道"3+3=?";一个幼儿看到闹钟每天滴答、滴答地走,就猜想里面可能有小人在推它走,甚至会拆开去看个究竟等。幼儿普遍喜欢看童话画册和动画片,这与幼儿要凭借那些生动鲜明的具体形象才能理解故事有关。幼儿思维的具体形象性还派生出幼儿思维的经验性、表面性、拟人化等特点。幼儿的这些思维特点是跟他们知识经验贫乏和第一信号系统活动占优势分不开的。

2. 思维的抽象逻辑性开始萌芽

在整个幼儿期,儿童的思维水平是不断提高的。幼儿初期,幼儿更多的是运

用直觉行动进行思维；幼儿中期以后，则开始出现逻辑思维的萌芽。苏联的缅钦斯卡娅曾经研究了幼儿三种思维方式的关系和发展过程。她在实验中要求幼儿完成以下任务：把一套简单的杠杆连接起来以取得用手不能直接取得的糖果，即找出事物之间极简单的机械关系。上述任务用三种不同的方式提出：第一种，在实验桌上放有实物杠杆，使儿童能以直觉行动的方式解决问题；第二种，在图画中画出有关物体的图形，使儿童不能利用实际行动解决问题，但可依靠具体形象进行思维，从而解决问题；第三种，既没有实物，也没有图片，只用口头言语布置任务，要求幼儿在言语的抽象水平上进行思维。由结果可知，不同年龄的幼儿解决问题的水平是不一样的，小班的儿童大多是在直觉行动水平上解决问题，而中班和大班儿童才逐步学会在语言抽象水平上解决问题。

直觉行动思维、具体形象思维和抽象逻辑思维这三种思维形式并不是彼此孤立和相互对立的。幼儿的直觉行动思维的概括性比婴儿期有明显的提高，而抽象逻辑思维才刚刚发展。对于在经验范围内，而且又是熟悉的事物，幼儿能够进行简单的逻辑思维，如猜中一些简单的谜语，知道一些简单的因果联系等。

3. 言语在幼儿思维发展中的作用日益增强

言语在幼儿思维中的作用，最初只是用作对行动的总结，然后能够伴随行动运用言语，最后才能用言语制定行动计划。与此同时，思维活动起初主要依靠行动进行，后来才主要依靠言语来进行，并带有逻辑的性质。

柳布林斯卡娅(1959)的研究讨论了不同年龄幼儿在思维活动过程中动作和言语的关系。她要求幼儿把小图片拼成一张图，并在拼图前说出将要拼什么，拼完后再说明是怎样拼成的。结果发现，小班幼儿在行动前往往不能说出将要拼什么，他们拿到小图块就立即去拼。拼完之后，非常惊奇而又似乎是突然有所发现地说出自己的结果。中班幼儿则在行动中边说边做，行动计划性还很差。大班幼儿在行动之前已经能够清楚地说出自己将要拼什么和怎样拼。这时儿童的行动就带上了明显的目的性和计划性。

思维的抽象概括性和对行动的自觉调节作用是人的意识的两个基本特点。在幼儿的思维中可以看到这些特点。

4. 皮亚杰关于幼儿思维的研究

皮亚杰认为2～7岁儿童的思维属于前运算阶段，这是儿童克服各种障碍逐渐向逻辑思维过渡的时期。如这一阶段，儿童主要依靠表象思维，思维的基本特点是相对具体性、不可逆性、自我中心性和刻板性。皮亚杰用一系列实验证明了他的观点，但是也引发了一些争论。

(1) 三座山测验。

皮亚杰设计了三座山测验，用来检测儿童能否采用别人的观点。三座山以不同的颜色来区别，一座山上有一间房子，另一座山顶上有一个红的十字架，还有一座山上覆盖着白雪。让儿童坐在桌子的一边,桌上放着这个模型。实验者把一个娃娃放在桌子周围的不同位置,问被试儿童"娃娃看到了什么",幼儿很难回答。在第二个实验中,向儿童出示从不同角度拍摄的三座山的照片,让儿童挑出娃娃所看到的那张照片。第三个实验则给儿童三张硬纸板,要儿童按娃娃所见把三座山排好。结果,8岁以下儿童一般不能成功。大多数6岁以下儿童选择的照片或搭建的模型,与他们个人的观察角度一致,而不是娃娃的。由此,皮亚杰认为,幼儿在对事物进行判断时是以自我为中心的,而不是站在别人的角度。

然而,一些研究者提出了疑问,他们重新修订了皮亚杰的三座山测验,使其容易被幼儿理解。例如,博克(Borke,1975)设计了农场景观模型,结果表明:当场景是幼儿熟悉的,问题也容易被幼儿理解时,他们是能够考虑别人的观点的。

(2)守恒。

"守恒"是皮亚杰的术语,意谓对物质从一种形态转变为另一种形态时,物质含量不变的认知。皮亚杰认为,前运算阶段的儿童的思维只能集中于问题的一个维度,注意的是事物的表面、明显的特征,具有中心化的特点。他设计了一系列的守恒实验。例如,在液体守恒实验中,向儿童呈现两只相同的玻璃杯,杯中装有等量的液体。在儿童确知两只杯中的液体是等量的之后,实验者把其中一杯液体倒入旁边一只较高、较细的杯子中,液面自然升高。然后问儿童,新杯子中的液体比原先杯子中的是多一点或少一些,还是一样多?大多数3~4岁的幼儿会回答"多一些",因为他们只注意到了新杯子的高度。5~6岁儿童处于守恒的转折阶段,他们似乎意识到必须同时考虑杯子的高度和粗细,但在比较时,同时考虑两个维度还有困难。在数量守恒实验中,幼儿也会犯同样的错误。

二、幼儿观察力的发展

观察是一种有目的、有计划、比较持久的知觉过程,是知觉的高级形式。幼儿的观察力是在家庭日常生活中和在幼儿园的游戏、学习活动过程中,经过家长、教师的精心培养和训练,逐渐形成和发展起来的,是孩子们认识周围事物,增长知识的重要途径,对儿童的学习、发展、认识世界具有重要的意义。观察力强的人,善于发现事物的本质、事物与事物之间的关系,发现事物不太明显的特征;他们往往会发现别人看不到的内容,会从人们习以为常的情景中看出特殊的东西,而这正是创新的基础。所以说培养观察能力是素质教育的重要内容之一。从智力活动的角度来说,观察能力是人的智力活动的重要组成部分。儿童智力的发展离不开观察能力的发展和提高。从学习能力的角度来说,观察能力是完成学习任务的重要保证。儿童的学习有相当多的成分都是通过各种观察活动来进行的。

幼儿已初步形成水平不高的观察力。这时期的观察力具有以下特点：

▲笼统：幼儿观察事物，往往有两种偏向：注意轮廓，忽视细节；或者注意某些细节，而忽视整个轮廓。这一点在儿童画画时表现得最明显。如幼儿画人像，往往画了一个大体上完整的人，却忽视了画人的脖子，把头和躯干直接连在一起。这是因为脖子夹在头和躯干之间，是个不大为孩子注意的部位。反之，他们的观察，又可能过分注意某些细节而忽视整体轮廓。如当他们注意到衣服上的纽扣后，把扣子画得特别大，完全不顾它与衣服上的口袋、领子等的比例是否相符。这大概是因为在穿脱衣服的过程中，手指反复触动纽扣的动觉刺激，引起了孩子更大的神经兴奋的缘故，使得扣子给他们留下的印象太深了。而口袋和领子，孩子很少接触它们，就不大注意了。观察笼统的特点，与幼儿的注意、幼儿的体验有密切关系，那些生动的、容易为幼儿接触的事物，那些容易引起幼儿自我体验的事物，往往首先被幼儿观察到。观察笼统的特点，还与另一个因素有关，就是观察的目的性。幼儿观察的目的性比较差，他们凭兴趣观察事物，常常没有预先的目的。如家长原本想让孩子观察一只兔子的形象，孩子却一下子就被兔子的红眼睛或吃草的动作所吸引，再也顾不上注意观察兔子的短尾巴、长耳朵等。为了使幼儿保持合理的观察顺序，家长必须对他们进行语言指导，启发他们首先看什么，接着看什么，最后看什么。研究表明如能为孩子提出（或由孩子自己提出）某些观察目的，就能在一定程度上克服观察笼统的毛病，提高观察的精细程度。如让一组孩子随意地看一幅动物的画，不提什么观察要求，而让另一组孩子有目的地看同一幅动物的画，并要求他们看后将动物的形象画出来。结果表明，后一组孩子观察的精细程度超过前一组孩子。

▲不稳定。由于幼儿观察缺乏目的性，观察过程中受周围情景的干扰大，加上注意力不集中，所以，他们的观察活动往往是不稳定的。研究表明，3~4岁幼儿观察图片，一次的持续时间平均只有6分8秒，5岁增加到7分6秒，6岁可达12分3秒。总的来说，幼儿观察的持续时间都比较短。有关眼动轨迹的研究也能说明幼儿观察的不稳定性。通过专门的装置，可以记录幼儿在观察图形时眼球瞳孔的运动轨迹。结果表明，3岁幼儿观看图形时，眼动轨迹杂乱无章，视线或者停留在图形的某个部位，或者在某个部位来回扫视，而不会沿图形的轮廓移动；4~5岁儿童眼动的轨迹，则逐渐符合图形的轮廓，但仍不稳定；6岁儿童的眼动轨迹，已经能够基本上符合图形的轮廓。可见，孩子要到幼儿末期才能按照一种合理的顺序，稳定地观察事物。

▲不深入：幼儿容易观察事物的表面现象，比较肤浅，缺乏抽象概括思维能力。如他看到大人给花浇水，看到花一天天长大，于是他也天天给花浇水，盼望花儿一天天长大。但是，由于浇水过多，花被淹死了。这就可以看出，幼儿只观察到大人浇水、花儿长大这些孤立的现象，观察过于肤浅。只有通过思维的指

导,才能使上述观察更深入:看清浇多少水,花就长得好;浇多了或水少了,花就长不好。这里不仅需要看,还需要在思考的指导下深入地看。缺少观察方法:幼儿喜欢观察,但不知如何科学地观察。如带孩子外出,可以看到,他总是东张西望、左顾右盼、指东问西,恨不得一下子把周围的一切尽收眼底。显然,幼儿的观察常常是杂乱无章的,并且不知道该用什么方法才能更好地了解自己要观察的事物。

三、幼儿数学能力的发展

(一)数学逻辑思维能力的发展

数学知识是一种逻辑知识,它所反映的不是客观事物本身所具有的特征或属性,而是事物之间的关系。幼儿对数学知识的掌握,实际上是一种逻辑知识的获得。幼儿思维的发展,特别是幼儿逻辑观念的发展,为他们学习数学提供了重要的心理准备。

1. 一一对应概念的发展

所谓"一一对应",是指将两组以上的物体一个对一个地配成对。如有一堆苹果和一堆橘子。若把一个苹果和一个橘子放在一起,如果刚好配完,则说明两组数目相等;如果苹果配不完,则苹果比橘子多;如果橘子配不完,则橘子比苹果多。因此,采用一一对应法,可以确定两组物体是等量还是非等量。点数实际上也是一种一对一的对应活动。在点数时,需把所点的物体与某一个数字配合起来,即在实物与自然数列之间建立起一一对应的关系,这样,数目是多少,实物也是多少。所以,一一对应概念的形成,是幼儿学数的基本心理准备。

幼儿的一一对应概念形成于小班中期(3岁半以后)。起初,他们只是在对应的操作中感受到一种秩序,并没有将其作为比较两组物体数目多少的办法。逐渐地,他们发现过去仅靠直觉判断多少是不可靠的:有的时候,占的地方大,数目却不一定多。而通过一一对应来比较多少更加可靠一些。在小班末期,有的儿童已建立了牢固的一一对应概念。比如在"交替排序"活动中,存在4种物体,其中既有交替排序,又有对应排序。教师问一个儿童桌子有多少,他通过点数说出有4张;再问椅子(和桌子对应)有多少,他一口报出有4把。又问小猫有多少,他又通过点数得出有4只;再问鱼(和猫对应)有多少,他又一口报出有4条。

但是能不能说,幼儿此时已在头脑中建立了一一对应的逻辑呢?皮亚杰用一个有趣的"放珠子"实验得出了相反的回答。实验者向幼儿呈现两只盒子,一只盛有许多珠子,让幼儿往另一只空盒子里放珠子,问幼儿如果一直放下去,两只盒子里的珠子会不会一样多,幼儿不能确认。他先回答不会一样多,因为它里面的珠子很少。当主试问如果一直放下去呢,他说就会比前面的盒子多了,而不知道肯定会有一个相等的时候。可见幼儿在没有具体的形象作支持时,是不可能在头脑中将两个盒子里的珠子作一一对应的。

2. 排序能力的发展

排序能力即根据事物的某些特征顺序排列物体,它是幼儿时期发展着的一种重要逻辑能力。在排序活动中,幼儿要针对一系列物体的不同特征,如长度、粗细、高矮、重量、数量等不断进行关系的调整,按照递增、递减,或者某种特定的规律来确定物体的位置,这种能力对于幼儿"数"的初步概念的形成,具有特别重要的意义。

3岁的幼儿可以在知觉的水平上解决排序问题,如能给3个大小不同的娃娃排序。但是,如果娃娃的数量多于5个,幼儿排序就困难了。这说明幼儿该阶段依据的只是知觉对象的特点,处理的对象范围有限,还不能理解序列结构中的可逆性、传递性和双重性的关系。

到了4~5岁,幼儿开始尝试真正的排序作业,但这种排序只是在具体事物面前有效。如果脱离了具体形象,即使只有3个物体,幼儿也很难排出它们的序列。一个典型的例子就是:"小红的岁数比小明大,小亮的岁数比小红大。他们三个人谁的岁数最大?"该阶段的幼儿对解决这个问题感到非常困难。

6~7岁时,幼儿已能构造出从短到长的一个系列事物,也能把所给的特定长度的铅笔插入系列中合适的位置。大班末期,幼儿甚至能够抽象地考虑关系的序列,解决用语言假设的问题,如"如果小红的岁数比小明大,小亮的岁数又比小红大,那么,小亮的岁数一定最大。"

3. 类包含概念的发展

从数学上讲,类就是由同类物体组成的总体,也就是集合。类包含是指子类结合成总类,总类划分成子类的过程,实际上是集与子集的关系,反映了整体与部分的关系。幼儿在数数时,都要经历这样的阶段:他能点数物体,却报不出总数。即使有的幼儿知道最后一个数就是总数(比如数到8就是8个),也未必真正理解总数的实际意义。如果我们要求他"拿8个花生给我",他很可能就把第8个拿过来。说明这时幼儿还处在罗列个体的阶段,没有形成整体和部分之间的包含关系。幼儿要真正理解数的实际意义,就应该知道数表示的是一个总体,它包含了其中的所有个体。如5就包含了5个1,同时,每一个数,都被它后面的数所包含。只有理解了数的包含关系,幼儿才可能学习数的组成和加减运算。

在直观条件下,3岁以上的幼儿能对类(集)和子类(子集)作比较,但尚不理解它们之间的包含关系,更不知道整体一定大于部分的道理。研究证明,4岁幼儿对包含关系开始有了一定的理解(正确率约为5%),5岁左右是幼儿理解包含关系能力发展较快的时期(正确率约为45%),而6岁幼儿对类包含的理解,较5岁幼儿又有了较大的提高(正确率约为65%)。

(二)幼儿数概念的发展

幼儿数概念的发展主要包括计数能力、认识数的序列、掌握数的组成,以及加减运算能力等几个方面的发展。

1.计数能力的发展

幼儿数概念的发展是从计数开始的。幼儿的计数能力能说明他们对数的实际意义的理解程度,还标志着幼儿数概念的初步发展。幼儿计数能力发展的顺序是:先口头数数,然后按物点数,再到说出总数(说出计数的结果),最后按数取物。只有当幼儿能说出物体的总数时,才算理解了数的实际意义。幼儿对数的认识,主要是通过计数活动来实现的。

(1)口头数数。

2岁左右的幼儿,在成人的教育下,逐步学会个别数词,如"1"、"2",但往往不能正确地用以表示实物的数量;3~4岁的幼儿一般能从1数到10,但大多是像背儿歌似的背诵这些数字,带有顺口溜的性质,并没有形成一个数词与相应的实物一一对应的联系,幼儿还不理解数的实际意义。

这一阶段幼儿口头数数表现出以下特点:

①幼儿一般只会从1开始顺序地往下数,如果遇到干扰就不会数了;

②幼儿一般不能从中间的任意一个数开始数,更不会倒着数数;

③幼儿在口头数数中,常会出现遗漏数字或循环重复数字的现象。

5岁以后的幼儿很多能从中间任意一个数接着往下数,但遇到进位时常发生错误,往往又会从头数起。尽管口头数数是一种机械记忆的结果,但对幼儿理解自然数的顺序还是有积极意义的。

(2)按物点数。

按物点数即用手逐一指点物体,同时有顺序地说出数词,使说出的数词与手点的物体一一对应。正确的按物点数需要手、眼、口、脑等器官的协同活动,它的发展要比口头数数晚一些。3~4岁的幼儿点数实物,特别是点数5以上的实物时,往往手口不一致,不是手点得快口说得慢,就是口说得快手点得慢,经常漏数或重复数。出现这种现象的原因,一是由于幼儿不理解数词的实际含义,不知道点数实物时,必须把被数的实物与自然数列里从1开始的自然数词建立一一对应的关系;二是按物点数时,要求多个器官(手、眼、口、脑等)的协同一致活动。幼儿在5岁以前,由于大脑皮层抑制机能发展较差,手眼协调动作不灵活,再加上口头数数还不熟练,因此会产生手口不一致的现象。5岁多的幼儿按物点数的数目与口头数数的数目基本趋于一致;6岁以上的幼儿基本上都具有按物点数的能力。

(3)说出总数。

说出总数即在按物点数后,将说出的最后一个数词用来代表所数过的物体的总数量。说出总数具有重要的意义。它说明幼儿已将最后说出的数词作为所数过的一群对象的总体来把握,它标志着幼儿开始理解某数的实际含义。由于种种原因,幼儿从按物点数到说出总数,需要经历一个比较困难的发展过程:

①幼儿在按物点数完之后,如问"一共有多少",幼儿往往回答"不知道"。

②点完之后如问幼儿"一共是多少",幼儿往往重复按物点数的过程。如幼儿点数 5 个杯子,待幼儿点完之后问"一共有多少个杯子",幼儿会看看你,随即又 1、2、3、4、5 地点一遍。

③用一个固定的数词作答。如不论点数什么东西,点数几个,幼儿都回答是 5 个,或者其他数词。

④幼儿开始意识到说出的最后一个数词就是物体的总数,但这种认识很不稳定,而且每数一次的结果可能不一致。如幼儿点数 5 个苹果,点完后问幼儿"一共是几个苹果",回答是 5 个,但如果再问一遍,幼儿的回答可能是 4 个;若再要幼儿点数一遍,再问,可能回答得又不一样。

(4)按数取物。

按数取物是对数概念的实际运用。按数取物首先要求幼儿记住所要求取物的数目,然后按数目取出相应的实物。3~4 岁的幼儿一般只能按数取出 5 个以内的实物,幼儿按物点数的数目都比说出总数和按数取物的数目多。5~6 岁的幼儿不仅计数的范围逐步扩大,计数的准确性也逐步提高,基本上都能按指定的数正确取出实物。

2.认识数的序列的发展

数的序列,一是指数序,二是指序数。

数序,即自然数的顺序,每个数在自然数列中的排列,都是按照后面的一个自然数比前一个自然数多 1 的规律排列起来的。也就是说,数序指的是每一个自然数在自然数列中的位置及与相邻两数之间的大小关系。

幼儿在学习计数的过程中,已经对自然数的顺序有了一些初步的认识,但开始学习计数时,往往是在一个数词和另一个数词之间机械地建立起前后联系,并不明白数的顺序关系。随着参与比较实物数量的多少和给实物或数目排序等活动的开展,才逐渐掌握数的顺序关系。

幼儿比较数的大小能力比计数能力的发展要晚一些。3~4 岁的幼儿多数能按物点数 5 以内数量的物体,但问起"4 个"和"5 个"哪个多时,相当多的幼儿并不知道。有的幼儿提出要求说:"你得拿出东西来让我数一数。"这说明幼儿只能看着实物依靠数数来比较数的大小,还没有建立起抽象的数的顺序与数的大小的明确关系。4~5 岁的幼儿大约有一半能比较 10 以内数的大小,5~6 岁的幼儿一般都能顺利地比较10以内数的大小。

幼儿给3个以上的实物或数字卡片排序的能力发展得更晚一些。因为幼儿在排序时,不仅要熟悉数的数序,能比较每两个数的大小,还要能协调几个数之间的关系。4岁以下的幼儿排序能力较差;4~5岁的幼儿的排序能力有了明显的提高;5~6岁的幼儿一般都能排10以内数的数序;6岁以上的幼儿一般都能比较顺利地排出20以内数的顺序关系。

3. 掌握数的组成的发展

掌握数的组成,从本质上说是从整体与部分的关系上来掌握数的结构的。前面讲到计数,只是把物体集合看成一个整体,并不涉及它能划分成几个部分,以及几个部分之间的关系。数的组成揭示了一个数可以分成几个数,反过来几个数又可以合成一个数。这样可以使幼儿从整体与部分的关系上理解数与数之间的关系,不仅加深了他们对数概念的理解,也提高了他们的思维能力。

幼儿对数的组成的理解比对基数、序数的理解要晚一些。因为要理解数的组成,首先要理解基数,要有初步的数概念,并且要有一定的分析、综合和比较能力。5岁以下的幼儿对数的组成理解得很少。例如,给幼儿3块积木,让他摆成两堆,问:"几个和几个合起来是3个?"能答对的幼儿不到1/5。5岁以后的幼儿多数能借助教具和实物初步理解数的组成,会按教师的要求,把10个以内的物体分为不同的两个部分;但掌握抽象数的组成还有一定的困难,不会连贯地讲述一个数可以分成两个数,两个数合起来又是原数。经过适当的教育,6岁左右的幼儿基本上能理解数的组成,初步理解数群的整体与部分、部分与部分之间的关系。

4. 加减运算能力的发展

3岁半以前的幼儿在面对实物时,并不知道可以用它来帮助进行加减运算,他们要依靠成人将实物分开、合拢给他们看,才能说出一共有几个或还剩下几个。他们不理解加减的含义,不认识加减运算符号,数的运算对这个年龄的幼儿来说是很困难的。

4岁的幼儿一般会自己运用实物进行加减运算,但在进行加法运算时,他们需要将表示加数和被加数的两堆实物合并,再逐一点数后得出总数(即得数);在进行减法运算时,也一定要把减掉的实物部分拿掉,再逐个数剩下的实物个数,得到剩余数。这时,他们完全依靠动作思维,而对于抽象的加减运算既不理解也不感兴趣。但4岁以后的幼儿就开始具有初步运用表象进行加减运算的能力了。

5岁以后的幼儿因为学习了顺着数和倒着数的知识,所以他们能够将顺着数和倒着数的经验运用到加减运算中去。此时,多数幼儿可以不用摆弄实物,而用眼睛注视物体,心中默默地进行加减运算。5岁半以后的幼儿,随着他们数群概念的发展,特别是在学习了数的组成以后,他们在教师的引导下,开始运用数的组成的知识进行加减运算,这样就从逐一加减向按数群加减的水平发展。但幼儿之间存在着一定的个体差异。

(三)幼儿学习数学的心理特点

幼儿学习数学的心理特点可以概括为以下几点:

1. 幼儿学习数学开始于动作

皮亚杰提出的"抽象的思维起源于动作"观点,已经被幼儿数学教育界普遍接受。我们也可以经常观察到,幼儿在学习数学时,最初是通过动作进行的。特别是小班的幼儿,在完成某些任务时,经常伴随着外显的动作。比如在"对应排列相关联的物体"活动中,幼儿在放卡片时,总要先把它和上面一排相对应的卡片碰一下,然后才把它放在下面。这实际上就是一个对应的动作。随着幼儿动作的逐渐内化,他们才能够在头脑中进行这样的对应。幼儿在最初学习数数的时候,也要借助于手的点数动作才能正确地计数。直到他们的计数能力比较熟练,才改变为在心中默数。

幼儿表现出的这些外部动作,实际上是其协调事物之间关系的过程。这对于他们理解数学关系是不可或缺的。在幼儿学习某一数学知识的初期阶段,特别需要这种外部的动作。而对于那些表现出抽象思维有困难的幼儿,也需要给予他们充分的动作摆弄的机会。例如,在学习加减运算时,最能帮助幼儿理解加减数量关系的方法,就是让幼儿进行合并和拿取的操作,让幼儿在实际的操作中理解:两个部分如何合为一个整体、整体中拿走一个部分还剩下另外一个部分。而那些不能摆脱实物进行抽象的数字运算的幼儿,正说明他们还需要运用动作水平操作,在这时给予他们摆弄实物的练习,既符合他们的心理需要,也有助于他们的学习。

2. 幼儿数学知识的内化要借助于表象的作用

尽管说表象对于幼儿学习数学不起决定性的作用,但并不是说毫无作用。幼儿对数学知识的理解开始于外部动作,但是要把它们变成头脑中抽象的数学概念,还有赖于内化的过程,即在头脑中重建事物之间的逻辑关系。表象的作用即在于帮助幼儿完成这一内化过程。

过去有些不适当的做法,如把表象的作用无限地夸大,甚至以为幼儿学习数学就是在头脑中形成数学表象的过程,于是通过让幼儿观看实物或图片、教师讲解数学概念的方法进行教学,试图让幼儿在头脑中"印下"数的表象、加减的表象。现在看来这样的方法并不符合幼儿学习数学的心理。不过,如果能在幼儿操作的基础上,同时引导幼儿观察实物或图片及其变化,并鼓励他们将其转化为头脑中的具体表象,则不仅能帮助幼儿在头脑中重建事物之间的逻辑关系,而且

第七章 幼儿科学教育

对于幼儿抽象思维能力的发展是有益无害的。例如在学习加减运算时,在幼儿进行了一定操作的基础上,我们可以通过让幼儿观察一幅图中物体之间的关系来理解加减,或者通过三幅图之间的细微变化来表示加减的关系,甚至采用通过口述应用题让幼儿在自己头脑中形成相应的表象并进行运算的方法,这些都有助于幼儿在抽象的水平上进行加减运算。

3. 幼儿对数学知识的理解要建立在多样化的经验和体验基础上

由于数学知识是一种抽象的知识,它的获得需要摆脱具体事物的其他无关特征。而幼儿对于数学知识的抽象意义的理解,却是从具体的事物开始的。可以说,幼儿在概念形成的过程中所依赖的具体经验越丰富,他们对数学概念的理解就越具有概括性。因此,为他们提供丰富多样的经验,能帮助幼儿更好地理解数学概念的抽象意义。比如在认识数字 3 时,让幼儿说出各种各样可以用 3 来表示的物体,而且让他们知道,凡是数量是 3 的物体,无论它们怎样排列都是 3。这样,幼儿就可以对数字"3"的抽象意义有所了解。

再如,大班幼儿在学习数的分合时,教师首先让幼儿分各种不同的东西:2个苹果、2 个玩具、2 粒蚕豆……并用分合式记录下来。这时幼儿对分合式意义的理解还停留于它所代表的那一件事。当老师问这些式子是一样还是不一样时,大多数幼儿都回答不一样,因为它们表示的是不同的事情。在教师的引导下,幼儿逐渐认识到这些式子的共同之处,以及它们之所以相同是因为它们表示的都是在分数量为 2 的物体,因此可以用一个式子来代表。这样,幼儿也逐渐认识到了"数的分合"这一抽象的知识,而不再停留于具体的"分东西"上。

相反,如果幼儿缺乏多样化的经验,他们对数学概念的理解就会出现问题。例如,有的幼儿会认为钝角三角形不是三角形,这是因为教师从来没有让他们接触过这样的形状;有的幼儿会将两个三角形拼出一个大三角形,却不会把一个正方形分成两个小三角形。其原因也是平时缺少摆弄图形的经验所至。

4. 幼儿抽象数学知识的获得需要符号和语言的辅助作用

幼儿学习数学,最终要从具体的事物中摆脱出来,形成抽象的数学知识。但是,幼儿头脑中往往只是保存着一些具体的经验,要使之变成概念化的知识,则需要符号体系的参与。例如,幼儿积累了大量有关加减的具体经验,甚至也能够用自己的语言来讲述这些经验,但是要形成加减的概念,就需要教他们用抽象的符号来表示具体的事情。符号的作用就在于给幼儿一种抽象的思维方式。

此外,语言在幼儿学习数学的过程中也很重要。数学是一种精练的语言,而语言则是思维的工具。幼儿在进行数学操作活动中同时用语言表达其操作过程,就能够对他的动作实行有效的监控,并提高其对自己动作的意识程度,从而有助于动作的内化过程。

5. 幼儿数学知识的巩固有赖于练习和应用

幼儿数学知识的掌握是一个持续不断的过程。幼儿用自己已有的认知结构同化外部世界,同时也建构着新的知识。以数数的策略为例,幼儿起初是通过直觉判断比较数量的多少,实际上是根据物体所占空间多少来判断。这一策略有时是有效的,但有时就会发生错误。我们观察到有些小班幼儿不能正确比较数量多少,就是因为他们用了一个不适当的认知策略来同化外部的问题情境。在这个时候,尽管幼儿知道一一对应和点数也是比较数量多少的方法,但绝不会自觉地运用这些方法去比较多少。直到幼儿自己感到现有的认知策略不能适应问题情境了,才会去寻求新的解决办法,去适应外部环境,从而与环境之间达成新的平衡。

这里需要指出的是,幼儿不断与环境相互作用的过程,是他们不断获取、练习、检验,以及在应用中巩固新策略的过程。它完全是通过幼儿的自我调节作用发生的,而不是教的结果。比如在上面的例子中,教师即使告诉幼儿一一对应比较多少才是正确的方法,但如果幼儿自己没有感到他原来的方法有什么不好,他是不会轻易放弃它而接受老师教的方法的。对于幼儿来说,最重要的是要有大量的机会进行练习和应用。

第二节 幼儿科学教育

一、幼儿科学教育的目标

幼儿科学教育的目标,是选择幼儿科学教育内容、选用科学教育手段与方法的前提,也是保证培养合格人才的关键。因此,我们一定要根据素质教育的要求,着眼于孩子的可持续发展和未来来确定目标。

幼儿学科学不同于学校儿童学科学,幼儿不能从抽象逻辑水平上去把握科学现象的原理或定律,他们只能从直接或间接的操作活动中,在直观形象的水平上发现一些事物的属性或一些事物与现象之间的联系或关系,从而获得一些有关自然科学现象的肤浅的感性认识。

现代幼儿科学教育的目标应该有别于传统的常识课。传统的常识课的目标着眼于掌握知识,注意知识积累。而现代幼儿科学教育的新观念认为,让儿童经历科学发现的过程,比掌握发现的结果更重要,其着眼点主要不在于让幼儿掌握知识本身,而在于培养幼儿经历、探索事物奥秘的主动性、积极性及思考与发现新知识的能力。

根据以上两点,幼儿科学教育的目标应包括积累科学知识、掌握探索和学习科学技术的方法和技能、培养积极情感和良好个性品质等三个方面。从这个目标出发,教学中教师就不会再是将现成的知识或结论直接灌输给幼儿,而是创造条件让幼儿自己去尝试、操作与探索,引导他们用自己的感官和头脑去发现新知,寻求答案,做出结论。教师更加关心的是幼儿掌握知识的过程,而不是幼儿掌握知识的结果。

1. **知识方面**

知识方面的目标是:获取周围物质世界的广泛的科学、技术经验,并在经验的基础上,建立表象水平的初级科学概念。

(1)科学经验。

科学经验是指幼儿在科学探索的过程中,通过他们亲自操作,以自身的感觉器官直接接触周围世界所获取的具体事实和第一手的经验,包括幼儿对事物性状特征的认识,对科学现象的理解等。

(2)初级科学概念。

在幼儿科学教育中,幼儿获得的概念还不是真正严格意义上的科学概念,而只能称为"初级科学概念"。这主要是因为两个方面的原因:一是它的获得途径——幼儿身边;二是它的概括水平——具体形象。

(3)科学经验和初级科学概念的关系。

在幼儿科学教育的目标中,获取科学经验与形成初级科学概念是幼儿科学教育中有关科学知识目标的两个方面,是相一致的。幼儿初级科学概念的形成离不开他们的科学经验,要建立在丰富的科学经验的基础上。

(4)幼儿科学教育中知识目标的具体要求。

①帮助幼儿获取周围环境中的具体事物的多样性的经验,并在经验的基础上形成这些事物的初级科学概念。

②帮助幼儿获取周围环境中发生的自然现象的经验。

③帮助幼儿获取周围环境中事物和事物、现象和现象之间的关系或联系的简单经验。

④帮助幼儿在操作活动中获取简单的技术经验。

2. **方法技能方面**

方法技能方面的目标是:帮助幼儿学习探索周围世界和学习科学技术的方法和技能,如观察、分类、测量、思考、实验、表达和交流信息,以及操作、解决问题的方法和技能,发展幼儿的观察力、思维能力、创造力、动手操作能力和初步的解决问题的能力。

(1)观察。观察是一种有目的的知觉活动,是运用感官直接获取第一手资料的方法,同时也是一种基本的科学方法。幼儿观察技能的目标包括:学会运用多种感官感知物体的外部特征;学会比较观察不同物体或同类物体的特征;学会观察物体的运动和变化,即对自然现象的观察。

(2)分类。分类是把一组物体按照特定的标准加以区分的过程。幼儿分类技能的目标包括：学习按物体的外部特征(如按颜色、形状、大小等)或用途分类；对某些熟悉的物体可学习按本质属性(如按物体在水中的沉浮状况、按动物的行为方式等)分类。

(3)测量。幼儿测量技能的目标包括：学习使用不同的简单工具进行测量的方法；学习比较或测量物体的长短、大小、多少、轻重等特征的简单方法；初步知道通过测量能获取量化的信息(如通过测量了解植物的生长情况)。

(4)思考。思考泛指幼儿的思维活动，它贯穿于幼儿学科学的全过程之中。学会比较和概括、推理和预测。

(5)实验。实验是一种重要的科学方法。它通过控制变量来观测事物发生和发展变化，能够揭示现象之间的因果关系。幼儿实验技能的目标主要包括：

①知道自己在实验中的行动或操作与实验现象之间的联系；

②学习在实验中尝试不同的操作方法，以得到不同的实验结果。

(6)表达。表达作为一种技能，在科学活动中是必不可少的信息交流手段。它既可以总结，又可以传达、交流科学过程和结论。

幼儿表达技能的目标主要包括：

①学会用准确、有效的语言表达、交流自己在科学活动中的想法、做法和发现；

②学会用适当的方式表达自己在科学活动中的情绪体验，如表情、动作、体态等；

③学会用各种手段(如图表、绘画、作品展览等)展示自己的科学活动结果。

(7)操作。操作活动不同于简单的摆弄，它具有以下的特点：一是目的性，二是程序性。幼儿科学教育中操作技能的目标具体包括以下内容：

①学会使用简单工具的技能，如用锤敲打；

②学习使用工具制作简单产品的技能；

③培养在操作过程中能根据操作目标及时调整操作过程的能力；

④培养对操作过程和结果的思考、调整和修正的能力。

3. 情感、个性方面

情感、个性方面的目标是：激发和发展幼儿对周围世界的好奇心、探索周围世界、学习科学技术的兴趣；培养幼儿热爱大自然、关心保护自然环境的积极情感、态度和行为；培养独立性、主动性、创造性、自信心、自制力、责任感和合作等良好的个性品质。

二、幼儿科学教育的内容

幼儿学科学是在生活中和他们参与的活动中学习的，那么，我们应该从生活中选择哪些事物和现象,组织幼儿参与哪些活动,才有利于幼儿获得科学经验,达到科学教育的目的呢?

1. 常见的事物与表象

从幼儿认知发展的年龄特点出发,选择和提取他们生活经验和能力可及范围内的事物与现象,使幼儿能够看得见、摸得着,能用自己的感官去感知,能在直觉经验的基础上发现事物的属性或事物与事物之间的关系。比如,物体的弹性、磁性、滑动、热传导、力摩擦及空气流动产生的风等,这些都是生活中常见的,又是可以通过简单的演示和幼儿实际动手操作而使儿童感受到并易为儿童理解的内容。

2. 反映事物与现象之间内在联系的知识

当代心理学认为:"能够引起幼儿智力发展重大飞跃的,是掌握反映事物和现象之间内在联系和关系的一定知识体系。"所以,从有助于培养幼儿对科学的兴趣、探索精神和认知能力的目的出发,我们应尽可能地从生活中选择,或专门提供一些能够表现事物与现象之间的关系的内容,让幼儿感知、发现并参与操作活动,并引导他们去分析、比较、判断、推理。如:植物生长与水的关系;水的三态变化与温度的关系;物体膨胀或收缩与温度的关系;电和热的传导与导体材料性质的关系;重量、平衡与重心的关系;物体运动与作用力的关系;物体移动与摩擦面的光滑度(阻力)的关系;云和雨的形成与气温的关系等。此外,我们还可以选择一些具有类属关系的事物,让幼儿进行比较、分析、归纳、分类,以发展他们的观察力与思维能力。

3. 常见的科技产品及对人类的影响

科学技术的发展,极大地推动了社会生产的发展和人类社会的文明进步。随着科学技术向社会生活的日益渗透,生活于现代社会的幼儿,无时无刻不在接触着科学技术,他们的衣、食、住、行都与现代科技紧密相连。他们好奇、渴望认识现代世界、理解现代世界。

所以,从有利于让幼儿体验、感受科学技术迅猛发展的时代气息和现代社会的幸福生活出发,在幼儿科学教育内容中,应选用一部分反映现代科技产生和它们在社会生活中作用的内容:

(1)介绍家庭生活中的科技产品及其功用。如"方便的手机"、"我家的电视机"、"电脑"、"电动玩具"、"取暖用具"等。

(2)介绍社会生活中的科技产品与人们生活的关系。如"光滑的玻璃制品"、"各种各样的钮扣"、"现代通讯工具"、"现代交通工具"、"机械化养鸡"、"能干的机器人"、"高高的电视塔"、"聪明的电脑"等。

(3)介绍著名科学家。如中国第一位铁路工程专家——詹天佑等。

通过各个课题的学习,满足幼儿对现代科技的好奇和认识需要,开阔幼儿的眼界，进一步激发幼儿对现代科技的关注和探索兴趣，使幼儿初步了解现代科技产品在社会生活中的作用和为人们生活带来的方便；初步学会操作、使用某些现代科技产品，并能注意安全；初步感受到现代科技社会的时代气息。

4. 生态环境教育方面的内容

当前，全球的环境问题，给自然界和人类带来了严重的威胁，这与人们缺乏环境保护意识，只图眼前利益、局部利益，没有持续发展的远大目光有关。所以，从人类可持续发展的远大目标出发，在幼儿科学教育内容里，我们还要选用一些向新一代进行生态环境教育，增强环境保护意识的内容：

(1) 体现自然界物质的多样性（包括无机物质和动物物种的多样性），如："各种各样的石头"、"细细的沙粒"、"野花真漂亮"、"青青的小草"、"温顺的羊"、"凶猛的虎"、"有益有害的微生物"、"小小蘑菇"等，它们有的是不同的物质，有的是不同的种群，有的是不同的类别，从各个方面体现了物质的多样性。

(2) 体现动物与环境的关系，如："不怕冷的企鹅"、"泥土下的蚯蚓"、"森林里的动物"、"海洋里的大鲸鱼"等，都反映了这些动物所生活的环境，脱离了这些环境，它们就难以生存。

(3) 体现植物与环境的关系，如："水边的芦苇"、"热带的树"、"绿色森林"、"河塘里的植物"、"南方的水草"等，它们生长在不同的环境里，具有不同的特性，都与环境紧密相连。

(4) 体现动物与植物、动物与动物之间的关系，如："草原上的动物"、"捕鼠能手猫头鹰"、"动物的食物"等，它们反映了动物与动物、动物与植物之间的相互关系。

(5) 体现自然界与人类的相互关系，即人和动植物、微生物等有机物的关系，人和无机物（砂、石、水、土等）的关系。它们体现在：一是人类怎样保护自然、保护环境，使人类和自然和睦相处、持续发展。二是教育幼儿爱护自然，保护环境的具体方法和行为，知道怎样保护，并能付诸行动。如讲解"大米饭喷喷香"、"胖胖的大肥猪"、"大象本领大"、"饲养春蚕"、"中国的丝绸"、"宝贵的土壤"、"各种各样的树"、"玩水游戏"、"自然保护区的动物"、"保护小树苗"、"水怎么变脏了"、"不要乱扔垃圾"等，都可从不同的角度、不同的侧面对幼儿进行生态环境教育，使他们萌发热爱自然、保护自然、善待生灵、保护环境的情感。

5. 动态教育内容

要改变目前的静态教育方式，代之以动态教育方式。现在，大多数幼儿园的科学教育只是一种静态教育，只教孩子认识现有的东西，而不去了解其发展变化的过程，这样的教育不利于幼儿创造性思维和适应能力的发展。因此，在幼儿园科学教育中，我们不但要教幼儿认识现有的东西，更要引导他们了解事物的发展与变化过程。

如教认识动植物时,应以开始形成→生长过程→现在的样子→你有没有可能通过科学研究让它们生长得更快、更好的顺序进行。认识工具、建筑物等,也应着重认识其发展变化过程。如教认识洗衣机时,在幼儿认识了洗衣机的外形、用途后,应引导幼儿追踪人类洗衣服和洗衣机发展的变化过程:最早用手洗→棒槌→洗衣板→洗衣机(单缸→双缸→半自动→全自动洗衣机)→你发现全自动洗衣机还有什么不好的地方吗?→你长大后准备发明出什么样的洗衣机?通过这样的一个过程教孩子认识变化,让孩子懂得一切事物都是在不断的发展变化着的,而且是随着经济和科学的发展而发展的,一切事物都会变得越来越好。这样的动态教育内容将为幼儿今后适应经济、科学的高速发展和瞬息万变的社会奠定良好的基础。

三、幼儿科学教育中教师的定位

1. 不过多干预,引导幼儿充分探索

教师应为幼儿提供丰富的操作材料,并采用多种方式让幼儿明确操作目的、材料的使用方法及操作规则,并大胆放手让幼儿自己操作,反复感知,让幼儿在独立自主的操作过程中经历科学探求和发现的过程。教师应该关注、肯定幼儿的别出心裁的或新奇的操作,引导他们大胆地用自己的方式进行操作和发现。对于幼儿操作中的失败,我们不仅允许,而且相信他们有认识和纠正失败的能力,鼓励他们锲而不舍,在失败中学习自我修正,寻找成功的途径。教师应耐心地等待,而不是简单地帮助他们纠正错误。这样,就可以给幼儿带来更多的快乐、更多的自信。

2. 不急于下结论,鼓励幼儿多角度地发现问题

在幼儿进行操作活动时,教师要有足够的耐心等待他们描述操作中发现的现象及提出困惑和需求,以多种方式鼓励幼儿从多角度思考问题,不断发现和提出新问题。对幼儿提出的问题,我们不要急于马上解答,而应让他们感受到教师的一份期待,鼓励和引导他们把好奇心转化为进一步探索的动力,通过自己的操作去寻找答案。在幼儿充分感知操作经验之后,教师再和幼儿共同验证操作过程和思维结果是否正确。这不仅能给幼儿带来成功的快乐,增强他们进一步主动探索的自信心,而且能使幼儿的感性认识得到升华。

3. 让幼儿走向自主探究的成长之路

教师要创设开放自由的学习空间,以建立良性的师幼互动关系;课程应回归和发展儿童的自由天性。课程要为幼儿的探究提供条件和机遇,从某种意义上说,幼儿课程应该是探索的课程,是鼓励和指导幼儿发现、研究和解决问题的课程。

让幼儿走向自主探究的成长之路的策略包括:

(1)重视操作。科学教育应注重解放幼儿的头脑,解放幼儿的双手,让幼儿在与具体丰富的科学材料的互动中,激发对科学探究的兴趣,自觉、自主地去建构知识、获得知识和技能。同时,教师要想方设法帮助每一个幼儿在科学探究的操作中学会发现问题、提出问题,让幼儿在各种认知冲突中,逐步树立敢于面对问题和解决问题的信心。

(2)同伴参与。"自主探究"的幼儿科学教育要求教师作为幼儿的"同事"、"伙伴"乃至"朋友",真正走进幼儿的内心世界,与他们一起"乐而乐"、"忧亦忧";在潜移默化、自然而然的真实情境中,建立新颖、和谐、平等、民主的良好师幼互动关系。

(3)重塑师资。教师首先应具备良好的科学知识、科学态度与科学品质。目前,在我国学前专业传统课程中,技能、技巧尤其是艺术领域的知识与能力内容比重过大,致使培养出来的幼儿园教师的科学素养不容乐观。因此,幼儿科学教育欲走上自主探究之路,就务必重塑教师群体,在教师的专业发展中重视"科学知识、科学态度和科学品质"的养成。此外,我们在学历进修、业务培训、继续教育的学科、专业与课程方面,要有意识地安排与设计自然科学方面的内容和考核评价机制;在职称评审、年终评优、物质奖励等方面制定针对性、操作性兼具的规章制度,以尽快扭转幼儿园教育教学中"一手硬、一手软"的不正常现象。只有提升幼儿园教师的科学素养,幼儿科学素养的提升才能实现,素质教育才会不只是一句"口号",自主探究也才能真正落到实处。

【拓展阅读】

美国的幼儿科学教育观

1997年,美国儿童教育协会(NAEYC)公布了经过全面修订的《0～8岁儿童适宜发展性教育方案》。其中的《幼儿科学教育课程标准》强调使用术语"sciencing",它表达了人们对于幼儿科学教育的更深层次的认识:幼儿学科学是一个积极参与的过程,幼儿科学活动过程是一个动手动脑的过程。在"幼儿适宜发展性科学教育目标"中,可以更加清晰地看到美国的幼儿科学教育观:

第一,重视培养幼儿对科学的兴趣和热情,科学教育给幼儿最好的礼物就是帮助他们认识美、欣赏美。幼儿总是根据自己的需要和兴趣选择学习内容,以自己的方式和进程与事物相互作用,获得对周围物质世界的认识,因此,培养幼儿对科学的兴趣和热爱之情是幼儿科学教育的首要任务。

第二,重视培养幼儿的探索技能和解决问题的能力。美国的幼儿科学教育强调把科学探究作为获取知识和认识世界的一种方法,认为科学探究是科学教育的一个独立的组成部分,探究被看成学科学的中心环节。

第三,鼓励幼儿进行直接的科学活动,在对材料、物等的观察、操作中获得独特的、挑战性的直接经验。这些直接经验是幼儿学习科学的基础,对于他们形成有关科学概念及今后学习科学具有重要意义。

总体来看,美国幼儿科学教育将培养儿童具有良好的科学素养作为根本目标;强调发展儿童的科学探究能力。

资料来源:中国芜湖网 http://www.smxs.gov.cn 美国幼儿园科学教育标准及其分析,作者:南山雁

分析与思考

谈谈你对美国幼儿科学教育观的理解。

▶阅读推荐◀

1. 李雅静.幼儿数学与科学教育.北京师范大学出版社.2011
2. 张俊.给幼儿园教师的101条建议:数学教育.南京师范大学出版社.2007

▶思考与探索◀

1. 如何培养幼儿的逻辑思维能力?
2. 一幼儿高兴地描述着"我一走路,月亮就跟我走","花儿开了,因为它想跟着我",这句话表现了幼儿思维发展的什么特点?
3. 如何培养幼儿的观察力?
4. 幼儿数学能力的发展包括哪几个方面?
5. 如何针对幼儿的心理特点开展数学教育?
6. 谈谈你对幼儿科学教育目标的认识。
7. 将来你打算如何做好幼儿科学领域的教育工作?
8. 上网了解最新科技新闻,并思考如何与幼儿分享。
9. 活动设计:"小小设计师"。

第八章
幼儿艺术能力的发展与培养

【内容提要】 本章主要讲解幼儿音乐、幼儿美术、幼儿音乐能力和幼儿美术能力的基本含义;阐述在新纲要理念及现实背景下,幼儿音乐能力、幼儿美术能力发展与培养的措施及要注意的事项。

【学习目标】 通过本章学习,能正确理解培养幼儿音乐能力和美术能力的意义;明确幼儿音乐和美术能力培养的措施;联系实际领会理想的幼儿园艺术教育的实质。

艺术是人类社会生活在艺术家头脑中的形象的反映,无论怎样的艺术现象,都能从现实生活中找到其根源。艺术通常包括三个层面,第一是从精神层面,把艺术看作文化的一个领域或文化价值的一种形态,与宗教、哲学、伦理等并列。第二是从活动过程的层面来认识艺术,认为艺术就是艺术家的自我表现、创造活动,或是对现实的模仿活动。第三是从活动结果层面,认为艺术就是艺术品,强调艺术的客观存在[1]。艺术活动是人们以直觉的、整体的方式把握客观对象,并在此基础上以象征性符号形式创造某种艺术形象的精神性实践活动。幼儿天生就是艺术家,他们具有丰富的想象力,对世界充满好奇和兴趣。通过艺术活动,幼儿可以自由地表现自我、进行创造活动,并且艺术活动也是幼儿认识世界、把握现实世界的一种重要方式[2]。

---

[1] 赵颖颖.幼儿艺术教育与人格发展的关系新探.现代教育科学.2009(12)

[2] 汪霞.用艺术的眼光看世界——谈在国际化主题活动中培养幼儿的艺术素养.上海教育科研.2012(03)

第八章 幼儿艺术能力的发展与培养

音乐和美术是艺术的重要组成部分。幼儿园的艺术教育主要是指对幼儿进行音乐、美术等的教育。目标是让幼儿能初步感受并喜爱环境、生活和艺术中的美,喜欢参加艺术活动,并能大胆地表现自己的情感和体验,能用自己喜欢的方式进行艺术表现活动①。

第一节 幼儿音乐能力的发展与培养

苏霍姆林斯基说:"音乐乃是一种使人迷恋善良、美和人道主义的最美妙、最精细的手段……"②音乐是对社会生活的反映,是由音乐作家将现实生活中的有关音乐素材进行加工、提炼、整理,然后再把个人对社会生活的理解、思考、态度、体验等进行艺术概括,并通过一定的音响形式表现出来的艺术。音乐是音响、听觉、时间、情感、表演的艺术,它具有陶冶情操、净化心灵、启迪智慧、诱发灵感、保健、娱乐等功能。

一、幼儿音乐及音乐能力的定义

幼儿音乐指的是幼儿所从事的音乐艺术活动,它反映了幼儿对音乐的感受、理解、表现和创造,也表现了幼儿对周围世界的认识和情感③。从内容上可以分为歌唱活动、随乐动作表现活动(律动舞蹈、打击乐和音乐游戏)、音乐欣赏活动;从形式上可以分为欣赏、表演和创作活动④。幼儿音乐具有愉悦性和感染性的特点。我们不难观察到,在音乐活动中,孩子们的表情自始至终处在愉快欢乐的状态之中。这是由于儿童天生的好动特性在音乐活动中得到满足,从而获得快乐的原因。另外,那些孩子们喜欢的优秀音乐作品本身无论从内容、声音还是在节奏上都能感染孩子,并带给孩子们愉快的情绪体验。

《新格罗夫音乐与音乐家辞典》对"音乐能力"下的定义是:个体在任何时候所达到的音乐技巧和音乐理解的水平。音乐能力的水平是由任何个体结合其能力倾向与习得呈现出的结果。⑤具体地说,音乐能力包括三个方面:(1)音乐感受力,它在音乐能力构成要素中居核心地位,也被简称为"乐感"。它是指通过听

---

① 资料来源:教育部.幼儿园教育指导纲要(试行).2001年颁布
② 钱圆.让音乐伴随孩子们快乐成长——浅谈如何激发幼儿学习音乐的兴趣.新课程学习.2011(11)
③ 郭亦勤主编.学前儿童艺术教育活动指导.上海:复旦大学出版社.2008
④ 黄瑾编著.学前儿童音乐教育.上海:华东师范大学出版社(修订版).2006
⑤ (德)卡尔·奥尔夫.为儿童的音乐:奥尔夫《学校音乐教材》精选.上海教育出版社,2004

觉分辨乐音的高低、长短、强弱、音色、和声、曲式等特征,进而感知、领会、想象、思考音乐艺术形象和内容,在感情上引起共鸣的能力。这种听觉感受包含了节奏、节拍、旋律、音色、力度、速度等方面的感知内容,其中节奏具有非常重要的地位。因为节奏是音乐的基石和生命,节奏即使脱离旋律而单独存在,也同样具有很强的表现力;而旋律离开了节奏,就不称其为旋律了。(2)音乐表现力,它是指在一定的音乐感知、理解的基础上,借助一定的音乐听觉表象,通过自身的声音或动作来表达音乐的能力。它和音乐感受力一样,都是音乐的基本能力。它是一种人人都具有的、在音乐活动中能够得到激发、挖掘和发展的能力。当然,由于参与音乐活动的每个个体的大脑生理机制不尽相同,所处的生活环境、音乐环境不同,个体认知发展水平也存在着差异,所以在音乐的感受和表现能力方面也必然带有明显的个体差异。幼儿期是幼儿获得音乐表现力的最佳时机。幼儿音乐表现力是指幼儿通过认识和感受生活中的声音、节奏及学习音乐、舞蹈等,运用声音或动作,积极地、有个性地、创造性地表达自己在音乐中所获得的情感体验。(3)音乐创作力,也可以把它理解为音乐表现能力中的一个重要方面。这种创作,往往可以依赖于对音乐较完整的听觉表象,将所要表达的音乐通过符号组织、谱写出来。但对于儿童而言,他们受心理发展水平和认知能力的制约,不可能如成人般地通过符号系统来表达和创作音乐,而一般是用动作或声音等外显的表现活动来表达他们对音乐独特的诠释和创造:如当儿童听到连贯、悠扬的音乐时会用鱼游、鸟飞等身体动作来模仿或表现音乐;而当音乐显得激昂上扬,且力度明显增强的时候,他们则会用自己创造的相应的大幅度动作来感受音乐等。

二、幼儿音乐能力的发展

幼儿的大脑可塑性强,是学习音乐的黄金期,也是音乐能力发展的关键期。已有的研究表明,婴儿天生就对音乐感兴趣,并且可以伴随音乐自然地做出反应。也就是说,婴儿很早就表现出对音乐的感知能力。随着儿童年龄的增长,特别是3岁进入托幼机构以后,集体音乐活动机会和体验的增加,使得儿童的音乐能力有了更进一步的发展。

(一)幼儿音乐感知能力的发展

随着儿童年龄的增长及音乐体验活动的增加,这一年龄阶段的儿童对音乐中音调和节奏的变化敏感性也进一步增强了。4岁左右的幼儿既能够独立演奏,又能够合作演奏。而且经过音乐训练之后,还能分清各种乐器的音色。如在同一首乐曲中,能够区分出钢琴、小号和三角铁等。4~6岁阶段的儿童不仅能够感知、使用全音,还能感知半音①。

在对旋律的感知方面,这一年龄阶段的儿童一般能够在发现旋律时,感知主音的变化;觉察出主调变化后旋律的相似之处;能区分不同音段中相同的美妙旋律;能从一些简单的旋律中辨认出相同的部分②。

这一年龄阶段儿童在感知音乐的同时,对音乐的记忆和理解能力也有了一定的发展。一般5~6岁的儿童都有记忆音乐短剧、把重复出现的短句从各种不同旋律中辨别出来的能力;4~6岁幼儿通过乐器演奏能够较为深刻地理解音色、力度、音高、节奏、速度等。4~5岁的幼儿,能借助于一些学过的词汇来描述自己感受到的乐曲及对音乐情绪的体验,如"优美抒情的"、"欢快活泼的"。5~6岁的儿童,能区分不同类型、不同节奏的音乐作品,特别是能理解、分辨响亮之声与柔和之声。③

虽然儿童对音乐的认识与发展过程直接受到儿童本身知识经验和心理发展水平的制约,但是,儿童对音乐的感知、记忆、理解等能力的发展更多的是受到直接训练或间接经验的影响。因此,儿童接触音乐的机会越多,就越有利于儿童音乐感知、理解能力的发展。

(二)幼儿随乐动作能力的发展

3岁左右的儿童,其随乐动作能力有了较大的发展,他们一般能较好地跟随音乐控制自己的动作。此外,随着动作与音乐协调能力的逐渐提高,这一年龄阶段儿童的节奏能力也随之逐步发展起来,表现在对能发出好听声音的玩具乐器产生一定的兴趣,会有意识地去敲击、演奏。虽然这些动作是偶然的、零碎的,但它为儿童以后的乐器学习和节奏能力的发展打下了一个良好的基础④。

随着儿童动作发展中分化的逐步精细,其动作的协调程度及对动作的速度、幅度等表现能力也逐步地发展起来了,并显示出一定的可塑性。

3~6岁的儿童与婴儿相比,利用动作来表现音乐的体验更丰富了,他们已基本学会流畅地、准确地随音乐动作,由于认知能力及肌肉控制能力的进一步发展,使得他们动作认知进入了一个新的发展阶段。尤其是5~6岁的幼儿,不仅对动作本身感兴趣,而且对用动作来反映音乐的兴趣更大了。动作的协调性也大大增加。此外,幼儿还能通过一个动作来表达一种思想感情或情绪,有了一定

---

① 黄瑾编著.学前儿童音乐教育.上海:华东师范大学出版社(修订版).2001
② 林泳海.幼儿教育心理学(修订版).北京:商务印书馆.2011
③ 庄甜甜.4~5岁幼儿音乐记忆能力培养的教学实践研究.华东师范大学硕士毕业论文.2011
④ 孙红芬.幼儿音乐能力的发展与教育.家庭教育(婴幼儿家长).2004(05)

的想象和创编的能力。特别是在参与集体性的音乐实践活动中,随着幼儿社会交往能力的发展,幼儿在随乐动作的表现能力上也更趋社会化,他们不仅能够协调自身的动作以和音乐相符,而且能够尝试主动地与同伴合作表演。这些特点在较大年龄幼儿身上尤为明显。

(三)幼儿歌唱能力的发展

陈鹤琴曾说:"大凡健康的儿童无论是游戏、散步或工作,本能地都爱唱歌。"随着年龄的增长,大约3岁左右的儿童能基本学会比较完整地唱一些音域有限的、短小的歌曲或歌曲中的片断,其"轮廓"也日渐清晰,并开始逐渐走向完善。对于3岁左右儿童来说,在其学习歌曲的过程中有时还常常出现这样的现象:对一首新的歌曲,往往会在听了几天以后,慢慢地变成记忆,他们突然自己开始歌唱。而在他们开始张口唱之前,歌曲往往已经积累、潜伏在记忆中很长时间了。可见,3岁左右儿童的歌唱能力的发展是与儿童的音乐感受、听辨能力的发展紧密相关的。由此也提示教育者,在对这一年龄阶段儿童的歌唱教学中必须从歌曲的欣赏感知入手。

第一,3～4岁儿童歌唱能力的发展。

这一年龄阶段的幼儿对歌唱活动的兴趣大大增强,特别喜欢那些富有戏剧色彩的生动活泼、情绪热烈的歌曲,还喜欢唱歌曲中的重复部分。而且,幼儿初步有了想把歌曲唱好的愿望。3岁左右的幼儿能够熟练地根据音乐节拍做动作,也可以完整地唱简单的幼儿歌曲①。

1. 歌词方面

在歌词的表现方面,虽然3岁左右儿童的语言发展有了很大的进步,已经能够完整地掌握比较简短的句子或较长歌曲中的相对完整的片断,但是由于这一阶段儿童认知发展的局限,他们对歌词含义的理解还存在一定的困难,加之听辨和发音能力还比较弱,所以碰到他们不理解的字词,往往吐字不清。

2. 音域方面

3～4岁儿童歌唱的音域一般为C调的1～6,其中唱起来最舒服、轻松的是C调的2～5。但个别儿童的音域发展有所偏差。

3. 旋律方面

在旋律的感知方面,这一年龄阶段儿童存在着差异性、不确定性,最明显的表现就是"走音"现象。有相当一部分儿童的音准有问题,往往不能准确唱出歌曲旋律,唱歌如同"说歌"。在没有乐器伴奏的情况下或是在独立唱歌时,这种走

---

① 孙红芬. 幼儿音乐能力的发展与教育. 家庭教育(婴幼儿家长). 2004(05)

第八章　幼儿艺术能力的发展与培养

调、没调的情况尤为严重。当然,这种现象的发生可能是歌曲音域过宽、音调过高或过低、旋律太难等因素所致。不过,这一年龄阶段儿童"能感知旋律轮廓,如此时开始学习某种乐器的演奏,可以培养绝对音高"。

4. 节奏方面

节奏是构成音乐的第一要素,是音乐的生命,是音乐生命力的源泉。在节奏方面,3~4岁的儿童基本上能做到比较合拍地唱歌,尤其是对于走步、跑步、心跳、呼吸等相对应协调的节奏——四分音符、八分音符所构成的歌曲节奏更易感受和掌握。

5. 呼吸方面

3~4岁的儿童由于肺活量较小,呼吸较浅,对气息控制的能力还没有很好地发展起来,因此往往不能根据乐句的需要来换气。有的儿童会一字一换气、一字一顿地唱歌,有的则一句歌词没唱完就换气,常常因换气而中断句子、中断词意(一般会在强拍后面或时值较长的音后面自由换气)。

6. 其他方面

在唱歌的其他表现技能方面,3~4岁的儿童能够在成人的引导,特别是在幼儿园良好教育的影响下,对已经熟悉和理解的歌曲,以速度、力度、音色等较明显的变化来表现歌曲。如各种动物叫声用不同的音色表情来处理;《摇篮曲》,以稍慢、稍弱的速度和力度来表现等。

在集体唱歌时的合作协调性方面,3~4岁的儿童还不会相互配合,常常是你超前,我拖后,个别孩子声音特别响。但在进入幼儿园以后的一段时间,从小班后期,儿童基本上能懂得在音量、速度、音色等方面与集体相一致,能够通过改变声音的强弱、快慢、音色等来表现歌曲,初步体会到集体歌唱活动中协调一致的快乐。

第二,4~5岁儿童唱歌能力的发展。

1. 歌词方面

这一年龄阶段,儿童掌握歌词的能力有了进一步的提高,一般都能够比较完整、准确地再现熟悉的歌曲中的歌词,而且对歌词听辨、理解、记忆和再认识能力有了很大的提高,唱错字、发错音的情况有了较大改变。

2. 音域方面

4~5岁儿童歌唱的音域较以前有了扩展,一般可以达到 c^1-b^1(即 C 调的 1~7),但在个别的儿童身上仍有较大的差异性。

3. 旋律方面

由于这一年龄段儿童接触的歌曲日益增多,他们对旋律的感知、再认识能力逐步提高,所以,其音准把握能力有了进步。在乐器或录音的伴奏下,大多数儿童能基本唱准旋律适宜的歌曲。

4. 节奏方面

在节奏方面，随着儿童听觉分化能力的逐步提高，这一年龄段儿童对歌曲节奏的把握和表现能力得到了较大的发展。他们不仅掌握了四分音符、八分音符的歌曲节奏，还能够比较准确地再现二分音符的节奏，甚至带附点的节奏。能辨识音高、音区，能重复简单的节奏。

5. 呼吸方面

4~5岁儿童对嗓音的控制能力有了进一步提高，能够逐步学会使用较长的气息，一般都能够在教师的指导下学会按乐句和情绪的要求换气，中断句子、中断词意的换气现象有了明显的改进。

6. 其他方面

这一年龄阶段，儿童在唱歌技能的发展中对速度、力度、音色变化的把握方面有了一定的进步，这是因为他们对歌曲形象、内容、情感的体验和理解能力有了一定程度的提高，由此在演唱、表现歌曲时，能够比较细致地表现出歌曲在力度、速度等方面的变化，且比小班儿童表现得更为准确。

随着集体音乐活动、歌唱活动经验的不断积累，4~5岁儿童不仅能够比较协调地参与集体歌唱，注意在音色、表情、力度、速度等方面调节自己的声音，与集体保持一致，而且还表现出独自唱歌的愿望和兴趣。他们常常会在游戏、玩耍的时候，饶有兴致地独自哼唱，也会在电视、电台节目的收看、收听中高兴地即兴跟唱。另外，这一年龄阶段的儿童在歌唱能力的发展上能表现出一定的创造性。他们会运用已经积累的一定的歌唱和表达的经验，部分地替换歌词，重新演唱；还会即兴地创编简短的小曲等。

第三，5~6岁儿童歌唱能力的发展。

1. 歌词方面

这一年龄阶段，儿童在歌唱的技能和水平上有了较显著的提高。首先表现在随着语言的发展，他们能记住更长、更复杂的歌唱；对词意的理解能力也进一步提高，在歌唱的发音、咬字吐字方面表现得更趋准确。

2. 音域方面

5~6岁儿童歌唱的音域基本上可以达到 c^1—c^2（即C调的1—1），个别儿童甚至更宽。

3. 旋律方面

随着儿童歌唱经验的不断积累，5~6岁儿童的旋律感发展、特别是音准方面的进步更为明显。他们不仅能容易地掌握小三度、大三度，纯四五度音程，比较准确地唱出旋律的音高，而且对级进、小跳、大跳不会感到太大的困难。这时，儿童已经初步建立了调式感。5~6岁的儿童，"能从一些简单的旋律或节奏模式中辨认出相同的部分"。

4. 节奏方面

5～6岁时,幼儿能够比较准确地随着节拍唱歌,并能根据自己的兴趣自创歌曲。且儿童不但能准确地表现2/4和4/4的歌曲节奏,同时对3拍子歌曲的节奏及弱起节奏有了一定的理解和掌握,而且能够较好地掌握带附点节奏和切分节奏歌曲的演唱技巧。

5. 呼吸方面

这一年龄阶段,儿童气息保持的时间较以前延长了,能够按乐曲的情绪要求较自然地换气,同时歌唱的音量较以前有了明显的增加。

6. 其他方面

5～6岁儿童歌唱的表现意识有了更进一步的提高,表现在歌唱的声音表情更趋丰富,能够表现出同一首歌曲中的强弱快慢,能较好地唱出顿音、跳音、保持音及连音,并且能尽力把不同的情绪情感体验通过音色、节奏、速度、力度上的对比变化而生动细致地表达出来;在集体歌唱时,协调一致的能力也大大加强了,不仅能与集体同时开始、同时结束演唱,而且会听前奏、间奏,还对对唱、小组唱、轮唱、合唱等不同的演唱形式产生了兴趣。这一年龄阶段的儿童具有一定的创造性歌唱表现意识,他们不仅能积极参与创造性的歌唱表现活动,而且会努力地使自己的表现与众不同。其创编歌词、创编即兴小曲的能力更得到了提高。

总之,随着儿童年龄的增长及歌唱活动经验的不断积累,他们对歌唱活动的积极态度和初步的兴趣爱好逐渐得到巩固,歌唱的技能进一步得到发展,对歌曲结构的感受也日趋合理、完善,能够从音高轮廓漂浮不定到准确地再现音高;音域从窄到宽;节奏从单调、散漫到丰富而有组织;调式感从模糊不定到准确……各方面的能力和表现都随着年龄的增长、环境的变化、教育的引导及各种内、外部因素的共同影响而逐渐地向更合理、完善的方向发展。

(四)幼儿韵律活动能力的发展

第一,3～4岁儿童韵律活动能力的发展。

3岁以后,儿童的动作逐步进入了初步分化的阶段。大多数儿童都能自如地运用手、臂、躯干做各种单纯动作,如拍手、摆臂、跺脚等。但由于受神经系统协调性发展的局限,其平衡及自控能力还较差,特别是腿部力量较弱,脚掌缺乏一定的弹性,身体左右摇摆比较大,所以对幅度较大的上肢动作易于掌握,对下肢肌肉力量及弹性要求不是太高的单纯的移动动作,如小跑步、小碎步等较易掌握,而对跳跃动作及上、下肢联合的复合动作掌握起来还有一定的困难。

随着儿童动作发展中分化的逐步精细,其动作的协调程度及对动作的速度、幅度等表现能力会逐步发展起来,并显示出一定的可塑性。美国的吉尔伯特曾在1981年做过一项研究,发现儿童最基本的动作形式出现在5岁之前。从这项研究成果中,我们至少可以得出这样的启示:帮助儿童开发必需的动作表现技能和能力,是学前儿童音乐实践活动的一个重要内容。

这一年龄阶段的儿童与婴儿相比,利用动作来表现音乐的体验更丰富了,他们基本上能流畅地、准确地随音乐动作。由于认知能力及肌肉控制能力的进一步发展,他们的动作认知进入了一个新的发展阶段。这表现在其动作的协调性(指动作与音乐相协调一致)也逐步发展起来。3岁初期,儿童听到喜爱或熟悉的音乐时,往往会自发地跟着音乐踏脚、拍手,但这种身体动作并不能做到完全合拍。因此,成人就要相应地选择适宜的音乐速度来适应儿童的动作。随着儿童音乐活动机会的增多,特别是经过幼儿园良好的教育,会逐步发展到根据音乐的特点,努力使自己的动作与音乐节奏相一致,使动作的速率逐步变得均匀,但这种均匀性往往又表现出不稳定的特点,很难在长时间里保持。

3~4岁儿童在韵律活动中的动作表现往往是以自我为中心的,他们还不善于运用动作与同伴配合、交流、共享。但他们在动作的创造性表现方面有了初步的意识和发展。他们能根据音乐性质的变化,用相应的动作来表达自己的感觉:如音乐速度快,则动作加快;音乐连贯、平衡,则动作缓慢、平稳。同时,他们还能用自己想出来的动作来模仿、表现日常生活中所熟悉的具体事物,如动物、植物、交通工具等,用动作来表现自己的情感体验。

第二,4~5岁儿童韵律活动能力的发展。

这一年龄阶段儿童的动作发展有了明显的进步,身体大动作及手臂动作都得到了很好的发展,且走、跑、跳的下肢动作也逐步得到提高,能够比较自由地做一些连续的移动动作,如跳步、垫步等,而且平衡能力及动作的控制能力有所加强,且上下肢联合的复合动作也逐步地发展起来了。

在发展复合动作的同时,4~5岁儿童动作的协调性也有了进一步的提高。这不仅表现在能合拍地跟着音乐节奏做动作(2/4或4/4拍),而且与音乐相协调的动作显得更为自如,不再显得紧张、僵硬,其节奏的均匀性、稳定性也更加明显。

在动作表达的过程中,这一年龄阶段儿童开始注意运用动作与同伴进行合作、交流。例如在集体的韵律活动中,他们会自己寻找一块比较空的位置,不与别人碰撞而共享空间;会主动地去邀请同伴共舞;还会与同伴合作表演动作(如两个孩子一起表演袋鼠妈妈和小袋鼠相亲相爱的动作等)。在创造性表现方面,随着儿童认知能力的发展、情感的逐步丰富和深化及动作语汇和动作表达经验的不断积累,他们开始尝试用一些基本的舞蹈语汇来进行简单的创编。虽然这种创编需要教师进行较大程度的提示和整理,但是,儿童主动创编的意识和积极调动并运用已有经验的能力明显地得到了发展。

第三,5~6岁儿童韵律活动能力的发展。5~6岁儿童的动作进一步分化且更精细:从身体、躯干动作→手臂→手腕→手指动作;且动作的自控能力更强。他们可以自如地变化上、下肢动作的速度及幅度,并且能够做更复杂的上、下肢配合的联合动作;如采茶的动作,需要同时协调手臂、手指、头部、眼睛、腰部及脚的动作;可以掌握更为复杂的连续移动动作:如秧歌十字步、踵趾小跑步、跑马步等;可以做有腾空过程的简单动作,保持重心及平衡的能力有了进一步的提高。

在韵律活动中,随乐性水平有了更明显的提高。这不仅表现在能够自如地、熟练地表现音乐的节奏、节拍,而且能对比较复杂的节奏作出反应,如附点节奏及切分节奏、3拍子的节奏等。另外,用较灵敏的动作反应音乐的速度和力度变化的能力也有所提高。

5~6岁儿童在韵律活动中的合作协调意识越来越明确,合作协调的技能也越来越强,并开始主动追求与同伴一起参与韵律活动的快乐。他们能够用动作、表情如眼神与同伴交流、合作,同时更多地发挥出自身用动作语汇创造性表现音乐的积极性。同样的音乐、同样的主题内容,他们会努力地用已有的表达经验创造尽可能与别人不同的动作。

(五)幼儿打击乐演奏能力的发展

第一,3~4岁儿童打击乐演奏能力的发展。

幼儿进入幼儿园接触了一些特制的打击乐器,如小铃、响板、串铃、铃鼓等后,他们对乐器演奏的兴趣便大增。在老师的引导下,他们一般能学会较简单的演奏技能(如敲木柄小铃:双手各持1个,相互轻碰;敲响板:一手将响板托于掌心,另一手自上而下轻拍响板;敲铃鼓:一手持铃鼓,用另一手轻拍鼓面……)。但是,由于他们小肌肉尚未完全发育,因此,其乐器的操作能力、探究能力还比较弱。

对于3~4岁的儿童来说,在演奏过程中能奏出的音响与音乐相协调一致是有一定困难的。因为儿童获得的演奏经验是有限的、零碎的,而且其随乐意识较差,所以部分孩子往往只陶醉于摆弄乐器而游离与音乐之外,抛弃了演奏的要求。因此,儿童就很难用准确的节奏、适宜的音色来表现音乐了。

我们知道,打击乐演奏活动更多地体现为一种集体的活动形式,且对活动中各声部之间的合作协调要求甚高。对于3~4岁儿童来说,他们的动作发展、自控能力较差,因而要体会集体奏乐活动中各声部之间的相互配合和协调有一定的困难。但是,让孩子演奏同一种乐器,初步体会到与别人同时开始、同时结束的基本合作要求还是切实可行的。

虽然儿童的演奏技能及随乐水平都不是很高,但这一年龄阶段的儿童已早早地表现出奏乐活动中初步的创造性表达能力,如听到《大雨和小雨》这首熟悉的歌曲,孩子们会建议用铃鼓的音色表现大雨,用小铃的音色表现小雨,以不同力度的演奏来体验、表达大雨和小雨。这种联想、想象和创造性表达,能让儿童体会到主动参与音乐的极大满足和愉悦。

第二,4～5岁儿童打击乐演奏能力的发展。

这一年龄阶段的儿童,在乐器的操作和演奏技能方面较小班儿童有了较大的进步:他们不仅能模仿成人、教师的演奏方法,而且开始探索同一种乐器的不同演奏方法,还能掌握演奏技巧稍高的一些打击乐器,如铃鼓的晃、摇,沙球的震、击等。在乐器演奏的过程中,他们对乐器音色、力度、速度的调整和控制能力也有所提高。

随着听觉分辨能力的进一步分化和精细,4～5岁儿童的随乐意识能力有了很大的进步。大多数儿童能够基本合拍地进行随音乐演奏(2/4、4/4或3/4)。

4～5岁儿童在合作协调性方面表现出这样的发展特点:不仅能够与同伴同时开始和同时结束演奏,而且能在2～3个不同声部的演奏配合中处理好自己声部与其他声部之间的协调关系。特别是这一年龄阶段儿童在打击乐演奏活动中看指挥、理解指挥手势含义的能力有所发展。他们不仅懂得在演奏过程中要始终注意指挥的手势,而且也能够以指挥的手势含义来调整自己的乐器操作和演奏。随着儿童集体打击乐演奏活动经验的不断积累,儿童能够在教师的提示、引导下,用一些基本的节奏型语汇来创造性地表达音乐:如教师让孩子选择设计一个四拍子的节奏型音乐,中班孩子就能够用乐器奏出多种节奏型的音乐。

第三,5～6岁儿童打击乐演奏能力的发展。

这一年龄阶段的儿童使用和掌握的打击乐器种类更多,能力也较强了。除了以上的乐器之外,他们还能演奏一些使用小肌肉操作的乐器,如三角铁及用手腕带动的乐器,像双响筒等。对于同一种乐器,其演奏的方法也更丰富、细化,如用捏奏法演奏响板等。在演奏过程中,他们也更注意调整自己的演奏方式和用力方法,有意识地控制音量和音色。

在注意演奏音量的同时,他们还能够更多地关注演奏活动的"背景"——音乐,能始终与音乐的节奏、节拍相一致,同时对音乐节奏的表现能力更强。除了2/4、4/4、3/4的音乐之外,这一年龄阶段的孩子还能够比较准确地演奏有附点节奏和切分节奏的曲子及结构相对复杂的乐曲,且努力使自己的演奏与音乐的速度、力度等相一致。

5～6岁儿童在打击乐演奏活动中的合作协调能力也得到了很好的发展:他们能够在有较多声部的合奏过程中主动地调节好自己的声部与其他声部间在节奏、音色、速度、力度上的合作要求,不仅能准确地演奏自己的声部,而且也能主动地关注整体的效果。再者,他们对指挥手势的暗示理解也较明确,甚至能学会看指挥的即兴变化来调整自己的演奏,还能与同伴以体态表情进行情感交流。在创造性方面,他们表现得更为主动和积极,不仅能积极地参与选配合适的节奏型的配器方案讨论,而且还能更自发地探索音乐、探索打击乐器的制作,以及大胆地尝试参与即兴指挥等。

(六)幼儿音乐欣赏能力的发展

第一,3~4岁儿童音乐欣赏能力的发展。

3岁左右的儿童,已经从周围生活环境中获得了较多的倾听经验,并且开始逐步自发地注意听他们所喜欢的音乐。虽然这一年龄段的孩子还不容易理解音乐作品的不同性质,但是当他们感受到不同性质的乐曲(如柔和优美的摇篮曲或雄壮有力的进行曲)时,却能随着音乐作出动作反应。比如听到宁静的摇篮曲,他们会自然地晃动身体;听到有力的进行曲,则会不由自主地踏步……

理解是音乐欣赏的重要基础和保证。这既包括对乐曲情绪、风格的理解,也包括对乐曲所表达内容的理解,以及对乐曲结构和表现手法的理解。3~4岁儿童的音乐理解能力是十分有限的。虽然他们能对生动形象、节奏鲜明的乐曲有所反应和感受,但不一定能完全理解。这一年龄阶段儿童的音乐理解能力是随着他们认知、思维能力的逐步发展、音乐活动经验的不断积累而逐步发展的。一般说来,到小班末期,儿童在幼儿园良好的教育影响下,能学会借助想象、联系来理解性质鲜明的音乐情绪,产生一定的共鸣;但对于乐曲基本表现手段的感受和理解则有一定的困难,特别是对音色、节奏、旋律等的差别常常不能很好地区分。

儿童在欣赏音乐的过程中,总是以他们的表情、动作或语言来对音乐做出相应的反应。因而,欣赏音乐的能力与儿童的创造性表现是紧密相关的。3~4岁儿童受其生理、心理发展水平的影响,对音乐作品的感受和理解还不很完善,记忆也不很明确,所以一般尚不能用言语较好地表达对作品的感受。他们常用的创造性表现手段往往就是身体动作,即尽量用自己想出来的、与他人不同的动作来表现音乐。

第二,4~5岁儿童欣赏能力的发展。

4岁以后的孩子有更持久的兴趣和注意力去听有细节的故事和音乐。4~5岁儿童听辨的分化能力有所提高,逐渐能辨别声音的细微变化,表现在倾听、欣赏音乐的听辨能力、感受能力进一步增强。他们一般已能欣赏内容较为广泛、性质和风格多样的音乐作品,如舞曲、进行曲、摇篮曲等。他们往往能够通过教师专门组织的音乐活动,初步感受到乐曲的结构,听出乐段、乐句之间的重复(如感受简单的三段体 ABA 结构),以及乐曲在情绪性质上的明显差异。

随着儿童思维、想象的进一步发展,4~5岁儿童对音乐的理解能力也在不断地发展。这一时期的儿童已能基本理解音乐所表达的情绪和情感,并由此产生一定的想象、联想。当然,这种理解能力通常表现为对歌曲及有标题的器乐曲的理解。儿童已能借助于歌词理解音乐所表达的音乐形象,但对于较为复杂的、没有标题的纯器乐曲的理解还有一定的困难。

与以前相比,4～5岁儿童在音乐欣赏过程中的创造性表现能力也在不断增强。他们基本上会用比较自由、多样的方式对音乐进行创造性的表现,并且在表现过程中努力追求表现的独特性、创造性。如让中班幼儿欣赏蒙古族民歌《森吉德玛》,启发幼儿欣赏音乐以后,用简单的图画分别来表达听《森吉德玛》A、B两段后的感受,有的孩子为A段画的图是:在辽阔草原上,有一顶小小的蒙古包,门前是一只温顺的小羊;为B段作的画是一幅奔驰的群马图。可见,孩子们已经能够尝试运用不同符号系统来创造性地表现音乐。

第三,5～6岁儿童音乐欣赏能力的发展。

这一年龄阶段儿童对音乐的感受和理解能力都有了更大的进步。随着他们音乐经验的不断丰富和积累,其听辨能力更强了,能从对音乐的粗略区分发展到比较细致的区分,而且能感受、辨别较为复杂的器乐曲的结构、音色及情绪风格上的细微差别。同时,他们对音乐的理解能力也增强了,能结合想象和联想用较完整的语言或一定的故事情节来描述音乐。另外,5～6岁儿童对纯器乐曲的理解能力也进一步增强,他们能在清楚辨别、理解音乐作品速度、力度、音色、节奏等表现手段变化的过程中进行大胆的想象和联想,并找出充分的理由。

5～6岁儿童在音乐欣赏过程中的创造性表现,不仅体现在创造性表现的意识更积极、主动,而且体现在创造性表现的形式更丰富、多样,有身体动作、嗓音表达、语言描述等。同时,创造性表现的成果也更为显著。

由此可见,伴随着儿童年龄的增长及音乐体验活动的增加,儿童对音乐中音调和节奏的敏感性,以及对旋律的感知、记忆和理解、想象、表达等能力都在不断发展和提高。

虽然儿童对音乐的认识与发展过程直接受到儿童本身知识经验和心理发展水平的制约,但是,儿童对音乐的感知、记忆、理解等能力的发展更多地受到直接训练或间接经验的影响。因此,儿童接触音乐的机会越多,就越能为音乐感知、理解能力的发展打下良好的基础。

儿童对音乐的鉴赏能力可能最直接地表现在对音乐的偏好上。儿童"音乐偏好"的形成一般可以源自于三个方面:第一,反复接触某一特定音乐或强化某一方面音乐训练,从而提高对这种音乐的鉴赏能力;第二,受权威人物(教师或某个成人)偏好的影响而建立自己的音乐偏好;第三,音乐中固有的特质(如某种音乐风格)影响其对音乐的偏好。

从以上三种可能性的分析中,我们不难得出这样的结论:为学龄前(特别是3～6岁)儿童提供反复的音乐刺激不仅有助于让儿童享受各种音乐的乐趣,也有助于儿童初步的音乐鉴赏力的形成和发展。随着儿童音乐经验的不断积累,他们能够在教师或成人有意识的安排下接触到不同风格、体裁的音乐作品,通过比较而逐渐形成自己的音乐偏好,从而使5~6岁儿童在"兼采众家之长"的基础上发展起初步的音乐鉴赏能力。

三、幼儿音乐学习的策略

1. 注重兴趣的培养

对幼儿音乐兴趣的培养应注重以下几个方面[①]:第一,以多媒体打开音乐兴趣之门。在传统的幼儿音乐教学中,幼儿单纯听老师演奏(唱)或放磁带录音,使幼儿注意力很容易分散,教学效果较差;而将充满美感的 MIDI 音乐、文字、图片、动画、影像等多媒体综合信息制作成课件后用到幼儿音乐教学中,则为幼儿欣赏、表现音乐创设了一种良好的氛围,调动了幼儿欣赏音乐的积极性、主动性,激发起幼儿强烈的音乐表现欲、创造欲。第二,以电子琴延伸音乐兴趣之路,充分利用电子琴能使音乐课教学更为形象。电子琴包含了多民族音乐风格的节奏类型和丰富多彩、变化奇妙的音色,音响动听、效果丰富、使用简便,能充分调动幼儿的学习兴趣,提高教学效果。第三,以情感体验融入音乐兴趣之境。音乐作为最具情感的艺术,它把旋律、节奏、和声、声调等音乐要素有机地组合起来,将美好的情感付诸声音的表达,能拨动幼儿心灵中的琴弦,使他们产生强烈的情感体验。事实上,幼儿音乐能力的发展是从喜欢听音乐,到用心、用情聆听音乐,再到理解、评价、分析音乐而逐步发展的。为此,教师应调动、鼓励幼儿大胆地表现音乐,体验参与的快乐,从而提高参与的兴趣。有些家长和教师不注重对孩子兴趣爱好的培养,只是一味地逼迫孩子硬学,这是不科学的做法。

2. 听力培养

聆听,是依靠听觉感官而进行的一种情感体验。重视对幼儿听力的培养,是幼儿音乐学习、提高音乐素养的前提和基础条件。

在幼儿音乐学习活动中,应该首先多采用整体范唱形式,以增强聆听乐曲的连贯性效果。尤其是突出重点、难点乐句的反复范唱,提高幼儿在聆听中对乐感的把握能力。其次,借助乐曲中的情感变化,提高幼儿对音乐的聆听和理解能力。音乐通过宽广的音域、鲜明的节奏、丰富的变化、优美的旋律,能够生动地表现大自然的丰富多彩和人类内心丰富的情感变化。对情感的理解和把握是提高幼儿学习音乐的效果的重要环节。欢快的歌曲会使幼儿兴奋;而悠扬、委婉的曲调又会使他们安静、凝神静气。如果缺少情感吸引,孩子们不仅听不懂,而且很难集中注意力,因而会影响学习效果。再次,强化教学的互动效应,有利于幼儿听力和智力的同步提升。听力培养作为音乐教学的基础环节,必须着眼于对幼

---

① 陆铭.幼儿音乐学习兴趣培养之所见.大家.2010(18)

儿多种智力的挖掘。通过律动、游戏、舞蹈、器乐等多种辅助手段，锻炼和培养幼儿的听力直觉、反应速度、乐感领悟和想象能力，不断提高记忆的敏捷性、持久性、准确性，达到感觉、认知、理解、创造等能力的协调发展。舞蹈、律动、游戏等形式是建立在准确的聆听分辨、真实的情感体验，以及幼儿自觉完成的情绪表达和愉快的情感交流基础之上的。尤其是舞蹈这种形象的肢体语言和生动的形体表情，是人们反映乐曲内在情感的主要艺术表现形式，而"载歌载舞"则是听力与表达的有机统一，是听力培养的最有效的辅助手段之一。我们在教学中常常建议孩子们"请用你们的一双手，把所听到的乐曲情绪表达出来"。这样做的目的是锻炼孩子们用手势来表达对乐曲的聆听和领悟能力，实现听力与表达的统一。久而久之，孩子们逐步拓展了想象空间，每当听到舒缓的乐曲时，他们就不约而同地放松了小手，像金鱼的尾巴一样，跟着乐曲的节拍左右柔和地摆动着；当听到欢快的音乐时，他们的手又会有节奏地一张一弛，上下舞动。事实上，幼儿的这种聆听感悟力是与生俱来的，如果方法得当、挖掘及时，对其一生的艺术素养和智能发展将产生重要的影响[1]。

3. 处理好模仿与创造的关系

《幼儿园教育指导纲要（试行）》指出，在支持、鼓励幼儿参加艺术活动并大胆表现的同时，帮助他们提高表现的技能和能力。由此可见，技能与创造表现是和谐统一的，特别是对发展水平相对较低的孩子，尤其需要教师适当的示范引导，以便模仿学习。在音乐活动中，模仿和创造并不是矛盾的，它们统一于一个完整的活动中，都是为幼儿的发展服务的。如何把握幼儿模仿与创造的度？首先，教师示范是提供操作的材料与规则，提供态度上的榜样，为幼儿提供更长远的追求目标，而不是让幼儿机械地模仿。其次，幼儿模仿的对象不应该是老师，而应该是被模仿的事物、现象的本身。所以，在活动中老师可以鼓励幼儿先观察现实中的事物、现象，再用各种方式进行模仿，最后再随音乐表演。模仿与创造在一节课中所占比例应当根据不同音乐活动的关键价值而决定，如：创造性韵律活动，它的关键价值就是为幼儿提供更多的创造性参与机会，所以创造在创造性韵律活动中所占比例就应该大一些。又如集体舞活动，它的关键价值在于与同伴的合作，那么对幼儿的动作要求就需要规范，以便于与他人合作完成舞蹈。这就需要幼儿模仿规范的动作[2]。

四、幼儿音乐能力的培养

幼儿音乐能力的培养要以节奏教学为阶梯。

---

① 张悦.听力培养在幼儿音乐学习中的意义.教育导刊（幼儿教育）.2007(02)
② 禹心悦.幼儿音乐学习中的模仿与创造.早期教育（教师版）.2006(11)

第八章 幼儿艺术能力的发展与培养

(一)幼儿歌唱能力的培养

唱歌是一种需要学习才能掌握的技能。在幼儿园,应逐步使儿童掌握以下最基本、最简单的唱歌技能。

1. 幼儿歌唱能力的培养要点

(1)姿势。

正确的唱歌姿势是指唱歌时,应保持身体和头部的正直、放松;两臂自然下垂或放在腿上;两眼平视、两肩放松;口型保持长圆形,嘴唇的动作要求自然。

(2)呼吸。

歌唱中正确的呼吸方法应该是自然地吸气,均匀地用气,并尽量在呼吸时一次吸入足够的气并保持住,然后在演唱时根据乐句和表情的需要慢慢地、有节制地运气。另外,在呼吸的时候还应注意不抬头、不耸肩、不发出很大的吸气声,一般不在乐句的中间随便换气,必须按照一定的乐句规律来换气。

(3)发声。

应从小培养儿童习惯于用自然的声音唱歌,即在讲话的基础上放松地唱出高高低低、长长短短不同的音。具体方法是下巴放松,嘴巴自然张开,用自然的声音唱歌,不大声喊叫,也不过分地克制音量。

不同性质的歌曲,唱时应用不同的声音。如进行曲风格的歌曲,可用坚定有力、响亮而神气的声音来演唱;抒情曲、摇篮曲风格的歌曲,可用连贯、轻柔的声音来演唱;舞曲风格的、较活泼的歌曲,应用轻松、跳跃而带弹性的声音来演唱。

(4)吐字咬字。

歌唱和说话一样需要咬字吐字清楚,才能表情达意。由于学前儿童对歌唱的听辨、理解、记忆的能力有限,所以,常常会唱错字、发错音或吐字不准确,因此,应教会儿童正确的发声方法。

(5)音准。

音准是幼儿园歌唱教学的难点。造成儿童唱音不准的原因是多方面的:一方面由于儿童的听觉分化能力比较差,还难以分辨歌曲中音的高度;另一方面儿童发声器官的协调、控制能力还比较差;再者,学龄前儿童歌唱时的呼吸支持能力、歌唱的注意力,以及过分紧张的情绪都可能是造成儿童音准困难的主、客观原因。因此,要培养和训练儿童的音准能力。首先必须注意要让儿童获得音调准确的音乐印象,而教师的演唱和琴声伴奏是儿童获得听觉印象的主要来源和依据。此外,还要注意发声器官的协调能力,从听和唱两方面的互相配合中来加强对儿童音准感的培养。

(6)协调一致。

协调一致是指在集体的歌唱活动中,儿童能够掌握一些正确地与他人合作的技能。具体表现在歌唱时不使自己的声音突出，在不同歌唱表演形式中，能够做到准确地与他人相衔接，保持在音量、音色、节奏等方面的协调，以及声音表情、脸部表情和动作表情方面的和谐一致。

(7)保护嗓音。

嗓音保护的一些最基本和简单的知识，是可以让学龄前儿童掌握和理解的。它包括：不大声喊叫着唱歌；不在剧烈运动时（或剧烈运动后）大声地唱歌；不长时间地连续唱歌；不在空气污浊的环境中唱歌；不在感冒、患上呼吸道感染的时候唱歌等。

(8)表情。

儿童有表情地唱歌，主要表现为儿童唱歌时，面部表情自然，随音乐而产生轻微的身体动作，而不是做作或外加的"假笑"，以及过分的身体摇晃。

2.歌唱活动的注意事项

(1)歌词的选择。

首先，应选择内容具有童趣并易于记忆和理解的歌词。这包括三个方面：第一，在选择歌词时，首先要求歌词能为儿童理解；第二，歌词的内容、形象应是幼儿比较熟悉和喜爱的；第三，歌词的结构应是简单、多重复的。结构简单、多重复的歌词不但易于幼儿理解、记忆，而且也给幼儿提供了更多自由编、填新歌词的机会。

其次，歌词内容应富于爱、富于美、富于想象、富于教益。这包括两个方面：在形式美方面，应该经常使用象声词、感叹词、无意义音节等富于自由性、新颖性和情感性歌词。

再次，歌词形式与内容应适于用动作来表现。幼儿无论说话还是唱歌，都常常以动作相伴随。而且幼儿尚处在语言学习的早期阶段，以动作来辅助语言的理解和表达，是幼儿学习语言的心理需要。因此，如果所选歌词本身比较适宜用动作来表现，则歌曲便更容易为幼儿所接受和喜爱。另外，这种边唱边做动作的方法不仅有利于幼儿记忆歌词、发展节奏感和提高动作的协调性，而且也能更好地帮助幼儿表达情感。

(2)曲调的选择。

首先，幼儿音域较狭窄，幼儿一般不宜唱过高或过低的音。各年龄段的合适音域为：2～3岁：e1——g1；3～4岁：d1——a1；4～5岁：c1——a1；5～6岁：c1——c2。

其次，节奏较简单。幼儿一般不适合唱过于复杂的节奏。为4岁以前的幼儿选择歌曲时，曲调中的节奏应主要由与幼儿自然生理节奏（如脉搏）相适应的均匀的二分音符、四分音符和八分音符构成的节奏组成。偶尔也可以出现含有附点音符的节奏。为4～6岁的幼儿选择歌曲时：可选择含有少量十六分音符的节奏,附点节奏出现的次数也可以稍微多一点,还可以出现少量含有切分音的节奏。除了以 2 拍子和 4 拍子的歌曲为主以外,还可以开始较多地选择 3 拍子甚至 6 拍子的歌曲。另外,还可以注意选择一些含有从弱拍开始的歌曲,以便能发展幼儿对"弱起"节奏特殊趣味的敏感性。4~5 岁的幼儿比较容易兴奋,除了可以适当选择比较轻快活泼、速度稍快的歌曲,以满足他们的需要以外,还应该注意多选择一些安静柔美、速度稍慢的歌曲以陶冶他们的性情。5~6 岁的幼儿已经开始有了一定的情感自控能力,控制发音器官、呼吸器官的能力也有了一定的进步。所以,这时可以为他们选择速度稍微快一点或慢一点的歌曲,还可以为他们选择一些含有速度变化的歌曲,以适应他们歌唱表现能力发展的需要。

再次,旋律较平稳。幼儿一般不适合唱旋律起伏太大的歌曲。为 3~4 岁幼儿选择歌曲时,应注意多选以五声音阶为骨干的旋律。在四度及四度以上的大音程中,幼儿比较容易掌握的是四度、五度和八度音程。因此,在为幼儿选择歌曲时,宜多选择旋律比较平稳的歌曲。总的原则是:跳进不宜过多,跳进的跨度不宜过大,特别不宜有连续的大音程跳进。

最后,结构较短小工整。幼儿一般不宜唱结构过于长的歌曲。为 3~4 岁幼儿选择的歌曲,以含 2~4 个乐句为宜,总长度一般在 8 小节左右。3~4 岁幼儿所唱的歌曲,大多数应为一段体或一段体的分节歌。为 4~6 岁幼儿选择的歌曲,可含有 6~8 个乐句,也可增一些简单的两段体或三段体的歌曲,但总体上还是应以一段体为主。

第五,词曲关系较单纯。幼儿一般不宜唱词曲关系过于复杂的歌。3~4 岁幼儿所唱的歌曲大多数应该是一个字对一个音的。4~5 岁幼儿可以逐步掌握一个字对两个音的词曲关系;5~6 岁的幼儿还可以逐步适应一个字对多个音的词曲关系。但总的来说,为幼儿所选的歌曲在词曲关系方面还是应该相对单纯为好。

(二)幼儿韵律活动能力的培养

1. 幼儿韵律活动能力的培养要点

▲律动方面

刚入园的幼儿,不会听音乐做动作,动作很不协调,走步不能合拍,速度不均匀,节奏感很差,不能马上学习游戏和舞蹈。因此,教师应当采用直观、易于被幼儿理解、接受的方法,从简单动作入手,循序渐进地进行。

(1)教幼儿按节拍做简单的动作。

在韵律活动之前,教师应先教会幼儿听音乐,并合着音乐的节拍,教些简单的动作,如二拍子和四拍子的拍手、走步、摇手、点头、举手、叉腰、转身等。还可以教些模仿游戏的动作,如摇娃娃、洗手帕、打鼓等。教这些动作时,教师不仅要示范、解释,还要逐个了解幼儿,手把手地教幼儿怎样做,帮助幼儿摆出某种姿势或某个动作,使幼儿从被动感受,逐步变成主动地、正确地掌握动作。教幼儿做动作时,教师要与幼儿一起,边哼唱歌曲,边做动作。这样能吸引幼儿注意,提高幼儿学习的积极性。同时进行巡回检查,直到幼儿掌握以后,再让他们自己跟着音乐节拍做动作。培养幼儿合着音乐节拍做动作,教师可以选择一些性质相同的音乐交替播放,以提高幼儿的音乐感受力和兴趣,使幼儿听到性质相同的音乐就会做出相应的动作反应。

小班后期,可以让幼儿听三拍子的音乐,如教他们摇船等动作,让幼儿学会区分二拍子、四拍子和三拍子的不同。随着幼儿年龄的增长和经验的积累,教师可以有意识地改变音乐的速度和力度,让幼儿做出相应的动作反应;还可以改变不同性质的音乐,检查幼儿能否及时改变动作。如果开始时,幼儿不能注意到音乐的变化,教师要用语言提示,如"音乐快了,手要拍得快些"等,以后逐步取消,让幼儿自己听音乐,并做出相应的动作;有时也可以让乐感强的幼儿做带头人,或者逐步过渡到全班幼儿轮流做带头人,带动大家注意音乐的变化。

(2)训练幼儿的基本动作。

①节奏训练。

著名的德国作曲家、儿童音乐家卡尔奥尔夫提出:"节奏是构成音乐的第一要素,是音乐的生命,是音乐生命力的源泉。"因此,对幼儿进行音乐能力的培养从节奏入手是一个重要方法。节奏训练有语词节奏、人体乐器、身体感受训练。语词节奏是指在语言的参与中练习节奏。包括体验稳定的节拍律动(比如,"请你跟我这样做……""请你跟我跳一跳……");发现、感知节奏(比如,各类游戏活动、朗读儿歌"小老鼠,上灯台"、古诗等);发展节奏听觉和节奏记忆,其中富有变化的节奏类型有助于发展幼儿的节奏记忆和内心听觉(比如,"小妞妞,捡豆豆"、"雷雨")。人体乐器是指利用能发出声音的身体动作练习节奏。包括弹舌、拍肩、拍手、捻指、拍腿和跺脚等。身体感受是指用简单的舞步或舞蹈动作练习节奏。例如,走步(可围成圈圈走)、舞步(比如游戏"节奏火车")、简单的舞蹈动作等。

②控制训练。

幼儿控制能力差,表演动作的收式或起式都容易松松垮垮。训练中,教师要强调每一个动作的要领,教幼儿把稳、收稳。

(3)丰富幼儿的生活经验。

由于幼儿年龄小,缺乏生活经验,因而对某些事物的形象不能用动作准确地表达和模仿。为了丰富儿童头脑中的表象,使幼儿的律动表演和模仿动作生动形象,并表达出一定的感情,教师和家长必须丰富幼儿的生活经验,使他们对所要表现的形象有一定的认识和理解。这可从实物观察和让幼儿亲自动手体验生

第八章 幼儿艺术能力的发展与培养

活来进行。

（4）设法引起兴趣。

兴趣是学习的内驱力。在丰富幼儿生活经验的基础上，还应考虑采用哪些方法来引起幼儿的注意力，以调动他们学习和表演律动的积极性。比如，运用教具引起兴趣。这对小班幼儿来说特别有效，如学习表演日常生活的洗脸、刷牙、梳头这几个模仿动作时，教师事先准备好教具：小毛巾、小牙刷、小梳子，再挑选一个大一些的玩具娃娃。教学时，教师边哼唱，边用娃娃的手拿着上述教具逐个做出洗脸、刷牙、梳头的动作，这样不仅能引起幼儿的兴趣，还能使幼儿准确地感受和理解动作与音乐的节奏。如幼儿在学习和表演青蛙跳的动作时，教师可用硬纸片及铅丝做一个可活动的青蛙教具，随音乐拉动青蛙，表示出蛙跳的动作。在幼儿学习这一动作时，大青蛙（由教师拿着）可和孩子们一起跳，幼儿会特别感兴趣。幼儿学习兔跳这个动作时，教师可以用木偶小兔随音乐跳动，然后启发幼儿学习模仿兔跳动作。也可用拉线教具表演小鸟展开翅膀一上一下地飞舞，以引起幼儿学习鸟飞的兴趣。

（5）语言讲述与提示启发。

准确生动的语言讲述和提示启发，能有效地集中幼儿的注意力，使幼儿在学习新动作前心理上有所准备，把幼儿的思想感情引向与将要学习的动作内容相一致的方向，以便引起幼儿有关的联想与想象，使幼儿产生形象思维。

首先，可以告诉幼儿所表演动作的名称，如"蝴蝶飞"、"打鼓"等；然后，提示、帮助幼儿回忆平时观察、看到的该动作是怎样做的；最后，由教师准确、形象地演示，且边做边解释。

讲述与提示、启发的形式和方法有多种多样，教师要根据动作的特点、幼儿年龄特点及接受能力来进行指导。

（6）逐步提高要求。

不同年龄班有不同的动作要求。虽难易、繁简不同，但在动作的准确和规范化方面都要有严格的要求。如做"拾青稞"动作时，小班的要求是：动作要准确、合拍、协调，要弯下腰去"拾"，站起来"放"到"筐"里。中班、大班的要求则比小班高——动作要相应复杂一点。在小班要求的基础上，还要手腕能灵活转动，手、脚、眼配合，在乐感上要能随着音乐快慢的变化而相应地改变"拾青稞"的速度。

▲舞蹈方面

（1）熟悉音乐。

音乐是舞蹈的重要组成部分，舞蹈动作要依据音乐来进行。教师应引导幼儿倾听音乐，熟悉音乐的特点和变化，注意动作和音乐的关系。加深幼儿对音乐节奏、情绪的体验，按音乐的节拍做动作。若以歌曲伴随舞蹈，应让幼儿先学习唱歌，再学习舞蹈动作。

(2)教师示范。

在幼儿学习舞蹈动作之前,教师要随着音乐完整地示范表演舞蹈。教师的示范动作要准确、熟练,精神饱满,富有感染力。

(3)语言提示。

在教动作的过程中,教师可以合着音乐的节拍,运用一些口令辅助教学。例如,教踵趾小跑步时,可运用口令或配合曲调唱:"脚跟、脚尖、跑、跑、跑",也可用"跟、尖、一二三"来提示幼儿。学习"三步"时,可以配合曲调喊"左右左,右左右",可用口令"一二三,一二三"。但不能过分依赖语言的作用,不能以口令代替音乐,要尽快让幼儿由听口令做动作过渡到跟音乐节拍做动作。

(4)学习舞蹈队形。

幼儿基本上学会跳舞后,教师还要告诉他们队形排列的技巧。关键是让幼儿了解自己所处的空间位置与别人的关系。例如自己站在哪边,前、后、左、右是谁,做完一个动作应向哪个方向转身或走哪一条线路,经过谁的前面或绕过后面,排成什么样的队形等。在此之前,应让幼儿看一次完整的示范,可以先组织一部分幼儿排队型,另一部分幼儿观看,然后互换;也可以同时组织全体幼儿排队形。有时,还可以采用一些辅助方法。例如,教师可以边讲边在黑板上画出队形图和变换队形时的路线图。这种方法对于大班幼儿和舞蹈能力较强的幼儿能起作用,但对小班幼儿或舞蹈能力较差的幼儿就不太适宜。碰到较难练的队形或变换比较复杂的队形,排练中可以在地上画出记号,帮助幼儿记住自己的位置。

2. 幼儿韵律活动的注意事项

(1)韵律活动材料的选择。韵律活动的材料包括:动作、音乐和道具。其中动作方面,幼儿在选择动作时,主要应考虑幼儿的兴趣和能力,难度适宜为好。具体来说,3~4岁幼儿最容易接受的是不移动的单纯的上肢大肌肉动作。然后,可以逐步学会单纯的下肢动作。最后,逐步学会做简单的上下肢联合移动动作。4~6岁幼儿可以较多地学习移动动作。其中可包括含有腾空过程的跑、跳动作和复合动作,也可以学习手腕、手指、脚腕、眼睛、肩膀、膝盖等部位的比较精细的动作。

(2)音乐方面,为幼儿选择的韵律活动的音乐,应具有以下特点:节奏清晰、结构工整、旋律优美、形象鲜明。如可以为同一种动作选用不同的音乐,以锻炼幼儿的迁移能力;也可以为不同的动作选用同一曲音乐,以锻炼幼儿的应变能力。最后,还需特别强调的是:在实际的韵律活动中,要十分注意音乐速度的选择。在为3岁左右的幼儿伴奏时,应注意先用音乐去跟随幼儿的动作,待幼儿逐步学会用动作跟随音乐以后,再选用中等的速度进行。

(3)道具方面。所选道具应具有以下特点:第一,能增加幼儿活动的趣味性,扩大动作的表现力,但不妨碍幼儿做动作,又不会使幼儿因过度兴奋而游离于活动之外,也不存在潜在的人身伤害的危险。第二,能增强幼儿的美感,能引发和丰富幼儿的联想。

(三)幼儿打击乐演奏能力的培养

随乐曲(歌曲)集体演奏的打击乐,在教学中可有以下几种不同的方式:一种是教师事先选好教材,可以是自己设计编配的打击乐,也可以是别人编好的教材,然后一步步地教给儿童。另一种则是在教师的指导下,逐步让儿童参加活动,共同编配打击乐。采用这种方式,若能在儿童节奏感有了一定的发展,对打击乐活动已积累了一些经验的基础上进行,效果才好。

下面简单介绍打击乐的教学步骤与方法。

1. 熟悉和欣赏音乐

倾听音乐是极为重要的一个环节,在告诉儿童乐曲(或歌曲)的名称、主要内容后,就要引导儿童仔细听,感受音乐的内容、情绪、性质、力度、风格、节奏等。

2. 空手练习节奏感

老师带领儿童以各种节奏做动作,练习各种乐器声部,帮助儿童尽快掌握,以便在较短的时间内过渡到使用乐器演奏。要注意的是,空手练习的时间不能太长,因为在使用乐器的过程中还可继续学。长时间空手练习会降低儿童学习的积极性,更重要的是不利于儿童有更多机会在集体练习打击乐器的过程中,感受各种乐器的不同音色、音响特点及其在合奏中所产生的效果。

3. 介绍乐器的名称及使用方法

在掌握了声部节奏型的基础上,老师可以先向儿童介绍打击乐器的名称,让儿童去探索乐器的敲击发声法,然后指导儿童正确使用打击乐器,并引导他们比较、辨别乐器的音色特点。

4. 随着音乐打击乐器

在儿童随音乐打击乐器的过程中,可让部分节奏感较强的儿童先拿乐器练习,随后逐步扩大到其他儿童,以利互帮互学;或者先分声部练习,等儿童熟练掌握声部后,再合奏;也可以一次递增一个声部来进行练习,最后达到完整的合奏。

儿童在具有一定的打击乐经验的基础上,教师还可以有计划地逐步让儿童与教师共同来为乐曲(或歌曲)设计节奏、选配乐器等,以培养他们创造性地编配打击乐的能力。

另外,还可以用故事及游戏来进行打击乐教学,这种方法比较适合小班初期,可以培养儿童对打击乐的兴趣。

在幼儿园打击乐教学活动中,还要注意培养儿童良好的活动常规,包括训练儿童看指挥的习惯、注意打击乐器的分发与收回等。可以将乐器放在幼儿座椅下面,或现场分发;收回乐器时,可以让儿童将乐器轻放在座椅下面,或让个别儿童到别人身边收取,或让儿童自己放回指定的地方等。

(四)幼儿音乐欣赏能力的培养

培养幼儿音乐欣赏能力,帮助其更好地感受和理解音乐,应当从培养幼儿倾听声音、了解声音的表现力和对声音的敏感度开始。

1. 对幼儿倾听声音能力的培养

"倾听"与一般的"听听"有所不同。倾听是一种有意识的、带有注意的"留神听",它不仅需要有意识地参加,有时还需要有感情地参与。倾听是一种能力,需要有目的地去培养。

听力技能的培养有许多途径,可利用各种场合、时间,借助游戏的形式,去培养幼儿的听力技能。

(1)倾听人体声音。

①教师与幼儿面对面坐在一起,让幼儿模仿教师发出的各种各样的声音,如拍手声、捻指声、弹击声、拍腿声、踩脚声、轻快的跳动声和各种噪声等。还可以让幼儿仅靠听觉来模仿,以增加游戏的难度。

②让幼儿围成一个圈,教师对第一个小朋友说一句耳语,请他们一个挨一个轻轻地把这句耳语传下去,最后一个小朋友把听到的耳语大声说出来,看看耳语在传递过程中是不是走样了。

(2)倾听日常用具的声音。

①让幼儿辨别两个声音特质不同的物品(如钥匙串与木棒),然后让幼儿闭上眼睛,仅靠听觉辨别哪一样东西在发声。注意,在游戏开始时,选择的物品发出的声音应该差别大一些,然后可以慢慢缩小差别,以提高幼儿的分辨能力;还可以逐渐增加发声体的数量,让幼儿辨别。

②给幼儿准备与教师一样的发声体一套,根据听到的教师发出的声音,让幼儿选择相应的发声体发出相同的声音;也可以让幼儿仅凭听觉,模仿老师发出相对应的声音。

③制作常用发声用具的图片,幼儿根据教师发出的声音,找出相应的图片。可以进行小组竞赛,教师连续发出几种不同的声音,看谁找得又快又准。

(3)倾听周围的声音。

①倾听活动室里可能听到的声音:如走路时皮鞋发出的声音;收拾积木、塑料袋及其他玩具发出的不同声音;撕纸、翻书的声音等。

②倾听庭院、活动场上可能听到的声音:风吹树枝摇动的声音;脚踏落叶的沙沙声;大雨哗哗声;小朋友拍球、跳绳等各种活动的声音等。

2. 对幼儿表现声音能力的培养

我们的耳朵所听到的声音是丰富多样的,反过来,我们通过各种各样的声音,又可以用来表现一定的事物和情感。学会和掌握声音的这种表现手法,是帮助幼儿理解和欣赏音乐作品的一条重要的途径。

3. 对幼儿音乐表现手段感受能力的培养

幼儿在欣赏音乐时,对形象性强的音乐作品,常常会产生直接的情绪反应,但这种感受往往比较笼统。我们在指导幼儿欣赏时,既要引导他们对音乐作品的整体有情绪的反应,也要引导他们能感受音乐中所采用的种种表现手段,以及使他们知道这些表现手段与情感表达之间的密切关系。这样,幼儿就能对一些细节部分也能有所感受。因此,在培养幼儿欣赏音乐能力时,引导幼儿注意音乐的主要表现手段是极其重要的。

音乐的表现手段一般有力度、节奏、速度、旋律、音色、结构形式等。对音乐表现手段能力的培养应贯穿于幼儿的全部音乐活动之中,还可以有计划地组织一些幼儿感兴趣的活动,以培养幼儿对某种表现手段的认识与感受。

第二节 幼儿美术能力的发展与培养

在艺术分类中,美术又被称为"造型艺术"、"视觉艺术"、"空间艺术"。它是艺术家运用一定的物质材料,如颜色、纸张、画布、泥土、石头、木料、金属等,塑造可视的平面或立体的视觉形象,以反映自然和社会生活,表达艺术家的思想观念和情感的一种艺术活动。

一、幼儿美术及美术能力的定义

幼儿美术指的是3~6岁学前儿童从事的造型艺术活动和欣赏活动,反映幼儿对周围现实生活的认识和体验。幼儿美术是孩子把握世界的一种感性方式[1],其思维具有直觉性、具象符号性和情感性特点。幼儿美术也是幼儿进行情感表达与交流的工具,凡是有明显形式美的,或者是幼儿希望了解的美术作品,都会使他们感到兴奋和满足。幼儿美术活动能表现幼儿的个性,比如,心情愉快时幼儿用色丰富、大胆,并倾向于明朗的黄、红、粉红、黄绿等色调;而在忧郁、烦闷、不安时,用色较少,倾向于黑、紫、暗绿等色调。此外,幼儿的美术活动是一种创造性活动,也是幼儿用于表现自己内心感受、意愿和情感的视觉语言。当儿童反复感知和多次观察周围的事物,并在头脑中形成事物的表象之后,他(她)便想

---

① 赵婷.幼儿美术教育研究幼儿美术读物的使用方法——亲子阅读.河北师范大学硕士毕业论文.2006

通过绘画等美术活动把头脑中形成的事物表象表达出来。幼儿美术活动分为欣赏和创造两大部分。

幼儿美术能力则是指幼儿在从事绘画、手工、美术欣赏或美术实践活动中所表现出来的本领和幼儿的美感、美术视觉表象等个性心理特征。幼儿美术不仅具有浓厚的趣味性,还具有强烈的情感性,直观形象,是最为幼儿喜爱和接受的一种艺术形式。幼儿美术能力主要分为绘画、手工和欣赏三大类能力。

二、幼儿美术能力的发展

20世纪80年代后期,国际上出现了一股关于幼儿美术发展阶段的研究热潮,并认为美术能力的发展并不是呈一条直线的渐进过程[1]。而要了解不同阶段幼儿美术能力的发展,就要分别对待不同年龄阶段的幼儿美术活动。

（一）幼儿绘画能力的发展

毕加索曾说:"我一生都在像孩子们那样学习画画。"[2]绘画是一种视觉艺术、材料艺术、造型艺术,它是通过线条、色彩、光线明暗等来塑造艺术形象的。幼儿绘画活动是幼儿园美术活动中最主要的活动内容。因为绘画具有强烈的直观性和感染力,很容易为幼儿所接受[3]。

最早对婴幼儿绘画能力的发展作阶段划分的学者是德国的克申施泰纳(G. Kerschensteiner)。他著有《儿童绘画能力的发展》一书,提出儿童绘画发展的阶段,并把儿童绘画能力的发展分为五个阶段:错画期(1～3岁)、图式期(2～6岁)、对线及形发生感性的时期(6～9岁)、想表现得像实物的时期(9～12岁)、正确地表现形状的时期(12～15岁)。美国心理学家罗文斐尔德把儿童绘画能力发展分成六个阶段:错画期(2～4岁)(即乱线涂鸦、有控制涂鸦、命名涂鸦);前图式期(4～7岁)、图式期(7～9岁)、写实初期(9～11岁)、拟写实物(11～13岁)、青少年艺术阶段(13～17岁)。美国心理学家艾伦·温诺将儿童的绘画能力发展划分为五个阶段:涂鸦阶段,2岁左右;处于表现阶段前的图案,4岁左右;再现的出现,6岁左右;童年中期的绘画,8岁左右;写实的追求,10岁以后。自上世纪以来,各国心理学家普遍认为幼儿的绘画能力应分为三个阶段:涂鸦期、象征期、概念画期[4]。日本学者藤江充将幼儿绘画能力发展的新观点归纳为以

---

① 范小虎.视觉文化背景下的苏州幼儿美术教育的研究.苏州大学硕士毕业论文.2009
② 林泳海.幼儿教育心理学(修订版).北京:商务印书馆.2011
③ 郭亦勤.学前儿童艺术教育活动指导.上海:复旦大学出版社,2008
④ 鞠红霞.论小班幼儿涂鸦训练对其美术能力发展的影响.辽宁教育行政学院学报.2009(11)

第八章 幼儿艺术能力的发展与培养

下四点：①第一，幼儿绘画发展并不单纯表现为一个阶段向另一个阶段的发展；第二，衡量幼儿绘画发展的指标并不能只依据写实的再现程度；第三，幼儿绘画发展并不是从幼儿开始，以后停留在某一阶段，成人后，这一发展还会持续；第四，绘画发展受到人类生活中文化和社会的影响。

在涂鸦期，3～4岁的儿童嫌笔不能作画，纷纷要求调换。可见，儿童在涂鸦时是十分关注动作的效果的；在象征期，3～4岁儿童开始对自己画出的图画赋予事物的名称，用象征性的符号表现物体的特征。幼儿常常画一些大圈圈、小圈圈，或模仿成人的文字书写动作，并懂得以一个单独的线条来命名一种物体。通常，幼儿并不是先有主题再作画，而是画完后再赋予意义的。这时的成人如想理解儿童的解释，没有想象能力是不行的。且这时儿童对作品所赋予的含义又是不确定的，经常会改变。有时，儿童也会先决定画个什么东西，然后一边画一边说。儿童对自己的图画赋予含义对其认知的发展具有十分重要的意义，因为这是儿童表征和思维的表现，对将来的抽象思维的形成具有不可低估的作用。3～6岁幼儿的思维具有行动性与具体形象性的特点，同时由于手的能力不断增加，所画出的图形都具有象征意义。5岁儿童的绘画有了明显的不同。绝大多数画出的东西能依据一般的规则，如出现了表示天空或地面的基线。儿童年龄越大，这条基线也越明确。最大的变化是画人时出现了躯体，手从躯体长出，而不是从头部伸出，手指开始出现②。

（二）幼儿手工制作能力的发展③

根据对儿童手工制作活动的研究，我们把儿童手工制作的发展分为以下几个阶段：

玩耍阶段（2～4岁）：在这一阶段初期，孩子的行为并没有明确的目的或意识，只是纯粹的玩耍而已。他们用小手紧握黏土，也会把手边的纸抓起来挥舞、撕破。儿童在玩耍的过程中享受黏土的感触和黏土造型的变化，再把纸张撕破、弄碎时得到一种快感。此阶段后期，儿童逐渐学会用手掌把黏土压平、伸展，用指甲挖，用手指把纸撕成碎片，或是用剪刀随意地剪出纸条或纸片，并给偶然形成的造型命名。

直觉表现阶段（4～5岁）：这时期，幼儿的表现欲非常强，喜欢使用剪刀等工具来创作。他们已有一定的创作意图，能利用黏土的可塑性去做各种尝试；能用纸张折出简单的造型，也能够用剪刀等工具撕、剪出简单的图形，进而全神贯注

---

① 转引自：钱初熹.视觉文化背景下的幼儿美术教育的愿景.早期教育（美术版）.2008(03)
② 孔起英.学前儿童美术教育.南京：南京师范大学出版社.1998
③ 纪桂香.利用手工制作活动促进幼儿合作能力的发展.新课程学习（下）.2011(04)

地实现自己的设想。

在泥塑活动中,幼儿能运用团、搓、压、捏等技能塑造出物体的基本部分和主要特征,会使用一些简单的辅助材料。但是,在他们的作品中会出现一些非理性的、夸张的表现,如为了让自己制作的车子能站立,便把四个轮子做得很大。

在纸工活动中,幼儿能用图形、几何形、自然物等进行粘贴,并能用单张纸进行简单的折叠,同时还会运用目测剪(撕)出直线、弧线等。但是他们制作的作品往往较为粗糙,如折叠不平整,撕剪出的物体轮廓不光滑等。

在废旧材料制作中,能利用现成的废旧材料进行简单的加工制作,但作出的东西显得较为幼稚、粗糙。

灵活表现阶段(5～7岁):这一阶段,幼儿随着手腕动作和手的协调能力的不断发展,已不能满足于仅用一两种技能制作简单的物体形象,希望能够用各种工具和材料制作出他们喜欢的、较复杂的物体形象,并将这些物体形象组合成具有一定情节的场面。

在泥塑活动中,幼儿已能灵活运用各种泥塑技能,除掌握团、搓、压、捏等技能外,还逐步掌握了拉、雕塑等较为复杂的技能。这时,他们已经能制出具有一定特征和细节的物体,而且还能变化人物或动物的上、下肢,从而塑造出动作、姿态各异的形象,并组成一定的情节。如"我在看电视"、"手拿宝剑的士兵"、"小熊过桥"等。有时,幼儿之间还能分工合作,把制作的物体组织成有趣的故事场面或生活情景。

在纸工活动中,幼儿还能剪、折叠出各种造型的窗花。手与纸的配合不断得到协调,能自如地运用剪刀自剪自贴。且剪出的图形边线较为光滑、整齐。幼儿不仅能用单张纸进行简单的造型活动,还能用两张甚至两张以上的纸折叠成立体的、简单的组合物体造型。

在综合运用各种材料的制作活动中,幼儿能运用折、剪、粘贴、连接、弯曲和组装等技能对自然材料和废旧材料进行制作。

(三)幼儿美术欣赏能力的发展[①]

主观的审美感知阶段(2～7岁):随着幼儿认知能力的发展,其在美术欣赏和理解方面,表现出下列特点:

幼儿在感知作品时很在乎画面的色彩。那些色彩鲜艳的作品往往为他们所喜爱,如马蒂斯的《蜗牛》、凡·高的《星月夜》、永田萌的《风中的电话》等。玛丽·卡尔金斯(Mary Calkins)曾把儿童对画的选择与成年人的选择做了比较,结果

---

① 林琳.运用艺术家的眼光看世界——谈幼儿美术欣赏能力的培养.学前教育研究.2004(01)

表明"对于儿童来说色彩的美比形式的美以及没有色彩的光和影更有吸引力"。我国有学者做过"幼儿美术作品审美偏爱"的实验研究,其结果也表明"美术作品色彩的丰富和鲜艳程度与幼儿被试偏爱的人数成正比"。

2. 对绘画题材产生自由联想的反应

幼儿在感知和理解美术作品的过程中,常常出现对绘画题材的自由联想,且常与自己的生活经验相联系。例如,孩子们在欣赏莱歇的《向大卫·路易致敬》作品时,有孩子指着画中的自行车说:"这辆自行车很好看,一百多元钱,骑着到家乐福去玩,可以买很多好吃的东西。"欣赏林风眠的《金秋》时,有孩子说"河面上漂着的是橘子,回去洗一洗就可以吃了。"被孩子误以为橘子的实际上是飘落的秋叶。由此可见,幼儿在感知和理解绘画作品时还不能摆脱认识经验的局限,总是试图把生活中相似的物品找出来,并对其进行联想,从而获得心理上的满足。

3. 关注画面的局部特征[①]

幼儿在感知一幅美术作品时,往往只注意作品中所表现的局部特征。玛丽·卡尔金斯的实验表明,把细节当做偏爱理由的幼儿在幼儿中占75%。在瓦伦汀的研究中,9岁的小姑娘喜欢一幅骑士画是因为"他戴着一顶漂亮的帽子,有一头漂亮的卷发,还有那耳环和可爱的黑夹克"。从上述例子看出,幼儿已经感觉到了单个对象的美与不美,这确实是孩子们对于绘画的典型态度,但未涉及作品的整体感。这种特征"可能是由于幼儿视知觉的分析型特征决定的,即幼儿的视觉往往只注重事物的局部,而不注意事物的整体"。

三、幼儿美术能力的培养

幼儿是美术培养的对象,是美术培养活动的主体。幼儿美术培养,在整个幼儿教育体系中,具有任何其他活动所不能代替的作用。

(一)幼儿绘画能力的培养

象征期的绘画首先是一种有目的、有意识的绘画活动。表现为:(1)造型上,幼儿常常用所画的图像来表达自己的意愿,这种图像仅是一种象征的图式。(2)色彩上,这时幼儿的辨色能力大大提高,对颜色开始有自己的喜好,已开始试图用色彩来表现自己的情感。(3)空间构图上,幼儿在画面上所画形象较多,用一种很随机、很偶然的方式,把物体罗列在纸上,把每个物体或每个人都画成单独的形象,而不注意物体间的大小比例,但已经开始试图表现物体的空间关系了。

在这个时期,要给幼儿创造良好的绘画环境,给他们准备好绘画工具,并教

---

① 王红岩. 如何提高幼儿美术欣赏的能力. 内蒙古教育. 1997(12)

他们使用工具、材料的方法。为了发展幼儿的观察力,应该让他们多参与各类活动,并接触大自然。注意培养幼儿独立思考的能力。及时地对幼儿进行表扬和鼓励,让幼儿保持对绘画的浓厚兴趣。

1. 小班

小班儿童处于涂鸦后期和象征期的早期,因此在造型上,他们所表现的形象还不能表现出物体的基本结构和特征。由于该阶段儿童在观察事物时没有明确的目的,观察的顺序比较紊乱,常常是碰到什么看什么,而且只看事物的粗略轮廓,因此在构图上呈现出比较典型的零乱特点。从形象的主次关系看,小班儿童常将物体一个个地罗列在纸上,且这些物体都是孤立的,画面上布满了各个毫不相干的形象,并且这些形象都偏向于在纸的边缘。"他满足于事物与表现所建立起来的关系,他完全满足与表面本身,他并不在意物体之间是否发生关系"。幼儿早期学画画时,其对物体在空间里的相互关系并没有任何法则,因此,教师在指导小班儿童绘画时可以从以下几个方面着手:

第一,为孩子准备涂鸦的工具和材料。给孩子创造一个相对属于自己的绘画天地,使孩子能经常接触到绘画的工具和材料。涂鸦的早期阶段,最佳的材料是油画棒和平滑的大张纸。这些材料适合儿童完成他的动作,因为它们能使儿童的运动经验以最清晰的方式表现出来。需要注意的是,铅笔不太适合幼儿涂鸦,因为铅笔使儿童不能流畅地在纸上滑动,而且笔尖容易划伤幼儿。

第二,鼓励儿童大胆地作画。对于刚入园的儿童来说,能大胆地在画纸上自由地进行表现,便是一个好的开端。由于该阶段部分儿童还处在涂鸦后期,因此教师不必苛求儿童画出像样的东西来,而是要鼓励儿童大胆画画,让儿童在看看、想想、玩玩的过程中绘画。小班后期,可引导儿童在观察的基础上画画。

第三,为幼儿创设绘画情境。小班幼儿常凭主观直觉印象来描绘物体的粗略形象。由于他们情绪多变,很容易受外界因素干扰,因此作画时没有明确的目的,往往由所画的图形联想到自己经验中的某些事物,致使绘画的内容不断变化。所以,教师可以创设一个绘画的情境。例如,让幼儿练习画各种线条时,教师事先画一幅海底世界,并剪好各种"鱼",让孩子为"鱼"穿上漂亮的衣服,即用线条装饰"鱼",然后把装饰好的"鱼"贴在海底里。幼儿在教师创设的情境中,就能有目的地进行绘画。

2. 中班

该阶段的儿童,在与外界接触的过程中已经表现出了较高的社会意识。他们对外在事物的兴趣浓厚,这种兴趣可能是片段的,但是,在这个阶段儿童的作品,不仅表现了自己和事物间的情感上的关系,同时还表现了一种空间关系。

从构图上来看,此时儿童作品中,往往不止一两个形象,有时有三四个、甚至更多的形象。他们把这些形象以排队的方式放置在基地线上,形成并列式的构

第八章 幼儿艺术能力的发展与培养

图方式。他们已有了初步的表现目的,虽然画中的形象并不都是与主题相关。他们也不太注意物体之间的大小关系,但已开始试图表现物体之间的空间联系。这一阶段的儿童在处理形象的分布和形象的主次关系方面的能力有了一定的提高。教师可以通过下列方式来指导儿童构图:

第一,通过多种形式观察物体。由于此时的儿童已经开始能表现出事物的空间关系,因此教师应引导儿童注意观察、积累经验,让儿童比较物体在不同空间中的关系。同时,教师还要引导儿童把不同的事物联系起来,从单一的表现过渡到有一定情节的表现。

写生是培养儿童空间直觉能力的有效方式。在写生之前,教师要引导儿童观察自己所看到的物体的空间位置,然后用绘画的形式表现出来,让儿童知道同一事物可以从不同的角度进行观察和描绘。

第二,进行简单的构图练习。教师可以给儿童提供与主题相关的各种单张图片,如人物、交通工具、动植物、建筑物等,让儿童根据主题进行构图。例如,儿童可以选择太阳、各种花卉、人物等图片来构成一幅主题为"美丽的花园"的图画。随着年龄的增长,中班后期,教师可提供部分图片,然后由儿童添画,从而完成一幅完整的画。

第三,通过情感体验来表现空间关系。罗恩菲尔德指出:"第一空间关系通常是透过感情来体验的,因此,有关主观关系的经验,是具有刺激性的,如'你喜欢洋娃娃吗?''画你自己跟洋娃娃'。这类绘画中,我们可能看到,儿童与身外的物体并没有关系,而儿童和洋娃娃的感情关系则清楚地表现出来。这种反应显示了在早期阶段里,空间关系的价值判断受到很大的支配。"因此,教师在指导时,应尽可能地使儿童所画的内容与其生活经验、情感体验相联系。

3.大班

进入该阶段的儿童出现了散点式构图现象。大班后期,有一部分儿童已能用遮挡的方式来表现物体之间的关系;在形象的主次关系上,能以空间关系来安排形象,并形成主体和背景。因此,在绘画构图上,教师应对他们提出更高的要求。教师可以通过下列方式来指导儿童构图:

第一,鼓励儿童进行情节画的创作。如果说中班儿童的画面停留在把所画物体一字排列在基地线上,只有简单的太阳、小树、花草、小鸟作为背景的话,那么到了大班以后,孩子们便有了能使自己所画的人、物与周围的环境联系起来,并在充分观察、体验的基础上,借助绘画形式表达自己独特的感受的能力。

第二,开展多种形式的绘画练习。大班幼儿已具有一定的绘画技能,并能综合、灵活地运用各种绘画工具和材料。因此,对同一主题,教师可以为幼儿准备多种绘画工具和材料,让幼儿自由选择,并用自己喜欢的工具材料进行创作。例如,在"美丽的花"的绘画活动中,教师为幼儿提供了油画棒、广告颜料、马克纸、画纸、卡纸、吹塑纸等。活动中,有的幼儿用油画棒画,有的幼儿用不同粗细的黑色马克笔进行单色画,有的幼儿用广告颜料、卡纸、吹塑纸进行版画……孩子们用各种形式来表现他们心目中的美丽的花。

从上述内容可以看出,教师在指导儿童绘画时必须遵循儿童心理发展、绘画发展的规律,根据不同年龄班儿童绘画的特点进行指导。在指导的过程中,教师经常会碰到的问题是如何处理儿童创造性与技能之间的关系。如果技能教得太多,会限制儿童的创造力、想象力的发挥,使孩子们画的画如出一辙;但是不教技能,儿童又无法把自己内心所想用画笔表现出来,往往需要用语言来补充说明画面内容。所以,教师在指导儿童绘画时,要把对技能技巧的学习与儿童的生活经验紧密地联系起来。例如,教师在指导儿童用蜡笔或油画棒涂色时,常常抽象地告诉儿童:"要用力涂均匀,涂满。"但结果却是,有许多孩子还是把颜色涂在轮廓线的外面,也因此由于线条的变化造成涂色的不均匀、线条连接不紧密,从而造成许多空白点等。究其原因,主要还是因为孩子们没有掌握涂色的技能。教师在指导时,应尽可能贴近儿童的生活经验,如在画"冬天的人们"时,告诉孩子:"冬天人们为了抵御寒冷要穿上厚厚的衣服,衣服上面不要有小孔,别让冷风吹进去";在画"小狗"时,告诉孩子:"我们比一比看哪个小主人把小狗养得更好,毛色最漂亮,身上没有杂毛。"这样,儿童在涂色时想到的不是怎样涂满、涂均匀,而是要给冬天的人们穿上厚厚的衣服,把小狗的毛梳理得整整齐齐。

(二)幼儿手工制作能力的培养

幼儿手工活动有其自身的一些特点,它侧重于对材料性质的体验、对制作技巧与程序的学习,以及追求较为完整的作品形式等。

1. 小班

第一,让儿童与材料充分接触。教师要多为他们提供与制作材料接触的机会。例如,让儿童在团、搓、拉、挖、压等活动中,了解材料的可塑性;教师要引导儿童在与材料的接触过程中,了解材料的性能,在玩耍的过程中产生对手工制作的兴趣。

第二,帮助儿童明确制作意图。小班初期的儿童没有明确的制作意图,其手工制作纯粹是一种玩耍;到了小班后期,教师要引导儿童产生手工制作的愿望。因此,在开展手工制作活动时,教师应引导儿童明确制作意图。例如,有的儿童手上拿着泥在任意地玩,教师可启发儿童:"你想用它来做一个你喜欢的东西吗?""你想不想用这块彩泥来变魔术?"这样,儿童就会逐渐意识到自己可以用泥做出自己喜欢的东西。在手工制作过程中,教师可向儿童建议:"你想不想也来做一个?""你想不想做一个送给爸爸妈妈?"以此来激发儿童制作的兴趣,让儿童明确制作的意图。

2.中班

第一,帮助儿童确立制作形象。中班儿童在制作过程中,常常受外界环境的影响而变换制作的形象。如在剪纸活动中,随着纸张的变长,儿童会想到剪"面条"、"筷子"等;纸张变圆,会想到剪"苹果"、"太阳"等。根据儿童"借型造物"的特点,教师应有步骤地引导、帮助儿童借助已有的形状来表现形象。例如,儿童见到纸张变方,想到剪"电视机",教师可建议儿童把剪好的方型纸片贴到大一点的纸上,让儿童添画上"电视机"的屏幕、按钮等,甚至还可以添画上电视里的人。

第二,了解制作工具和材料的基本使用方法。如何使用工具和材料是制作的关键,教师应依据中班儿童的年龄特点有选择地让他们掌握一些工具和材料的使用方法。例如,剪刀是剪贴用的工具,教师要引导儿童学会使用剪刀,接着再认识剪贴材料,如纸、树叶、布等。只有让儿童初步掌握制作工具和材料的使用方法,才能帮助儿童形成技能,并最终实现自己的制作意图。

第三,多提供机会,让儿童练习各种制作技能。对于中班儿童来说,他们手部肌肉还不够协调和灵活,而手部肌肉协调性、灵活性能体现出手工制作水平的高低,因此技能的练习便显得非常重要。教师可引导儿童首先进行分步练习,即让儿童通过各种形式的练习来掌握每一种技能的要领。例如,剪纸要让儿童练习剪直线、弧线及各种形状(如圆形、方形、三角形等),还要练习沿轮廓线剪、目测剪。分步练习可多次进行,时间长些,在孩子们逐步熟练掌握基本步骤后,再进行整体练习。在进行分步骤和整体练习时,应尽量多采用游戏的形式,以激发儿童练习的兴趣。因为单纯技能的练习,由于过于枯燥易使儿童产生疲劳感。

3.大班

第一,给儿童提供多种制作材料,引导儿童进行丰富的想象。不同的造型要用不同的制作材料,教师要充分了解各类材料的特征,如纸容易变形,便于加工(折、叠、剪);泥具有可塑性,但湿度大,造型粗大;铁丝易变形,易使线条不圆润、不流畅等。教师为儿童提供的材料并非越多越好,太多的材料容易使儿童把时间耗在材料的选择上而忽略构思。因此,教师应为儿童提供适合他们表现的材料。

第二,帮助儿童实现自己的制作目的。大班儿童虽然已有了制作意图,也能根据意图进行制作,但是有的儿童在手工制作时,即便有了明确的制作意图,也不一定能实现。为避免使儿童产生挫折感或对手工制作失去信心,教师应及时帮助、指导,让儿童实现自己的制作意图,体验成功的喜悦。比如折纸"小鸟",有的儿童能顺利折出,并做装饰,成功后的喜悦挂在脸上;但未折出的儿童却面带焦虑。这时,教师应及时指导帮助其完成折纸,使其同样获得成功,和同伴一起体验成功的快乐。

第三,引导儿童欣赏手工佳作,学习制作方法。一般来说,儿童欣赏的内容可分为三类:一是单一材料的多种表现,如各种泥工、剪纸作品等;二是用多种材料制成的单一形象,如金属、木头、布、纸等制作的人物形象;三是用多种材料制作的多种形象。

教师要引导儿童欣赏不同内容、不同风格的手工作品,使儿童了解艺术家的表现风格、表现手法和表现特点,从而拓宽儿童的视野,让他们从中学习如何选材、如何进行搭配等技能。儿童经常欣赏佳作,可以提高他们的手工制作技能,并潜移默化地提高儿童的审美能力。

(三)幼儿美术欣赏能力的培养①

"三岁左右的儿童开始萌发了审美心理。这时的儿童有了审美心理结构雏形,即对优美事物的偏爱和识别优美物体的审美敏感性及相应的美感体验"。因此,教师在指导小班儿童欣赏时,要注意以下几点:

1. 小班

第一,激发幼儿美术欣赏的兴趣。教师可让小班儿童走进自然,从接触身边的美好事物开始,如带孩子散步时,欣赏柳树的婀娜多姿、松树的挺拔;到动物园游玩时,感受动物的不同姿态和各色皮毛。还可以在各种随机或专门的欣赏活动中,培养儿童欣赏事物的兴趣。

第二,布置多样且优美的环境。在儿童生活和受教育的场所,为儿童创造优美的环境,可以对儿童进行美的熏陶,使其经常感受到环境中的美。

幼儿园环境的设计要兼具实用性和美观性。环境包括室内与室外环境。室内环境的设计,除了让儿童具有足够的活动空间以外,还应在室内可利用的空间中多做装饰,如展示各种图片和儿童作品等。在教学楼的过道楼梯边的墙上可陈列幼儿的作品和名画复制品。有条件的幼儿园还可专设一间幼儿美术活动室。

环境布置需有色彩、形式多样,有特色,应做到整洁化、绿化、艺术化、儿童化,使幼儿园成为花园和乐园。环境设备力求实用、美观、整洁、有序。美的环境可以提高儿童的审美能力。儿童在多样且美观的环境中,随时观察各种事物,或者动手操作,有助于提高其审美能力。

2. 中班

中班儿童已有了明显的审美倾向。他们一般偏爱色彩鲜艳的,具有夸张表现风格的美术作品,喜欢那些能带给他们愉快情绪体验的自然风光和景物。但他们还不具备成人的审美标准,喜欢或不喜欢某一幅作品往往取决于个人的喜好或生活经验。教师在指导中班儿童的美术欣赏活动时,要注意:

第一,鼓励幼儿用简短的话语大胆地表达自己的感受。幼儿表达的过程就

---

① 郑琼.华幼儿美术欣赏之我见.教育评论.2006(03)

是一个体验的过程,是一个进一步感受、理解美术作品和美的事物的过程。教师必须为幼儿提供表达和交流的机会,让幼儿把自己对欣赏对象的感受用语言、肢体动作表达出来。同时,教师也要有意识地运用一些优美的语言感染他们。

第二,引导幼儿对美术作品进行简单的形状分析。随着幼儿美术欣赏能力的提高,教师应逐步要求幼儿对美术作品进行简单的形状分析,从美术作品的形式角度分析作品中的线条、色彩、图形等,并用口头语言表达自己的感受和对欣赏对象进行简单的描述。

3. 大班

大班大部分儿童已能区分什么是美、什么是丑,并有了一定的审美标准,但带有明显的个体倾向,即他们在对美术作品、歌曲舞蹈等方面的评价上倾向于用自己的评价标准进行评价。其审美评价往往容易受到周围其他人评价的影响。这也表明,他们在审美评价上倾向于用自己的评价标准,正处于初步的、低级的萌发阶段。教师在指导大班儿童的美术欣赏活动时,要注意:

第一,引导儿童多角度地欣赏美术作品、自然景物和周围环境中的美好事物。如从美术语言的角度,侧重于观察与分析作品的色彩、线条、构图等是怎样围绕主题表达作者的思想感情的;也可以从文化的角度,将不同历史时期、不同国家的美术作品中同一类的题材放在一起欣赏。例如,在幼儿表现天空中的云朵前,教师可引导幼儿先欣赏不同天气天空中云朵的型状、色彩,再欣赏不同画家笔下的云,如凡·高的《星夜》、奥斯弗的《晚星》,然后再让幼儿用各种绘画工具和材料来表现。

第二,运用多种手段引导幼儿进行欣赏。教师可采用视觉、听觉、触觉等手段加深幼儿对自然、艺术作品的美的体验。例如,幼儿欣赏插花艺术时,教师可引导幼儿闻闻花的香味,数一数并记录不同花的花瓣数,再根据书上的插花造型图学着插花,利用花瓣进行拼贴或拓印等。从而使幼儿通过眼、嘴、耳朵、鼻子等多种感觉器官的协同活动,加深对插花艺术的了解。多种手段的并用较之教师单一的示范讲解,更能引起幼儿探究、制作的兴趣。

【案例分析】

案例8—1:老师,我不会画(小班)①
——通过绘画活动培养幼儿的自信心

某幼儿园小班正在进行一堂美术活动——画"人"。几乎所有的孩子都在认真地画,只有一个小朋友跑到角落里,很不开心地玩着别的东西。

---

① 资料来源:徐慧主编.幼儿教育心理实践活动案例.北京:高等教育出版社.2009

教师过去问他:"壮壮,你为什么不画呢?"他噘着嘴巴说:"老师,我不会画人。"看他一副委屈的样子,教师动了恻隐之心:"那老师帮帮你好不好?"他一下子高兴起来,并且做好了准备,让教师握着他的手一笔一笔地教他。

但是,教师没有手把手地教他,而是让他先仔细观察:"你看老师是不是一个人呢?"他点点头:"嗯!""那看老师是什么样子就画什么样子。我们来看看人都有什么?"教师拿自己做人体模特,指着自己的眼睛:"看我这里有什么?""眼睛""几只呢?""两只""那你可以画两只眼睛在上面。"他画了两个圆圈在上面,一个大一个小。教师指着自己的脸对他说:"我这里还有什么呢?""还有一个嘴巴。"他又画了一个图形在下面。"还有什么吗? 在眼睛和嘴巴中间?"他看着教师,有了一个突然的发现:"哎呀,还有一个鼻子。有两个大鼻孔!"于是,他就在中间画了两个大大的鼻孔,鼻孔画得比眼睛还大。然后,教师又用手指围着自己的脸庞比划了一个轮廓:"这些东西是不是都在我的脸上呢?""是的"于是,他又用一个大大的圆圈把他前面画的东西圈了起来。然后,教师站起来,用手势勾勒自己身体的轮廓:"你看我除了有一张脸以外,还有什么?""还有一个身体"。这时,他画了一个长长的扁圆在下面,这是他眼睛里的教师形象……最后,教师拿起他的画,用钦佩的神情说:"壮壮,你真棒呵,这么快就学会画人,而且都是你自己画的,对不对?"壮壮很得意地笑了。

二、教师评析

《幼儿园教育指导纲要》指出:"在支持、鼓励幼儿积极参加各种艺术活动并大胆表现的同时,帮助他们提高表现技能和能力。"

孩子也像成人一样渴望成功。但在绘画时,有些自信心不强的孩子,常常因一笔画错或不满意就换一个地方画,或把画纸翻面重画,或坐着发呆,直到换上另一张纸为止。应该说这是一种不良的绘画习惯,长此以往,将很难形成不怕困难、有始有终的学习习惯。案例中,教师没有坐视壮壮的失败,而是努力去帮助壮壮,教师通过提供相关策略和手段,提供必要的帮助,帮助幼儿解决了学习中的困难。

三、案例讨论

1. 讨论核心问题

(1)想一想:美术活动中,壮壮为什么不画画,而是跑到角落里呢?

(2)说一说:你是如何理解美术教学中的教师角色的?

2. 学习建议

首先,进行小组自由讨论。以上述案例为学习讨论材料,在规定时间内阅读完成后,由学生互相提出问题,并解答。

讨论结束后,小组代表发言,组内其他同学给予及时补充。

然后,教师把学生的答案进行归类,对学生的学习情况进行评价与总结。

3. 指导要点

(1) 引导学生掌握讨论的核心问题，不要偏离主题。

(2) 通过提供必要的帮助，帮助学生解决学习中的困难。

案例8-2：打击乐《吉祥三宝》

一、主题背景

音乐活动中，经常看到的打击乐教育模式是：孩子跟着老师提供的节奏，一遍又一遍地模仿练习，直到孩子"学会"为止。如何改变传统的"要我学"为幼儿积极主动参与式的"我要学"，从而使幼儿的主体地位得到真正的体现呢？在克拉玛依区教育局举办的主题背景下的音乐教学活动中，金龙幼儿园的大班打击乐《吉祥三宝》就是一个成功的案例。

二、案例描述

活动一开始，教师就请幼儿观看《吉祥三宝》的多媒体音乐动画片。幼儿通过观看多媒体动画而亲身感受到了爸爸、妈妈、孩子音域的不同。小朋友纷纷举手回答："爸爸的声音非常雄厚，可以用踩脚表示爸爸唱歌的节奏"；"妈妈的声音非常温柔，可以用弹舌的方法表示妈妈唱歌的节奏"；"孩子的声音非常甜美，可以用拍手表示孩子唱歌的节奏"。通过协商，孩子们一致同意用踩脚、拍手、弹舌的方法来给《吉祥三宝》歌曲伴奏。老师又请孩子们自主地选择为谁伴奏。孩子们非常快乐地选择了自己喜欢的角色。老师再回放《吉祥三宝》的多媒体音乐动画，请孩子们眼睛看着爸爸、妈妈、孩子的出场顺序，耳朵听着音乐并拍相应的节奏，老师做指挥，孩子们看着老师的指挥，跟着动画场面、音乐，用踩脚、拍手、弹舌的方法分别为爸爸的歌声、妈妈的歌声、孩子的歌声进行伴奏。当孩子们能熟练地用踩脚、拍手、弹舌伴奏时，老师又为孩子们设计了下一个环节，即用乐器为歌曲伴奏。老师先请孩子们说一说自己知道的乐器，乐器的特征、声音，孩子们都积极踊跃地回答。老师再一次请孩子们思考什么乐器适合爸爸的声音、什么乐器适合妈妈的声音、什么乐器适合孩子的声音。孩子们说："沙槌的声音厚重，比较适合爸爸的声音"，"碰铃的声音清脆，比较适合孩子的声音"，"摇铃的声音温柔，比较适合妈妈的声音"。孩子们再一次选择自己喜欢的角色，用乐器在老师的指导下轻松、愉快地为歌曲进行了伴奏。之后，老师又为幼儿设计了一个自我展示、自我挑战的教学环节，即请幼儿用多种乐器为整首歌曲伴奏，老师没有要求全体孩子必须用多种乐器为歌曲伴奏，只是鼓励部分能力较强的孩子尝试，孩子们根据自己的能力进行选择，没有给孩子带来心理压力。部分孩子同时拿了三种乐器，部分孩子依旧拿了自己喜欢的一种乐器，在老师的指挥下为整首歌曲进行了伴奏。最后，老师要求孩子们不看多媒体动画，仅用耳朵听，并进行伴奏。孩子们再一次勇敢地进行了尝试，使活动达到了高潮。

三、分析

为什么这个教学活动能获得成功？原因有：

一是教师的"教"和幼儿的"学"两者能够有机结合。"以幼儿发展为本"的幼儿园中的"教与学"，要求我们老师从孩子的发展规律中了解"学"，在引导孩子的发展中把握"教"，幼儿学在先，教师教在后。本案例自始至终都体现了这种理念。如活动开始，教师便给每个孩子创设了一个独自探索的机会：跟随音乐，让幼儿自己感受爸爸、妈妈、孩子的不同音域，并用自己选择的身体动作为歌曲伴奏，教师则静静观察每个孩子的动作，从孩子们的动作中了解其"学"的需要。接下来，老师创设了一系列的问题，如"你们都知道什么乐器"、"各种乐器都发出什么样的声音"、"你认为该用什么乐器为三个人物分别伴奏"等，来引导孩子们进行积极探索、发现问题，并且找出了答案。教师的"教"不只是知识的传递，而是引导、支持孩子们的学。从活动中孩子们的积极参与、多种想法、共同的验证及他们的欢呼雀跃，可以看出孩子的学是由内而发的、自主的学，活动真正提高了教与学的效益。

二是教师创设的问题情境植根于幼儿的"最近发展区"。本案例中，老师创设的问题情境层层递进，步步深入，渐渐揭示活动的中心目标。活动开始，老师请孩子观看《吉祥三宝》多媒体音乐动画片，帮助孩子们感知歌曲中爸爸、妈妈、孩子的不同音域，让孩子们跟着三个人物不同的出场顺序自主地选择音乐节奏并进行伴奏。之后，老师又请孩子们用不同的乐器为歌曲伴奏。这一环节的创设，是老师对孩子们的已有经验的提升和梳理。

三是在活动中，老师又为音乐技能强的孩子设计了同时用三种乐器为整首歌曲伴奏的环节，这个环节既注重了孩子们的个体差异，又满足了孩子们的表现欲望和成功感，是"既适合幼儿的先有水平，又有一定挑战性"的设计。

四、体会与反思

通过这次活动，我得到了以下几点启示：

1. 注意教的定位，应在孩子学习中扮演多元角色。

教师要尊重孩子，在平等的师幼关系中支持儿童的发展。为此，教师必须按照《纲要》的基本要求，对自己的角色进行调整。在孩子们的主动学习中，教师不是简单的管理者、指挥者或裁决者，更不是机械的灌输者或传授者，而是扮演多重角色：如良好师幼互动环境的创设者及互动的组织者与引导者，儿童发展的支持者、促进者、指导者，幼儿游戏的合作者。教师只有对自己的角色进行如此定位，才能促进幼儿的主动学习。

2. 注意教的时机，应善于引发幼儿的认知冲突。

幼儿在学习的过程中，肯定会遇到各种各样的问题，问题的出现也正是在孩子认知冲突的关键时刻。教师要抓住这个时机，使孩子能发现问题并产生解决问题的愿望。教师要明确孩子学习新经验的需求动机,同时对孩子进行适当的点拨和引导。

3. 注意教的艺术,应让幼儿在主动建构中学习。

教师在教学中,不应只是直接的讲授,将自己的思维强加给孩子,而是要善于合理运用间接引导方法,启发孩子学习,引发孩子思考。通过问题的巧妙设置,让孩子在主动建构过程中学习。因此,教师在教的过程中要讲究教的艺术,要精心设计,创设类似本案例的具有多样性、针对性、呈现梯度的问题情境,从而激发幼儿学习的兴趣。老师还应以积极的情感策略支持孩子的主动学习,用动作、语言、神态等方式让孩子深切地感受到情感氛围,也使孩子学习的动机更强,效果更好。

4. 注意教的对象,应关注每个幼儿的学习。

因为每个孩子的认知结构和原有经验不同,且教学过程又是一个动态的过程,所以,活动中出现的具体情境是多种多样的。因此,教师在组织活动时,应该密切关注每个孩子的反应,针对不同的孩子,提出不同的质疑问题,进行恰当的引导,这样才能使幼儿主动地学习。

思考题

1. 如何理解幼儿音乐及幼儿音乐能力的定义?
2. 试述幼儿音乐能力发展的特点。
3. 简述幼儿音乐能力的培养措施。
4. 简述幼儿美术能力的定义。
5. 试论述教师对各阶段幼儿绘画的指导策略。
6. 试分析幼儿园艺术活动的特点与指导方针。

▶ **阅读推荐** ◀

1. 张念芸.学前儿童美术教育.北京师范大学出版社,1997。
2. 许卓娅.幼儿音乐教育.华东师范大学出版社,2008。
3. 林琳,朱家雄编著.学前儿童美术教育(修订版).华东师范大学出版社,2006。

第九章
幼儿创造性学习与培养

【内容提要】 本章主要界定幼儿创造性及创造性发展的基本含义；阐述对幼儿创造性的测量方法；幼儿创造性发展与教育研究的影响因素；提出在幼儿创造性教育的过程中，应如何激发幼儿的创造性，如何树立正确的幼儿创造性发展理念及制定可行的教育措施。

【学习目标】 通过本章学习，能明确培养幼儿创造性发展的重要意义；明确幼儿创造性发展的影响因素；理解幼儿创造性的基本测量方法。

第一节 创造性概述

人们对创造力的研究最初一直处于经验的哲学思辨状态，直到19世纪末才有所改观。19世纪60～70年代，人们开始有目的地采用科学方法和手段来研究和探讨创造力（或创造性）及其相关问题。100多年来，创造力研究经过了四个发展阶段。最早对儿童创造力及其发展的研究只是作为"天才儿童研究"的一个内容而开展的，采用的方法有追踪研究、追溯研究、文献研究等。其中最典型的是推孟长达40年的天才儿童追踪研究。他根据研究成果编著了《天才的发证研究》。其前三辑中收集了大量儿童创造力发展的文献资料。推孟的研究一般也被视为儿童创造力的研究。其结论在论及儿童创造力及其发展的文献中常常被采用。后来，关于儿童创造力发展的研究成为一个重要的研究课题和研究领域。特别是20世纪70年代以来，对创造型人才的需求在整个世界范围内日益迫切，许多国家的教育和研究机构日益重视对人的创造性的研究、发展和培养。此后，儿童创造性及其发展的研究常结合具体的教育实践和应用来进行。

国外研究主要集中在儿童创造力的指标与测量方法、儿童创造力发展的年龄特征和规律、影响儿童创造力发展的因素及培养等内容上。我国古代就有了儿童创造力培养的思想。如《论语·述而》中有"不愤不启,不悱不发。举一隅不以三隅反。则不复也"。这与目前培养儿童创造力所遵循的某些原则是相符的。我国第一个进行儿童创造力科学研究的学者是现代著名教育家陶行知。他在1943年发表了《创造宣言》,宣称"处处是创造之地,天天是创造之时,人人是创造之人"。到了20世纪60~70年代,对儿童创造力及其发展的研究成为热点。至今,我国对儿童创造力及其发展的科学研究尚只有几十年的历史。其中,前半阶段主要是翻译和介绍国外有关儿童创造性发展的基本理论、学说及研究成果;后半阶段除了继续介绍国外资料和进行理论探索外,还着重开展了一些关于儿童创造力及其发展的实验研究。在这方面,主要进行了两方面的工作:一是儿童创造力测验的修订和编制;二是陆续进行了一些关于儿童创造力及其发展的基础研究和教育培养、训练研究。

近些年来,许多学者在总结、借鉴以往关于儿童创造力的理论认识及其研究成果的基础上,结合实验研究,提出了一些关于儿童创造力的新认识、新理论。其中,最有代表性的是斯登伯格(1988)[1]提出的"创造力三维模型理论"和他与洛巴特(T. Lubart)于1991[2]年提出的"创造力投资理论"[3]。在儿童创造力研究方法上,研究者也取得了一定的进展,主要表现在:创造力内隐理论分析方法的采用;提倡创造力的过程及动态型的研究方法;具体研究方法的多样化、综合化、现代化。儿童创造力研究课题也出现了一些新的变化,在研究对象上,主张研究普通儿童的创造力;在研究课题的具体内容上,除保留传统的创造性思维和创造性人格两大方面外,还扩充了一些其他方面的内容,如智力、动机、环境因素等;在研究课题的性质上,从传统的纯理论性研究向综合的应用性研究发展。

二、概念界定和构成特征[4]

(一)创造力的含义

在当今知识经济时代,人们对创造性的价值定位达到了历史上从未有过的

---

[1] Sternberg,. R. J. The Nature of Creativity. New York: Cambridge University Press, 1988

[2] Sternberg R. J. & Lubart T. I. An investment theory of Creativity and its development. Human Development,1991,34:1~32

[3] 儿童创造力发展心理.董奇.杭州:浙江教育出版社.1993

[4] 李生兰.学前儿童家庭教育.上海:华东师范大学出版社.2006

高度,因而在教育上对它的追求就变得尤其迫切。创造性培养相对于日常教育而言,是个新问题,也是近几年来教育界最关注的问题之一。

国外学者对创造力的界定:

纽厄尔(Newell,1962)[1]等人认为:"创造活动看上去仅仅是一种特殊的问题解决活动,这种活动具有新奇性、非传统性、坚持性、问题形成的困难性等特征。"吉尔福特(Guilford,1950)[2]认为:"从狭义上讲,创造力是指人们所特有的能力……创造性人格是标志创造性人物的那些特质模式的核心。"

创造力的产品定义是一种最具影响和代表性的定义。持这种观点的心理学家认为,创造力就是产生某种新颖、独特而具有个人或社会价值的产品的能力。

艾曼贝尔(Amabile,1982)[3]提出了创造力的两种定义,即创造力的评定一致性定义和创造力的概念性定义。前者是指隐含在大多数主观性测评方法之下的明确的操作性定义。即创造力可以被视为由适宜的评定者判断为具有创造性的产品或反应及其所具有的特性,或是那些被判断为具有创造性的产品或反应借以产生的过程。后者包含两个基本成分,即一个产品或反应被判断为是创造性的,是因为:①它相对于当前的任务是新颖的、适当的,并且是有用、正确或有价值的;②当前的任务是启发式的而非演算式的。这种观点要求对创造力这一概念的界定应同时考虑产品特性和任务特性两个维度。

我国学者对创造力的界定:

林崇德(1999)[4]认为:"创造力是根据一定的目的,运用一切已知信息,产生出某种新颖、独特、有时或个人价值的产品的智力品质。"这一定义是根据活动的结果来界定创造力的,同时将其看做一种智力品质。

张春兴(1998)[5]认为:"创造力是不受成规限制而能灵活运用经验解决问题的超长能力。"张庆林(2002)[6]等人认为,创造性是人类特有的,利用一定条件产生新颖独特、可行适用的产品的心理素质。这一提法暗含着创造力不是一种单一能力或人格特征,而是一种复合能力或多种能力、心理品质的综合。

---

① Newell,A.,Shaw,.J. C. & Simon, H. The process of creative thinking. In: H. G. Terrell & M. Wertheimer eds. Contemporary Approaches to Creative Thinking. New York: Atherton press,1962

② Guilford,J. P. Creativity. American Psychologist,1950,5:444~454

③ Amabile, T. M. Social psychology of creativity: A consensual conceptualization. Journal of Personality and Social Psychology,1982,43:997~1013

④ 林崇德.培养和造就高素质的创造性人才.北京师范大学学报(社会科学版).1999(1)

⑤ 春兴.教育心理学:三化取向的理论与实践.杭州:浙江教育出版社.1998

⑥ 张庆林等.创造性研究手册.成都:四川教育出版社.2002

上述定义的内涵基本一致,大多是基于创造力的产品定义法,把产品的新异独特和有价值作为创造力的基本特征。区别仅在于是将创造力视为一种智力品质、能力,还是心理素质。

综上所述,对于创造力的定义,目前还是众说纷纭。有学者综合许多创造力定义,发表题为《创造力与瞎子摸象》的报告,指出"创造力"概念有其复杂与不明确性。不同学派心理学者的视角各不相同,于是产生了对创造力的不同解读。联想主义心理学认为,创造性思维过程是指在有关因素之间形成新奇的联结,被联结的因素相互之间距离越是遥远,那么这种思维过程就越具有创造性。格式塔心理学强调内在"心理场"在个体问题解决中的作用,认为创造性思维就是重新组织问题,使其形成新的完形。精神分析心理学则主张:"创造性思维的本质在于暂时放弃那种阻塞思路,妨碍形成新的解决问题方法的逻辑的理性的思维。"他们重视"潜意识"及"与内驱力有关的冲动和观念"在创造性思维中的作用。人本主义心理学认为,创造性不仅是一种独特的思维过程,而且与个性因素密切相关,尤其是与"对经验的敏感性"和"不轻信原理和概念"的品质有关。

(二)创造性的含义

"创造性"有时可以同"创造力"的概念互换。我们一般认为,创造性指的是创造活动所需要的及在创造活动中表现出来的心理素质。它具有复杂的结构。创造性是儿童的一个重要能力,也是时代发展对人的素质的要求。创造性并不是什么神秘的天赋特性,它是每个健康儿童都具有的内在心理能力。早在1943年,陶行知先生就在《新华日报》上发表了《创造宣言》,提出"处处是创造之地,天天是创造之时,人人是创造之人"的主张。心理学家刘佛年说过:"创造可以从低级到高级,知识少能力不强的幼儿、少年也可以创造,当然那是低级的,不过,没有低级的创造习惯,也就不能发展高级的创造性。"人本主义心理学家马斯洛认为:人生来具有创造欲望,每个人都有一定的创造性。他把创造性分为特殊才能的创造性和自我实现的创造性。前者指科学家、发明家、作家等杰出人物的创造性,他们的创造产品是整个人类社会前所未有的;后者是开发人的自我潜能意义上的创造性,其创造性的产品对他人和社会来说不一定是新颖的、独特的,但对创造者自身来说,则是新颖的和有价值的。人们一提到创造,往往想到的是科学家、发明家等特殊人物所从事的活动,许多教师也因此把创造性看得过高,过于神秘和复杂,因而持有一种极不利于创造性培养的观念——认为年幼无知的儿童是远离创造、没有创造性的。其实恰恰相反,现在许多研究都表明幼儿是最富有创造性的。有一则资料报道:对同样的问题,幼儿有50多种不同的回答,而中学生却只有1种回答。

（三）构成特征

在心理学上，"创造力"是一个十分复杂、有争议的概念。由于研究者观点的分歧和侧重点的不同，采用的判别标准不同，因此，行成有关创造力的定义达百余种。有的研究者强调主观创新，有的则强调创造的目的性，有的侧重创造的过程，有的则侧重创造的结果，有的从创造的认知方面出发，有的则从创造的动机人格因素入手，或者兼顾两者。由此可见，人们对创造力的认识还很不统一，但也应该看到，上述观点从不同角度或多或少地反映出了创造力的一些本质特征，这有助于我们完整地理解创造力。

自从吉尔福特（Guilford，1897～1988）1950年就任美国心理学会主席时，发表题为《创造力（性）》著名演说以来，创造力（性）研究引起了各国心理学者的关注。倡导创造力研究的吉尔福特认为创造力包括：

- 对问题的敏感度，即容易接受新事物，发现新问题的能力；
- 流畅性，即思维敏捷，反应迅速，对于特定的问题情境能顺利做出多种反应或答案；
- 灵活性，即具有较强的应变能力和适应性，具有灵活改变定势的能力，能自由联想；
- 独创性，即产生新的、不同寻常思想的能力，表现为产生新奇、罕见、首创的观念和成就；
- 再确定性，即有善于采用特定事物的多种使用方法和机制的能力；
- 洞察力，即有能通过事物表面现象，认清其内在含义、特性或多样性的能力，进行意义变换的能力。

创造性是一种极其复杂的综合能力，一般认为创造力是由认知和个性两方面构成，也有些人把创造性看作认知、动机与个性特征三方面的集合。

在认知方面，创造性思维和创造性想象是其两大主成分。如 Torrance(1974)[1]编制的著名的"Torrance 创造性思维测验"(TTCT)，主要就是用来测量发散思维的流畅性、灵活性、独特性和精致性。这一测验适用于儿童，常常作为鉴别超常儿童的工具。我国学者董奇、俞国良等则认为，儿童创造性的重要特点之一是创造性想象。英国的"全国创造性教育和文化教育咨询委员会"(1990)也把儿童的创造性定义为"以产生新颖的和有价值的产品为标志的想象活动"。

在个性方面，艾曼贝尔（Amabile，1983）[2]、巴伦（Barron，1968）等许多研究

---

[1] Torrance,. E. P. Intersholastic brainstorming and creative problem solving competition for the creativety gifted. Gifted Child Quarterly,1974,18：3～7

[2] Amabile. T. M. The Social Psychology of Creativity. New York：Springer-Verlag,1983

者发现创造者的某些个性因素与其创造才能息息相关。而后 Torrance 等人提出,有创造性的儿童富有责任感、感情丰富、有决心、勤奋、富于想象、依赖性小、好冒险等心理特点。此外,心理学家研究还显示,创造性思维和自我概念存在高相关。如 Datta 的研究表明:在自我认可、独立性、自主性及情绪坦率性上水平较高的被试(中学生)中,其创造性思维测验的得分也同样很高。

我们比较认同创造性构成因素的多元化的说法,并且认为这种多元化有利于创造性的培养及提高。因为创造力是一种综合的能力,因此,对其培养需要确定具体的目标。如果能够对创造性进行合理的细分,那么研究者就能够通过逐步提高每一成分,最后达到整合的目的。比如有一种理论把创造性分为认知、情感、态度、人际和环境五种成分;相应的,创造性培养就可以分别从这五个方面入手来展开。

第二节 幼儿创造力概述

一、幼儿创造力的表现

1. 幼儿创造力指向人类已知而自己未知的事物。

每个人都具有创造的潜能,只是不同人的创造意识和创造能力具有水平上的差异。科学家运用其创造性思维发现和探索人类未知的事物;而幼儿创造力是幼儿根据一定的目的或意愿,在已有知识经验的基础上,用新颖独特的方法产生具有个人价值的产品的心理品质。幼儿在其生活和学习中可以做出与科学发现或科技发明类似的创造性表现,如运用已经学过的知识经验,通过独立思考,发现别人没有发现或自己过去没有发现的问题;从人们意料之外的角度观察和思考问题,提出不同于他人的解决问题的办法;通过新颖而别致的途径表达自己的思想感情等。在现实生活中,幼儿富有创意的表现往往与成人的习惯格格不入,因而常常招致教师或家长的斥责或批评。只有当教师或家长理解了培养创造性的重要性,他们才有可能静下心来仔细观察和审慎地评价儿童的创造性表现,并给予积极的反馈[①]。

(一)幼儿创造性的前提:了解和接触事物的"心向"。

幼儿最初的创造应该说始于模仿。当幼儿进入幼儿园后,幼儿的创造力越来越集中地表现在他(她)所感兴趣和所看重的活动上。许多对幼儿的观察和研

---

① 刘胜林.试论幼儿的创造性特征及其教育.四川师范大学学报(社会科学版).2002(03)

究表明,游戏与幼儿的创造性表现和发展密切相关。

具有好奇心是幼儿创造性的重要前提。3~6岁儿童对周围事物有强烈的好奇心,总有问不完的问题。例如,一个小女孩在公共汽车上向父亲提出了这样几个问题:车子朝前开,树为什么不和我们一起朝前跑,而非要往后跑呢?小孩子吃饭、喝牛奶就能长大,那树吃什么、喝什么才能长大?是不是吃树叶?车子来了,为什么有的人不上车,还要在下面等,车子上人又不多?又比如,有位4岁多的幼儿参观了科技馆中的地震馆后问:"为什么会地震?""可以叫地不震吗?"这种好奇心,即了解和接触事物的"心向"是创造的巨大动力,是形成创造力的前提。

(二)幼儿创造性就是善于组织自己的"材料"。

对幼儿来说,创造性并非要创造一个新奇的产品,而更多表现在能根据相关经验,组织这些材料与经验。例如,幼儿会根据自己的经验摆弄新奇的东西。幼儿会拆钟,他想知道是什么在推动指针走;拆开玩具按自己的意愿重新组装,或者利用普通材料和各种废弃物制作玩具等。在摆弄操作过程中,幼儿不断组织自己的经验与"材料",这也是一个创造性活动的过程。

(三)幼儿的创造性突出表现在想象力。

幼儿的创造性常常体现于游戏活动中。例如,在一次有关车辆的主题活动中,孩子们说马路上的车型都是方形、梯形的,不好看,"如果有各种形状的车,该多好"。教师立刻对孩子们富有新意的想法表示赞赏,并鼓励幼儿运用已学的技能去进行创造性尝试。果然,一辆辆童趣盎然的动物车在孩子们手中诞生了:小猫改装成警车、长颈鹿改装成多层车、蚂蚁改装成垃圾车、大象改装成水车……且各种车辆的功用,能都根据动物的不同特征、习性来组装。幼儿的创造性也体现在日常生活中。比如,有的幼儿拿起一支铅笔就可以给布娃娃打针,能把一块没有颜色的木头当做一匹马,用一团泥土可以塑造出小白兔;有的幼儿可以把积木搭成熊猫妈妈的房子,可以画出在月亮上荡秋千的图画,或将"后天"说成是"明天的明天";有的幼儿看见"几"这样的符号,就可以想象出波浪、河水、绳子、蚯蚓、枕头套的边、蝌蚪的尾巴、鞭子等;有的幼儿在讲故事时,可以将几个毫无联系的故事人物及情节接在一起讲得津津有味……这些例子确实新颖、独特,即多多少少蕴含了创造的成分,是幼儿创造力的表现。

另外,幼儿很多"特别"的行为与他们的创造性有关,他们从特殊的角度观察事物。比如,打破常规,以特殊方式运用日常物品;用废旧空瓶做乐器、武器或模具等;联系个人经验理解事物;对平凡事物赋予特殊的意义;将看似不相干的事物建立联系等。如郊游时,听到青蛙穿过草丛跳入池塘的声音,一位学生不经意地说出"好像我们排队回到幼儿园一样"。有的说,"他们(青蛙)住在水草搭建的军营";"池塘四周的树木像卫兵一样守护着池塘里的动物"。

二、幼儿创造性学习的特征①

幼儿的创造性学习是指幼儿在学习活动中所具有的创造性的人格特征与创造性思维过程。它强调幼儿在学习中的主体性和能动性,强调自我建构、自我发现在学习中的重要作用。这里,创造性构成了学习品质之一,即学会创造。特兰因格在1980年简要地总结了创造学习的重要性:当教师不在身边时,创造性学习有助于儿童有效的学习;它为解决无法预料的未来的问题创造了可能性;它可以引起生活的重大变化;它能产生强烈满意感和愉快感。那么,幼儿的创造性学习有哪些特征呢?

(一)创造性学习强调学习的主动性

幼儿是主动的学习者。在创造性学习目标上,幼儿不仅能获得教师传授的知识,而且还对教师所传授的内容进行思考,提出疑问,自主而有选择地吸收。

幼儿是学习活动的主人。儿童学习的积极性是成功学习的基础,当幼儿主动学习时,他们就能更好地认识世界,促进自我发展。从一定意义上说,主动学习是创造性学习的基础。教师的教相对儿童的学是外因,外因必须通过内因才能起作用。

幼儿是探索者和追求者。在创造性学习活动中,幼儿是积极的探索者和追求者。对幼儿来说,学习不只是知识的简单相加,其所学习的知识都会与某种学习经验、知识、文化相互联系,并导致其态度、个性、人格及未来选择方向发生变化。例如,有位教师曾记录了这样一则案例:

> 我不由想起上过的一节美术课。那是小班的手指点画花课。当时,我用红颜料在画纸上点了一下,然后问小朋友:"这像什么?"孩子们的回答五花八门:"这像小花""这像红豆"……而泽泽小朋友的回答却让人惊讶:"这是小老鼠的牙齿!""哦?"我当时觉得好笑,就问他:"小老鼠的牙齿怎么会是红色的?""那是因为小老鼠偷东西吃,把牙齿磕掉了,所以牙齿上面都是血呀!"我听了真是又惊又喜,是呀,为什么这非得是小花之类的东西?它不可以是孩子们心中生动有趣的事吗?

只有创设有助于幼儿自由发挥想象的空间,才能使幼儿的学习更有创造性。

---

① 陈帼眉,姜勇.幼儿教育心理学.北京师范大学出版社.2007

（二）创造性学习离不开学习动机

幼儿的学习水平往往取决于其"爱学"的程度。幼儿的学习活动，是由各种不同的动力因素组成的动机所激发的。其心理因素主要是需求及其各种表现形态，诸如兴趣、爱好、态度、理想和信念等；其次是情感因素。从事学习活动，除有心理因素的需要之外，还要有满足这种需要的学习目标。这种学习目标包括学习目的、内容和成果。由于学习目标指引着学习的方向，因此，可把它视为学习的诱因。学习目标同幼儿的需要一起，成为学习动机的重要组成因素。

研究表明，幼儿的创造学习与其兴趣、动机密切相关。

表　幼儿的创造学习与其兴趣、动机相关

	图流畅	图独创	数流畅	数独创
超长组兴趣	0.60＊＊＊	0.67＊＊＊	0.49＊＊	0.34＊
动机	0.52＊＊	0.27＊	0.48＊＊	0.41＊
常态组兴趣	0.71＊＊＊	0.70＊＊＊	0.65＊＊＊	0.44＊＊
动机	0.66＊＊＊	0.58＊＊＊	0.24＊	0.31＊＊

创造型幼儿的学习动机有其独特之处。在学习兴趣上，创造型幼儿有强烈的好奇心，有旺盛的求知欲，对智力活动有广泛的兴趣，表现出出众的意志品质，能排除外界干扰而长时间专注于某个感兴趣的问题。在学习动机上，创造型幼儿对事物的变化机制有深究的动机，渴求找到疑难问题的答案，喜欢找缺点并加以批判，且对自己的直觉能力很自信。在学习态度上，创造型幼儿对感兴趣的事物愿花大量的时间去探究；在思考问题的范围与方式上，往往不为教师所左右。

（三）创造性学习追求有创意的学习目标

创造性学习的主要目标不是知识与技能的获得，而是在学习过程中的创造性能力与水平的提高。创造性学习在一定意义上是一种创造性活动。创造性学习的一项重要指标是通过产生创造性产品来体现的。产品是看得见、摸得着、易于把握的。尽管这种产品不一定直接得到实际应用，也不可能尽善尽美，但形成创造性产品是创造性学习的重要目标。

（四）幼儿创造性主要体现在自我表现性创造

对于幼儿来说，其创造性学习活动主要是表现性创造，特别是体现在创造性游戏中。表现性创造通常是幼儿借助于想象来表现其创造性。如幼儿在朗诵儿歌时还会自己想象出一些动作，而不一定完全按照教师教的动作去做。又如，日本"超级变变变"电视节目中一名小女孩通过所穿的小背心表现出"富士山"的形状,就属于表现性创造。

第三节 幼儿创造力的发展

幼儿期是儿童创造力的萌芽时期。自 20 世纪 20~30 年代以来,许多研究者根据对幼儿的绘画、音乐、讲故事、插片、泥塑作品及发散思维测验等各方面结果的分析,认为随着幼儿年龄的增长,其幻想中创造性想象的成分随之增多。玛克(Mark)在一项研究中给幼儿若干积木、木偶、厨房餐具,让其做尽可能多的造型,做尽可能多的事情。结果发现,在年长幼儿中发散思维、创造性想象成分较多,持续时间增长。格内费士和贝里对 5 岁的白人和黑人儿童的研究表明,在他们的想象中包含有不少的创造性的成分,好奇心非常强,在某些方面与大学生不相上下。门德尔也研究了幼儿的好奇心,得出了如下结论:4 岁半到 5 岁半的男孩和焦虑低的幼儿比女孩和焦虑高的儿童的好奇心强得多。安德球、格内平和格内费士用图画、不完全物体图片和墨迹图研究了幼儿的创造性想象问题,从独创性、深刻性方面记分。结果发现,在 4 岁时,儿童创造性得分最高,5 岁后则逐渐下降;重组能力在 3~4 岁时达到高峰,4 岁后逐渐降低;女孩比男孩早一年达到自己创造性想象的高峰。托兰斯根据自己和同事的大量研究结果也指出,5 岁是幼儿创造力发展的一个下降时期。

一、幼儿创造力发展的条件

儿童首先通过身体动作、对物品的实际操作及与人们的交往(主要是抚育人)来认识和表现外界环境,然后在此基础上发展了动作、语言、感知觉、想象、思维及个性特征等,这些内容不同程度地构成了幼儿创造力发展的条件。

1. 幼儿动作的发展

幼儿动作的发展包括手、行走和运用物体动作的发展。

在儿童手动作的发展中,抓握动作的发展十分关键。只有学会这种拇指与其余四指对立的操作方式,手才有可能从自然的工具(跟动物的肢端一样,五指不分)逐步变成使用或制造工具的工具;同时,抓握动作的发展有助于形成眼和手,即视觉和动觉的联合协调运动,进而发展了儿童对隐藏在物体当中的复杂的属性和关系进行分析综合的能力,即发展了儿童知觉和具体思维的能力。

在个体发展中,行走动作的发展也十分重要。儿童通过翻身、坐、爬、站立进而学会了行走。行走动作的发展有以下重要意义:可以发展儿童动作的灵活性;可以扩大儿童认识的范围,使他们不但能主动地接触物体,还能从各方面来认识物体;为空间知觉、初步思维活动的形成准备条件;为最初的游戏活动准备条件;有助于发展儿童的独立性。

运用物体动作的发展是指从初步的玩耍动作发展到更加复杂、准确、灵活和概括化的动作。儿童通过运用物体的动作不但可以掌握使用物体的方法,进而掌握成人使用工具的方法和经验,而且可以认识所使用的各类物体的共同特性,使知觉更加具有概括性,并为表象和概念的产生准备条件。

幼儿动作的发展为儿童创造力的形成和发展提供了条件。儿童手的动作、行走动作、运用物体的动作不仅是其进行创造性活动如绘画、手工制作、游戏等必不可少的基本技能,而且由于儿童能够自由地行动,并且逐步获得了运用物体的动作的能力,因而儿童的独立行动的倾向就日益明显起来,从而推动儿童创造力的发展。儿童动作的发展势必促进儿童感知觉、思维的发展和对知识经验的获取,进而影响到儿童创造力的发展。

2. 儿童语言的发展

语言学和心理学研究发现,幼儿语言的发展大抵可分为两个阶段。前一阶段主要表现为听懂、模仿、说出词;后一阶段的发展表现在词汇的发展(包括词汇数量的增加、词汇内容的丰富、词汇范围的扩大、积极词汇或主动词汇的增加)、语法的掌握和言语表达能力的发展三个方面。这些词和言语的发展为人类创造力的产生、形成及表现创造了条件。

一方面,幼儿言语的发展大大促进了儿童心理过程的发展变化。首先,词、言语的概括作用使得幼儿的认识逐步具有概括性和一般性。例如:"猫"这个词最初只是代表一只具体的猫,后来便代表世界上所有的猫。其次,词、言语的调节作用使得幼儿的心理行为逐步具有随意性和自觉性。在掌握言语的初期,儿童常常是按照成人发出的词来调节行为的,后来儿童就自己发出词来调节行为,再后来,儿童通过内部语言来调节行为,这就与成人差不多了。第三,词、言语的指代意义和中介作用使得幼儿逐步能够与他人进行情感和认识的交流,这无论是对幼儿的生活和学习、游戏等实践活动,还是对获取间接经验、丰富知识,以及儿童社会性交际能力的发展来说,都是非常重要的。以上这些心理上的变化在宏观背景上对儿童智力及创造力的发展具有重要的促进作用。正是在言语发展的基础上,幼儿才得以听懂童话、讲述故事和看图说话,而这些活动已被证明对儿童创造性的培养有着十分重要的意义。

另一方面,幼儿言语的发展直接导致了儿童具有一些创造性的行为。儿童心理学家发现,在学前儿童,特别是3~5岁儿童的词汇发展中,可以看到儿童有自造新词的现象。例如,幼儿会自发地将"蜗牛"说成"山螺蛳",将"滑稽"说成"扯鬼儿",将"鸡蛋糕"说成"蛋黄糕"。一些心理学家,如施太伦(W. Stern)、彪勒(C. Buhler)、楚可夫斯基等认为,幼儿的这种造词现象是儿童早期创造才能的表现。当儿童感到所知道的词不够用时,他们便在自己已有的生活经验背景和知识水平上进行创造。如前面提到的"蜗牛"这样的词对儿童来说是难以理解和掌握的,相对而言,和蜗牛同类的螺蛳的形象对幼儿来说是较熟悉的,于是,"山螺蛳"这个新词就应运而生了。根据我们前面判断创造力的标准,很容易得出结论,即创造新词确实是儿童创造力的一种表现。

幼儿言语的发展直接导致幼儿具有创造性的行为,这还表现在幼儿对语言的使用上。美国心理学家米勒(G. Miller)曾经提出,按照粗略而保守的估计,如果世界上现在只有10个由20个单词组成的句子,而且如果一个孩子只打算学习这些句子,那么,仅仅是听完这些句子,就需要花费比估计的地球生存的年代要长1 000倍的时间。并且,即使是同一句话,由于词的搭配和修辞的不同,其说法也可能是各种各样的。因此完全不可能将实际生活中所使用的每句话都教给孩子,然而孩子却能说出许多你并没有教给他的句子。究其原因,是因为语言的使用具有创造性。现代语言学认为,语言(句子)是人创造的,人们在具体交际情境中常常在创造和解释新的句子,当然也还有很多的句子在重复地使用。在幼儿掌握一定的词和语法时,他(她)的语言中就伴有他(她)自己的创造行为——造句。因此,在对幼儿能说出那些我们根本没教给他们的话而感到惊讶的同时,我们还应为幼儿的创造行为感到高兴。

3. 幼儿心理的发展

在心理发展方面,幼儿的感知觉能力已经有了很大的发展,具体表现为感知的分化日益细致、感知过程趋向组合和协调、感知过程逐渐概括化和系统化、感知过程的主动性不断加强。感知直接促进幼儿观察力的发展,使得幼儿开始形成了初步的有方向的、自觉的观察能力。同时,幼儿的无意注意得到了高度的发展,有意注意已逐步形成和完善;幼儿记忆的范围、持久性和精确性也有了较大的发展。在此基础上,幼儿的想象、思维及个性已开始萌芽和发展。幼儿的想象、好奇心与幼儿的创造力密切相关,这个问题,我们将在下面专门予以讨论。这里,我们只简单地讨论幼儿思维的特点。

幼儿期的思维方式已由婴儿期的直觉行动思维发展到具体形象思维,这种前运算阶段思维主要有以下特征:第一,现实性。幼儿常常把心理事件与客观现实混淆起来,把名字、画片、思维、梦都看做实际的存在物。第二,自我中心。这一时期的儿童还不能设想他人所处的情境,不会想到别人会有和他不同的看法,认定对事物唯一的看法就是他自己的看法。例如,对一个半圆柱体,幼儿从正面看,肯定它是圆柱,而绝对不会考虑其背面是平面的。第三,泛灵性。幼儿常常赋予无生命的物体以生命、情感和意志,像他们自己一样,这实际上是幼儿自我中心倾向性的一种特殊表现。

幼儿心理诸方面的发展不仅为幼儿的创造活动提供了心理背景,而且也决定了幼儿创造力的特点和强弱。

二、幼儿好奇心、创造性想象的发展

1. 幼儿好奇心的发展

幼儿的创造行为和活动主要来自他们的好奇心。这种好奇心在幼儿很早的时候就已经出现。对于婴儿，我们常常发现，他们一旦发现新奇的事物，就会用手去触摸或用舌头去舔。幼儿期的好奇心则更加明显和强烈，人们不难发现，幼儿变得特别爱提问题，只要他们不懂的，他们就会去问，并且常常追根究底，试图弄个水落石出。他们经常提出各种各样的问题，其中有许多还是稀奇古怪、非同寻常的问题。这一时期让父母最困惑的莫过于回答孩子的问题了。

认知心理学认为，当个体原有的认知结构与来自外界环境中的新奇对象之间有不一致时，个体就会出现"惊讶"、"疑问"、"迷惑"和"矛盾"，从而激发个体去探究。幼儿虽然已具初步的感知、思维能力和知识经验，但周围许多事物对他们来说仍然是陌生的、新奇的，并且随着活动能力和感知能力的进一步发展，幼儿能够注意到、接触到比以前多得多但同时又不太懂的新事物，这就大大激发了幼儿的好奇心。因此，幼儿往往有着广泛而强烈的好奇心。正是在这种好奇心的促使下，幼儿特别喜欢从事以前没玩过的游戏，尝试做以前没做过的事情，并从中表现出自己的创造性。

2. 幼儿创造性想象的发展

幼儿最初的创造性想象只是一种无意的自由联想，这种想象没有预定目的，通常因幼儿兴致所至而随时出现。其主题往往是任意的，但其中包含有最初的创造性成分，例如幼儿的乱涂乱画。随着幼儿想象的有意性增强，幼儿的再造想象出现了，在此基础上，幼儿的创造想象便开始发展了。

一般认为，幼儿创造性想象的发展有三个阶段。小班儿童的创造性想象还很低，基本上是重现生活中的某些经验，或形成由别人说话引起的再造想象。到了中班，随着知识经验的丰富及语言和抽象概括能力的提高，幼儿的想象便有了一些创造性成分，常常在再造想象的过程中加进自己的内容。例如，幼儿在看图说话中加入本来没有的人物，在讲故事时加入原故事没有的情节。大班儿童的创造想象已较为明显，他们能对教师提出的游戏主题通过自己的想象加以充实。例如，对教师提出的"开火车"游戏，就能主动提出游戏的情节、角色的分配及玩法等。

苏联儿童心理学家曾对幼儿园小、中、大班和小学预备班（6～7岁）的幼儿的图画进行了研究，他们将幼儿创造想象的发展划分为以下六种水平：

第一水平：即最低水平，儿童不会利用原有的图形进行想象，只是任意幻想，在图形旁边画些无关的东西。

第二水平：儿童能在图片上加工，画出图画，但画出的物体形象（如女孩、树等)是粗线条的,只是轮廓,没有细节。

第三水平:能够画出各种物体,已有细节。

第四水平:所画的物体包含某种想象的情节。如画出的不仅是一个女孩,而且是女孩在做操。

第五水平:根据想象情节,画出几个物体,它们之间有情节联系。如一个女孩带着小狗散步。

第六水平:按照新的方式运用所提供的图形。不再把原来的图形作为图画的主要部分,而把它们作为想象的形象的次要部分。例如,三角形已不作为屋顶,而成了孩子画画用的铅笔头。

创造想象是幼儿创造力的最主要成分,幼儿创造想象的发展水平基本上反映了幼儿创造力的发展状况。幼儿正是借助于创造想象才在绘画、音乐、制作等艺术活动和游戏活动中表现出创造能力来的。

三、幼儿艺术创造力的发展

1. 绘画

学前儿童绘画作品虽然没有什么特殊的艺术价值,但绘画本身却对儿童的感知能力、记忆能力、想象能力的发展起着重要的促进作用。由于绘画的工具只有纸、笔、色,操作过程非常简单,幼儿有很大的创作自由,因此幼儿的创造性常常可以通过工具表现出来。幼儿绘画也由此成为衡量幼儿创造力水平的指标之一。所以,在评价幼儿的作品时,不应该片面地看画得像不像,是否精确和地道,还应该看其是否具有创造性和想象力。

一般来说,幼儿绘画经过三个阶段。

第一阶段是乱涂阶段。几乎每个小孩从 2~3 岁开始,就喜欢用手上的任何东西在纸上乱画。起初他们只是无规律的乱涂,不能控制画出的符号。大概在这以后 6 个月,当幼儿发现他的动作和他在纸上画的东西有关系时,幼儿就开始进行比较有控制的乱涂,有一种发现新事物的乐趣,因此幼儿往往都很热衷于乱涂。

第二阶段是基本形状阶段。当幼儿从乱涂中发现并辨认出一个简单的形状,如长方形、正方形或圆形,并且已具备重复这些形状所需的肌肉控制和手眼协调能力时,幼儿的绘画就进入基本形状阶段。这时期的儿童约是在 3 岁左右,他们喜欢看到按自己的意愿画出的形状,并常常尝试着这样做。

第三阶段是初期画阶段。初期画也就是人们俗称的"儿童画",4~6 岁的幼儿便处在这一水平。他们把前一阶段所会的各种基本形状有选择地结合在一起构成图形,这些图像往往是人、鸟、花和动物的图形等。在这一阶段,儿童还能够给他的画命名,他们企图使涂写的东西符合自己心中的想象。

学前儿童的创造力不仅通过绘画表现出来,而且会在绘画中得到不断发展。许多幼教专家已经认识到,绘画是发展幼儿智力,特别是幼儿想象力和创造力的最理想的手段之一。然而值得注意的是,各种类型的绘画对发展幼儿想象力和创造力起着不同的作用。

(1)主题画。它是在感知的基础上,围绕某一主题,通过回忆和经验加工而画成的画。这种画有很大的伸缩性,幼儿有充分的想象余地和表现自由。例如在"我的好妈妈"主题画中,有的画妈妈在开汽车,有的画妈妈在织毛衣,有的画妈妈在卖车票……明确的主题能激起幼儿的遐想,帮助他们创造新的形象。

(2)故事画。要求幼儿根据听过的故事构思画面,以表现故事的人物和情节。故事中人物的鲜明、情节的有趣、内容的新颖,能激发幼儿的想象力,开拓他们的思路。如幼儿听完故事《小水桶》后,有的幼儿能抓住故事的主要情节,用画简洁地表示出来;有的幼儿则着重表现人物的情绪,勤劳者喜笑颜开、懒惰者愁容满面;有的幼儿把"井娘娘"这个神话人物画成了古代仕女模样。

(3)诗画。要求幼儿根据对儿童诗的理解和领悟进行作画。由于儿童诗的意境常常是超现实的、夸张的、拟人化的,因而儿童拥有比成人更多的想象自由。诗画不仅能培养幼儿分析和解决问题的能力,同时也为幼儿创造性的表现和构思画面创造了条件。比如让幼儿根据诗歌《森林着火了》画一幅画,幼儿根据各自的理解和已有的知识经验,画出了许多以前人们不曾画过的动物,其中有的幼儿用圆圈来代替不会画的小松鼠,显示出解决问题的灵活性;有的幼儿则将小松鼠的大尾巴突出出来。

(4)装饰画。要求幼儿在规定的纸张或器皿上运用所提供的花纹、图片进行装饰。幼儿根据对称、均衡、协调美的规律,运用各种色彩,构成千变万化的图案。这既培养了幼儿的审美感和欣赏力,又有助于幼儿创造力的发挥和表现。

(5)自由画。它是最能培养幼儿创造力的训练方法,它对各年龄阶段的幼儿都很重要。一方面它能满足幼儿想象的欲望,另一方面可以激发他们画自己想象出来的或自己喜欢的事物,因此,幼儿的想象力在画自由画的过程中能够得到充分的发挥。

2. 音乐舞蹈

音乐舞蹈是幼儿艺术活动的重要内容之一。通过音乐舞蹈,不仅熏陶了幼儿的审美感,而且有助于开发和培养幼儿创造力。

在音乐方面,儿童很小的时候就对生物的语调和音乐有反应,从最初的言语反应——喃喃自语、牙牙学语中产生了模仿个别动听音调的最初尝试,到后来幼儿能辨音乐的性质,或沉静安详,或活跃高兴,并喜欢随着别人一起唱歌。在舞蹈方面,幼儿很早就努力对欢快的舞蹈音乐作出反应,先是报以微笑和手脚的舞动,以后则逐渐具有比较明确的动作。

第九章 幼儿创造性学习与培养

随着幼儿发音器官的形成,听觉的发展及动作协调性的增强,幼儿的音乐接受能力、音乐听觉、节奏感、音乐记忆等音乐才能有了一定的发展,幼儿的动作表达能力也在不断提高。幼儿对音乐、舞蹈有了强烈的兴趣和新的尝试,他们希望独立地同同龄人一起或是一个人独自演唱适合他们水平的歌曲,他们总想在音乐游戏和合唱中加进自己的想象,编排或创造舞蹈动作,对音乐作品和自己同伴的表演发表自己的看法。

具体来说,幼儿在音乐舞蹈上的创造性表现可归纳为以下几个方面:①为现有的歌曲编新歌词,即以原有的曲谱为基础,改编歌词或增添部分新歌词;②自编歌曲,即将一些现在的曲调或熟悉的歌曲进行组合,改编成一段相对独立和完整的歌曲,其中的自创成分可多可少;③根据音乐编舞蹈动作。由于一边唱歌、一边做动作是幼儿学音乐的显著特点,所以在按照音乐的进程、节奏感及感情色彩来编或做相应的动作时,幼儿往往能将已学过的舞蹈动作和基本技能、技巧迁移到音乐中去,做或编出颇有新意的舞蹈;④给舞蹈动作配音乐。即幼儿在做某些动作尤其是自发的舞蹈动作时,嘴里常常会哼着一些与动作相符的曲调,这些曲调一般是幼儿在以前听过的曲调上进行修改和增删而成的。

3. 手工制作

手工制作是指以布片、黏土、木块、纸盒、蜡等材料,运用手的技巧制成表达一定思想观念和事物的作品的活动。常见的手工制作有剪纸拼(黏)贴、泥塑、搭纸盒、蜡塑等。手工制作对于幼儿的身心发展有着十分重要的意义。它不仅适合于幼儿爱摆弄东西、好奇心强和乐于表现的心理特点,而且促进了幼儿肌肉控制和协调能力的发展,有助于幼儿把思维、认识、情感和动作结合起来。更为重要的是,它培养了幼儿的审美感和创造能力。

进行手工制作的材料通常属于无结构性材料,幼儿可以运用这种本身没有任何结构的东西,凭着自己的想象来创造出各种不同的物品形状,从而使幼儿的创造力得到发展。拿泥塑来说,他们可以将这些橡皮泥捏成他们喜欢的形状,"任人摆布"的橡皮泥可以诱发出幼儿无穷无尽的奇妙想象和创造欲望。幼儿在泥塑的过程中,不仅可以自由地表现和抒发情绪、情感,还有助于培养他们独立思考、独立工作的能力。

由于不同年龄的幼儿在肌肉控制和协调能力、兴趣等方面存在着差异,因此,各年龄段的幼儿手工制作的能力和方式也不尽相同。

3岁儿童的大肌肉已发育得较为充分,他们能跑、走、跳,能用腿、脚和手臂做各种动作。他们最感兴趣的是那些简单和基本的手工制作,并且一般只能持续10~15分钟。因此,3岁儿童开始只是用少量材料制作,内容也较为简单,如粘贴时只粘贴一二种东西。

4岁儿童已具备良好的大肌肉控制能力,并开始能较好地控制小肌肉,因此,剪纸在这个年龄已不再是一件难事。4岁儿童的兴趣也较先前广泛,对家庭以外的生活产生兴趣,能保持15~30分钟的注意力。因此,他们能从事比较复杂的手工活动,如剪纸、塑泥、做木偶等。

5岁儿童一般能很好地控制大小肌肉,已具备进行各种各样的手工制作的能力,他们的作品常包含许多含义,并能体现他们的想法。他们对旧物品的新用法、新技术和新材料的手工制作特别感兴趣。

以上我们讨论了幼儿在绘画、音乐舞蹈和手工制作中艺术创造力的发展问题。应该看到,由于知识经验和能力水平所限,幼儿的艺术创造作品既不可能尽善尽美,也不可能具有社会价值,甚至在成人眼里根本算不了什么。但我们的目的并不在于作品看上去如何,而在于创造的活动过程本身。因为正是在这种创作过程中,幼儿的创造力得到了锻炼和培养。

第四节 幼儿创造力的测量

一、创造性测量的功能

人们常利用各种智力测验来判断一个人的聪明程度,预测儿童的学业成绩及将来对社会的贡献大小。但是,许多追踪研究的结果都表明,一个高智商的人在社会上未必能有高成就,两个同等智力水平的人,在相同的工作环境中也可能做出完全不同的成绩。一些具有特殊专长的儿童,在一般的智力检测中未必就能得到高分。可见,一般的智力测验并不能满足社会和教育系统鉴别和选择人才的需要。而创造力测量正是因此需要而发展起来的。它能够测定对创造力来说极为重要的发散性思维能力,从而弥补了智力测验只能测定复合思维和逻辑思维能力的缺陷。此外,各种特殊创造力测量手段的兴起,也填补了以往智力测验的空白。比较而言,创造力测量更能有效地预测人的才能,也更适合选择特殊人才、创造人才的需要。总的来说,儿童创造力测量有以下几种功能:

鉴别功能。儿童创造力测量首先可以有效地鉴别儿童的创造力发展水平,发现儿童的特殊才能。在此基础上,我们才能够在教育过程中,真正贯彻"因材施教"的原则,为儿童创设良好的发展环境,并加以正确的教育和引导,使每个儿童的潜能都能得到充分的发挥。

选拔功能。有时候,为适应一些特定的培养计划,需要选拔在某些专项上具有发展潜力的儿童,这时就需要借助于一定的测量手段进行筛选。利用儿童创造力测量对儿童的创造力水平加以区分,这是测量的鉴别功能;而根据测量的成绩,选择具有高创造潜能的儿童以满足特殊培养、训练的需要,这就是儿童创造力测量的选拔功能。

培养功能。各种儿童创造力测量的设计,其最初的目的往往只是用来鉴别和选拔具有独特创造性的儿童。但在实际的运用中,各种儿童创造力测量手段实际上已经获得了另外一种功能——培养功能。一方面,创造力测量的施测过程实际上已经是一个激发儿童发挥其创造性思维的过程。如"物体非常用途"、"推想不可能事件的结果"等问题都要求儿童拓宽思路来作答,这同时就起到了一种训练儿童创造性思维能力的作用。另一方面,一些儿童创造力测量中的测查项目,目前已被引入到学校的教学活动中,作为培养和训练儿童创造力的重要教学内容之一,并日益得到推广和普及。

二、创造性思维测量

（一）托兰斯创造思维测验

托兰斯于1966年编制了由12个分测验构成的言语创造思维测验、图画创造思维测验及声音和词的创造思维测验3套创造性测量表。它是目前最著名、应用最广泛的创造力测验方法。它的被试主要取自学校,从幼儿园到研究生院都适用,对四年级以下儿童需要进行个别口头测试。每套都有两个复本,以满足在实际研究中对创造力进行初测和复测的需要。

第一套是关于言语的创造性思维量表。语词测验适用于从幼儿园到小学三年级的儿童,为个别测验,历时46分钟。从流畅性、变通性、独创性三个维度计分,其中一些项目对学前儿童来说难度很大,但有利于鉴别天才儿童。语词测验应用于视觉或听觉障碍的儿童的研究中。它由7个分测验构成,前3个分测验是根据一张图画(画中有一个小精灵正在溪水边看他的影子)推演而出的。它们是：

（1）提问题：要求受测者列出他对画中内容所想到的一切问题。
（2）猜后果：要求列出图中事件发展的可能后果。
（3）猜原因：要求列出图画中事件发生的可能的原因。
（4）产品改造：要求列出一个玩具图形所有可能的改进方法。
（5）非常用途问题：要求被试对同一个问题做出尽可能多的回答。
（6）非常问题：要求对同一事物提出尽可能多的不寻常问题。
（7）假想：要求推断一种不可能发生的事件及其可能出现的各种后果。

第二套是关于图画的创造性思维量表,适用于5岁以上的群体测量,历时30分钟。从流畅性,独创性,精确性三个维度记分。图形测验成功地应用于聋哑儿童的研究。由3个分测验构成：

（1）图画构造（picture construction）：要求被试把一个有鲜艳颜色的图形贴在一张白纸的任何位置上,并说明一段有趣的故事。

(2)未完成图形(incomplete figures):被试以几条简单的线条为开端完成一幅图,并对其命名。

(3)圆圈或平行线测验:在短的平行线或圆上尽可能多地画出不相同的图画。

第三套是关于听觉形象方面的测验量表,由2个分测验构成:声音音像(sounds and images)和拟声词想像。各种声音刺激都呈现三次,要求受测者分别说出、写出由各种声音所联想到的事物或活动。

此外,还有行为和动作的创造性思维测试表,该表由托兰斯1981年设计制定。要求幼儿以动作、语词或者两者结合的形式作答,不过以动作为主要形式。本测验适用于3~7岁儿童,历时15~30分钟,它特别适用于一些不愿意或难以同主试对话的儿童。测验发现,经济生活条件差的儿童比富裕家庭出身的儿童在视觉方面占有较大的优势;而后者在语词反应方面占优势。

(二)南加利福尼亚大学测验

吉尔福特根据1957年提出的智力三维结构模型理论,编制了发散思维测验,也称"南加利福尼亚大学创造力测验",发表于1960年。该测验由言语测验和图形测验两部分组成,共14个项目。言语部分有10个项目:字词流畅、观念流畅、联想流畅、表达流畅、多种用途、解释比喻、效果测验、故事命题、推断结果、职业象征。图形部分包括4个项目:作图、略图、火柴、装饰。第一部分包含14个分测验,适用于初中生;第二部分包含5个言语分测验和图形分测验,适用于初中以下的儿童。

(三)沃利奇—凯根测验

该测验由沃利奇和凯根在20世纪60年代中期编制,侧重于联想方面的发散思维测验。它有两个特点:其一是测量的内容只限于观念联想的生产性和独创性;其二是施测无时间限制,以游戏形式组织,施测气氛轻松。测验分5个项目,其中3项是言语的,包含举例、多种用途、找共同点;2项是图形的,包括模式含义和线条含义。该测验从反应数目和独创性两方面记分。适用于中小学生。1968年修订后,可适用于幼儿。

三、创造性人格测量

创造性人格测量着重研究幼儿是否具有创造性的人格特征,如好奇心强、有鲜明的个性意识倾向、有较强的意志品质、探究兴趣强烈等。

第九章 幼儿创造性学习与培养

(一)托兰斯创造型人格自陈量表

发散思维测量是托兰斯进行创造力研究的主要方法,但不是唯一的方法。仅就测验而言,除创造性思维测验外,托兰斯在1965年还编制了简便、易行、有效的创造型人格自测表——《你属于哪一类人》,其中包括66个从50项有关研究中收集来的创造型人格特征。测验方式是强迫性选择,即二择一式,其目的是让受测者本人提供其创造型人格特征的报告,以了解他们的创造性水平。

下面是托兰斯创造型人格自测表中的一些例题。在完成该测验时,被试需根据与自己相符合的情况,在每项的后面括号里打"√"或"×"。

(1)办事情、观察事物或听人说话时能专心致志。( )
(2)说话和做作文经常用类比的方法。( )
(3)能全神贯注地读书、书写和绘画。( )
(4)完成老师布置的作业后,总有一种兴奋感。( )
(5)敢于向权威挑战。( )
(6)习惯于寻找事物的各种原因。( )
(7)能仔细地观察事物。( )
(8)能从别人谈话中发现问题。( )
(9)在进行创造性思维活动时,经常忘记时间。( )
(10)能主动发现问题,并能找出与之有关的各种关系。( )
(11)除日常生活外,平时大部分时间都在读书学习。( )
(12)对周围事物总持有好奇心。( )
(13)对某一问题有新发现时,精神上总感到异常兴奋。( )
(14)通常能预测事物结果,并能正确地验证这一结果。( )
(15)遇到困难和挫折,不气馁。( )
(16)经常思考事物的新答案和新结果。( )
(17)具有敏锐的观察力及提出问题的能力。( )
(18)在学习中,有自己选定的独特研究课题,并能采取自己独有的发现方法和研究方法。( )
(19)遇到问题时,常能从多方面探索可能性,而不是固定在一种思路或局限于某一方面。( )
(20)总有新设想在脑子里涌现,即使在游玩时也能产生新设想。( )

评分标准：每符合上述标准的，打"√"得 1 分，最后算出总分。对照下表，就可知道自己的创造型人格的水平。

分数	0～9	10～13	14～17	18～20
等级	差	一般	好	很好

（二）形容词检查表

《形容词检查表》是由格夫（H. Gough）于 1952 年研究出的一种测试方法。它包括 300 个形容词，涉及对人的各方面内部特征的描述。测验时，受试者将与自己相符的形容词标出，以了解自己的性格。最初，该测验并不具有测量创造力大小的功能，它的创造力记分键是 1970 年以来多米诺（G. Domino）根据创造力测量的目的配加的，共包括 59 个涉及创造型人格的形容词。多米诺记分系统还有一个将原始分（59 个有关创造力的词汇被选数）转换成标准分的换算表。因为在全部 300 个词中总共要选出多少个词也是需考虑的因素，这样才能避免因习惯反应带来的误差。

该测验最大的优点就是便于施测和记分，对创造力培养的效果也很敏感。许多创造力测验方法都没能像该测验一样，显示出人格与自我概念的变化。戴维斯等人的研究发现，《形容词检查表》是个很好的创造力人格测验工具，信度和效度均很理想。

第五节　影响幼儿创造力发展的因素和创造力的培养

一、幼儿创造力发展的影响因素

（一）人格因素

心理学家的大量研究表明，在幼儿的性格中存在许多不利于创造力发展的因素，这主要有以下几个方面：

胆怯。胆怯常导致儿童害怕困难，害怕失败，放弃努力，使儿童失去许多创造的机会，并在许多有可能获得成功的创造活动中失败。

过分的自我批评。创造型儿童必须善于正确估价自己，过分地自我批评、自卑、消极和自我无能力感会使儿童的思想过于呆板，或是缺乏想象力，最终导致创造力的自行封闭。

从众。从前面的实验可知，从众的儿童由于心理承受力差，害怕发生问题与矛盾，害怕与众不同，易受外界影响，因而，倾向于不独立思考，不相信自己的创造能力,不相信自己的探索结果和结论。久而久之,就会变得唯命是从,人云亦云。

刻板。刻板、固执和偏见使儿童目光短浅、思维僵化,往往不易接受新事物、新观点。

骄傲。骄傲会使儿童观察力的敏感度和思维紧张度降低,好奇心、上进心减弱,使其缺乏创造需要和创造动机,创造性思维与创造性想象的能力也因此受到抑制。

(二)促进幼儿创造力发展的心理健康因素

儿童的心理健康是其创造力发展的基础。研究表明,心理健康因素对儿童创造力的发展有十分重要的作用。下面着重分析四个方面的因素。

1. 培养儿童探索新事物的兴趣。

兴趣是人对某事物的特殊的认识倾向,这种兴趣促使个体去积极地探索新事物,并从中得到心理满足。对新事物不断地探索是创造型人才的共同特征,这种兴趣是其从事创造活动的心理动力之一。它有利于创造型人才智力的充分发挥,增强他们的创造型动机,提高其观察事物的敏感性和注意力的集中程度,从而提高其创造的效率。而且,探索新事物的兴趣能帮助儿童增强克服困难的决心和信心,激发他们的创造热情,促使其更快更好地完成创造活动。培养儿童对探索新事物的兴趣,对儿童创造力的发展有巨大的推动作用,家长和教育工作者应重视对此的培养。

2. 促进儿童自我意识的协调发展。

一个人要使自我的个性获得健康发展,以适应社会生活,就必须很好地培养自我意识,即通过自我认识来分析自己的能力,通过情绪体验保持健康的情绪生活,通过自我监督而行成良好的行为方式。因此,家长和老师应当鼓励儿童形成自己独立的自我意识,这对儿童创造力的发展具有重要意义。

3. 帮助儿童形成良好的人际适应能力。

在人际关系中,健全的心理适应是保证心理健康的重要条件,也对创造力的发展有重要的促进作用。一个擅长与人交往、人际关系良好的人,才能全身心地投入所从事的工作,并在与人交往中吸取别人的长处,开阔眼界。建立良好的人际关系也是发挥群体智力效应的重要条件。合理的群体智力结构是不同智力水平、不同智力类型的人的有机组合,现代化生产、现代化的科技创造是复杂的实践活动,这都需要群体智力效应的充分发挥。而群体智力效应的发挥在很大程度上依赖于群体人际关系的和谐程度。要发展儿童的创造力,就要帮助儿童形成良好的人际适应能力,帮助他们正确地了解自己、评价自己,了解他人、尊重他人,多参加有意义的社会活动,从而培养儿童良好的人际适应能力。

4.提高儿童对失败的忍受力,正确地对待他人的批评。

儿童的心理承受能力较弱,这就要求教师和家长帮助儿童正确地对待他人的批评,帮助儿童学会自己强化自己的创造性想法和活动,而不要因为他人的批评、嘲笑而压抑自己的创造力。从理论上说,任何儿童在出生时都具有很大的创造力潜能,许多儿童在后来并没有表现出这种创造力,就是由于外界因素导致了儿童创造性的自我压抑。在帮助儿童强化自己的创造性的同时,还要帮助儿童学会分析他人的批评,从中发现合理的成分,加以吸取利用。

（三）妨碍幼儿创造力发展的教育因素

首先,教学工作中的偏差妨碍儿童创造力的发展。在课堂教学中,教师的失误将严重抑制学生创造力的发展。如教师总是按照自己的意图执教,当学生提出出乎教师意料的想法和思路时,教师往往不予理睬,甚至斥责;教师往往较多地关心成绩较好的学生,学习较差的学生因此受到来自教师和成绩较好的学生的心理上的压力;教师对学生创造性思维成果的展示,往往缺乏足够的耐心,并且所提的问题又往往过细、过死,思维的容量很小,压制了学生的创造性思维;教师进行以记忆为目标的训练过多,致使学生形成了以记忆代替思维的习惯。

其次,陈旧的教育方式带来的心理压抑妨碍了儿童创造力的发展。陈旧的教育方式用规定和命令来使学生服从,从而导致了创造型学生产生种种心理上的压抑。

（四）父母特征影响幼儿的创造力发展

美国心理学家麦金农（D. W. Mackinnon）在对创新型建筑家进行的回溯性研究中发现,有创新能力的建筑家的父母都有下列特征:①尊重自己的孩子,相信孩子有能力做好事情;②让孩子独立地、积极地生活;③与孩子没有强烈的感情联系,孩子很少有过分依赖和害怕被抛弃的心理特点;④父母常常是孩子有效的行为模范;⑤父母一方或双方对艺术有兴趣;⑥母亲一般有独立的职业和广泛的兴趣。

美国心理学家韦斯伯格和斯普林格（Weisburg and Springer1961）对具有创造力的儿童的父母进行测验和谈话的研究结果表明,这些儿童的父母有如下的特征:①父母富于表达性而没有驾驭性。父母子女之间都不隐瞒情绪,喜怒哀乐皆形于色。②接受孩子的"倒退"（regression）行为,即让他们自在地表达可能与其年龄已不太合适的稚气与天真;父母自己本身也偶尔表现出一些童心未泯的幼稚行为。③父母双方都有独立性,不以婚姻或家庭手段来加强自己的地位。④在这种家庭中,男孩以父亲为模仿对象,父母也喜欢他这样做;女孩则恰恰相反。这四点是创造力高的儿童与创造力低的儿童的父母特征的主要差别。由于这些发现,研究者认为父母特征是影响儿童创造力发展的主要家庭因素。

综合上述研究结果,创造型儿童的父母一般有如下特征:

(1)具有民主的、宽容的而不是专断的行为风格和态度。

(2)重视社会所要求的内部特征而不是外部特征。

(3)具有很强的独立性,但社交能力较弱。

(4)父母的特征与其同性别孩子的创造性有着更为密切的关系。

托兰斯曾提出有5个因素制约了美国儿童的创造性能力的发展:过分重视成绩,养成儿童不敢有超常或越轨行为;在社会团体压力下,个人不得不放弃自己的独立观点;教师不鼓励甚至阻止儿童发问书本之外的问题;社会上过分强调两性角色的差异,忽视女性从事科学研究的创造性思维的能力;把游戏与工作截然分开,使工作情境过分严肃。

在当前,制约儿童创造性学习的因素主要有以下几个方面:

第一,过于重视幼儿模仿,使其不能创造性地自由学习。"只重视知识传授是一种有严重缺陷的教育",这在教育界已成为共识。人们常常认为孩子是幼稚、无知的,乐意把知识经验拿出来让幼儿照着样子去做,且唯恐不能把自己全部的知识传授给幼儿,唯恐幼儿不能学到手,不能很好地掌握。孩子学得好,就认为孩子聪明、优秀、出色,没有辜负他们的期望。孩子的接受能力和模仿能力因此也许会变得优秀,但他们积极主动探索未知世界的意识也因此而淡薄,幼儿原有的创造性学习动机和初衷被人为地扼制住了。模仿、照搬成了幼儿学习的主要方式。有些孩子遇到自己不知道的东西和不懂的事时,就用轻松的口吻回答:"老师又没教过,我怎么知道。"因此,教育者必须最大限度地让幼儿自由地去发现、创造适合自己的学习方法或方式,充分发挥孩子们的能动性和积极性,这是保护和培养幼儿创新能力的有效途径。

第二,限定幼儿的思路,使其不能创造性地自由思维。培根说过:"只有顺应自然,才能利用自然。"幼儿成长过程中离不开教师的培养,但在幼儿的一切活动中都有老师的"影子"晃来晃去,就反而会限制幼儿的创造性。幼儿渴望依靠自己的力量成长,教育必须顺应和尊重幼儿的这种天性,尽管幼儿的想法有时显得有悖于常理。如有个小朋友喝水时被水噎了一下,他马上就说:"我把水囫囵咽了。"其实这是孩子自己对事物的特别感受而对一种现象的表述。这种"创造性"的思维方式是符合现代教育中新的目标要求的,教育者应该小心地保护和最大限度地开发。但多数情况下,教育者总是习惯把幼儿的思维引导到自己思维的轨道上,并加以界定,对与上述类似的思维方式采取无视、否定甚至取笑的态度:不能那样想,要这样想;不能那样做,要这样做。

第三,过分苛求秩序,使其不能创造性地自由探索。不管对什么事,一旦好奇,幼儿就要去弄个明白。但幼儿的探索不是那么容易的,他们要从管束和限制中突围出来,才可以实现他们探索的愿望。有几则事例足以说明幼儿探索的艰辛:如一位小朋友早操时,无意中在经过的草丛边听到了小虫子的鸣叫声。强烈的好奇心驱使他想探个究竟,可是他又不能私自离开队伍,于是强捺住自己没有去,想等到下了早操再去看。可这个早晨,教师连自由活动的时间也没有安排。于是孩子终于溜了出去,但那只鸣叫的小虫早已无影无踪。这位小朋友像丢失了一件珍爱的物品似的伤心地哭了。又如教师带小朋友去公园散步,教师强调不能捡路上的石子和其他东西。可是一部分小朋友还是经不住好奇,冒着挨批评的危险捡了起来。教师问他们为什么不听话时,他们都有"充分"的理由:"我想看看,摸摸这个石子。""我不小心就捡起来了。""别人都捡,我也捡了。"对于不小心滑出"轨道"的幼儿,教师通过劝说、讲道理,把他们拉了回来;对于硬要"以身试法"的幼儿,教师则采取惩罚的手段,令他们离开,到一边去。受惩罚的幼儿无奈沮丧的心情自不必说。可还有反其道而行的幼儿,不认为惩罚有什么不好,因为这样正好得到了解脱,得到了自由,值得庆幸。有一位幼儿在回家的路上兴奋地告诉妈妈:"今天我们几个小朋友不听话,老师把我们罚到了寝室,老师不管了,我们玩得可痛快了!"

二、幼儿创造力的培养

(一)基本途径

1.五大领域的教育教学活动

五大领域包括健康、社会、科学、语言、艺术。在这五大领域的教育教学活动中,蕴含着丰富的开发幼儿创造力的因素。例如:在健康领域活动中培养幼儿勇敢、坚韧、顽强等意志品质。这些都是创造人格的重要内容。另外,动作的发散与替代物的使用等,均可以发展幼儿的创造性思维能力。在社会领域中,教师可结合日常生活的教育活动,发展幼儿的创造性思维。幼儿在日常生活中会遇到各种困难,教师引导幼儿思考解决问题的方法,便是发挥创造性思维的过程。在科学教育中,教师可通过引导幼儿开展探索活动,培养幼儿的好奇心、兴趣、探索精神及善于发现事物和现象变化、获取新信息的能力。在语言教育活动中,教师可通过字、词扩散,创编故事等发展幼儿的想象力和创造力。如续编故事结尾、改编故事、创编故事等。在艺术领域,开发幼儿创造潜能的方法很多,如为歌曲创编新歌词或改编歌词,根据音乐编舞蹈动作,以及自编歌曲,进行主题画、意愿画、故事画、诗画的创作等。

2.游戏活动

游戏是正在成长中幼儿的最大的心理需求。幼儿在游戏中编织了假想的世界,却在身心方面实现了真实的成长。

20世纪70年代以后,许多心理学者开始注重研究游戏的效用问题,并且,把重点放在游戏对儿童创造力(主要是发散性思维)发展的影响或作用上。一系列相关研究(Lieberman,1977)、实验研究(Dansky & Silverman,1973,1975)及游戏训练研究(Dansky,1980a,1980b)均表明,自发的、能动的、自由的游戏活动是孕育创造力的"母体"。游戏因增加儿童行为的自由度而促进了儿童发散思维的"变通性"的发展。

游戏特别是创造性游戏如角色游戏、表演游戏、结构游戏等对幼儿创造力的发展有着极大的促进作用。角色游戏十分强调想象和创造的运用,它被认为是发展幼儿主动性和创造性的最佳手段之一。表演游戏是幼儿按照童话故事中的情节,通过模仿和想象来扮演一定的角色,进行创造性表演的游戏。表演游戏有利于促进幼儿艺术创造力的发展。结构游戏是利用积木、沙、土等材料进行建筑和结构的游戏。幼儿在结构游戏中将一些零散、无意义的结构材料构造成某个有意义的"建筑物"的过程,实际上就是创造的过程。

3. 综合性创造活动

从目前我国现有的对幼儿创造教育的研究来看,研究者们把注意力主要集中在对幼儿创造能力的培养上,而忽略了对幼儿"创造人格"的塑造,因此,这种教育是不完整的、残缺的创造教育。因此,我们主张应探索与建构全方位、立体化地促进幼儿创造潜能发展的策略或方法。为此可以根据幼儿活泼好动、热衷于游戏、喜好听故事等的心理特点,以及国家教委颁布的《幼儿园教育指导纲要》所提出的"幼儿园以游戏为基本活动"的精神,开展"以文学作品为依托,以表演游戏为主线"的综合性创造活动。

4. 专项思维训练

美国心理学家吉尔福特认为,创造性思维过程中包含发散性思维和聚合性思维两种形式。发散性思维是指从各种角度去思考探索问题,寻找多样性解决问题的方法的思维。聚合性思维是指经过逻辑分析,按解决问题的要求筛选出一种最优的解决方案的思维。完整的创造性思维应包括发散性思维和聚合性思维两个方面。发散性思维和聚合性思维作为求异和求同两种形式,在创造性思维过程中互相促进,彼此沟通,互为前提,互为补充,共同推动创造性思维的不断发展。思维训练尤其要加强发散思维的训练。可以材料、功能、结构、形态、组合、方法、因果、关系等为"发散点"进行灵活、新颖的发散思维训练。

(二)应注意的问题

1. 面向全体幼儿

创造心理学认为,创造力人人皆有之。创造教育的任务是面向全体幼儿,开发每一个幼儿的创造潜能。教师要为每一个幼儿提供创造的机会和环境,以促进每个幼儿的创造力的发展。

2. 尊重个体差异

如前所述,对幼儿进行的发散思维测验结果表明,幼儿发散思维的发展存在很大的个体差异。因此,教师在教学活动中,应注意观察幼儿的个体差异表现,并分别予以指导和训练。

3. 抓住关键期

发散思维测验结果显示,5岁左右是幼儿发散思维发展的转折期。这与心理学的研究结果:"4岁以后,幼儿心理的发展出现了较大的飞跃"基本一致。其原因在于进入中、大班以后,幼儿注意的稳定性明显增强、创造性想象思维也已开始发展,且知识经验有了一定的积累,从而为幼儿的发散思维能力的发展奠定了良好的基础。因此,教师应该抓住幼儿创造力发展的黄金期,采取有效措施,对幼儿进行指导和训练。

4. 提供自由宽松的精神环境

积极健康的精神环境是创造动机产生的前提。对于幼儿来说,重要的不是创造水平有多高,而是敢于创造和习惯于创造,即有创造的"心向"。教师在各种教学活动中,要创设自由探讨的气氛,鼓励幼儿充分表达自己的想法,不怕说错。

5. 以活动教学为中心

活动是幼儿的天性。在活动过程中,要能引起幼儿主动学习的态度和创造的需要。在笔者进行的五道发散性思维测验中,"操作测验"(火柴拼图)是年龄差异最小的一项测验。小班幼儿也显示出了思维的活跃性,这表明年龄幼小的儿童的思维是以"直觉行动思维"为主的,他们在行动(操作)中思考、创造,行动(操作)激活并促进了思考、创造。

6. 丰富幼儿的知识、经验

幼儿通过各种活动掌握了一些知识经验,这样幼儿就具备了进行创造活动的必要条件。在不同年龄阶段及不同内容的教学活动中,应把握好两个区,即"基础区"与"发展区"。所谓"基础区"是教师必教的部分,即最基本的知识,最关键的技能;所谓"发展区",是指在教师引导下幼儿应用已有知识和经验自我发挥、自我创造的部分。

三、幼儿创造性培养的家庭方案

Wright(1986)的三角架模型(three-pronged model)指出,创造性家庭环境由三个主要成分构成:一是表达尊重,二是鼓励独立,三是提供刺激。尊重儿童就是要把他们作为一个独立的平等的主体看待,提倡独立精神则必须先给孩子们自由与心理的安全。此外家长还应该多提供富有创意和灵活性的模型装置,以有效激发儿童的创造性思维。

国内学者往往把保护儿童的好奇心、培养儿童的观察力、想象力和动手能力这四方面作为家庭培养的重点。他们还十分重视亲子间的互动,提倡亲子学习,认为家长要和儿童一起学习和思考问题。

四、幼儿创造力的家庭环境

1. 给孩子创设一个自由的家庭生活环境

在独生子女的家庭中,父母都十分重视对子女的教育,这是件可喜的事情。但是,由于他们对子女的期望值太高,加之缺少正确的儿童观与教育观,因此,为了实现自己对子女的期望,往往在家庭里给孩子规定许多清规戒律,而不管孩子是否有兴趣,这就会影响孩子创造力的发展。所以父母应该给孩子创设一个轻松愉快的家庭环境。美国布兰代斯大学心理学家特里莎·阿马贝尔经过多年的研究认为,对创造性来说,唯一最好的刺激是自由——有权决定什么和怎样做。只有给幼儿一个自由独立的环境,才可能使其随心所欲地去独立思考问题,解决问题,从而促进孩子创造力的发展。

给孩子以自由,就是给他们创设积极主动发展的自由、活动和娱乐的自由、思索和遐想的自由、求知与探索的自由、自我表现与创造的自由等。为此,应该提倡"六个解放":(1)解放儿童的头脑,使他们能想。(2)解放儿童的双手,使他们能干。(3)解放儿童的眼睛,使他们能看。(4)解放儿童的嘴,使他们能说,特别要有问的自由。(5)解放儿童的空间,不把儿童关在笼中,使他们能到大自然、大社会里去扩大视野。(6)解放儿童的时间,不能把他们的功课表填满,不逼迫他们赶考。只有这样,才有可能使孩子在成长过程中充满活力,成为现代社会所需要的具有想象力丰富、创造思维能力强的优秀人才。

2. 为孩子创设轻松愉快的家庭生活环境

首先,家庭中要营造民主的生活气氛,建立良好的人际关系,给孩子创设轻松愉快的心理环境。在家庭中无论是父母还是子女,都要享有权利、义务,各自都要为家庭承担应有的责任。家庭成员之间关系要和谐、融洽,彼此要尊重、坦诚相见、相互理解和体贴。尤其是父母更要尊重孩子人格,所以,父母对孩子的愿望与要求要理解,并对合理的要求给予鼓励和支持,这样,家庭中就会充满温馨与祥和的氛围,使人心情舒畅、精神愉快、有安全感。孩子在这样的家庭氛围中生活,就会思维灵活、想象力丰富,从而使孩子的创造性思维能力得到发展。

其次,在家庭中,父母要善于为孩子安排有生气、有欢乐气氛、孩子感兴趣的活动。如游戏与娱乐活动、参观与旅游活动、读书与讲故事活动等,这对发展孩子的观察力、想象力、创造力都有重要作用。

再次,家庭中充满幽默的生活气氛,会使人感到心情愉快,充满活力。以幽默的家庭气氛来熏陶幼儿,实际上就等于在他们那幼小的心田里播下了创造力的种子。幽默的语言环境对幼儿的想象与创造性思维活动有极大的促进作用。因为幽默的语言里包含着人的想象与创造性思维能力。父母可允许幼儿在同自己讲述生活中所经历的事情时说一些俏皮话，允许孩子同小伙伴逗乐，还可以在与孩子闲谈中使用一些幽默的语言，给孩子讲些幽默的故事，让孩子看看幽默的漫画……这样，不仅可以培养孩子的幽默感，还可以训练孩子的想象与创造性思维能力。

3. 给孩子创设产生和实现创造欲望的家庭环境

（1）要为孩子准备丰富的物质环境。给孩子准备笔与纸，准备小黑板、粉笔、板擦等，让孩子随心所欲地画画；给孩子准备一些积木、积塑、橡皮泥、冰糕棍等，让孩子独出心裁地去建构自己所想象的物体；给孩子准备一些可以用来制作物品的材料和工具（要注意工具的安全），让孩子动手动脑去创造自己所喜欢的物品。丰富的物质环境，不仅可以唤起孩子的创造欲望，而且还可促使孩子创造欲望得以实现。

（2）给孩子创造产生与实现创造欲望的心理环境。父母要鼓励孩子有新奇的、甚至是出格的想法，使孩子喜欢标新立异。应该经常对孩子说"你真聪明！你很会动脑筋，你想的办法可真好！"等激发孩子创造积极性的话。如果发现孩子的想象与创造是脱离实际的，则应该在鼓励孩子善于动脑筋的同时，用诱导的语言帮助孩子修改一下他的创造方案，并引导启发孩子怎样才能做得更好。特别要鼓励孩子进行创造的勇气和信心，与孩子一起商议解决问题的办法，给孩子克服困难的信心，培养孩子成功的欲望。

【案例分析】

案例9—1：假如十字路口没有红绿灯（大班）

一天上午，在创造性教育活动"交通红绿灯"中，教师要求幼儿主动观察马路上的车辆，并说出汽车的特征和交通规则。顽皮的巍巍神秘地说："今天，我发现了一辆扫路车，它的两侧的大扫帚不停地转动，遇到红灯，它就咔的一声停车了。"他边说边做鬼脸，不停地扭动着屁股，最后，还摆了一个滑稽的造型，逗得小朋友们忍不住笑了起来。

教师决定带领全班幼儿步行到马路边进行观察活动，引导幼儿观察马路上行驶车辆的情况和交通信号灯的变化情况。

因为要集体外出，小朋友们显得兴致很高。他们七嘴八舌地说："老师要带我们上街看车啦！""好哇！好哇！"

教师特别叮嘱巍巍等几个调皮捣蛋的小男孩要遵守纪律，他们一脸认真地点头答应："老师，我们一定不乱跑。"

在路边，小朋友们充满了好奇心，一直认真地观察。有些孩子因为没有看见十字路口的红绿灯,就疑惑地问老师:"为什么车一会儿多,一会儿没有车经过这里?"枫枫听见了抢着说:"因为路口有红绿灯控制呗!不信,你问老师。"

在小朋友们的提议下,教师又带着大家观察十字路口的车辆行驶情况,并观察了人行斑马线、交通红绿灯……

回到幼儿园的教室,老师对全体小朋友提出这样一个问题:"动脑筋想一想,假如十字路口没有红绿灯,会有什么情况发生呢?"小朋友们皱起了眉头,都在认真地思索着这个问题。有的说:"会堵车的。"有的说:"要是有的汽车抢道,就会撞到别的车。"还有的说:"撞车了,有人会受伤的。"

教师说:"小朋友们想得非常好,现在就用我们的小手和画笔把它画出来,好吗?看谁画得最棒!还有,今天回家过路口时,一定要注意交通安全!"

教师评析

著名教育家苏霍姆林斯基说:"儿童的智慧在他们的手指尖上。"这是提醒广大幼儿教师要具有创新意识,对于那些顽劣异常、调皮捣蛋、鬼点子多的幼儿,不要强迫他们必须看教师的脸色行事,不能要他们绝对服从教师的指挥和安排。因为被管教成规矩听话的老实孩子,他们的一些大胆的想象、异想天开的行为就可能会放弃,久而久之,他们就会不愿意再去尝试探索新事物,可贵的创造潜能就被抹杀了。

《幼儿园教育指导纲要》指出:要引导幼儿对身边常见事物和现象的特点、变化规律产生兴趣和探究的欲望。幼儿的创造潜能表现在求知活动中遇到问题时的敢想、敢说、敢做,它包括创新意识(敢说)、创新思维(敢想)和创新行为(敢做)几个方面。教师要通过组织创造性活动,开发幼儿的创造潜能,培养幼儿的创新素质。

案例中的教师带领全班幼儿步行到马路边进行观察活动,引导幼儿仔细观察马路上行驶车辆的情况,又带着他们观察了人行横道线、交通红绿灯等,这种做法不仅丰富了幼儿的社会知识,而且通过观察了解汽车在马路上行驶等情况,培养了幼儿的观察能力和口语表达能力,以及初步的交通规则意识和安全意识。

著名教育家陈鹤琴指出:儿童本性中潜藏着强烈的创造欲望,只要我们在教育中注意诱导,并让儿童敢于在实践中摸索,就会培养出具有创造能力的儿童。在观察过程中,教师要能够发现幼儿的创新能力,并给予积极的鼓励和肯定。特别值得教师注意的是,培养幼儿的创新精神应该更多地关注创新活动的过程,而不是结果。

案例9-2:比哈里.波特的扫帚还神奇的鞋(大班)[①]

幼儿幼稚,但富于幻想,往往会有一些异想天开的想法。一天,正在玩汽车游戏时,小朋友们都是手拿汽车在马路上开来开去,唯独晖晖手里拿着汽车在半空中飞来飞去。教师奇怪地问:"你的汽车为什么在半空中飞呢?"他毫不犹豫地说:"老师,这辆汽车已经飞出了地球,正在宇宙中飞行!"乍听起来,令人觉得有些不可思议,但是却蕴含着幼儿的创新意识。对此教师不能泼冷水,而应表扬晖晖的想法真不赖。

教师继续问晖晖:"你长大后的理想是什么?"晖晖说:"我长大了,要制作一双鞋,穿在脚上,然后就能飞上天,不坐汽车、不坐飞机、不坐火箭,去看看太阳和火星。""老师觉得晖晖的想法很特别,难道这双鞋比你的鞋子还神奇?""当然了,这是一双能上天的鞋,赛过哈里·波特的扫帚呢。"说完,晖晖得意地笑了起来。

"真有趣!"这个话题马上引起了其他幼儿的兴趣,大家争先恐后地说:"我们快给它起个名字吧。"一个幼儿说:"我给它起个名字叫晖晖牌魔鞋。我要像晖晖那样,穿着魔鞋漫游海底世界。"另一个幼儿说:"我给它起个名字叫天下第一魔鞋。我要穿着它遨游太空,和宇宙人握手。"还有的幼儿说:"我给它起个名字叫无敌魔鞋,穿着它,妖魔鬼怪见了都害怕。"

教师说:"小朋友们说得真好,现在我们就一起来做这双神奇的魔鞋好不好?""好哇!好哇!"

教师评析

晖晖这种类型的幼儿,他们求知欲强,善于独立思考,凡是新奇的事物都会使他们产生好奇心和探究的欲望,并积极想办法解决问题。相反的,如果幼儿对任何事物都觉得司空见惯,缺乏好奇心,那么,幼儿就会缺乏创造性思维。

教师要善于在创造性游戏中创设问题情境,鼓励幼儿大胆质疑和思考,激发幼儿的创新意识和创新思维。所以,上例中的教师对于晖晖手里拿的汽车在半空中飞来飞去的做法,没有随便将之斥责为"胡闹",而是由浅入深地提出了这样三个问题:"你的汽车为什么在半空中飞呢""你长大后的理想是什么?""老师觉得晖晖的想法很特别,难道这双鞋比你的鞋子还神奇?"教师创设这样的问题情境,目的是引导晖晖动脑筋,通过独立思考后寻找答案,说出自己的想法,同时也吸引了全体小朋友,使他们产生生动丰富的联想。

教师要善于在创造性游戏中为幼儿创设氛围,由幼儿按自己的意愿提出主题,自己分配角色和构思内容,从而创造性地反映现实生活。创造性游戏将想象与现实生活结合起来,能够满足幼儿的潜在需要和愿望,能够培养幼儿的思考能

---

① 徐慧主编.幼儿教育心理实践活动案例.北京:高等教育出版社.2009

力,激发幼儿的想象力和创造力。正如高尔基曾指出的:"游戏是幼儿认识世界的重要途径。"

分析与思考

1. 想一想:在"交通红绿灯活动"及"比哈里·波特的扫帚还神奇的鞋"中,教师是怎样挖掘幼儿的潜能的?

2. 说一说:怎样利用身边常见的事物培养孩子的创新素质?

▶ **阅读推荐** ◀

1. 莫雷,陈哲等著.幼儿科学创造力的微观发生法培养研究——婴幼儿机能发展系列.广州:暨南大学出版社.2006年

2. 王化敏主编.给幼儿教师的一把钥匙.北京:教育科学出版社.2006年

3. 广州黄金高德教育研究有限公司编.幼儿科学创造力培养研究与实践.广州:暨南大学出版社.2009年

▶ **思考与探索** ◀

1. 如何理解幼儿的创造力?
2. 简述幼儿创造力的培养措施。
3. 简述幼儿创造力的表现。

第十章
幼儿园教学设计

【内容提要】 本章主要介绍幼儿园教学设计的基本含义;阐述在幼儿园中,各种教学设计可能遇到的挑战与机遇;提出幼儿园在新课改的背景下,如何应对教学设计缺乏理论指导、内容简单,没有层次等问题,如何树立正确的幼儿园教学设计理念、制定可行的设计方案、明确教学设计目标、运用科学的教学设计模式等。

【学习目标】 通过本章学习,能正确理解幼儿园教学设计的重要意义;明确幼儿园教学设计的方法,理解幼儿园教学设计的前提条件;联系实际领会幼儿园的教学设计内容、设计实施模式及设计评价方法等。

教学设计是教学过程中的一个重要环节,前面章节介绍的学习理论及教育心理原理要在教学中真正发挥作用,必须依靠教学设计。教学设计是教学论、教育技术学、教育心理学等诸多学科的共同研究对象。教学设计作为联系教学理论与实践的"桥梁",是以促进学习者的学习为根本目的的。目前,围绕教学设计这一领域的研究成果已初步建立起了一个独立的知识体系,即教学设计学。教学设计学的任务是揭示教学设计工作的规律,并运用这些规律来指导教学实践。这意味着教学设计学有两个任务:一是探讨教学设计的基本原理,揭示教学设计过程中所依赖的基本规律及设计过程本身应该遵循的规律;二是系统提出关于教学设计的建议,包括工作步骤和具体做法,以便教师和教学设计人员使用。

第一节 教学设计概述

在进行教学活动前,教师会自觉不自觉地对教学活动进行设计。凡是基于

第十章 幼儿园教学设计

一定目的所进行的教学活动首先都要进行教学设计。现代教学理论和学习理论为教学设计提供了科学的理论和方法,使得现代教学设计能很好地促进学习者的学习,提高教学的科学性。

一、教学设计的定义

目前,对"教学设计"的定义,不同学者持有不同的观点,较有代表性的有"过程说"、"科学学科说"、"技术说"、"计划说"、"方案说"等[①]。

加涅(Gagne)曾在《教学设计原理》(1988年)中把"教学设计"界定为:"教学设计是一个系统化(systematic)规划教学系统的过程。教学系统本身是对资源和程序作出有利于学习的安排。任何组织机构,如果其目的是旨在开发人的才能,均可以被包括在教学系统中。"

帕顿(Patten, J. V.)在《什么是教学设计》一文中指出:"教学设计是设计科学大家庭的一员,设计科学各成员的共同特征是用科学原理及应用来满足人的需要。因此,教学设计是对学业业绩问题(performance problems)的解决措施进行策划的过程。"

赖格卢特(Reigeluth)对"教学设计"的定义实际上是对"教学科学"的定义。因为在他看来,教学设计也可以被称为"教学科学"。他在《教学设计是什么及为什么如是说》一文中指出:"教学设计是一门涉及理解与改进教学过程的学科。任何设计活动的宗旨都是提出达到预期目的的最优途径,因此,教学设计主要是关于提出最优教学方法的处方的一门学科,这些最优的教学方法能使学生的知识和技能发生预期的变化。"

梅丽尔(Merrill)等人在新近发表的《教学设计新宣言》一文中对"教学设计"所作的新界定值得引起人们的重视。他认为:"教学是一门科学,而教学设计是建立在这一科学基础上的技术,因而教学设计也可以被认为是科学型的技术。"

美国学者肯普(Kempe)给"教学设计"下的定义是:"教学设计是运用系统方法分析研究教学过程中相互联系的各部分的问题和需求。在连续模式中确立解决它们的方法步骤,然后评价教学成果的系统计划过程。"

以上这些有代表性的定义都强调教学设计的目的和意图是为了提高教学效率和教学质量,使学习者在单位时间内能够学到更多的知识。我们认为,教学设计(Instructional Design,简称ID)是对教学过程的合理规划,应该包括对学习者所学知识的分析和教学中可能出现的问题的预设,亦称"教学系统设计"[②]。一个合理的教学设计,是解决各种教学问题的方法汇总。

---

① 戴凤明.教学设计:有效教学的关键.教育理论与实践.2012(05)
② 皮连生主编.教学设计——心理学的理论与技术.北京:高等教育出版社.2000

幼儿园教学设计是以幼儿园的教育理论为指导,将人类社会中长期积累起来的并在当代社会中不断更新、发展的知识技能结构和道德情感结构转化为能被幼儿所接受的教学内容结构。

二、教学设计的意义

教学设计既是教学活动中的一个重要环节,也是一项复杂的教学技术。学习教学设计具有十分重要的意义。

(一)有利于教学工作的科学化

传统教学中也有教学设计活动,但大多以课堂、书本、教师为中心,教学上的许多决策都是凭教师个人的经验和意向做出的。例如,在制定教学计划时,教师往往根据本人认为某内容是否重要、对有关内容是否熟悉、有无现成教学大纲可用等来决定教学内容。有经验的教师凭借这种方法也能取得较好的效果,这正是教学艺术性的体现。但对于绝大多数教师来说,能掌握这门艺术的人毕竟很少,而且教学艺术难以传授。教学设计克服了这种局限,它使教学手段、过程成为可复制、可传授的技术和程序。只要懂得相关的理论,掌握科学的方法,教师一般都可以迅速地进行教学设计。因此,学习和运用教学设计的原理和技术,是促使教学工作科学化的有效途径。

(二)有利于教学理论与教学实践的结合

为了使教学活动高效、有序,人们一直致力于探讨教学的机制,对教学过程、影响教学的因素及其相互关系进行研究,并形成了一套独立的知识体系——教学理论。但长期以来,研究偏重于理论上的描述和完善,脱离了教学实际,使教学理论成为纸上谈兵。在这种情况下,被称之为"桥梁学科"的教学设计学起到了教学理论和教学实践的沟通作用。一方面,通过教学设计,可以把已有的教学理论和研究成果运用于实际教学中,指导教学工作的进行;另一方面,也可以把教师的教学经验升华为教学科学,充实和完善教学理论,这样就把教学理论和教学实践紧密地结合起来了。

(三)有利于科学思维习惯和能力的培养

教学设计是系统解决教学问题的过程,它提出的一套确定、分析、解决教学问题的原理和方法也可用于其他领域和其他性质的问题情境中,具有一定的迁移性。例如,在教学任务分析中,需要将总的教学目标分解为一系列子目标,然后根据每一个子目标制定教学策略,并确定实现总目标的教学步骤。这与很多实际问题的解决思路是相同的。因此,通过对教学设计原理与方法的学习、运用,可以培养人们科学的思维习惯,提高人们科学地分析问题,解决问题的能力。

(四)有利于加速青年教师的培养

教学既是一门科学也是一门艺术。虽然教学的艺术很难通过教学来传授,但科学的教学理论和方法则是可以习得的。我国师范教育的传统做法是注重专业知识的教学,却忽视了基本教学技能和能力的培养。年轻教师大多通过模仿和经验积累来计划和组织教学,从而延缓了青年教师教学水平的提高,影响了教学效果。教学设计学为师资队伍的培养提供了一条有效的途径,教师通过学习可以迅速掌握教学的基本原理与方法,并在实际运用中不断熟练和提高,最终成为一名教学专家。

(五)有利于电化教育的开展和媒体教材质量的提高

近年来,我国教育技术与设施经过不断开拓、建设和发展,已初步形成了一个从中央到基层的电化教育工作网,建立起了电视大学系统和广播电视系统。但目前所面临的重要任务之一是建设相应的教学节目和媒体教材。通过学习和掌握教学设计的理论与方法,可以帮助教师和教学设计者有效地使用现代化教学媒体,编制相应的媒体教材,使之在提高教学质量、普及各级教育和职业培训等各方面发挥积极作用。

总之,教学设计的好坏,是教学活动是否有效的关键。

三、教学设计的基本原则[①]

要保证教学设计的科学性,使教学设计符合教学的特点和规律,则在教学设计时必须遵守以下几个基本原则。

(一)系统性原则

教学设计是一项系统工程,它是由教学目标、学生现状分析、教学内容、教学方法的选择和教学评估等子系统组成,各子系统之间既相互独立,又相互依存、相互制约,组成一个有机的整体。其中教学目标起着制约其他子系统的作用。因此,确立合适的教学目标在整个教学设计系统中起着主导作用。

(二)程序性原则

教学设计中各子系统的排列组合具有程序性特点,即各子系统是按有序的、

---

① 杜惠洁.德国教学设计的理论与实践研究.华东师范大学博士毕业论文.2006

等级结构排列的,且前一个子系统制约和影响着后一个子系统的执行,而后一个子系统的执行又依存并制约着前一个子系统。按照程序性原则,教学设计中应体现出教学程序的规定性及联系性,以确保教学设计的科学性。

(三)可行性原则

教学设计是依据一定教学理论对具体的教学实践所作出的规划。这种规划要想成为现实,至少必须考虑以下三个条件:①主观条件。包括两个方面,其一是学生心理发展的年龄特点及知识水平;其二是教师的教学能力。②客观条件。包括教学设备、教学环境等。③可操作性。即教学设计能够在教学过程中被具体地实施。

四、教学设计的系统模式

由 Dick 等人提出的教学设计模式,目前被教育心理学界认为是较完整和系统的模式。该教学设计的步骤为:[①]

(一)评估需求,确定教学目标

第一步工作是确定所教课程的教学目标。所谓"教学目标"是指在教学之前预期教学活动结束之后,学生从教学活动中学到些什么,是知识与技能,还是态度与观念。教学目标的确定,一般是根据:①课程的需要(语文、自然、技能课的需要不同);②学生的能力与个别差异;③教师的教学经验(了解以往学生学习的情况)。

(二)进行教学分析

教学设计的第二步是教学分析,它与第三步的"检查起点行为"并列,两者无先后之分,可同时进行。本文为讨论方便起见,先说明教学分析。所谓"教学分析"是指在教学目标之下,对达到目标过程中学生进行学习所需技能的分析。以小学生学习乘除法为例,教师在教学之前必须先了解儿童是否具备加减运算的能力。

(三)分析学习者与情境

在教学分析的同时,为了了解学习者是否具有学习新单元的知识和技能,设计者必须先检验学生的起点行为。所谓"起点行为"是指学习新经验之前必须具

---

① [美].迪克等著.系统化教学设计.庞维国等译.上海:华东师范大学出版社,2007

备的基础性经验。面对新的教学内容,学生们会因起点行为的不同,而表现出个别差异。教师必须先了解学生这些个别差异的具体表现。然后才能决定如何教学生学习。检查起点行为的方法,既可采用口头提问方式,也可采用问卷测验方式。

(四)书写行为表现目标

根据教学分析和起点行为,就可进一步书写行为表现目标。所谓"书写行为表现目标"是指教学设计者或教师,预测学习者在经过教学后所学到的知识技能的具体表现。同时,在制定行为表现目标时,还要附带定出学习成败的标准,即指明达到什么标准才算及格。

(五)开发评估工具

这是根据行为表现目标及教学内容所进行的学后成绩测试。学习之后的评估,必须在行为目标的范围之内,这样才能准确反映出每个学习者的学习成绩。

(六)开发教学策略

根据前面五个步骤,教学设计者即可进一步提出实际教学中的教学策略。教学策略包括教材的讲解、教学媒体的使用、问题及解答方式、测试的回馈原则以及师生间与同学间互动功能的运用等。

(七)开发和选择教学内容

教学策略的运用,是围绕教学内容进行的。教学内容主要是指学校规定的教材。现成的教材是固定的知识,在实际教学时,教师还必须灵活地使用教材,并考虑如何运用媒体来加强学习效果。

(八)设计和实施形成性评价

形成性评价是指在教学未结束之前,为了了解学习者的学习与进步情况所作的评价工作。在实际教学之前进行教学设计时,应预先考虑到形成性评价的时机及进行方式,以便将来及时发现学生在学习中出现的问题,并进行及时补救。

(九)修改教学

要及时对形成性评价进行讨论,并达成一致修改意见,则要再次进行教学,以便提高教学质量。应重点根据形成性评价的结果做相应的调整。

（十）设计和实施总结性评价

总结性评价是指在教学结束之后，为了解学生学习结果是否达到预期标准、是否符合教学前所定的教学目标及作业目标而作的评价。通常是以期末测验的方式进行的。

第二节　幼儿园教学设计的基本特点和步骤

好的幼儿园的教学设计，应具有以下几方面的基本特点和步骤。

一、幼儿园教学设计的基本特点

（一）教育目标的层次性[①]

教育目标是教学活动的出发点和归宿，是教学设计的核心。好的教学设计是将教育目标分解成幼儿可拾阶而上的若干个台阶，让幼儿一步一步地登上最终要达到的顶端。这就要求教师在备课时，先从备人入手，以幼儿的发展为出发点，打破旧式教育中的教学模式，从整体出发，充分了解幼儿的经验、现有水平能力、心理状态，确定好每个层次幼儿的起点。如教小班学生比较事物的不同点，在设计时，可将目标分为三个层次：第一个是最低的层次，如找出两个不倒翁娃娃的两处不同点；另一个层次是基本的，如找出两个跳舞的小芭比娃娃的三处不同点；第三个层次是最高的，如找出两幅图片中的多处不同点。这样，在相同的教学目标下，针对不同的教育对象，把握好由浅入深、由易到难的尺度，使各层次的幼儿都有所收获，都能尝试成功。这正是当前幼儿园素质教育所追求的目标。因此，教育目标的层次性体现了教师分解目标、理解目标的技能，是教学设计成功与否的关键。

（二）教育内容的时代性

教学内容的选择是教学设计成功与否的关键环节。有了明确的教育目标，还要有适当的教育内容，如果内容能够恰如其分地反映目标，就使目标有实现的可能。那么教育内容的时代性的依据是什么呢？笔者认为有以下几点：第一，教育内容应具完整性，必须反映现代社会对人的全面和谐发展的要求，必须体现现代社会生产、生活的实际。第二，教育内容要符合幼儿的年龄特征。第三，教育

---

① 闫淑英.浅谈幼儿园的教学设计.太原师范专科学校学报.1999(02)

内容要有教育性、趣味性。第四,教育内容要符合时代的发展状况,符合幼儿认知发展的规律。

(三)教学方法的多样性

"教学方法"是在教学过程中,教师和幼儿为实现教育目标,完成教学任务而采取的教与学相互作用的活动方式的总称。教学方法是教学过程整体结构中的一个重要组成部分,是教学的基本要素之一。它直接关系到教学工作的成败和教学效率的高低。教学方法的多样性要求教师明确地选择教学方法,并使其在活动中达到在优化组合,从而以最少的时间达到最好的教学效果。幼儿园的教学设计要求教师在充分了解各种教学方法的长处和不足的基础上进行优化组合。如口诉法可在最短的时间内传递大量的信息;直观法可以提高教学效果;操作法可以提高幼儿的兴趣;问题探索法则可以循序渐进并目标明确地引起幼儿主动积极思索,不断提高其解决问题的信心。在幼儿教育中,有效的、包罗万象的科学方法事实上是根本不存在的,每种教学法就其本质来说都是辩证的。所以,在选择教学方法时,要注意:第一,所选的方法要符合教学规律和教学原则。第二,要有利于教学目标和任务的完成。第三,要符合幼儿的心理、生理发展特点。第四,要符合教学内容的特点和要求。

(四)教学过程的互动性

教学过程包括认识和实践两个方面。在教学设计中,教师应该摆正教师、幼儿和教学过程之间的关系,同时还要了解教师、幼儿在教学过程中的主客体关系。弄清幼儿是多重主体的地位,充分认识教学活动中的主客体关系。这样,才可以驾驭课堂,满足幼儿学习、发展的需要,使每个幼儿的"潜能"得到最大程度的发挥。

(五)教学语言的流畅性

好的教学语言应该具有流畅性、直观性、生动性、启发性和趣味性等特点。流畅性的教学语言多用于教学的开始部分;直观性的教学语言多用于对事物或事件的描述;生动的教学语言多用于比喻事物、人物的变化;启发性的教学语言多出现在引导幼儿不断探索问题的时候;趣味性的教学语言多用于在对幼儿的赞许、鼓励、评点之时。

(六)教学形式的多变性

选择教学形式要求教师具有高度的教学技能。教师一方面要根据活动中幼儿的反应随时调整教学方式;另一方面也要根据教师自身的特点来组织教学,选

学前教育心理学

择那些能尽量发挥自己特长的形式。如讲授新内容时，尽可能采用集体教学的形式，通过教师流畅的描述语言，达到"口耳相传"、省时高效的效果。在操作演练、演示时，则选用分组教学的形式，以发挥同伴之间的影响效应。对那些能力强或能力差的幼儿，应尽可能采用个别的教学方式，使强的幼儿"吃饱"，弱的幼儿"消化好"。从而达到使每个幼儿都有所发展的教育效果。

二、幼儿园教学设计的步骤①

1.要想真正地了解幼儿，更好地进行幼儿教育，则教师需要随时随地掌握幼儿的思想活动，观察他们的言行举止，和他们保持密切的联系。只有对幼儿进行充分的观察和了解，教师才能及时地掌握大部分幼儿在学习、生活过程中对某种知识或技能的掌握情况，教师才能知道哪些活动幼儿们实施起来是有困难的、哪些方式是幼儿比较喜欢的或是最能引起幼儿兴趣的、哪些教学活动是幼儿最不喜欢的等。

教师只有了解和掌握了这些，才能制定出好的教学计划。

2.教学活动中要尊重幼儿的主体性

在教学活动中，幼儿是学习的主体。所以，重视对幼儿主体性的培养，是顺利完成教学任务的一种有效手段。因此，在教育实践中，我们首先应该做的就是如何尊重幼儿的主体地位，如何把幼儿当做真正的主体。

3.选择适当的教学内容，制定具体的教学步骤

在确定了教学内容以后，教师就可以设计教学活动的具体步骤了。在设计时，可以根据幼儿的生理和心理特点来实施。一般情况下，幼儿的大脑皮质在学习开始的一段时间内，活动能力较低，以后会逐渐提高。根据这一特点，在活动步骤的设计过程中要坚持由易到难、循序渐进的设计原则。在活动一开始就要吸引幼儿的注意力，以激发幼儿强烈的好奇心，然后再逐步提高活动的难度，把活动引向高潮。在设计活动的具体步骤时，还要进一步考虑到教学活动的新颖性，在灵活多变的教学活动中将教师自己的教学特点和优势体现出来。例如：有的幼儿教师善于用语言去对幼儿进行引导，在活动安排的过程中，用生动、形象的语言启发和引导幼儿去理解和掌握有关的知识。但有一点值得注意，那就是设计的新颖性并不是让教师玩花样，也不是要求教师绞尽脑汁地想出什么惊人之举。新颖性是与合理性、可行性相伴而生的，离开了合理性和可行性的新颖只能导致教学活动的失败。

总之，教师要充分考虑到自己对幼儿的发展水平的估计是否准确，预定的教

---

① 李伟玲.幼儿园教学设计探究.新课程学习.2011(07)

育目标能否达到,教育内容是否合适,活动设计是否体现了自己的特长,是否合理,还有哪些需要改进的地方。幼儿教育有其特殊性,对于幼儿教师而言,要做好幼儿教学,就应该对幼儿教学目标有正确的认识。在此基础上,细化并实施教学目标,使目标得以实现。

第三节　幼儿园教学目标、过程、环境的设计

针对教学活动进行设计,对广大幼儿教师来说并不陌生。每个幼儿教师几乎无时无刻不在做教学设计。在正式开始一堂课教学之前,幼儿教师需要考虑幼儿现阶段的学习情况、下一步的教学目标和实现该目标的教学步骤;在教学过程中,幼儿教师需要了解幼儿的理解和掌握情况,并在教学完成后对教学目标的达成情况进行评价。这些都是教学设计的重要内容。幼儿教师的教学设计在许多方面决定了幼儿将要学什么、怎么学。那么,具体的幼儿园教学设计包括哪些环节、为什么要进行这些环节的教学设计、怎样进行幼儿园教学设计呢?

一、幼儿园教学目标的设计[①]

在教学中,教师所要做的第一步就是决定教学的结果将是什么,也就是学习者在学习结束后将会发生什么变化,即教学目标(instructional objective)。教学目标是教学设计的关键,它决定着教学的总方向,教学方法、学习环境、学习评价的设计都要以教学目标为依据。设计教学目标,我们首先需要确定教学的总目标,需要对教学内容和学习者的背景进行分析。任何一次教学活动,不论是全班性的还是小组性的,都应该有明确的、可操作性的、能够达到的目标。因为活动目标决定着活动的方向,影响着活动的范围,涉及活动的难易程度。笔者试从以下五个方面谈谈对幼儿园教学目标的思考和表述。

（一）目标的表述方式可以是教育性的,也可以是发展性的

目标是一个教学活动所希望达到的结果。下面通过案例来分析教学目标。

案例一:大班美术教学活动"画门神"的目标:培养幼儿喜欢我国传统的民间文化——年画;教幼儿大胆尝试运用图案、线条的变化绘画门神。

目标表述中运用了"培养"、"教"等词,表明教师期望通过本次活动培养幼儿"喜欢我国传统的民间文化——年画"、"运用图案、线条的变化绘画门神"的绘画技巧,以及"大胆尝试"的作画态度。这种教育目标的表述,表达了教师组织这次

---

① 张翠云.低幼儿童英语教学活动设计研究.华南师范大学硕士毕业论文.2007

教学活动所要达到的目的。

案例二：大班美术教学活动"多彩的秋林"的目标：一是能欣赏秋天树林色彩的绚丽；二是能用点画技法表现秋天的树林，并大胆尝试、欣赏色与色交融所产生的色彩变化；三是能与同伴合作使用颜料和画笔画画，并能正确地摆放和收拾颜料和画笔。

这个活动的目标是从幼儿角度来表述的，表达了在这次活动中幼儿自身的发展水平："能欣赏秋天树林色彩的绚丽"、"能用点画技法表现秋天的树林"、"能与同伴合作使用颜料和画笔"等，也就是通过教师的设计活动，了解幼儿在主动的欣赏、作画过程中，其认知经验、美术技能、创造性等水平。

案例三：小班音乐活动"北风爷爷别神气"的目标：学唱歌曲，能有力、自豪地演唱歌曲（这是发展目标）；通过故事帮幼儿理解歌曲内容（这是教育目标）；初步探索创编歌词的方法、技巧，以增强幼儿的演唱兴趣（前半段是发展目标，后半段是教育目标）。

我们暂且不分析这三条目标是否合适、是否符合小班幼儿的特点，单从表述目标的角度看，教师在准备这节课时的思路是混乱的：一会儿从教育者角度提要求，一会儿又从学习者角度提要求。笔者认为，幼儿园的教育教学活动要体现教师有目的、有计划地引导幼儿生动、活泼、主动活动的教育过程，因此，在思考目标时应该从活动的教育价值考虑，更应从幼儿的发展角度考虑，并努力追求目标的一致性，在表述目标时应尽量从一个角度出发进行陈述，避免思维的混乱。

（二）目标的指向应突出重点，兼顾多项

对幼儿来说，在教育教学活动中可能获得的发展是多方面的，诸如情感、态度、认知经验、技能及观察力、想象力和创造力等。但是从一个具体的活动来说，由于时间短、涉及的内容不同，因此，我们应根据幼儿的原有水平和本次活动的重点，筛选出主要目标。

我们再从以下三个案例来看目标的表述。第一个案例目标的表述是：学习儿歌，感受小主人公（李苗苗）爱动脑筋的形象特点；乐于向小问号学习，并能初步提出自己的问题。第二个案例目标的表述是：学习用绘画的方法表达自己的问题；能大胆地构图，比较确切地表达自己的意思。第三个案例目标的表述是：初步学唱歌曲《为什么》，会用提问的语气唱；能唱准附点音符和休止符；对探索周围现象有较浓的兴趣。

以上三个案例虽然都是围绕小问号、提问题等开展的活动，但却是三个不同领域的活动。第一个是语言活动，第二个是美术活动，第三个是音乐活动。每个案例都清楚地提出了相关领域的目标，同时分别涉及兴趣、能力、社会等其他方面的目标。即使是综合活动，其目标也不应是面面俱到的大杂烩，而应该突出重点。如综合活动"快乐大家庭"的目标可以这样表述:能围绕调查表和照片的内容介绍自己的家庭,语言清楚、比较连贯;乐意与同伴交流家庭中快乐的事情;能安静地听别人发言,分享爱父母、爱家庭的快乐心情。该案例是一个以了解社会和学习语言为主的综合性活动,还涉及观察调查等内容。但是目标表述不需要面面俱到,只突出主要目标就行了。

(三)目标的文字叙述应精确、具体,有可操作性

教育目标或发展目标,都有层次性,即从幼儿园阶段的总目标→年度或学期目标→月目标或主题目标→具体活动目标,应各具特点。一般来说,总目标内涵应全面、丰富;一个具体活动的目标是指在这个具体活动的有限时间内可以达到的目标,所以应该特别注意目标的针对性和可操作性。

中班综合活动"会变的脸"的目标表述是:感知并能用表情表现高兴、伤心、害怕、生气、愤怒等情绪变化;能大胆想象并用绘画或泥塑的方法表现某种情绪,注意眼睛、眉毛、嘴巴等细节的变化;体验成功的喜悦。这个目标明确地表达了本次教学活动中幼儿在社会(情绪变化)、艺术(表现技能)等领域的发展情况。

中班体育活动"猫捉老鼠"的目标表述为:引导幼儿练习钻、爬、翻等动作,发展幼儿动作的灵敏性与协调性;培养幼儿动手能力、友好合作的能力及爱劳动的良好品德。这两条目标看似全面,既有对动作、身体素质的要求,又有对社会性、个性品质的要求,但却是几条准确性不够、很笼统的目标。如"爬"的动作要领有手膝着地爬,还有手脚着地爬,还有……钻也有正面钻、侧身钻,以及从多少高度下面钻等教学目标没有说明,教师如果心中不明确,又如何组织幼儿活动呢?而培养"幼儿动手能力"、"友好合作的能力"、"爱劳动的良好品德"等应如何体现在教学的全过程之中?

小班绘画活动"美丽的鲜花"的目标表述为:通过学画各种形状的小花,提高幼儿对花的认识与理解;培养幼儿的耐心细致品质,发展幼儿的发散思维。这是一个小班的绘画教学活动,一般小班幼儿认知经验少,通过一个活动能大胆地表现一两种花就不简单了,而表现"各种形状"就太多太难了;"耐心、细致"的要求,对小班幼儿来说在这个活动中也不太合适,应鼓励他们大胆地画;再则,学画各种形状的小花怎么培养"发散性思维"呢?因此,本次活动的目标可作以下修改。如果以教育目标呈现,可以这样表述:引导幼儿感知花园中多种颜色、形状的花,感受花的美丽;鼓励幼儿大胆地用手指或棉签点画出自己喜爱的花。如果以发展目标呈现,可以这样表述:能感知花园中多种颜色、形状的花,感受花的美丽;能大胆地用手指或棉签点画出自己喜爱的花。

（四）目标应兼顾幼儿不同的发展水平

大班体育活动"转身接物"的目标之一是：能积极尝试练习转身接物的动作，能手眼协调地接住物体并保持身体平衡。在转身接物的活动中，幼儿可以根据自己的原有水平通过接住圈、球、沙袋等物品，不断提高自己的运动能力。从目标来看，任何一次教学活动，教师都应有目标意识，每个活动的目标越清晰越具有教育价值，越能促进幼儿发展。但是，有的教师只满足于写出几条目标，而不认真思考是否符合幼儿的年龄特点、一次教学能否达成等问题。

小班种植活动"我们的菜地"的目标表述为：幼儿在买菜、分菜、种菜的过程中，体验活动的快乐；幼儿通过活动认识几种常见的蔬菜（青菜、萝卜、大蒜），并知道它们生长的地方。在一个活动中要认识三种蔬菜，哪种是已认识的，哪种是将要认识的，并不清楚；在上课时又是假装"买菜"，怎么能"知道它们生长的地方"？

教师在每一次教学活动设计时，都应该根据幼儿原有的水平和能力，明确提出本次活动的清晰的、能达到的目标，才能提高教学的效率。在目标表述时，应尽量改变过去那种喜欢把活动途径、方法写进目标的现象，诸如"通过活动"、"通过看看、说说、讲讲……"、"在采集、分类活动中让幼儿……"、"通过学习儿歌，使幼儿进一步了解交通安全的知识……"。教学方法不是教学目标，因而没有必要在目标中陈述。

二、幼儿园教学过程的设计

教学过程是实施教学目标的流程，教学过程的环节和步骤，都应该根据该教学活动的目标、特点和幼儿的已有经验、能力来安排。

（一）教学过程应遵循一般的教学规律，体现活动顺序的一次性

一次教学活动，不管是什么方面的活动都应该遵循教学规律进行。

※案例一：音乐活动"盆、碗、碟、杯在歌唱"

1. 出示盆、碗、碟、杯。引导幼儿观察认识，知道其名称、各自的特征。
2. 请幼儿自由敲打盆、碗、碟、杯，倾听其不同的音色。
3. 欣赏歌曲《盆、碗、碟、杯在歌唱》。
4. 学习敲打节奏 ×× ××｜×× ×｜ 。
5. 引导幼儿边听音乐边敲打，要求节奏敲打正确、整齐。
6. 引导每个幼儿在教室里除乐器玩具外再找一件生活用品，进行拍打、敲击、摇晃。
7. 鼓励幼儿将各种生活用品的名称创编进歌曲，同时创编出新的节奏。

案例分析：

这个活动的过程看似很丰富，但我们应该想到：经历这样一个过程后，幼儿到底学到了什么？是观察认识物品名称、特征，还是辨别其不同的声音？是欣赏歌曲，还是创编歌曲？这么多的环节到底让幼儿学什么？活动环节过多，想达到的目标过多，反而实现不了教学的目标。

※案例二：综合活动"自己画脸谱"

1. 分享关于京剧脸谱的经验。

(1) 介绍自己制作的脸谱。

(2) 概括京剧脸谱的特点。

2. 戏曲老师（幼儿园邀请的专业人员）示范画脸谱。

(1) 戏曲老师介绍材料、工具。

(2) 戏曲老师给自己画脸谱。

边画边介绍画脸谱的过程和注意事项，如重点是：小笔勾线、大笔涂色，从上往下画，每种颜色用固定的笔。

3. 幼儿自己画脸谱。

(1) 幼儿选择自己想表现的角色。

(2) 幼儿自己涂画脸谱（播放戏曲背景音乐）。

教师和戏曲老师共同观察幼儿的操作，鼓励幼儿大胆尝试在自己脸上画油彩，可给予个别幼儿一些必要的帮助。

4. 自由表演。

案例分析：

本案例设计的教学过程简捷而清晰，围绕画脸谱展开，从幼儿已有经验出发，在向专业人员直接学习的过程中获得相关知识、技巧，还让幼儿大胆自主地练习，并在脸谱画好后进行自由表演。在活动过程中，教师设计了四个环节，层层深入、环环相扣，保证了教师、幼儿和专业人员三方交流和幼儿自主练习的机会，遵循了幼儿学习的规律，调动了幼儿的积极性，有利于促进幼儿的主动性发展。

(二) 教学过程应突出重点，提高主要目标达成度

一个教学活动一般只有 10~20 分钟的时间，即使大班后期也只有 30 多分钟。在这短短的时间里，教学过程应该围绕本次活动的主要目标和重点展开，努力保证幼儿在活动中有显著的收益。

※案例三：综合活动"阅读广告"

1. 谈话：引导幼儿关注生活中的阅读材料。教师：你们知道广告吗？在哪里看到过广告？

2.观看电视广告。
(1)播放关于牙膏的广告。
(2)讨论:这是一个什么产品的广告?你看到了什么?
(3)教师:我们再来看一遍,广告里有些什么人,他们都说了什么,做了什么。
3.幼儿创编广告语。
(1)为小朋友喜欢的产品做广告。
(2)为产品创编广告语。

案例分析:

这个教学过程虽然注意了从幼儿已有经验入手,并在回忆、模仿后才让幼儿创编,但还存在以下几个问题:

提问的内容和教师构想的第一环节不对应。"生活中的阅读"内涵丰富,而广告只是阅读的一个方面,教师的提问直接指向广告,会限制幼儿的思维。所以,应做一些调整,可以修改标题,直接引导幼儿回忆关于广告的经验;或修改教师的提问,引导幼儿谈谈自己在生活中阅读过哪些广告语。

关于广告语的创编,没能让幼儿感知广告的特点。从整个活动过程我们看出,教师在以牙膏广告为范例时仅仅引导幼儿说出:"有好几个人,动作滑稽,颜色好看……"甚至在安排再看一遍广告前也只是提醒幼儿注意:"有些什么人,他们都说了什么、做了什么。"而对于广告语的特点,如言简意赅、朗朗上口、生动幽默等却只字未提。

让幼儿创编广告,教师只注意形式上的自主,可以自己编也可以自由结伴编,但是怎样创编广告语,却没交代清楚,在幼儿没有明确广告的特点的情况下又如何创编呢?可见,好的教学过程应能围绕教学目标展开,应突出重点,分析可能出现的难点,使目标在循序渐进的环节中自然达成。

※案例四:数学活动"数豌豆"
1.感知豌豆夹中豌豆的数量。看看豌豆夹的外形特征,数数豌豆夹中的豌豆粒。
2.剥一剥、数一数、记一记。每人两个豌豆夹,剥后数一数,并用自己的方法做记录。
3.分析记录单。重点:怎样记录才能看得清楚?豌豆夹里的豌豆粒一样多吗?
4.再次操作。记录3~5个豌豆夹中的豌豆粒。
5.交流并小结。讨论:每个豌豆夹里的豆宝宝一样多吗?最多的有几粒?最少的有几粒?

案例分析:

教幼儿数豌豆,豌豆夹中豌豆粒数量的差异,可以引发幼儿探索周围事物的

第十章　幼儿园教学设计

兴趣。教学过程应紧紧围绕剥豌豆、数豌豆展开：一个豌豆夹里有几粒豆宝宝？多的有几粒？少的有几粒？"用自己的方式记录"为幼儿提供数"数"和自主学习的机会；又在同伴交流互动的学习情境中，感受记录的不同方法，同时又在分析过程中逐渐把握"怎样才能把几次操作的结果表述清楚"，这是一种对幼儿自我学习能力的锻炼。最后一个环节让幼儿比较最多的有几粒和最少的有几粒，不仅进行了数学能力培养，更调动了幼儿到生活中继续探索研究的积极性。

（三）选取合适的方法、途径，讲究教学的实效性

在考虑幼儿的学习特点和认知规律时，幼儿教师要注意使教学过程充满趣味性，也要注意在活动过程中避免出现为追求生动而生动、为多样而多样的现象。

※案例五：语言活动"欣赏散文诗《白云》"

1. 出示一朵白云（图片）。教师：你们知道白云的家住在哪儿吗？

2. 欣赏散文诗《白云》（配乐）。

3. 大班幼儿表演（创设真实情境）。

4. 学习散文诗并理解词汇（播放幻灯）。

5. 幼儿练习朗诵（播放动画片）。

6. 幼儿自主选择头饰，边念边表演。

案例分析：

对散文诗的欣赏与学习有利于提高幼儿对文学艺术的感受及理解力。散文诗充满了想象和美感。在教学过程中，教师要力图用多种手段让幼儿经历：回忆经验—欣赏—学习—理解—表现的过程。

整个过程进度过快。教师不是引领幼儿一步一步地感知，而是快速走过从感知到表现表达（甚至创造）的全过程。

教学形式太多。一个人的精力是有限的，如果每一次教学教师都要安排、制作四五种教具，教师哪还有精力投入到活动过程中？

教具的使用太过于直观。在教学过程中，我们应防止追求形式变化而把简单的事变复杂了。教师应该根据幼儿的理解水平、教材内容，选择合适的教法、教具，避免出现为直观而直观、为生动（丰富）而生动（丰富）等现象。

※案例六：美术活动"彩色的雨滴"

1. 进入"下雨情景"。

玩音乐游戏："下雨了"和"大雨和小雨"。

2. 教师示范点彩画。

（1）欣赏画有天空、草地的大背景图（三张铅画纸拼成）。教师选不同颜色，并用手指点画雨滴，让幼儿感受雨滴是从上往下落的。

(2)幼儿跟随老师用手指书空练习：一点一点。
3.幼儿作画（配有关"下雨"的乐曲）。
提醒幼儿自己选择颜料，找一处合适的位置操作。观察幼儿如何点画雨滴，给予个别幼儿以必要的提示。鼓励幼儿可以多画几种不同颜色的雨滴。
4.欣赏。
感受自己和同伴制作的彩色雨滴的美景。
5.幼儿听着音乐的"雨声"，"撑着小伞"离开活动场地。

案例分析：

这是一个以美术为主题的教学活动，从观察范画到自己练习，幼儿都是活动的主体。开场选用音乐游戏，调动了每个幼儿的已有经验和情绪，在"雨声"音乐伴奏下作画，可以使幼儿在"下雨"的氛围中尽情地表现对下雨的感受。幼儿作画时选用了大幅背景图，从而拓展了幼儿的想象空间，创造了既源于真实生活又高于现实生活的艺术氛围。可以想象，当幼儿"撑着小伞"在雨中漫步，该是何等的满足。在这样的情境中，可以使幼儿如身临其境，既获得了点画雨滴的新经验，同时又巩固和丰富了幼儿多方面的经验，提高了幼儿的表达技巧。

三、幼儿园活动室教学环境的设计

（一）教学环境设计的有关理论

教师可以运用心理学原理来布置活动室的物理环境。诺曼（Norman）认为，教师在设计活动室环境时应注意以下几点：
▲有利于儿童在某一时间应采取的行为；
▲便于评估当前状态与系统；
▲依循目的与所需行为、行为与结果之间及可视化信息与系统解释之间的自然路线。

（二）幼儿活动室环境设计的原则与要求

活动室是吸引人注意的场所，要考虑到色调、气味、噪声等。
1.活动室环境设计的原则
(1)使用不同方式表述教学内容，如：文本、图片、音效、模型等。
(2)提供多种表达与调控的方式，如写作、美术、摄影、戏剧、音乐等活动作为教学工具；
(3)通过多种途径吸引幼儿注意，引发幼儿产生学习、探索的兴趣。
2.活动室环境设计的要求
密格纳诺（Mignano）等认为，为了提高幼儿的自信心、自我约束能力、逻辑

思维能力、创造力和解决问题能力,幼儿活动室环境设计应注意:

(1)提供柔软、带响声的物品;提高幼儿的心理安全感;使用可组合家具;在需要的时候为幼儿创造安静、舒适的私人空间。

(2)使用各种装饰品,使活动陈设更个性化。

(3)活动室的陈设使幼儿感到亲近,能为幼儿所欣赏。

(4)提供足够的空间及充足而适宜的物品,以便于开展各种活动,促进幼儿的社会性发展。

(5)借助角色扮演,提供非结构性的、需要探索的物品来发展和提高幼儿的思维能力和表达能力。如在活动室悬挂印刷图片、手工绘画和肖像作品等。

(6)在活动室中安排快速通道,把彼此不同的活动区分开。

四、幼儿教学活动设计举例

(一)幼儿园美术教学活动设计——大班美术活动"神奇的树"

1.设计的指导思想

《纲要》明确指出"幼儿的创作过程和作品是他们表达自己的认识和情感的重要方式,应支持幼儿富有个性和创造性的表达,克服过分强调技能技巧和标准化要求的偏向","使之体验自由表达和创造的快乐。"

2.教学过程设计

第一环节:创设情境,激发动机。此环节简单、明了,可采取猜谜、儿歌、谈话等形式。

课例中,教师收集了一些常见树的图片布置在活动室内,然后引导幼儿参观,并提问:"你看到了什么?"孩子们兴致勃勃地围着树议论着,不时地会有孩子问问老师或同伴。

此时教师还可以直接提问:"你见过什么树?它们长什么样子?"以此激发幼儿用语言和身体动作尽情地表现树的千姿百态,以引发幼儿的兴趣。

第二环节:体验与感受。即通过观察获得对事物的初步感知。

教师此时逐一出示各种奇怪的树的图片,并逐一提问"这棵树奇怪在哪里?"以此激发幼儿的探索欲望。

这时,幼儿开始兴奋起来,回答十分踊跃:"这棵树的树干胖胖的,像瓶子!""这棵树上结的果子很奇怪,像面包!""这棵树上的花都开得不一样,各种花都有""""这棵树是树的爷爷,树干像手,树根像脚,手上还抓了月亮、星星、玩具……"

这一环节是通过让幼儿观察图片,充分讲述图片上的树的神奇的地方,从而调动了孩子的学习兴趣,让幼儿对神奇的树有了充分的感知。

第三环节:通过师生互动,生生互动,引导幼儿寻找进行个性创造的方法。

教师提问:"你们想画什么样的奇怪的树?"

幼儿反应十分热烈:"我想画玩具树,上面结满各种各样的玩具,我想玩什么就可以拿什么。""我想画狮子树,那棵树可厉害了,谁见了都害怕!""我想画长满手的树,手上有很多吃的"……

教师对每个幼儿的回答都给予了肯定,并问:"还有什么更神奇的树?"这时幼儿基本上是重复自己或他人的想法。

艺术的生命力在于不断地创新,幼儿艺术活动的活力也在于不断地求新求异。幼儿期是富有创新精神的阶段,他们非常高兴有自主想象的机会,思维十分活跃。只是此阶段教师若能进行更进一步地启发,如"太空里会有什么更神奇的树呢",那样就更好了!

第四环节:幼儿作画。在此过程中,教师应根据幼儿的创作情况不断进行适时、适度地指导,以使每位幼儿都能顺利完成作业。

教师此时提出了作画要求:尽量与别人画的不一样,越神奇越好。在幼儿作画时,教师发现孩子普遍都只会画教师给幼儿欣赏的图片里的玩具树,于是,教师就不断提示幼儿:你的玩具树有什么神奇的地方? 于是,吴闻洲给他的奥特曼树加上了喷泉,余一立加上了各种花。这时,教师发现高煜博画了一棵房子树,于是马上拿起了他的作品予以展示。孩子们受到启发后,思维更加活跃,音乐树、立交桥树等纷纷出现。

第五环节:展示作品。

教师展示幼儿作品,请幼儿相互自由说说哪一棵树最神奇。

幼儿都非常开心,热情地介绍着自己的作品,脸上洋溢着满足的神情,幼儿都认为自己的作品是最美的! 教师也不失时机地用赞许的目光引导幼儿欣赏了几幅有特色的作品。

幼儿通过这个活动过程都感受到了自己的成功,体验了成功的喜悦。

(二)幼儿园音乐教学活动设计——小班音乐活动"小小鸡"

1. 设计的指导思想

《纲要》明确指出:"幼儿艺术活动的能力是在大胆表现的过程中逐渐发展起来的,教师的作用应主要在于激发幼儿感受美、表现美的情趣,丰富他们的审美经验,使之体验自由表达和创造的快乐。在此基础上,根据幼儿的发展状况和需要,对表现方式和技能技巧给予适时、适当的指导。"

2. 活动目标

(1)在唱唱玩玩的游戏活动中学习歌曲《小小鸡》。

(2)乐意用动作、表情、歌曲来表达对小鸡和鸡妈妈的喜爱之情。

(3)初步学习并知道与同伴在一个共同的空间中活动时不相互碰撞。

3.活动准备

(1)小小鸡一群,供幼儿观看。

(2)"鸡妈妈"头饰一个、录音机及音带。

(3)事先已欣赏过的歌曲旋律。

4.活动过程

(1)导入活动。

教师以实物小小鸡引起幼儿的观赏兴趣。

(2)听赏活动。

①教师边播放《小小鸡》的旋律,边让幼儿观赏小小鸡。

②教师边播放《小小鸡》的旋律,边让幼儿欣赏教师模仿表演的小小鸡。

③教师根据《小小鸡》的旋律,演唱完整的歌曲。

(3)表现活动。

①幼儿听着歌曲旋律,用动作模仿小小鸡。

②教师与幼儿一起根据歌曲中的歌词,模仿小小鸡'背小包'、'戴小帽'等动作,提醒幼儿注意不与别人碰撞。

③在教师的带领下跟着录音一起学唱儿歌。

(4)游戏活动。

以简单的游戏形式,让幼儿边唱边做游戏,进一步激发幼儿爱小鸡的情感,并体验活动和游戏的快乐。

附:歌曲《小小鸡》

1=C 2/4

5 3 3 |4 2 2 |1 2 3 4|5 5 5|

小小 鸡,小 小 鸡,我 是 一 只 小 小 鸡,

5 3 3 |4 2 2 |1 3 5 5 |1 — |

背 小 包,戴小帽 走 在 草 地 里。

2 2 2 |2 3 4|3 3 3 3 |3 4 5

小鸡小鸡 不见了,妈妈妈妈 哭呀哭,

5 3 3 |4 2 2|1 3 5 5|1 — |||

小小 鸡 小小鸡,快快 回 来 吧。

第四节 幼儿园教学设计评价

幼儿真正有意义和有实际效果的学习经验,以及这些经验将来能够迁移的关键,在于经验的连续性和内在一致性。这种一致性对于幼儿来说有两种顺序:

一是学科的逻辑,二是心理的逻辑。但主要是心理的逻辑。学科知识与技能的逻辑是静态的、宏观的逻辑,而心理的逻辑则是动态的、微观的逻辑。相对而言,前者任务更多地是课程编制,后者任务则更多地是教学设计。根据观察,我们初步认为评价幼儿园教学设计必须考虑以下几个问题:

一、活动的命名要规范化[①]

活动的命名看似简单,但在某种程度上也反映了教师的教育理念。活动名称反映活动的内容,一般包括课程模式(主题活动、领域活动、综合活动)和具体课程内容两个部分。

主题活动的活动计划,写法较为简单,可以直接点出其主题,如"主题活动:秋天";具体活动可以写为"活动一:秋天的天气","活动二:秋天的水果","活动三:秋天的叶子"等。

领域活动的活动计划要首先说明该活动属于哪个领域,最好直接以《幼儿园教育指导纲要(试行)》(以下简称《纲要》)中的五大领域(社会、健康、语言、科学和艺术)来命名。二是命名要规范。如社会领域的活动命名为社会性活动,数学活动命名为计算活动。三是命名不能混乱、多样。有的以内容类别来命名,如语言活动直接命名为"儿歌:《数鸭子》"、"故事:《小黄鸡借伞》";音乐活动直接命名为"歌曲:《坐飞机》"。有的活动以类别来命名,如"听说活动:春天来了";"看图讲述:小猫钓鱼"。

二、活动目标的制定要具体化

教学设计的宗旨是促进幼儿的进步与发展,包括幼儿认知能力的发展、动作技能的掌握,以及兴趣、态度和行为习惯的养成等。活动目标的制定与表达要具体,这样便于教师的把握。如中班数学活动"美丽的序列"的活动目标:尝试根据物品的不同特征,进行ABB、BAA、AABB排序;感受序列的规律美,体验装饰表演道具的快乐。使幼儿在单位时间内能够学到更多的知识;更大幅度地提高幼儿各方面的能力,使每个幼儿的潜能都能得到最充分的发挥,从而促进幼儿的进步与发展。

每个幼儿都是一个特殊的个体,在他们身上能体现出发展的共同特征,但又有较大的个体差异。所以,教师在遵循共同规律进行教学设计时,必须打破按统一模式进行教学设计的传统做法,要关注每一个(或每一类)幼儿的特殊性,创设能引导幼儿主动参与的教育环境;激发幼儿学习的积极性,培养幼儿掌握和运用

---

① 林菁.再谈幼儿园教学活动的设计.学前课程.2009(02)

知识的能力;满足不同幼儿的学习需求,使每个幼儿都能得到尽可能完善的发展,以适应社会和人全面发展的需要。为此,教学设计要符合幼儿的心理和身体发展的特点,关注幼儿的需要、兴趣、追求、体验、经验、感觉、困惑和疑难等。通过有效的学习环境设计,促进幼儿各方面素质的全面发展。

当前,幼儿教师在制定活动目标时仍存在两个方面的问题:一是笼统、抽象;二是有关手段、途径的表述多余。下面列举案例进行分析。

案例:小班早期阅读活动"小海龟"

活动目标:

1.通过讲述故事、阅读大书、做游戏等多种形式加深幼儿对故事的理解,体验小海龟的情感世界。

2.学习运用简单句式"××看见了××",培养幼儿完整表述的能力。

3.激发幼儿的想象和大胆表达的愿望。

目标分析:

该活动目标存在三个问题:一是活动目标的行为主体不统一,"目标1"和"目标3"以教师为行为主体,"目标2"以幼儿为行为主体。在同一个活动中,表述的方式不统一是不恰当的。二是有关手段、途径的表述多余,如"目标1"的"通过讲述故事、阅读大书、做游戏等多种形式"。三是表述较为笼统抽象,如"目标3"的"激发幼儿的想象"。

三、活动准备的考虑要全面

活动准备要包括两方面的内容:活动材料的投放、知识经验的准备和学习情境的创设。在幼儿园教育实践中,我们发现幼儿教师一般只考虑到活动材料的投放,而忽略了经验的准备和学习情境的创设。

(一)活动材料的投放

活动材料是教育意图的物质载体,他本身的特性所规定的活动方式往往决定着幼儿可能获得什么样的学习经验、获得哪些方面的发展。活动材料在幼儿的学习中往往起着桥梁和中介的作用。活动材料还可以让幼儿动手操作,要符合幼儿的学习特点,有利于幼儿获得感性经验。幼儿园的活动材料,更多的应该是日常生活中的各种物品、当地的自然资源和安全的废旧材料,这样可以让幼儿学会珍惜和利用资源;也可以让幼儿每一个人都有一套操作材料,这有利于幼儿的独立操作和自主学习,还能节省教师制作教具的时间。

(二)经验的准备

经验即"经历、体验,泛指由实践出来的知识或技能,它是人类在实践中通过自己的感觉器官直接接触客观外界而获得的对各种事物表象的初步认识"。教师准确找到新的"经验点",即把握幼儿的"最近发展区",是活动成功的关键所在。而要找准新的经验点,就要求教师在进行新的教学活动前必须了解幼儿先期已经掌握哪些与本活动相关的知识与技能。教师可以采用"任务分析"的方法,来分析了解幼儿的经验准备情况。

传统的集体教学方式有许多优点,也有许多缺点。其中一个经常遭到批评的缺点就是:教师用一把标尺去衡量所有的幼儿。比如,有一堂美工课要求幼儿将剪纸糊在蛋壳上而做成一只小鸡。这是一节综合性的美工活动课,要求幼儿具有许多手工技能,如粘、贴、剪等。幼儿将美工纸贴在光滑的蛋壳上有一些难度,将一张对折的纸剪开成连接着的对称形状也是比较困难的。课堂的实际效果表明了这一点。而对这样的困难,教师只有手把手地教,代替幼儿完成任务。

显然,具体到每一堂课,幼儿相应的经验要准备到什么程度,是不可能笼统地给予规定。有些课是传授新的知识技能的,这个时候老师往往遵循的是静态的、知识技能本身的顺序——循序渐进地,由简单到复杂;有些课则涉及知识技能的综合运用,就要求老师遵循动态的、具体问题具体分析的原则。后者对教师的教学设计提出了较高的要求,要求教师不仅要十分清楚某一次教育活动所要有的知识技能,了解某个问题需要经过的步骤,还要求他了解幼儿的知识技能准备到了什么程度。

所以,有经验的教师,为了使一些综合性的主题活动、创造性的表达活动能够高质量的进行,就会在日常零散的教学中,事先通过讲解、示范或让幼儿自主学习等方式,有针对性地让幼儿掌握相关的知识和技能。

(三)学习情境的创设

幼儿的学习兴趣与学习愿望总是在一定的情境中培养的,适宜的情境能够引发幼儿参与活动的兴趣。在教学活动的设计中,教师可以根据教学内容、幼儿的年龄和生活经验,并借鉴一些常见的生活事件而创设一个个生动而真实的、可亲身体验的、科学而有效的模拟生活的教育情境,让幼儿与情境中的人、事物、事件相互作用,从而建立起连接教学与生活的桥梁。如在小班"小鸟飞"的美工活动中,教师设置了"小鸟飞来了"的情境:在油画棒的顶端贴上一幅小鸟图,以画纸为天空,用油画棒在纸上自由地画直线或曲线来表现"小鸟飞",由此激发幼儿的兴趣。

四、活动过程的设计要确保有效性

活动过程是指教师与幼儿在共同实现教学任务中的活动状态及流程,由相互依存的教和学两方面构成。从形式上看,只是表现了某一个教学活动从开始

第十章 幼儿园教学设计

到结束的程序,但实际上却蕴含着一定的教育指导思想,体现着教师的设计能力。

追求活动过程设计的有效性,就是强调教师要有"目标意识",在基于对教学内容分析和对幼儿的了解的基础上,充分考虑活动的每一个环节,不要为了追求"场面的热闹"、"方法的多样"、"活动的丰富"和"花样的翻新"等而设计一些与目标和内容没有直接关系的环节。如某位教师设计的中班艺术活动"小青蛙找家"(歌唱活动)的活动目标是:学习用自然好听的声音演唱歌曲,感受"××——××——和×××——×××——"的节奏,初步学会创编歌曲。活动过程分为五个步骤:第一步,听《森林音乐会》音乐入场;第二步,向幼儿讲述自编故事《青蛙的成长过程》,从而引起幼儿兴趣,然后引出新歌曲;第三步,学习歌曲;第四步,学习创编歌曲;第五步,唱歌表演《春天在哪里》,结束活动。从该活动目标看,该活动的重点应该放在第三、第五步骤上,而其他步骤与本次活动的内容及目标都无甚关联。在幼儿园教育实践中,类似这样的活动设计为数不少。

在设计活动过程时,教师要有目标意识,始终思考"儿童在活动中要获得什么"、"我们应该如何设计来促成幼儿的发展和目标的达成",并且以这两条线索去设计活动目标,写明"让幼儿做什么,怎么做,达到什么目的"或"教师做什么,达到什么目的"。如大班语言活动"桃树下的小白兔"的活动过程为:欣赏春天的图片,让幼儿感受春天及桃花盛开的美景;听录音完成欣赏故事,引导幼儿初步感知故事的主要内容;迁移作品的经验,引导幼儿讨论并表述"你会把桃花瓣当成什么",发展幼儿的想象力。从这个活动案例可以看出,该活动在活动步骤的设计和表述上是较为有效和明确的。由教师指导的教学活动应该是结构性较强的活动,它的主要特点就是活动的整体性,强调活动目标、内容、方法、步骤的一致。教师在设计活动时,要尽可能避免与活动内容和目标没有关联的活动步骤。

总之,一个好的教学活动方案的设计既是教师创造性的劳动成果,也是教师综合能力的表现,更是教师教育观念的体现。只要教师们努力学习、潜心研究、勤于思考、不断反思,就会不断提升自己的专业能力,设计出一个个成功的教学活动方案。

五、其他

1. 表达的需要

我们常常说,幼儿是最喜欢游戏的。其实,更准确的说法应该是:幼儿是喜欢表达的,游戏只是幼儿大量表达方式中的一种。幼儿对某种活动的兴趣及其表达的质量,都同他是否已经拥有相应的知识技能有关。父母是医生的孩子,常常会扮演医生的角色;去参观过建筑工地的孩子们,回来之后就喜欢搭积木房子……这些现象告诉我们两个道理:其一,我们现在在观念上都很反对单纯教技能,尤其是用上课的方式集体传授的做法。技能是可以教的,而且也是可以用我们传统教学中最直接有效的方式——讲解、示范、模仿等来教的。我们不能为了技能而教技能。这里有两个问题应当引起注意:(1)技能必须是最基本的技能,如泥工里的捏、搓、团等,纸工里的剪、连接对称图形等;(2)教授技能和指定作业的总体时间不能多于幼儿自由表达的时间,因为技能只是纯粹的手段,而自由表达活动则既是手段又是目的。这就是说我们不能反对传授技能,但前提是我们在传授技能之前,心里应有一个技能之外的目的:通过组织、安排一些活动使幼儿能够将这些技能辅助应用到活动中。

其二,许多幼儿对某些活动缺乏兴趣,偏好某几个甚至某一个区域,这其中的一个重要原因就是幼儿缺乏相应的知识技能(包括生活经验)。为了引起幼儿对特定区域操作活动的兴趣,教师可以有针对性地对某些幼儿进行相关知识技能的教学工作。当然未必一定要用集体教学的形式,也未必一定要用讲解、示范的方式。

2.外部强化和内部强化

我们现在在观念上有一种倾向——偏低外部动机的作用而拔高内部动机的作用。外部动机虽然在价值上要"低级"一些,但在实际生活、工作和学习中,其重要性却未必比内部动机小。这就是说,教育者不能否定外部动机,也不能忽视外部动机。

许多游戏活动的例子告诉我们,幼儿原本感兴趣的活动,如果受到成人不适当的干扰,就会使幼儿丧失这个兴趣,这是因为外部动机损害了幼儿的内部动机的缘故。因此,教师应当合理有效地使用外部强化手段来培养幼儿良好的行为习惯——用表扬和鼓励使幼儿能够坚持当前的活动,用赞扬和奖赏来肯定幼儿来之不易的成功等。但是,同前面传授技能的问题一样,我们要注意:

其一,外部动机不是内部动机的充分条件,也不是它的必要条件。我们只能说,在有些情况下,需要利用幼儿的外部动机来吸引他们去参与和表现。

其二,不可能所有的幼儿对某一项活动都有自发的兴趣,也不可能是某个幼儿对所有的活动都有自发的兴趣。这时候,如果这些活动或内容是必须要进行的,那么就必须依赖外部动机的帮助。

其三,外部动机不可滥用,应尽可能多地利用内部动机。在成功地使用外部动机强化而达到活动效果的情况下,教师必须逐步减少运用外部动机,让活动本身吸引幼儿的注意力。

【案例分析】

案例10-1:活动区活动——学做新疆人(大班)

活动区内,几个幼儿身穿新疆民族服装,手里拿着新疆的铃鼓和其他乐器,围着一个电视机,在电视机传出的新疆乐曲伴随下,模仿着电视机屏幕上舞者的舞步,在那里跳着新疆舞。

欣欣:"你跳得不像,青青比你强多了。"

明明:"我看到我家中的录像,新疆人就像我这样跳舞的。"

丁丁:"我爸爸去过新疆,我看到他在家里也是这样跳的。"

欣欣:"但是我喜欢电视机里的那种跳法。"

芩芩:"我也喜欢电视机里的那种跳法。"

欣欣:"我们就照着电视机里的那种跳法跳吧。"

芩芩:"好。"

欣欣和芩芩开始学着电视机里的新疆人的那种跳法跳新疆舞。不一会,又有两个女孩也跟着跳起来了,最后,明明和丁丁也加入了他们的队伍。电视机里的舞者和音乐带动着六个孩子跳着新疆舞。

教师分析

从思考幼儿园音乐教育的角度出发,在这个关于"学做新疆人"的活动记录中,人们至少可以得到以下这些思考和启发:

1. 在活动区,幼儿的音乐活动几近处于游戏状态,以他们自己已有的经验,表现、表达自己的所思、所想和所感。

什么样的舞更像新疆舞?幼儿往往是根据他们自己已有的经验进行表现、表达的。音乐能给儿童带来轻松、快乐和满足感。

2. 在活动区的音乐活动中,幼儿是自由地与他人进行交往的,这样的活动是幼儿合作建构知识、技能和人际关系的平台。①

案例10—2:制作镜框(中班)

活动背景:

在教室的中央摆放着香瓜子、白瓜子。在窗边的镜框角里提供了许多自然材料(玉米、小辣椒、白扁豆、花生)。

记录:用瓜子做镜框

多多在镜框角里忙个不停,她已经做成了一个玉米镜框,她得意洋洋地问教师:"老师我的镜框漂亮吗?"老师赞许地点点头,"那就再做个特别的镜框好吗?"多多皱起眉头说:"这里的东西我都做过了。""那想想还有什么也能打扮镜框?"多多在很认真地想。教师便悄悄地将生活区内瓜子角的桌子移到制作区的镜框角旁边,"你仔细看看。"多多指着瓜子壳说:"香瓜子的壳能不能打扮镜框呀?""你试试",教师鼓励她。

---

① 黄瑾主编.幼儿教育活动设计与指导.上海:华东师范大学出版社.2007

多多拿起瓜子壳看看又放下,半天也没动手,"怎么了?""瓜子壳都咬碎了。""那你赶快提醒他们去。"多多对杰杰说:"你吃瓜子小心点,别把它弄破了,好吗?"杰杰不情愿地说:"香瓜子一咬就会碎的呀!""我要用瓜子壳来做镜框的,你小心点。"这下杰杰非常小心的咬瓜子、剥瓜子,还不时地把剩下来没碎的壳拿给多多,两人忙得不亦乐乎。

教师分析:

对于多多这种能力比较强的孩子,教师更要鼓励其创新和突破。因此,教师采用材料组合,将瓜子角与镜框角空间合并,使环境更整合及开放,不仅可以使两个区域之间的材料可以共享和利用,也为孩子的创新提供了可能和机会。

材料成为联系两个区域的纽带,带动了孩子间的互动,一方的要求自然成为另一方操作上的控制,这种自然产生的行为需求真实而具体,更能让幼儿彼此间遵守和默契。在整个活动中,双方都极为关注结果,体验合作的成功,这有助于培养幼儿关注成果、珍惜成果的品质。

分析与思考

1. 教师在上述区角活动观察与指导中运用到了那些方法和技巧?
2. 关于活动观察与指导,你认为还可以有哪些方法,运用哪些技巧?

▶阅读推荐◀

1. 汪超.幼儿园体育活动设计与指导.上海:复旦大学出版社.2011
2. 陈瑶主编.新编幼儿园教育活动设计与指导.北京师范大学出版社.2011
3. 朱家雄主编.幼儿园课程与活动设计.北京:中央广播电视大学出版社.2011
4. 幼儿园早期阅读教育活动设计.周兢主编.北京:教育科学出版社.2010

▶思考与探索◀

1. 如何制定幼儿园教学设计的目标?
2. 幼儿园教学设计的特征有哪些?
3. 分析题

王老师正在组织大班幼儿欣赏诗歌《摇篮》。突然,明明举手问:"王老师,白天天空是看不到星星的,可是诗歌中为什么说'蓝天是摇篮,摇着星宝宝,白云轻轻飘'呢?"其他幼儿一听也恍然大悟,纷纷叫了起来:"对呀,白天我们没有看到星星呀。""是不是诗歌写错了?"……活动室一下子变得"闹哄哄"的。如果你是教师,你会怎么处理?(请设计后续教育活动,并给予说明。)

第十一章
幼儿健康与教育

【内容提要】 本章内容主要是在明确"幼儿健康"概念的基础上,阐述幼儿身体、心理等方面的发展特点,分析影响幼儿健康的因素,探讨幼儿健康教育的目标、内容、原则和方法。

【学习目标】 通过本章学习,能正确了解"幼儿健康"的概念,幼儿身体、心理的发展特点及影响幼儿健康的因素;理解幼儿健康教育的目标、内容、原则和方法,掌握幼儿健康教育的评估方法等。

幼儿期是儿童成长的重要阶段,该阶段儿童生理和心理的健康发展是其进入学校接受正规教育的前提。因此,根据其身心发展特点对其进行健康教育是幼儿教育的重要内容。

第一节 幼儿身心的健康发展

一、幼儿健康的概念

所谓幼儿健康是指幼儿的各个器官、组织的正常生长发育,能较好地抵抗各种急、慢性疾病;性格开朗,情绪乐观,无心理障碍,对环境有较快的适应能力。

幼儿健康包含身心两个层面的健康。对于幼儿个体而言,身体的健康与心理的健康是不可截然分开的。

幼儿健康首先是指幼儿身体器官组织处于正常状态,各个生理系统的主要功能良好,能有效抵抗各种疾病。

不同幼儿身体各个器官的大小、重量的变化及身高、体重的增加速度,可能不完全一致,同一幼儿在不同时期也可能不一致,但总体发展水平是保持在正常范围内的,与同年龄幼儿的发展水平接近。

幼儿心理健康的重要前提是智力发展正常,这是因为正常的智力水平是幼儿生活、学习、交往的基本条件。

幼儿心理健康的重要标志是情绪反应适度、社会适应良好,主要表现在能较快适应托幼机构的新环境、新生活。

二、幼儿身体的健康发展

(一)幼儿身体健康发展的规律

1. 大脑结构的发展

(1)脑重量继续增加。幼儿期是儿童大脑发育最快的时期。3岁儿童的平均脑重为1 011克,7岁儿童的平均脑重为1 280克,基本上接近成人的脑重(平均1 400克)。此后,儿童的脑重量不再有明显变化。

(2)大脑皮质结构日趋复杂化。根据大脑生理学的研究,儿童脑重的增加并不是神经细胞大量增殖的结果,而是由于神经细胞结构的复杂化及神经纤维分支增多和长度增长的原因。

(3)脑电波的变化。国外有关研究指出,5岁前儿童的脑电波中的θ波(4~7次/秒)多于α波(8~13次/秒),5~7岁时θ波与α波的数量基本相同,7岁之后α波逐渐占主导地位。我国学者的有关研究还发现,大脑的发展是不平衡的,在4~20岁之间,脑电波发展存在两个明显的加速时期,第一次在5~6岁,表现为枕叶α波与θ波斗争最为激烈,α波逐渐超过θ波;第二次出现在13~14岁,表现为除额叶外,整个皮质中α波与θ波的斗争基本结束,θ波基本上被α波所代替。

2. 皮质抑制机能的迅速发展

皮质抑制机能的发展是大脑皮质机能发展的重要标志之一。3岁以前儿童的内抑制发展很慢,约从4岁起,由于神经系统结构的发展,内抑制开始迅速发展起来,皮质对皮下的控制和调节作用逐渐加强。同时,幼儿的兴奋过程也比以前增强,表现为幼儿的睡眠时间逐渐减少,清醒时间相对延长。

3. 体重增加减缓

宝宝进入幼儿期后,体重增长速度减缓,一年平均增长2.5公斤左右。另外,随着宝宝月龄的增加,他的运动消耗也增加了,再加上不像婴儿期那么肯吃饭,因此,可能两三个月过去,宝宝的体重才增加几两。这是正常现象,只要给宝宝提供了合理的饮食,保证了宝宝的营养供应,宝宝身体就会健康地生长。

4.精细运动能力发展迅速

幼儿期的宝宝,大运动能力进入缓慢、稳步发展阶段,但精细运动能力却在飞速发展。宝宝的手部能做更多更准确的精细动作,例如拿东西、捏小珠子等。有的宝宝还会使用遥控器。宝宝有无限的潜能,爸爸妈妈应该给宝宝创造充分的条件和空间,让宝宝的能力自然地发展起来。此时,孩子的手和眼睛的协调能力增强,在妈妈示范下,宝宝能准确地拿到眼睛看到的东西,然后放到妈妈指定的地方。随着宝宝月龄的增加,爸爸妈妈会带宝宝参加更多的户外活动,因此,宝宝生病的可能性增加了,频率也更高了。但不会有很大的问题,爸爸妈妈无需太过紧张。

(二)幼儿动作发展的顺序

幼儿动作的发展是以骨骼、肌肉、神经系统等生理发展为前提的。动作发展都有一定的顺序,前一个动作往往是为发展下一个动作打基础、作准备的。下面介绍幼儿动作发展的特点:

3~4岁:能身体正直、手脚协调的走路;能按指定的方向走、跑100米;能快跑追上滚动的皮球;从高处跳下时能保持身体平衡;学拍大皮球,会滚球和接球;能在游戏场的攀登架上爬上爬下。

4~5岁:走得自然协调,步子均匀;能快跑,能跑着追人玩;能走、跑交替200米而不累;双脚向前跳得很远;往高跳,伸手能碰到挂高20厘米的东西;能把小石子、飞镖等投出很远;能闭眼转圈。

5~6岁:走路姿势正确;能快跑,跑的时候能躲闪追逐,跑得协调;能走跑交替300米而不累;会大步跨、跳;会跳绳、跳橡皮筋;平衡能力较强,能闭眼睛单脚站立,能闭眼睛向前走;能走过地上放着有间隔的砖或木块;能把小包、沙包、小皮球等投出很远,也能投得很准;会拍球,会踢球,也能边跑边拍和边跑边踢。

总之,幼儿期身体素质的水平,如身体活动的速度、灵活性、柔韧度、目测力、平衡能力、力量和耐力等都随着年龄的增长而提高。

三、幼儿心理的健康发展

(一)儿童语言的发展

1.儿童词汇的发展

儿童词汇的发展有先后顺序,而且对情境的依赖性较强;儿童词汇的发展不均衡,发展呈现阶段性。幼儿词汇的发展主要表现为词汇数量的不断增加和词汇内容的不断丰富,词汇范围的不断扩大和积极词汇的不断增加。

2. 语法的掌握和口语表达能力的发展

语法是组词成句的规则,词汇必须按一定的语法组成句子,才能表达思想。幼儿在掌握词汇的同时,也开始学习语法;口语表达能力得到发展。

(二)认知的发展

从信息加工的观点看,认知的发展就是人的认知加工系统不断改进的过程。幼儿认知发展的主要特点是具体形象性和随意性占主导地位,抽象逻辑性和随意性有了初步发展。幼儿大脑结构和内抑制机能的发展、语言和实践能力的发展在幼儿认知发展中起着重要的作用。

(三)记忆的发展

记忆是人积累生活经验和知识的基本手段,也是高级认知过程形成和发展的基础。由于幼儿活动的复杂化和语言的发展,幼儿的记忆也在不断发展。与婴儿期相比,幼儿大脑中的信息储存容量相应增大,对信息的接受和编码方式也在不断改进,记忆的策略和元记忆初步形成。记忆的发展主要表现在:记忆容量的增加、无意识和有意识记忆的发展、形象记忆和语词记忆的发展、自传式记忆的发展、记忆策略和元记忆的形成。

(四)思维的发展

幼儿的思维是在婴儿时期思维水平的基础上,在新的思维条件下,以言语发展为前提而逐渐发展起来的。

幼儿思维的主要特点:具体形象、抽象逻辑开始萌芽、语言在其思维发展中的作用日益增强。

(五)幼儿道德认知的发展

幼儿道德认知是指幼儿对是非、善恶行为准则和社会道德规范的认识。这是一个幼儿将一系列的行为准则和规范不断内化的过程。

(六)情感的发展

随着孩子年龄的增加,会有较强的自我意识,能充分表现出自己的喜、怒、哀、乐等情绪。

(七)幼儿个性的初步形成和社会性的发展

儿童的个性形成和社会性发展是在社会化中实现的(社会化指个体通过与社会的交互作用、适应并吸收社会的文化,成为一个合格的社会成员的过程)。

主要包括：自我意识的发展、性别角色认同和社会化、同伴关系和社会技能的训练。

四、幼儿健康的影响因素

健康是诸多因素交互作用的结果。幼儿的身体、心理的健康状态有赖于他们所处的自然环境和社会环境，也有赖于其自身状况，还与其作用于环境的方式及环境的反作用有关。影响幼儿健康的主要因素有机体的生物学因素和环境因素。

（一）机体的生物学因素

机体的生物学因素包括遗传因素、生理因素和心理因素。

遗传因素。遗传是指子代和亲代之间在形态结构及生理功能上的相似。遗传因素是影响生长发育的最基本因素，在生长发育的过程中，遗传基因决定了机体的各种遗传性状。人可以将体型、相貌、性格、气质等性状遗传给后代，这些性状都受基因的控制。遗传对生长发育的影响表现在家族和种族两个方面。如一般情况下，父母高的子女也高；父母矮的子女也矮。

生理因素是对幼儿健康产生重大影响的生物学因素。生理因素包括细胞、组织、器官等系统的机能，以及在不同环境下机体的各个组成部分和整体的反应。幼儿正处在迅速生长发育的过程中，其机体的生理状态在不断变化。机体自身某一部位的发育障碍，或遭受损伤等，都会影响幼儿的身心健康。例如，由于病变、外伤、中毒等原因而引起幼儿神经系统，特别是脑的损伤，会随之发生个体生理活动失常，还可引起机体及心理活动的某些变化。

心理因素。大量医学临床实践和科学研究证明，消极的情绪，如焦虑、忧伤、怨恨、紧张、恐惧、愤怒等，可以引起人体各系统机能失调，会导致失眠、心率加速、血压升高、食欲减退等。现代医学研究认为，许多疾病的发病，如原发性高血压、心率失常、癌症等，都与不良的心理状况和情绪有密切关系。相反，积极、稳定的心理状态是保持和增进健康的必要条件。而疾病又对生长发育有着直接影响。不同疾病的影响程度也不同，这取决于病变涉及的部位、病程的长短和疾病的严重程度等。

(1) 幼儿自我意识与心理健康。

自我意识是使个性的各个组成部分整合、统一起来的核心力量，自我意识是特殊的认知过程，是主体对自己的反应过程，因而渗入了主体本身的情感和意识活动。自我意识对人的心理活动和行为起着调节作用。

自我意识主要有3种形式，即自我认识、自我评价、自我调节。

以自我认识为例：1～2周岁的幼儿具有知觉性、自我性的一些基本概念，幼儿的自我认识起始于最简单的自我认知过程。但是，自我认知对自己属性的初步认识并不等于作为内省过程的自我意识,幼儿开始了解自己,比能够思考这样了解要早得多。

在早期,幼儿对自身的认识往往局限于自己身体的特征,以后,逐渐转到对自己心理和被社会所接受的认识。当幼儿能对心理和身体、个体主观的自我和外部事件、智力及动机特征和身体部分之间做出区别,幼儿就开始认识到自己具有独特的思想和情感,感到自己与别人的差别,并把自己与别人作比较。正确的认识自我是幼儿使自己的行为适合环境的基本条件之一。

(2)幼儿的情绪与心理健康。

从幼儿出生,情绪就同时逐渐具有了社会的性质。幼儿心理的紧张状态和平衡失调往往是与幼儿的情绪状态,特别是消极情绪状态联系在一起的,如果情绪表现非常强烈,或者持续时间过长,可引起生理和心理机能发生病变。例如,幼儿在极度愤怒或恐惧的情绪下,可出现意识范围狭窄、判断力减弱、失去理智和自我控制能力;同时还可引起身体的相应变化,如姿势反常、动作无力、脸色苍白、心跳加速、血压上升、呼吸频率加快等。在幼儿的各种消极情绪中,焦虑和恐怖是两种对心理健康的影响比较明显的情绪,它们常使幼儿产生一些问题行为。

(二)环境因素

环境是影响幼儿健康的重要因素之一,它包括自然环境和社会环境。

1. 自然环境

自然环境有的是自然界固有的,有的是人类制造的,但都对幼儿的健康产生影响。良好的自然环境能为幼儿提供各类物质条件,维持和促进其正常的生命活动和健康的发展。如充足的阳光、新鲜的空气、清洁的水源、合理的膳食、安全的设施等都是保证和促进幼儿健康的重要条件。但是,自然环境中也随时有危害幼儿健康的因素。如不适当的温度、湿度、照明、空间和噪音会使幼儿大脑皮层的兴奋抑制过程失调、条件反射异常、脑血管功能受损、神经功能紊乱,产生头痛、耳鸣、心悸、失眠、乏力等症状;在生活空间小的环境中生活的幼儿的侵犯性行为增多,焦虑水平升高;营养过剩或不足也会引起相应的病症;通过饮食、呼吸等途径可感染致病性细菌、病毒,同样会引起相应的疾病。

2. 社会环境

幼儿生活的社会环境大到国家、社区,小到幼教机构、家庭,它们都会对幼儿的健康产生重要的影响。如社会经济、文化、人际关系等都会以不同的方式影响着幼儿的健康。对1~6岁的儿童影响较大的社会环境因素主要有家庭、托幼机构和社区。

(1)家庭。

家庭是幼儿早期生活的基本的社会环境。家庭的住房、设备、经济收入和开支、营养供应等都会直接影响孩子的生长发育和健康。例如,有些家长喜欢吸烟,结果使室内烟雾缭绕,空气污染严重,若孩子长期生活在这种污浊的环境中,则不仅会损害身体健康,而且长大后也容易变成一个"烟鬼"。父母对人生、对金钱的态度也会潜移默化地影响孩子的人生观及其理想和志趣。另外,家庭环境的布置及生活方式对孩子也有不可忽视的影响。家庭气氛对婴幼儿的健康也会产生影响。从小生活在爱好学习的家庭里的孩子,长大后,他们的求知欲一般都较高;和睦幸福的家庭,会使孩子情绪稳定,从小学会关心人、体贴人。相反,如果家庭成员整天吵架、不和,这种紧张的人际关系和不团结气氛会给孩子的心灵留下创伤。此外,父母的一举一动,甚至穿着打扮等都会对孩子产生极大的影响。

(2)托幼机构。

托幼机构是幼儿生活的又一个重要的社会环境,也是影响其身心健康的重要因素。托幼机构是对幼儿实施保育和教育的机构,承担着对幼儿提供保健服务的任务。托幼机构的保健设施和服务质量等直接影响着幼儿的健康状况。托幼机构对幼儿提供的保健服务不仅应体现在供给合理平衡的膳食、安全用水、基本环境卫生设施,对幼儿进行健康检查、生长发育的评价、身心疾病的防治、心理咨询、预防接种、生活的照顾、建立家园联系等方面,而且更应体现在对幼儿实施的健康教育上。"幼儿园应为幼儿提供健康、丰富的生活和活动环境,满足他们多方面发展的需要,使他们在快乐的童年生活中获得有益于身心发展的经验"。为此,幼儿园应当重视创设健康的物质生活环境,以保障儿童的安全与健康。环境的安全意味着幼儿园环境有利于幼儿的身心健康,把伤害性事件发生的可能性降到最低程度。幼儿园的园址要建在远离污染的地方;要消除环境的不安全因素,如电线、开关应布置在幼儿伸手不可及的地方;暖气片要安装防护装置等。

在创设健康的物质生活环境的同时,幼儿园还应当积极构建健康的心理生活环境。幼儿园的心理环境主要体现在幼儿园的人际关系方面,它是幼儿亲身感受到的、影响幼儿在幼儿园生活的每一个人的态度和行为。幼儿对幼儿园心理环境的感受影响着幼儿对幼儿园的态度,影响着幼儿在幼儿园生活的质量,影响着幼儿身心的全面发展。教师要尊重和满足幼儿的基本需要,这是建立和发展良好师幼关系的前提和基础。幼儿年龄虽小,但他们和成人一样,有各种需要,包括生理的需要和心理的需要。尊重幼儿,就要尊重并满足幼儿的各种需要。只有在幼儿的各种需要得到满足的情况下,他们才能形成对周围世界的安全感和信任感,才能形成健全的人格。

(3)社区。

社区是由生活在一定地域范围内的人所形成的一种社会生活共同体,是社会成员参与社会活动的基本场所。社区里的环境、经济、文化、社会组织等,都将对幼儿的身心健康产生影响。利用社区环境,对幼儿进行健康教育是教育的需要,也是社会发展的需要。如社区中的健康教育机构、医疗卫生机构、宣传和新闻部门、文化和娱乐部门、各类社会团体等都是我们对幼儿进行健康教育的可利用的社会资源。

第二节 幼儿健康教育

一、健康教育的概念与意义

健康教育是一门研究、传播健康知识和技术,影响个体和群体行为、预防疾病、消除危险因素、促进健康的科学。

现代社会的人们迫切需要进行以健康为目的的、有计划、有组织、有步骤的教育活动,促使人们自觉地采取有利于健康的行为和生活方式,消除或降低影响健康的危害因素,从而预防疾病,提高生活质量。健康教育首先是健康与教育的有机结合,它的核心就是教育人们树立正确的健康观,增强保健意识。因此,健康教育就必须为人们提供改变对健康有害的行为和生活方式所需的知识、技能与服务,并促使人们自觉地去应用这些知识和服务;其次,健康教育又是一种有目的的教育活动,它强调改变人们的不良生活习惯,提高人们的生活质量。

《幼儿园教育指导纲要》明确要求:"幼儿园必须把保护幼儿的生命和促进幼儿的健康放在工作的首位。"幼儿健康教育可以运用多种方式方法,有计划、有目的、有组织地使幼儿掌握健康知识,养成有益于个人、集体和社会的健康生活方式、行为方式,促进幼儿身心的全面健康发展。

1. 幼儿健康教育是幼儿生理心理发展的需要

著名心理学家艾里克森强调社会对自我成长的影响,认为在人的各个年龄阶段都会出现影响自我发展的危机:危机 1——基本信赖和基本不信赖(0～12、18 个月);危机 2——自主与羞怯和怀疑(18 个月～3 岁);危机 3——主动与内疚(3 岁～5.5 岁)。艾里克森的学说说明了在幼儿心理发展的过程中充满了转折和危机,因此,成人或教育者应慎重地加以引导,使幼儿的心理健康地向前发展。

2. 幼儿的健康教育是幼儿游戏、学习的基础

强壮的体质,灵活协调的身体活动能力和健康活泼的个性是幼儿交友、游戏、学习的坚实基础。

3. 幼儿的健康教育是当务之急

当前,我国的独生子女政策及人们物质生活水平的提高,给我国幼儿的身体健康带来许多影响。首先,当代的幼儿享受着富裕的物质生活。一些父母或成

人由于缺乏正确的营养常识,使幼儿从出生起每天都吸取各种各样的高级营养品、滋补品,这一方面使幼儿的身体得到许多营养补充,另一方面也带来了消极影响,表现为:幼儿获得的营养不均衡,饮食不合理,使一部分幼儿患"肥胖症"。消极影响还表现为,由于父母提供的营养结构不合理和对幼儿的娇宠,使幼儿养成偏食、挑食、厌食的不良习惯,身体消瘦、体质下降。当代幼儿户外活动性游戏少,多为智力性游戏。交通工具的现代化导致幼儿缺乏体力锻炼的机会。同时,幼儿一般都是生活在高楼大厦中,缺乏与同伴的交往和一起游戏的机会,而更多的是在家中从事智力型游戏。这就使许多幼儿失去了好动好玩的天性,体质下降,抵抗力差,动作笨拙,实际生活能力差等,有人称之为"运动不足症"。再次,电视的普及带来了许多问题。如幼儿因过多看电视而造成视力下降、睡眠不足,同时也促使幼儿心理早熟,出现一些心理问题等。

二、幼儿园健康教育的目标和内容

(一)幼儿园健康教育的总目标

《幼儿园教育指导纲要》指出,幼儿园教育的内容主要包括"健康"、"语言"、"科学"、"艺术"、"社会"五大领域,《纲要》规定的健康目标是:

▲身体健康,在集体生活中情绪安定,愉快。

▲生活、卫生习惯良好,有基本的生活自理能力。

▲知道必要的安全保健常识,学习保护自己的知识。

▲喜欢参加体育活动,动作协调、灵活。

上述总目标体现了三个方面的价值取向:

第一,身心和谐。幼儿健康应包括身体健康和心理健康两个方面。幼儿的身体健康以发育健全、具备基本的生活自理能力为主要特征;幼儿的心理健康以情绪愉快、适应集体生活为主要特征。由于幼儿的身体健康与幼儿的心理健康是密不可分的两个方面,因此,有的目标,如"生活、卫生习惯良好"既包含日常生活中的盥洗、排泄等生理意义的卫生习惯,也包含没有吮吸手指等心理意义的问题行为,只有身心和谐发展才是真正的健康。

第二,保护与锻炼并重。目标既重视掌握必要的保健知识,提高保护自身的能力,又强调通过体育活动提高身体素质。其中,让幼儿了解必要的安全保健知识,并提高相应的技能是保健教育的主要目标。培养对体育活动的兴趣、增强动作的协调性和灵活性是幼儿园健康教育的重点。

第三,注重健康行为的形成。对于健康心理学家及健康教育工作者而言,最大的挑战莫过于如何鼓励、说服甚至迫使人们养成健康有益的行为习惯。因此,提高幼儿的健康意识、改善幼儿的健康态度、培养幼儿的健康行为都是幼儿园健康教育的目标,而幼儿健康行为的养成应是幼儿园健康教育的核心目标。

(二)幼儿园健康教育的年龄阶段目标

幼儿园健康教育的年龄阶段目标是指按幼儿年龄阶段划分的幼儿中短期发展目标。虽然在《纲要》中并没有明确地划分各个年龄阶段的目标,但这并不是说,划分年龄阶段是完全没有必要的。由于年龄阶段目标是根据幼儿园健康教育的总目标来制定的,既体现了幼儿各不同年龄之间的差异性,又体现了各个年龄之间的连续性。年龄阶段目标的制定还应便于教师的操作,易于教师较好地把握各年龄阶段幼儿园健康教育的要点。但是在具体运用时,还需要根据本园、本班幼儿的情况,作相应的调整。

1. 小班

(1)学会正确地使用小勺,独立进餐,保持轻松愉快的进餐情绪。

(2)了解几种常吃的食物,逐渐喜欢吃各种食物。愿意喝白开水。

(3)学会正确的洗手方法,知道饭前洗手,饭后漱口与擦嘴,学习使用自己的毛巾和手帕。

(4)学会自己上厕所,养成定时大小便的习惯。愿意早晚刷牙。

(5)愿意在幼儿园睡觉,学习自己动手穿、脱衣服和鞋袜,并把它们放在固定的地方。

(6)学习在运动器械上活动的正确方法,能排队玩,不推挤,不做危险动作。

(7)乐意接受预防接种和身体检查,并知道其好处,不将手和其他异物放进嘴、鼻、耳里。

(8)知道外出时基本的安全知识,不单独到危险的场所去玩。

(9)喜欢上幼儿园,并能初步适应集体生活,在一日活动中情绪稳定、愉快。

(10)知道一些表达情绪的方式,乐意表达积极愉快的情绪。

(11)从自身的活动中认识自己,喜欢自己。不怕黑、不怕生,能克服胆怯心理。

(12)对自己感兴趣的活动,能坚持一段时间。

2. 中班

(1)学习使用筷子,能愉快安静地进餐,知道爱惜粮食。

(2)喜爱各种食品,养成不挑食、不偏食的良好饮食习惯。

(3)养成正确的盥洗习惯,逐步学会自理大便。愿意保持个人卫生。

(4)能独立有序地穿脱衣服并整理好。午睡时不影响他人,能安静入睡。

(5)知道五官是人体的重要器官,初步掌握保护它们的方法。

(6)记住一些生活中常见的电话号码,了解一些紧急情况下的自救方法。知道基本的交通规则。

(7)学习在运动中的自我保护方法,了解如何简单地处理外伤。

(8)了解生活中的药品及化学用品的主要作用,知道不随便服用和触摸玩弄。

(9)喜欢集体生活,能愉快地参加幼儿园的各项活动。

3. 大班

(1)知道不同的食物有不同的营养价值,不暴饮暴食。

(2)生活有规律,会独立有序地穿脱衣服并折叠好。能自己整理床铺,能感受到身体的舒适度。

(3)初步了解身体的主要器官及其功能,学习简单的保护方法。

(4)主动保持个人和生活场所的卫生,愿意维护公共环境的整洁。

(5)书写、绘画的握笔姿势、坐姿正确,会使用文具,爱惜文具,学会整理文具。

(6)知道周围环境中可能出现意外事故的各种因素,懂得必须遵守规则,学会保护自己。

(7)认识一些交通、安全标志,知道它们表示的内容,愿意遵守交通规则。

(8)知道生活中的一些特殊电话号码及其作用,学习对付突发意外事件的方法。

(9)合群、开朗,积极主动参加幼儿园的各项活动,并从中感到快乐。

(10)懂得用适当的方式表达情绪情感,主动运用一些方法调节与控制自己的情绪。

(11)正确认识自己,能较客观地进行自我评价。

(12)积极探索、主动尝试,有创新意识。

(三)幼儿园健康教育的分类目标

分类目标是先将健康所涉及的内容进行归类,如"生活制度"、"营养卫生"、"生理卫生知识"等,然后根据不同的分类目标的特点和内容提出相应的目标内容。

1. 生活制度教育

生活制度是根据学习、生产劳动的需要,参照人们的职业、习惯及不同年龄、性别的生理特点和健康状况所作的作息安排。

幼儿的生活制度主要表现在以下几个方面:

起床、盥洗、进餐、如厕、睡眠。

2. 营养卫生教育

英国有句谚语:行动养成习惯,习惯形成性格,性格决定命运。著名教育家陈鹤琴先生也说过:"人类的动作十分之八九是习惯,而这种习惯大部分是在幼年养成的。"可见,幼儿时期应特别注重习惯的养成。

培养幼儿良好的卫生习惯:

(1)教给幼儿必要的营养卫生知识,可通过游戏的方式让孩子深刻认识或了解。

(2)养成按时进餐、不吃零食的好习惯。

(3)知道喝生水的害处,不吃腐败变质及不洁的食物。

(4)饮食不过量,不暴饮暴食

(5)养成多喝水的好习惯。

3.生理卫生知识教育

(1)使幼儿初步认识自身器官组织的作用,如眼、耳、鼻、牙齿等。逐渐认识人与动物的生活习性的不同。

(2)教给幼儿保护眼睛的一般卫生知识,使幼儿知道正确的坐、立、站、走姿势。

(3)教给幼儿保护牙齿的知识和拔牙的一般常识。

4.个人清洁卫生和公共卫生教育

(1)保持手的清洁,知道饭前便后洗手。

(2)勤洗手、洗澡、换衣,保持服装整洁。

(3)早晚刷牙、饭后漱口。

(4)用自己的手巾、手帕、茶杯。

(5)用鼻呼吸、咳嗽、打喷嚏时用手帕盖住口鼻。

(6)保护环境卫生,不乱丢果皮纸屑,不随地吐痰和大小便。

(7)不乱折花木,不乱涂墙壁。

(8)保持环境安静,不大声喊叫。

(9)遵守公共规则,爱护公物。

5.防病和安全教育

有学者说"锻炼是提高机体对于人所受的一切有害影响的抵抗力。因此锻炼是一种改善机体适应各种生活条件的方法"。锻炼是为了增强体质,提高对外界环境的适应能力,抵御疾病。

(1)在成人的指导下,根据幼儿生理特点进行锻炼。

(2)教给幼儿一些保健防病的知识,使幼儿懂得在天气变化或运动后要增减衣服。

(3)对幼儿进行遵守公共秩序的教育。

(4)不将钉子、石子、豆子、珠子等塞入鼻孔或含入口中。

(5)不要单独到池边、河边玩耍,不随便把手指伸入电器插头中,不玩火。

(6)教育幼儿不乱吃水果或不洁食物,以免发生中毒。

(7)教育幼儿在发生意外时寻求帮助的方法。

6. 审美教育

美育,也称"审美教育"或"美感教育"。审美教育是通过审美活动和审美实践而有意识地培养人的审美能力,使人得到全面发展的教育。教育者按照一定时代的审美观,借助各种审美媒介(美的事物,艺术作品)向幼儿施加审美影响,以愉悦他们的性情,陶冶他们的情操,培养他们的审美素质和表现美、创造美的能力。

审美教育内容有:

(1)通过日常各种姿势训练及适宜的体育锻炼促进幼儿形体美。

(2)教会幼儿正确使用优美语言,养成文明礼貌的习惯。

(3)教育幼儿分清什么是真善美、什么是假恶丑,培养健康的审美情趣。

7. 心理卫生教育

幼儿正处于心理急速发展时期,对于任何事情,都怀有很强的好奇心,并具有很强的模仿能力,所以,对幼儿也有必要进行心理健康教育,以引领幼儿多向积极、健康的方面发展,从小树立正确的人生观、价值观。

(1)使幼儿知道情绪对身体的影响,培养幼儿具有良好的并能适当控制自己情绪的能力。

(2)能与小伙伴团结友爱,和睦相处,共同游戏。

(3)活泼开朗,具有良好的行为习惯。

8. 性别教育

(1)让幼儿形成正确而恰当的"性别同一性"和"性角色"观念。

(2)让幼儿对性别有初步且理性的认识,知道男女之间不仅在服装、发式、名字、习惯等方面有所不同,而且在身体结构、生理功能上均有差别。

(四)幼儿园健康教育活动设计的目标

每一个具体的教育活动在实施前一般都有确定目标,尽管在活动开展过程中有经验的教师会根据幼儿的反应随时调整目标。教育活动目标在内容上一般包括认知、情感态度和能力三个方面,但并不意味着每一个活动都需要在这三个方面确定目标。

例如,小班健康教育活动——玩球。其活动目标是:

(1)练习双手用力将球向前、上、后方抛,锻炼手臂肌肉力量的协调性,提高身体动作的准确性和灵活性。

(2)萌发幼儿玩球活动的兴趣。

(3)教幼儿学会自抛自接球,以培养幼儿的平衡能力和协调能力。

三、实施健康教育的原则和方法

（一）实施健康教育的原则

1. 量力性原则

又称"可接受原则"，是教学与儿童发展水平相适应的适度原则。要从儿童发展的实际出发，使教学任务、教材内容、教学方法和组织形式是儿童可接受的。既不要负担过重，也不能轻而易举，要高于儿童现有水平，保持一定难度，要在幼儿能力尚处在形成状态的"最近发展区"内，引导儿童经过努力去解决问题。贯彻这一原则，要准确了解和估计幼儿的接受能力和智力、体力的发展水平，由近及远、由已知到未知、由简单到复杂、由易到难、由具体到抽象、由部分到整体地进行教学。

2. 科学性原则

指教育要有科学的理论和依据，设计安排得当。教育不能感情用事，教育行为应该是"有节制的爱"，要用科学的方法对幼儿进行健康教育。

3. 直观性原则

在教学中，要让幼儿通过观察事物或通过教师用语言的形象描述，引导幼儿对事物或过程有深刻的印象，从而使他们能够正确理解所学知识。

4. 督导性原则

包括真实性、服务性、指导性、保密性、研究性等。

（二）实施健康教育的方法

1. 环境渗透——创设适宜的环境，让幼儿自然感受健康生活

教师要努力创设适宜的环境，使生活在其中的幼儿身心得到健康发展。

创设适宜、健康的物质环境。首先，应考虑幼儿身心发展的特点。如鲜艳色彩的运用、生动形象的造型等都会引起幼儿愉悦的感受，使之在真正属于自己的世界里自由自在地学习、游戏和生活。其次，要为幼儿的生活创设一定的便利条件。如幼儿有自己的小床和床上用品，衣服应单独放置在低矮、便于拿取的衣柜里，餐具、洗手盆等要专用，玩具有固定的存放之处等。环境布置合理、陈设得当、色彩协调、清洁卫生，有利于陶冶幼儿的情操，也能促使其养成良好的生活习惯。营造愉悦、和谐的精神氛围。一方面，教师要积极创设健康的精神环境，重视创设和谐的班级氛围、平等的师幼关系和互帮互助的家园关系。另一方面，教师要通过幼儿入园和离园的接待工作、家长会、开放日等多种渠道加强与家长的沟通，宣传幼儿心理健康教育的理论和方法，主动介绍幼儿的进步情况，交流教育的方法和体会，并针对每个幼儿的具体特点提出合理建议，以促进幼儿的健康

成长。

2. 常规养成——借助生活环节，让幼儿自觉领悟健康理念

现代保育观认为，幼儿园的保育工作目标不仅是对幼儿生活的安排和护理、身体的保健和养育及生长发育指标的达成，更应该关注提高幼儿的生活质量。即创设宽松和谐的人际环境，关注幼儿的情绪和需要，促进其身心和谐发展。我们要深入研究日常生活中实施健康教育的特点和规律，在每一环节渗透健康理念，主动实施健康教育。要对幼儿进行安全教育，以提高自我保护能力。幼儿早晨入园时，不将小刀、玻璃球等危险物品带进幼儿园；进餐时保持安静，不打闹嬉戏、大声谈笑，以防止异物进入气管中；饭前饭后半小时内不做剧烈运动，以免进餐后引起腹部不适；睡眠时不咬被角，不蒙头睡觉；起床后，未穿好衣服、扎好腰带、系好鞋带之前，不跑动、玩耍，以免绊倒摔伤；自由活动时，不把小物品放进口、鼻、耳等部位，以避免异物的吸入。

3. 感知体验，让幼儿主动探索健康奥妙

幼儿健康教育的内容丰富多彩。保教人员要根据幼儿的认知规律，注重教育方法的针对性、趣味性和可操作性，选择幼儿喜闻乐见的游戏方式，让幼儿自己体验、感知危险及处理方法。例如，通过开展"鼻子出血了怎么办"、"生病了怎么办"等生动的游戏活动，让幼儿在感觉发热、呕吐、腹痛、腹泻、眼内不舒适时，或者发现同伴出现上述情况时，明白这是身体异常的表现，要及时告诉大人，不要独自忍着疼痛。再如，对幼儿进行身体生长发育与保护教育时，常常会受到幼儿理解能力的限制，这时如果教师安排幼儿进行"量身高"、"比照片"、"触摸心跳"等游戏，使其通过运用亲身感受、动手操作等方式而丰富自身感知经验，会更加激发幼儿探索身体奥妙的积极性。对于不便于操作或展示的内容，可以借助欣赏一些典型的文学作品来感知主人公的处境和内心体验。例如，欣赏故事《胆小先生》时，通过故事让幼儿体验作品幽默的情趣，鼓励幼儿发挥想象，大胆地续编故事，并尝试故事表演。通过这个活动，能增强幼儿的内心体验，有助于培养幼儿勇敢、活泼开朗的性格。

4. 随机教育，让幼儿逐步积累健康经验

教师在工作中要随时注意观察幼儿，以幼儿生活中的事情作为教育素材，有针对性地进行随机教育，使幼儿认识其不良行为的后果及危害，这样会给幼儿留下较深刻的印象。如，在户外体育活动中，丁丁和嘉嘉在十分投入地进行传接球的游戏，明明举起手中的皮球用力向传接中的皮球砸去，据他自己讲，本想造成一些干扰转移丁丁和嘉嘉的注意力，不料皮球击中了嘉嘉的面部，造成鼻子出血。教师在为嘉嘉及时处理了意外伤害并进行安抚之后，召集全班小朋友，以这一具体情形为例，进一步强调了户外活动中的游戏规则和安全注意事项；讲解了鼻子出血的正确急救方法，并希望小朋友们要特别注意防止类似的危险发生。

再如,针对大班幼儿出现的换牙现象,特别是在已有幼儿换牙而大多数幼儿即将换牙时,开展以"换牙期的牙齿保护"为内容的健康教育,让已经换牙的幼儿"现身说法",讲述自己换牙的经历和感受,这对消除其他幼儿的恐惧感具有很好的作用。从某种意义上来讲,这种幼儿之间经验的传授比我们成人的说教更有说服力,是符合幼儿身心发展的规律的。

5. 行为巩固——家园合作共育,让幼儿成功养成健康习惯

成功的幼儿健康教育包括"家庭、幼儿园、社会"三位一体的健康教育。在家园合作共育过程中,幼儿园要树立大教育观念,主动寻求家庭的支持与配合,通过双向互动转变家长的健康教育观念,提高家长的健康教育水平。例如,家庭是培养幼儿良好的睡眠、盥洗、进餐、如厕等生活习惯的重要场所。幼儿的年龄小,所以,要特别提倡"教养结合、自然渗透"的教育方式,在养育过程中对幼儿进行潜移默化的教育和影响,引导他们学会生活技能、提高自理能力。这些习惯的培养与自我保护能力的提高,特别需要家园双方的相互配合,才能共同促进幼儿健康行为的养成。

四、幼儿健康教育的评价

学前儿童健康教育评价就是对健康教育的实施过程及其效果进行全面的评价。通过评估可以不断总结健康教育的规律,探索学前儿童健康教育的最佳途径和方法。

学前儿童健康教育评价的方法很多,一般要根据实际情况选择使用适宜的评价方法。常用的评价方法有绝对评价法与相对评价法、定性评价法与定量评价法、分解评价法与综合评价法、自我评价法与他人评价法。

1. 绝对评价法与相对评价法

根据评价标准的不同性质,可选用绝对评价法与相对评价法。绝对评价法是将评价对象的有关方面的状况与理想标准进行比较和评价。理想标准的确定并不照顾被评价对象的整体状况,而是根据需要,由有经验的专门人员拟订指标。如可以《幼儿园工作规则》、《幼儿园管理条例》作为理想标准,评价某幼儿园健康教育和卫生保健工作的质量;在评价儿童生长发育状况时,一般以世界卫生组织推荐的《国际发育评价图》为理想标准,评价某个体和群体的生长发育的水平。相对评价法是将评价对象的有关方面状况与现况标准进行比较和评价。现况标准是根据被评价对象的总体状况来确定的,然后把各个对象与这个现况标准进行比较,评价各对象达到现况标准的程度。如评价幼儿园健康教育效果的好坏,可将被调查幼儿园的学前儿童健康教育计划设计和执行情况与本地区幼儿园健康教育状况进行比较和评价;再如评价学前儿童生长发育的状况,可以与所在地区学前儿童生长状况调查的数据进行比较,以评价某个体或群体儿童生

长发育水平。

2.定性评价法与定量评价法

定性评价法是用简明的文字评语表述各项指标的评价结果,或简单地用一个等级来表示具有多方面内容的现象。如评价某幼儿园膳食管理状况时,定性评价可表述为:管理目标明确,组织健全,幼儿膳食营养合理等。定量评价法是用数字表述评价标准或结果。评价即对测量结果进行某种价值判定。

3.分解评价法与综合评价法

评价所考察的内容范围,可以是分解的,也可以是综合的。分解评价法是预先根据一定的评价要求,把要考察的内容分解为几个方面,分别加以测量与评定。如分别评价学前儿童的身体、心理和社会适应的健康状况。综合评价法是对评价内容的整体状况进行评定。如根据学前儿童身体、心理、社会适应三方面健康状况,综合评价体育锻炼的作用。

4.自我评价法与他人评价法

实施评价的主体为评价者自己时,即为自我评价法。在对幼儿园保教质量的评估或对教师工作进行评价时,常采用自我评价法,即由本园职工和教师对自己的工作进行全面的回顾、检查和反思。为增强评价的有效性,常把自我评价法与他人评价法结合起来使用。他人评价法,就是由外部人员或本单位中其他人员对评价对象作出评判的方法。如,上级部门对幼儿园健康教育工作等进行评价。一般情况下,若能排除主观偏见和不正之风,他人评价比自我评价更客观,但要花费较多的人力、物力和财力。一般可将自我评价与他人评价结合起来使用,这样,既可避免主观盲目性,又能更加明了存在的问题。

【案例分析】

不会说话的小强

小强的父母都是研究生,母亲在他1岁时出国留学,那时他已会叫"妈妈""爸爸"了。父亲工作忙,小强便跟沉默寡言的爷爷、奶奶一起生活。老人上下楼困难,平时3个人都不下楼;老人好静,不爱看电视,家里总是静悄悄的。小强整天吃饱了就独自在床上玩。两年过去,同龄孩子都能背唐诗了,而小强只会说简单的、不连贯的几个字。家人领他到医院检查,声带和听力都没问题。今年初,小强母亲回国了,发现快满6岁的儿子竟不会说一句完整的话,只有在饿了时才用手指向想要的东西,发出"噢、噢"声。家人四处求医,结果与以前相同:孩子的发音器官和听觉器官都正常。医生提醒:有可能是心理原因造成的。

资料来源:天津教育科学研究院,作者:白燕

分析与思考

分析小强不会说话的原因。

▶阅读推荐◀

1. 颜磊.幼儿健康教育的探索与实践.北京师范大学出版社.2010
2. 郑雪,刘学兰,王玲.幼儿心理健康教育.广州:暨南大学出版社.2006
3. 教育部教育管理信息中心组.全国优秀幼儿健康教育活动案例评析.重庆:西南师范大学出版社.2011

▶思考与探索◀

1. 幼儿的健康发展包括哪些方面?
2. 幼儿健康的影响因素有哪些?
3. 简述开展幼儿健康教育的意义。
4. 幼儿园健康教育的目标有哪些?
5. 如何实施幼儿健康教育?
6. 怎样对幼儿健康教育进行评估?
7. 幼儿体育教育中需要注意哪些心理学问题?
8. 如何实施幼儿心理健康教育?
9. 设计一套以健康教育为主题的墙饰。

活动设计案例:胆小先生。

胆小先生

有一位先生,住在一座漂亮的房子里。因为他的胆子很小,大家给他起了个名字,叫胆小先生。

一天,一只大老鼠闯进了他的房子,胆小先生马上去捉,结果在地下室捉住了它。

大老鼠挣扎着说:"你放了我,我要是一跺脚,整个房子就塌了。"

胆小先生害怕了,忙放开了它,还允许它住在地下室里。

地下室里吃的东西真多,大老鼠吃呀、喝呀,真开心。后来,大老鼠生了一窝小老鼠,小老鼠又长成大老鼠……很快,地下室住满了老鼠。

"不行,不行",大老鼠冲着胆小先生嚷嚷,"这么多老鼠住在这么一个小小的地下室,而你一个人住这么多的房间,太不合理了,得换房子"。

"换房子?"胆小先生大吃一惊。

"对,换房子!"老鼠们齐声说。

胆小先生又害怕了。

房子换成了,胆小先生住进了地下室,老鼠们住进各个房间。它们在宽大的客厅里唱呀、跳呀,在喷香的厨房里喝呀、吃呀,每天都像过节一样。

"你应该搬出去",大老鼠又冲着胆小先生嚷嚷,"你干吗老住在地下室,这么好的地下室你配住吗?"

"什么?"胆小先生着急地跺了一下左脚,"咚——",整个房子轻轻地抖动了一下。

"不!"胆小先生气愤地跺了一下右脚,"咚——",整个房子猛烈地摇晃了一下。

老鼠们害怕了,它们个个抱头鼠窜,以为地震了。

"哦,原来我是很有力量的!"胆小先生抓起一把旧扫帚,这儿一扑,那儿一打,这儿一戳,那儿一捣,打得老鼠吱吱乱叫,逃走了。

胆小先生后来怎样呢,小朋友,你能猜到吗?

第十二章
幼儿教师心理

【内容提要】 本章将就幼儿教师的角色、幼儿教师的成长、师幼关系及如何为幼儿创设良好的学校环境等问题展开讨论,从而为幼儿教师正确认识自我,提高自身素质,并更好地完成教育工作提供必要的教育心理学知识。

【学习目标】 通过本章学习,能正确了解幼儿教师的角色;理解幼儿教师的成长历程和良好师幼关系的特点;思考如何为幼儿创设良好的学校环境。

教育家加里宁说过,教师对孩子的影响是"任何教科书、任何道德箴言、任何惩罚和奖励制度都不能代替的一种教育力量"。正因为教师从事的是"为人师表"的神圣职业,其一言一行都会影响到孩子的成长,所以教育家夸美纽斯将教师职业比喻成"太阳底下最光辉的事业";人们也称教师为"辛勤的园丁"、"爱心大使"、"人类灵魂的工程师"。

第一节 幼儿教师的角色

"角色"是一个社会学概念,它是与个人的某种社会身份有关的,规定了一个人的行为模式。它是与人们在社会体系中所处的特定身份、地位联系在一起的。文化人类学家林顿(R. Linton)把个人在社会体系中所占有的特定位置称为个人的"地位",而把个人为其体系必须履行的权利和义务(即角色规范)的总体称为个人的"角色"。社会心理学家扎宾(T. R. Sarbin)则认为,角色是在相互行动的情境中,行动者按照他人的期望来实施的模式化行动。国内学者大体上是综合这两者的观点来界定的,一般认为,角色是与人们的特定地位和身份相一致的一

第十二章　幼儿教师心理

整套权利和义务的规范,它是人们对具有特定身份的人的行为期望,它是构成社会群体或组织的基础。由于在社会中所处的地位和身份不同,人们在履行角色的过程中自然呈现出不同的思想观念和行为方式。

一、教师的角色

教师角色决定了教师的特殊身份和与其身份相适应的行为规范、社会地位。在传统的教学中,教师的角色是比较单一的。教师在教学中处于中心地位,在知识、技能和行为准则方面具有不可动摇的权威。师生之间是直接的知识或技能的传递和接受的关系。而在现代教学中,师生关系不再仅仅是单一的授受关系,同时可能是同伴关系、组织者与参与者的关系及帮助者与被帮助者的关系等。具体说来,教师在教学中要扮演以下重要角色。

(一)设计者

教师是教学的"工程师",教师要分析教材,理清自己的逻辑思路,有条有理地施教。教师还要更多地考虑学生因素,在理解和灵活运用各种教学策略和原则的基础上,针对学生的特点、特定的教学内容等,创设一定的学习环境。随着教育技术的发展,教师已不再是单凭一支粉笔、一张嘴进行教学,而要运用投影、幻灯、录音、录像等现代技术进行教学。教师要选择合适的教学媒体,以发挥各种媒体在教学中的优势,使学生既能在原有知识的基础上理解新知识,又能在宽松、合作的环境中,通过自己的探索活动来组织知识,发现新知识。最后教师还要设计出测验方法,来检查教和学的效果,以针对其中的不足做出相应的调整和补救。

(二)指导者和信息源

教师作为信息源有两层涵义:一是指教师按自己设计的方案主动向学生提供一定的信息;二是学生主动向教师寻求一定的信息。当前,信息传播的途径多种多样,学生可以从多种途径获得信息。因此,教师不再是学生唯一的,甚至也不是最主要的信息源。

(三)促进者

教师要起到促进学生学习的作用,要激发学生的学习动机,要为学生学习提供指导和帮助。学生在学习初期,教师应给予较多的支持,如示范、提示等。而在学习过程中,学生所获得的支持将逐渐减少,以让学生自己独立地探索学习。

（四）组织者和管理者

维持一定的教学秩序是进行教学的前提。教师要进行班级管理，组织课堂教学，处理教学中的偶发事件等。罗森塞恩(1977)研究证明，小学教师每天只有20%~30%的时间在与学生进行言语交流，而其他大部分时间都花在了管理活动上。特别是随着人们对合作学习和交互性学习的重视，教师作为组织者和管理者的角色更为突出。

（五）伙伴

教师有时也要以平等的身份和学生进行讨论或合作，以共同解决问题。而且通过与学生的交往，可以促进学生的"最近发展区"向现实发展的转化。

（六）帮助者

在学生学习遇到困难的时候，教师要提供必要的帮助和指导，解答学生的疑问。

（七）反思者和研究者

教师要不断地对自己的教学进行反思和评价，发现和分析存在的问题，提出改进的方案。反思是提高教师教学能力的一条重要途径。在教学中，教师总能不断地做出各种决策：我该如何导入这堂课？如何把这些深奥的道理讲得让学生明白易懂？该怎样吸引那个调皮的学生？教师必须对自己的教学进行研究，成为一个学术研究者，从而能够以一定的理论为基础，灵活地解决教学中的各种问题。

二、幼儿教师的角色

除具有教师角色的一般特点外，幼儿教师角色还具有其特殊性：

（一）幼儿教师是深爱幼儿的教育者

《幼儿园教育指导纲要(试行)》要求："善于发现幼儿感兴趣的事物、游戏和偶发事件中所隐含的教育价值，把握时机，积极引导；关注幼儿在活动中的表现和反应，敏感地觉察他们的需要，及时以适当的方式应答，形成合作探究式的师生互动；尊重幼儿在发展水平、能力、经验、学习方式等方面的个体差异，因人施教，努力使每一个幼儿都能获得满足和成功。"

幼儿教师首先是一名教育者，而且是深爱幼儿的教育者。幼儿教师对幼儿的爱是一种博大的、无私的爱。幼儿教师要想做好教育幼儿的工作，就必须时刻

第十二章 幼儿教师心理

把每个孩子放在心中。

(二)幼儿教师是幼儿的老师、妈妈

幼儿身心发展水平较低,自主学习能力较弱,在情绪情感上具有很强的依恋性。因此,幼儿教师不仅是一位教育工作者,而且是养护幼儿的"妈妈",不仅要对幼儿的学习生活进行照料,而且要对其情绪和情感、人格、个性品质、社会品质与行为等多方面的发展予以关注与呵护。

(三)幼儿教师是幼儿的游戏伙伴和知心朋友

游戏是幼儿的主要活动,也是幼儿教育的主要方法。幼儿园就是幼儿游戏的天堂,因为幼儿是在游戏中学习、学习中游戏的,无论课上课下每一个环节都和游戏有关。幼儿教师要同幼儿一起做游戏,一起扮演角色,使幼儿在游戏中不知不觉地接受教师的指导。因此,做孩子的游戏伙伴是幼儿教师的重要角色之一。

第二节 幼儿教师的成长

教师成长是指教师从一个"普通人"变成"教育者"的专业发展过程,是教师通过接受专业训练和自身持续不断地主动学习与反思,逐步成为一名专家型和学者型教师的过程。对教师的知识要求大致可分为理论和实践两个方面。前者是指教师从事教育的专业水平,包括幼教专业知识、组织能力、教学能力、科研能力等;后者是指教师在教学过程中解决问题的能力,包括教学能力、师生关系、人文关系等。而教师的成长过程就是理论和实践两方面不断结合的过程。

幼儿教师成长有其独特性。幼儿教师是孩子的启蒙老师,教育内容涉及语言、社会、艺术、健康等各个领域。有学者指出,幼儿教师是幼儿身体健康的护理者、认知发展的促进者、适宜环境的营造者,是幼儿游戏的参谋和同伴、社会化的指导者、健康人格的塑造者,同时还是具有不断探究与创新意识的儿童教育研究者。

一、幼儿教师专业成长的基本发展阶段

幼儿教师的专业成长一般要经过4年的磨炼和4个基本发展阶段:

第一阶段(入职第一年)为适应阶段。这一阶段的幼儿教师刚刚入职,工作对他(她)而言具有极大的挑战性。幼儿的安全是否有所保障、活动的时间和顺序是否符合要求、与其他教师的合作和相处是否和谐等问题幼儿教师第一年工作主要考虑的问题。

第二阶段(入职第二年),是具备了适应本专业能力的阶段。由于经过了第一年的艰苦磨炼,大多数教师已具备了适应本专业的基本能力。教师开始思考如何管理和教育班内不同发展水平的儿童,也开始思考如何提高教育质量的问题。

第三阶段(入职第三、四年),是开始厌倦与儿童一起做同样事情的阶段。该阶段的教师已开始不愿与儿童一起做事情,而喜欢与同事聊天、交流,开始关注本专业领域研究的一些新的进展。比如,"哪方面的研究(课题)谁在做,在哪里做","已有哪些新的材料、技术、方法和观点"等。这时,教师的专业成长已开始进入到理论的层面。

第四阶段。在该时期,教师已具有了足够的教学经验,并能够提出一些较深刻、抽象的和探索性的问题。比如,"我的教育信条的历史和哲学基础是什么?""儿童成长与学习的本质是什么?如何做教育决策?"等。

然而,上述四个阶段的变化对每一位教师而言并不具有普遍性,且四个阶段的完成也并不意味着教师专业成长的终结,它只是一般意义上的概括或描述。

二、幼儿教师的基本素质

幼儿教师应该具备的素质,是指幼儿教师从事育人职业的基本条件和要求。根据《幼儿园教育工作纲要》的有关要求,结合幼儿成长的身心特点和全面发展的教育目标,幼儿教师不但要有良好的职业道德素质,而且要有良好的心理素质、科学文化素质、艺术素质等。

(一)较高的政治思想觉悟和很强的事业心

热爱祖国、热爱人民、热爱党,在政治上自觉和党中央保持一致。这是幼儿教师最起码的政治素质。

热爱幼儿教育事业,爱孩子,立志献身于幼儿教育事业。这是幼儿教师必须具备的职业素质。

(二)广博的科学文化知识和良好的语言文化修养

具备多学科的知识,即懂得的知识要多,知识面要宽。

幼儿教师应该能说一口标准的普通话,普通话应该达到国家一级乙等以上水平。另外还要具有良好的语言表达能力和讲读能力,能胜任对幼儿的语言教学。对汉字结构和笔顺的书写要准确无误,字体要流畅、美观。

(三)较好的艺体教学及组织幼儿艺体活动的能力

要掌握基本的乐理知识,具有识谱和创作简单歌曲的能力。在教学方面要

第十二章 幼儿教师心理

具有边弹边唱、伴奏、演唱歌曲的能力和音乐教学的技能技巧。

要掌握幼儿舞蹈教学的基本理论和教学的技能技巧,要具有舞蹈创编、表演、编排的能力。

要掌握基本的美术教育的理论和技能,要掌握绘画、剪纸、折纸、泥塑等创作技法。

具有较好的体育活动能力,掌握对幼儿进行体育教学及组织幼儿体育活动的技能技巧。

(四)通晓幼儿教育科学理论和各种课程的教学技能

熟悉并掌握幼儿教育学、心理学专业理论,了解当前幼儿教育的现状,具有参与幼儿教育改革和教育科研活动的能力。

熟练掌握幼儿智力训练的各种教学方法,能有效利用幼儿的身心发展特点及其兴趣和爱好,而创造性地开发幼儿的智力。

掌握幼儿卫生保健理论,懂得营养学知识,掌握常见病、传染病及外伤的简易处理方法。

(五)良好的个性心理品质

性情稳重、大方而不急躁,活泼开朗,为人和气,情绪稳定,不易激动。
办事认真、耐心、细致,具有较强的观察力,能及时发现问题和解决问题。
意志坚强,能吃苦耐劳,敢于同困难作斗争。

(六)有优秀的道德品质和良好的文明礼貌行为习惯

工作认真负责,责任感强。与同事团结友爱,集体主义感强。
品行端正、诚实勇敢、勤劳朴实、尊老爱幼、乐于助人、大公无私。
生活习惯文明。言谈举止、待人接物文明合礼,能自觉做到"五讲四美"。
组织纪律性强,有较强的法律意识,遵纪守法。

四、影响幼儿教师成长的因素

要想实现幼儿教育事业的快速发展,就必须提高幼儿教师的专业成长水平,而提高幼儿教师专业成长的水平,不仅需要幼儿教师通过自身主动的学习和努力来达到,还需要良好的外部环境的支持。

(一)内在因素

1. 幼儿教师要有专业成长的主动性

在任职初期,应勇于面对自己的不足;对自己的工作要有合理的期待,对工作中可能出现的困难要有心理准备,积极面对,不急于求成;坚持自己的职业理想,努力想办法改善面临的困境,而不是退缩和抱怨。

2.幼儿教师要积极学习,勤于思考,善于反思

在学习专业知识的过程中,充实自己的学术理论基础,提高解决问题的能力。在思考的过程中解决棘手的问题,总结教学中的经验与教训。通过反思,不断地完善自己的知识体系,提高教学技能。幼儿教师专业成长最根本的途径在于自主发展。自主发展是指教师具有自我发展的意识和动力,通过不断地学习、实践、反思、探索,使自己的教育教学能力不断提高,并不断向更高层次发展。

3.幼儿教师要加深对自己的认识,准确定位

幼儿教师要获得专业成长就需要以幼儿教育发展的要求不断督促自己,准确定位。专业成长是幼儿教师在对自己有深刻认识和理解的基础上进行的自我引导过程。

(二)幼儿教师发展需要良好的外部环境

1.幼儿教师专业成长需要人文关怀

在幼儿教师专业成长过程中,幼儿园管理者、幼儿家长及学前教育专家是重要的参与者,来自管理者、家长和专家的人文关怀能够促进幼儿教师的专业成长。要尊重幼儿教师的社会地位,承认幼儿教师的劳动价值。要为幼儿教师提供一个充满人文关怀的专业成长空间。

2.幼儿园管理者要提供促进教师成长的工作环境

(1)切实关怀幼儿教师的主体地位与权利。幼儿园管理者要关注幼儿教师自我实现的需要,为幼儿教师提供参与幼儿园管理,协同管理者制定幼儿园规章制度的机会,从而充分体现幼儿教师的主人翁地位。幼儿教师不仅拥有幼儿园重大事务决策的知情权和建议权,还应该具有监督权和否决权。

(2)为幼儿教师创造自我实现的良好条件。幼儿园管理者要了解幼儿教师的性格、能力及其对自身的成长规划,并给予一定的指导和政策支持。提供学习机会,如在职培训、专家讲座等,让幼儿教师通过各种学习、交流活动,了解学前教育专业的发展趋势,激发幼儿教师自主成长的意愿。

(3)充分发挥幼儿教师的创造才能。幼儿园管理者应该为幼儿教师提供更大的工作空间,以充分发挥幼儿教师的创造才能。

(4)解放思想,转变观念,促进教师的专业成长。要解放思想,转变观念,大胆开门办园,保证幼儿园和教师能紧跟时代步伐;要保障教师拥有个人专业发展的自主权;要使幼儿园成为学习型组织,使幼儿园集体成为教师成长的摇篮。在这样的组织里,教师不仅能勤奋地工作,而且能聪明地、有创造性地工作,从而体现个人生命的意义和价值,最终获得理想的专业发展。

3. 需要幼儿家长的理解和积极配合

教师和家长在理解与配合的基础上保持良好的合作关系,可以使教师真切地体会到自己的劳动价值,获得职业幸福感,从而更积极地投入工作,加速专业成长。

4. 学前教育专家应协助教师实现专业成长

幼教专家对幼儿教师的成长具有引导作用。一方面,教师通过与专家沟通,可以加深对问题的认识;另一方面,当特殊问题出现时,可以得到专家的指导,有利于问题的解决。

五、幼儿教师专业化发展的途径和方法

(一)倡导渗透性学习

渗透性学习方式要求学习者对新知识、新事物保持广泛的兴趣。倡导渗透性学习,对于幼儿教师成为终身学习者、提高自身综合素质具有重要意义。幼儿园要通过多种途径和方法帮助树立终身学习理念,学会渗透性学习,不断拓展知识面。这对于促进教师个人专业成长来说是非常重要的。

(二)开展教育科研

幼儿园开展教育科研,不是让教师脱离实践专门搞研究,而是植根于教育教学的过程中,结合教育实践活动进行的一种特定的"教育教学研究"。研究的过程也就是教育教学的过程,研究的目的是改进教学,提高教学质量,促进儿童的发展。

(三)建立相应的体制和机制,保障教师的专业成长

目前,我国亟待制定有利于教师专业成长的政策、法规和相关制度,如明确界定教师专业水平标准的文件、教师专业培养制度和奖励制度等。教师的专业能力与专业培训应被确立为专业内晋升和奖励的重要依据,通过职称评定、增加工资、职务提升等激发教师提高专业学习的积极性,从而提高教学质量。

第三节　师幼关系

一、建立和谐的师幼关系

1. 尊重幼儿人格——幼儿是独立的个体

要建立和谐的师幼关系,教师要尊重幼儿,营造宽松愉快的氛围,让幼儿轻

松自由地投入到与教师的互动中。因此,教师要以和蔼的态度,平等地对待每一位幼儿,充分尊重幼儿的意愿。如让幼儿自己选择活动的内容和材料,允许幼儿自由选择合作伙伴和探究方式等。在活动过程中,教师要在观察了解的基础上,根据幼儿的需要给予幼儿适当的支持和帮助,而不是干预。

2. 相信幼儿能力——幼儿有自由选择的权利

信任幼儿是建立和谐师幼关系的保证。教师只有相信幼儿,才能给幼儿充分展示自己的机会,幼儿才能在这种轻松的氛围中,愉悦地自由活动。教师应相信幼儿的能力,允许幼儿以民主的方式参与活动,给幼儿更多的选择权。这样,幼儿的创造能力才能得以开发。

3. 包容幼儿错误——幼儿有犯错误的权利

幼儿对周围的事物都充满好奇,如幼儿总是问这问那,摸摸这个碰碰那个,因此,幼儿就难免会犯错。如果老师对其进行严厉的批评,甚至体罚、恐吓,会使幼儿变得沉默寡言,失去探究的兴趣和热情,还会对老师有畏惧感;有的甚至会产生逆反心理,如故意再犯类似的错误或搞恶作剧。其实,幼儿犯错也是幼儿学习、了解周围世界的一种方式。教师应心平气和地帮助幼儿分析错误的原因并改正,而不是斥责,甚至体罚和恐吓。

二、建立和谐的师幼关系应注意的几个问题

1. 注意严与爱的结合

师幼关系和谐的关键,在于老师正确处理"爱"与"严"的辩证关系。师爱不等于母爱,严格不等于厉害。当"严"时要"严",爱要爱在细微中。这样才能赢得幼儿的尊重(尽管他们很小,但是现在的孩子的洞察力和感受力都很强,很敏感)和家长的信任与支持。老师不能偏爱那些表现好的幼儿,更不能嫌弃那些表现较差的幼儿。对于幼儿,老师的严与爱都必须是公正的,是一视同仁的。

2. 多进行换位思考

幼儿教师要具有很强的观察能力。要能设身处地地体验幼儿的思想感情,经常把自己放在幼儿的位置去思考、去体验。要根据幼儿的心理特点,不断调整自己的教学内容和方法。

总之,良好的师幼关系是幼儿健康成长的前提,对幼儿的知识、技能、情感、心理、社会性发展及性格形成都有着重要的作用。

第四节　创设良好的学校环境

一、学校环境的作用

学校环境对学生的身心发展有着潜移默化的影响。整洁、优雅、团结、活泼、宽松的环境能使学生积极向上；肮脏、粗俗、散漫的环境容易使学生养成不良行为习惯。

1. 育人功能

校园文化环境对学生的影响往往是潜移默化的，是以"润物细无声"的方式进行的。它的育人功能主要表现在：

（1）拓展知识结构。良好的校园文化环境对学生而言是一本优秀的、无形的教科书，有助于拓展学生的知识结构。

（2）培养能力素质。各种活动有助于丰富学生的想象力，培养学生的思维能力。

（3）陶冶情操。品格的形成是由"自然和社会环境、家庭和街坊、语言和习俗、历史事件，以及通过谣传、广播和报纸而传来的每天新闻事件等一切事物所共同施加的"。

（4）提升审美情趣。校园内绿化、亮化、净化、知识化的物质环境和设施，教师独特的、艺术化的教学方式、方法等，不仅能带给学生美的感受，还能提高他们的审美情趣，增强其对美丑的辨别能力。

2. 娱乐和净化功能

校园文化环境具有娱乐的功能。和谐的校园文化环境能陶冶情操，优雅和谐的环境、丰富多彩的活动都具有提升校园文化环境的功能。良好的校园文化环境，对于控制学生的不良行为和校园的不良风气，有着净化作用。

3. 导向功能

（1）自然环境与人文环境对学生的熏陶作用：人创造环境，同时环境也影响着人。纪律对学校成员的约束，不单是靠处罚，而应该主要依靠师生员工的自觉，连同集体组织的力量和舆论，对学生的思想、行为产生影响，把这两种影响结合起来，就体现了先进校园文化的熏陶功能。

（2）校园制度文化、道德文化对学生的规范和约束作用：校园文化原本就具有全体校园人认同的集体意识特点，因而对生活在其中的每一个校园人具有一定的规范和约束作用。

二、物质环境的创设

幼儿园的物质环境,包括园址的选择、园舍的建筑设计及室内外设备与空间布置,属于教育环境中的硬件部分。"物质环境会影响幼儿的行为表现",这是多年来幼教工作者的共识。因此,根据美国著名建筑学家苏和文所说的"形式依附功能"原则,幼儿园物质环境的创设应体现我们的教育思想,即应以实现幼儿全面发展的教育目标为出发点,并为实现教育目标而服务,使幼儿园成为既适应于儿童的发展水平,又能促进儿童全面发展的儿童乐园。

(一)幼儿园的建筑设计

1. 幼儿园园址的选择

幼儿园园址的选择在很大程度上决定了环境的好坏。选择园址时应考虑以下基本要求:

周围环境清洁安静、安全,地势、地理位置优良,日照充足、空气新鲜,有扩展的可能性。

2. 幼儿园建筑设计原则

幼儿园是幼儿学习、生活的重要场所。为儿童创设符合其身心发展水平和需要的环境,是充分发挥幼儿潜力、实现教育目标的重要途径。

幼儿园园舍建筑设计必须遵循以下原则:

(1)安全原则。

首先,园舍建筑的各种材料必须经久耐用,有防风、防震、防火、防水的功能。其次,应以平房建筑为主。再次,各种建筑物的墙壁、地面、楼梯、台阶、门窗及其他设备均应达到安全标准,以防止对儿童造成意外伤害。如楼梯除扶手外,还应在靠墙一侧设幼儿扶手,其高度应不大于0.6米;台阶的高度应不大于0.15米,宽度应不小于0.26米。

(2)适应需要的原则。

幼儿园的建筑设计应符合幼儿身心发展的特点和教育管理的需要。

另外,还有经济原则、卫生原则、美观原则、舒适原则等。

(二)幼儿园室内设备的布置

1. 室内设备与配置原则

室内设备主要包括基本设备、玩具和教具。其配备原则有:实用原则、安全原则、经济原则、社会化原则、易于保养修护原则、活动原则、美观原则。

2. 室内布置原则

人的行为常常受环境布置的影响。如人们在清洁、有序的环境中比在肮脏、杂乱的环境中更易养成清洁、摆物有序的习惯。因此,室内环境的布置对生活于其中的幼儿的身心发展有重要影响。

幼儿园的环境布置应有利于幼儿自主、自由的活动,让幼儿成为环境的主人。

教师应该根据幼儿兴趣、学习能力及教育任务的要求创设并不断更换各种活动角。目前,幼儿园活动角主要有娃娃角、积木角、自然角、图书角等。因各园条件、教育需求的不同,各班幼儿知识经验、教育任务的不同,所以,各园、各班所设活动角的种类及各活动角的材料亦有不同。但活动角的布置应符合以下基本要求:

(1)多样而丰富的内容。
(2)易于观察和记录。
(3)合乎安全原则。
(4)类似的活动安排在一起。
(5)活动时所需材料应置于附近。
(6)有足够的自由活动空间。

布置活动角是为了便于幼儿主动、自由地利用活动角开展活动。为使幼儿充分利用活动角,教师应该注意以下几点:

(1)要向幼儿介绍每个活动角的用途。
(2)让幼儿有充分的自由选择自己喜欢的活动角。
(3)允许幼儿在活动角中主动、自由地活动。
(4)教师要有目的地观察并记录幼儿参与活动角活动的内容及次数,以此作为评价和指导幼儿活动的依据。
(5)制定必要的规则,如标明每个活动角的适合人数,教育儿童爱护活动角的设备、材料。

三、精神环境的创设

精神环境的构成要素主要包括:幼儿园在一定时期内形成的大众心理、幼儿园文化和幼儿园的人际关系等。精神环境对人的影响具有广泛性、潜移默化性、持久性的作用。

精神环境是一种心理氛围,对幼儿的身心发展如认知、自我意识、社会性等都有着深刻的影响。每个人都深受精神环境的影响,同时个人的言行又影响和改造着精神环境。

为创设良好的精神环境,教师要处理好三方面的关系。

（一）教师与幼儿之间的关系

1. 教师要善于理解幼儿的各种情绪、情感的需要，不对不招自己喜欢的幼儿产生偏见。要相信幼儿有自我判断、做出正确选择的能力。

2. 教师应当以民主的态度来对待幼儿，善于疏导而不是压制，允许幼儿表达自己的想法和建议，而不是命令幼儿说什么、做什么。这种自由而不放纵、指导而不支配的民主教育方式，能培养幼儿树立主体意识。

3. 在教师与幼儿交往中，要尽量采用多种适宜的身体语言动作。如微笑、点头、注视、肯定性手势、抚摸、轻拍脑袋和肩膀等，表示自己对幼儿的关心、接纳、爱抚、鼓励或者不满意、希望停止当前行为等。教师在与幼儿交谈时，要保持较近的距离，多进行视线的接触。

（二）幼儿与幼儿之间的关系

1. 引导幼儿学会相互交流思想、感情

这有利于同伴之间相互了解彼此的需要，进而产生帮助、合作等行为。为此，教师在平时应多引导幼儿相互说说对某件事情的感受，学会观察他人喜、怒、哀、乐的表情，了解他人的情绪、情感状态等。

2. 建立同伴间相互关心、友爱的气氛

让幼儿学会正确的关心他人的行为方式。例如，游戏时玩具要分享，不要抢夺；相互间交往时应习惯说"请"、"谢谢"、"对不起"等礼貌用语。教师要鼓励缺乏交往技能或过分害羞的幼儿积极参与到班级活动中来，并鼓励其他幼儿与其交往，使其获得交往成功的愉悦，以增强自信心。

（三）教师与教师之间的关系

教师间的交往是幼儿同伴行为及其他社会行为的重要榜样。教师教导幼儿之间要相互关心、帮助和合作，如果教师们都能做到这些，那么，孩子们就很容易产生这种行为。教师间如果相互关心、相互帮助，就会在班、园内形成一种温馨的氛围，容易激发出积极的社会行为。幼儿也会从中耳濡目染，不仅能够学会体验别人的情绪情感，也能学会用正确、适宜的行为方式去关心他人。

除了人际环境以外，幼儿园的日常规则、一般行为标准也是幼儿园精神环境创建的重要组成部分。这里日常规则是针对幼儿园日常活动与教学中经常要遵守的那些规定而言的。例如，教师讲课时要求幼儿注意听讲，使用玩具要分享、谦让。一般行为标准指的是幼儿的哪种行为会受到同伴的接受和老师的肯定。例如，教师应明确向幼儿给出这样的信息：打人、骂人在幼儿园是不可行的，没有人会喜欢；而关心、帮助别人肯定会得到老师的表扬，小朋友也会高兴等。

第十二章 幼儿教师心理

【案例分析】

不该发生的事

因为幼童午睡时间不老实,幼师竟然用笔尖扎四名幼童的脚底板进行惩罚。昨日,位于罗湖金稻田路紫荆花园小区的紫荆幼儿园向媒体承认确有此事,并已将涉事老师开除,将与家长协商处理。涉事老师也面对媒体道歉。(2011年11月15日《南方都市报》)

2011年07月12日,《扬子晚报》报道了南通凤凰莱茵苑的吉的堡翰林莱茵幼儿园的"暴力门"事件,幼儿园老师虐待小孩,把孩子摔到座位上连抽耳光;2011年06月14日《山东商报》报道了济南一幼儿园季(音)姓老师体罚和虐待孩子,要求他们做金鸡独立、下跪、双手抱头蹲下等动作,还有的女孩被该老师抓头发,孩子们看的动画片居然是《鬼妈妈》;2010年12月,江苏一老师虐童,用熨斗烫伤7名上课说话的幼儿(《扬子晚报》)……

分析与思考

请你站在一名幼儿教师的角度谈一谈对此类事件的认识。

▶阅读推荐◀

1. 何桂香.成长在路上——幼儿园新教师必读.北京:农村读物出版社.2009
2. 莫源秋.做幼儿喜爱的魅力教师.北京:中国轻工业出版社.2010

▶思考与探索◀

1. 幼儿教师的角色有哪些特点?
2. 幼儿教师专业成长有哪些发展阶段?
3. 幼儿教师应具备哪些素质?
4. 影响幼儿教师成长的因素有哪些?
5. 良好的师幼关系具有哪些特点?
6. 你打算如何与幼儿建立起和谐的师幼关系?
7. 如何为幼儿创设良好的学校环境?

参考文献

[1]陈帼眉,姜勇.幼儿教育心理学.北京师范大学出版社,2007
[2]卢乐山.学前教育原理.北京师范大学出版社,1991
[3]王忠民主编.幼儿教育词典.北京:中国大百科全书出版社,2004
[4]梁志燊,李辉.关于幼儿德育与社会性发展教育的几个基本问题.学前教育研究,1995(03)
[5]周燕.我国学前儿童社会性发展研究中存在的问题.学前教育研究,1998(02)
[6]张文新.儿童社会性发展.北京师范大学出版社,1999
[7]陈帼眉主编.学前儿童发展与教育评价手册.北京师范大学出版社,1994
[8]陈会昌.儿童社会性发展研究.心理发展与教育,1994(增刊)
[9]俞国良、辛自强.社会性发展心理学.合肥:安徽教育出版社,2004
[10]周宗奎编著.学前儿童社会性发展.昆明:云南少年儿童出版社,1992
[11]向海英.幼儿社会性发展评价方法初探.山东教育科研.1997(05)
[12]张文新.儿童社会性发展.北京师范大学出版社,1999
[13]张榕芳.4~5岁幼儿气质、父母教养方式及其与社会性发展的关系.广西师范大学硕士毕业论文,2001
[14]但菲主编.幼儿社会性发展与教育活动设计.北京:高等教育出版社.2008
[15]梁志燊,李辉.关于幼儿德育与社会性发展教育的几个基本问题.学前教育研究.1995(03)
[16]庞丽娟、李辉.婴儿心理学.杭州:浙江教育出版社.1993
[17]吴文菊、李道佳.幼儿社会性发展与品德的关系.幼儿教育.1999(11)
[18]杨丽珠、吴文菊.幼儿社会性发展与教育.大连:辽宁师范大学出版

社,2000

[19]秦启文.试论社会技能的价值与结构.西南师范大学学报(人文社会科学版).2002(03)

[20]于鲁文.社会技能量表简介.心理发展与教育.1994(02)

[21]杨重明.3～9岁儿童社会技能的发展.中国儿童发展中心.1994(04)

[22]周宗奎.儿童社会技能的测评方法.心理发展与教育.1996(03)

[23]周宗奎著.儿童的社会技能.武汉:华中师范大学出版社,2002

[24]陈尧坤、刘翔平.论社会技能的培养在学校教育中的地位及其作用.教育研究.1995(08)

[25]邹泓.社会技能训练与儿童同伴关系.北京师范大学学报(社会科学版).1996(01)

[26]万晶晶.近十年来国外儿童同伴关系与社会技能研究进展.山西大学师范学院学报,2001(04)

[27]钱亚兰.环境也创造人——浅谈幼儿园环境创设与幼儿发展.吉林教育(教科研版),2007(04)

[28]黄丽红.幼儿园良好环境的创设.教育评论,2007(04)

[29]张文新.儿童社会性发展.北京师范大学出版社,1999

[30]曹中平.幼儿教育心理学.大连:辽宁师范大学出版社,2001

[31]安秋玲.群体社会化理论及其对学前教育的启示.幼儿教育(教育科学版),2006(01)

[32]冯芳,刘晶波.阿德勒社会性教育理论对我国幼儿社会性教育的启示.长沙师范学校专科学报,2010(03)

[33]韩云龙.班杜拉的社会学习理论对幼儿社会教育的启示.教育导刊(幼儿教育).2008(11)

[34]徐明编著.幼儿社会教育.北京:中国劳动社会保障出版社,1999

[35]庞丽娟.儿童社会性教育(录像).北京师范大学音像出版社,1999

[36]韩云龙.班杜拉的社会学习理论对幼儿社会教育的启示.教育导刊(幼儿教育),2008(11)

[37]教育部.《幼儿园教育指导纲要(试行)》之社会领域目标.2001

[38]袁爱玲,王娟.我国幼儿社会领域教育目标体系的构建.保定学院学报,2008(03)

[39]马慧,郑淑杰.幼儿社会性教育内容的理论构建.内蒙古师范大学学报(教育科学版),2004(10)

[40]苏玲.幼儿社会技能培养教育方法新探.教育探究,2009(02)

[41]虞永平.幼儿园课程实施指导丛书(社会).南京师范大学出版社,1997

[42]李伯黍、燕国材主编.教育心理学(第二版).上海:华东师范大学出版社,2001

[43]胡金生,杨丽珠.教室中幼儿自发的助人行为.辽宁师范大学学报(社会科学版).2005(01)

[44]杨丽珠,宋辉.幼儿自我控制能力发展的研究.心理与行为研究.2003(01)

[45]罗慧编译.幼儿期的友谊.学前教育研究.1996(06)

[46]刘焱主编.幼儿教育概论.北京:中国劳动社会保障出版社.1999

[47]丁海东主编.学前游戏论.大连:辽宁师范大学出版社.2003

[48]颜洁,庞丽娟.论有利于儿童社会性发展的环境创设.学前教育研究.1997(04)

[49]赵肖东.为幼儿创设良好的社会环境和物质环境.幼儿教育.2002(01)

[50]邵洁.浅析幼儿园班级的环境创设.当代教育论坛.2006(09)

[51]郑希付.良性亲子关系创立模式.湖南师范大学社会科学学报.1998(01)

[52]孔起英.论同时作为目的与手段的幼儿艺术教育.幼儿教育.2005(11)

[53]张琴.课前律动之我见.早期教育(教师版).1988(01)

[54]边霞.试论个性化的幼儿艺术教育.早期教育(教师版).2004(07)

[55]季琴.幼儿艺术教育中模仿与创造的关系.早期教育(教师版).2006(11)

[56]禹心悦.幼儿音乐学习中的模仿与创造.早期教育(教师版).2006(11)

[57]赵幼珍.帮助幼儿展开艺术的翅膀——幼儿艺术教育整合方法探究.幼儿教育.2009(21)

[58]许丽萍.落实《纲要》精神 实现幼儿艺术教育创新.教育导刊·幼儿教育.2003(01)

[59]张念芸.《新〈纲要〉与幼儿艺术教育改革》读后思考.学前教育研究.2003(04)

[60]边霞、刘丽玲.关于幼儿艺术教育若干问题的对话.学前教育研究.2003(01)

[61]孔起英著.学前儿童美术教育.南京师范大学出版社.1998

[62]黄瑾编著.学前儿童音乐教育.上海:华东师范大学出版社.2001

[63]赵颖颖.幼儿艺术教育与人格发展的关系新探.现代教育科学.2009(12)

[64]汪霞.用艺术的眼光看世界——谈在国际化主题活动中培养幼儿的艺术素养.上海教育科研.2012(03)

[65]教育部.幼儿园教育指导纲要(试行).2001年颁布

[66]钱圆.让音乐伴随孩子们快乐成长——浅谈如何激发幼儿学习音乐的兴趣.新课程学习.2011(11)

[67]许蕾.音乐聆听:培养幼儿音乐能力的关键.学前教育研究.2007(11)

[68]郭亦勤主编.学前儿童艺术教育活动指导.上海:复旦大学出版社.2008

[69]黄瑾编著.学前儿童音乐教育.上海:华东师范大学出版社(修订版).2006

[70]林泳海.幼儿教育心理学(修订版).北京:商务印书馆.2011

[71]庄甜甜.4~5岁幼儿音乐记忆能力培养的教学实践研究.华东师范大学硕士毕业论文.2011

[72]孙红芬.幼儿音乐能力的发展与教育.家庭教育(婴幼儿家长).2004(05)

[73]徐韵.唱着歌儿成长(三)幼儿音乐能力的发展与教育.家庭教育(婴幼儿家长).2003(06)

[74]尹爱青.零至四岁幼儿音乐能力的发展.中国音乐教育.1995(05)

[75]陆铭.幼儿音乐学习兴趣培养之所见.大家.2010(18)

[76]张悦.听力培养在幼儿音乐学习中的意义.教育导刊(幼儿教育).2007(02)

[77]郭晓莺.幼儿音乐能力之培养.青海教育.2007(12)

[78]徐慧主编.幼儿教育心理实践活动案例.北京:高等教育出版社,2009

[79]赵婷.幼儿美术教育研究幼儿美术读物的使用方法——亲子阅读.河北师范大学硕士毕业论文.2006

[80]孔起英著.学前儿童美术教育.南京师范大学出版社.1998

[81]林琳、朱家雄。学前儿童美术教育修订版.上海:华东师范大学出版社。2006

[82]林琳.运用艺术家的眼光看世界——谈幼儿美术欣赏能力的培养.学前教育研究.2004(01)

[83]王红岩.如何提高幼儿美术欣赏的能力.内蒙古教育.1997(12)

[84]郑琼.华幼儿美术欣赏之我见.教育评论.2006(03)

[85][德]卡尔·奥尔夫.为儿童的音乐:奥尔夫《学校音乐教材》精选.上海:上海教育出版社,2004

[86]纪桂香.利用手工制作活动促进幼儿合作能力的发展.新课程学习(下).2011(04)

[87]郭亦勤.学前儿童艺术教育活动指导.上海:复旦大学出版社,2008

[88]鞠红霞.论小班幼儿涂鸦训练对其美术能力发展的影响.辽宁教育行政学院学报.2009(11)

[89]钱初熹.视觉文化背景下的幼儿美术教育的愿景.早期教育(美术版).2008(03)

[90]郭亦勤.学前儿童艺术教育活动指导.上海:复旦大学出版社.2008

[91]袁爱玲.新论幼儿创造力的培养.早期教育(教师版).1993(21)

[92]唐晓娟.对幼儿创造力培养的一些思考.幼儿教育.1999(09)

[93]郭珣."最近发展区"理论对幼儿教育的启示.幼儿教育.1999(09)

[94]杨葆甦.对保育员工作的再认识.幼儿教育.2003(02)

[95]毛宇丹.制约幼儿创造力发展因素浅析.幼儿教育.2003(02)

[96]王炳德.幼儿创造力的培养与开发辨析.教育导刊:幼儿教育.2010(09)

[97]刘氢、王燕.在语言活动中发展幼儿的创造力.教育导刊:幼儿教育.2003(06)

[98]崔红英.在艺术教育中促进幼儿创造力发展的策略.学前教育研究.2008(01)

[99]邓丽晶.在美术教育中培养幼儿的创造力.课程教材教学研究(幼教研究)2008(02)

[100]王小英.创造力发展的特点及其教育教学对策.东北师范大学学报(哲学社会科学版).2005(02)

[101]唐绍星.幼儿创造力的培养.课程教材教学研究(幼教研究).2009(01)

[102]郑育敏.论游戏与幼儿创造力的培养.学前教育研究.2003(10)

[103]李培美."悬念学习"的探讨.幼儿教育.1994(09)

[104]韩秀英.创设发展幼儿创造力的家庭环境.现代教育科学.1995(10)

[105][美]玛丽·梅埃斯凯(张月华译).创造力与幼儿.教育理论与实践.1986(02)

[106]张森榕、陈国鹏、曾凡林.儿童创造性及其培养方案的研究述评.心理科学.2003(03)

[107]张敏生.儿童创造性思维能力浅论.人文杂志.2000(04)

[108]易进.简析儿童的创造性及其培养.学科教育.2004(10)

[109]王小英.无为而为的游戏活动与幼儿创造力的发展.东北师范大学学报(哲学社会科学版).2006(04)

[110]刘胜林.试论幼儿的创造性特征及其教育.四川师范大学学报(社会科学版).2002(03)

[111]张文新、谷传华著.创造力发展心理学.合肥:安徽教育出版社.2004

[112]霍力岩等著.多元智力理论与多元智力课程研究.北京:教育科学出版社.2003

[113]陈帼眉、姜勇著.幼儿教育心理学.北京师范大学出版社.2007

[114]刘凤莲、宋洁主编.幼儿教育心理学.北京理工大学出版社.2010

[115]徐慧主编.幼儿教育心理实践活动案例.北京:高等教育出版社.2009

[116]林泳海著.幼儿教育心理学(修订版).北京:商务印书馆.2011

[117]董奇.儿童创造力发展心理.杭州:浙江教育出版社.1993

[118][3]李生兰.学前儿童家庭教育.上海:华东师范大学出版社.2006

[119]林崇德.培养和造就高素质的创造性人才.北京师范大学学报(社会科学版).1999(1)

[120]张春兴.教育心理学:三化取向的理论与实践.杭州:浙江教育出版社.1998

[121]张庆林等.创造性研究手册.成都:四川教育出版社.2002

[122]李明.3～5岁幼儿创造性人格类型倾向的特征及与多元智能关系的研究.辽宁师范大学硕士毕业论文.2011

[123]王嘉毅主编.课程与教学设计.北京:高等教育出版社.2007

[124][美]托马斯·费兹科、约翰·麦克卢尔著.教育心理学——课堂决策的整合之路.上海:上海人民出版社.2008

[125]皮连生主编、朱燕、胡谊副主编.教学设计——心理学的理论与技术.北京:高等教育出版社.2000

[126]朱细文.教学设计必须考虑的几个问题.早期教育(教师版).2003(01)

[127]闫淑英.浅谈幼儿园的教学设计.太原师范专科学校学报.1999(02)

[128]张翔.浅谈小学美术教学中学生创新思维能力的培养.新课程(教师版).2011(03)

[129]成莉.幼儿园集体教学活动设计缺少什么.学前课程研究.2008(09)

[130]蔡怡君.幼儿园教学目标的有效设计与实施策略.教育科研论坛.2010(02)

[131]吴萍.幼儿园命题画教学活动的设计.早期教育(美术版).2009(05)

[132]林菁.再谈幼儿园教学活动的设计.学前课程研究.2009(02)

[133]唐海燕.优化幼儿园集体教学活动设计三部曲.基础教育研究.2009(15)

[134]陈国强.幼儿园教学活动设计的再思考(二)——关于教学活动的准备.学前课程研究.2008(11)

[135]黄瑾主编.幼儿教育活动设计与指导.上海:华东师范大学出版社.2007(07)

[136]皮连生主编.教学设计——心理学的理论与技术.北京:高等教育出版社.2000

[137]戴风明.教学设计:有效教学的关键.教育理论与实践.2012(05)

[138][美].迪克等著.系统化教学设计.庞维国等译.上海:华东师范大学出版社,2007

[139]张翠云.低幼儿童英语教学活动设计研究.华南师范大学硕士毕业论文.2007

[140]李伟玲.幼儿园教学设计探究.新课程学习,2011(07)

[141]闫淑英.浅谈幼儿园的教学设计.太原师范专科学校学报.1999(02)

[142]Bergan,J.R. & Dunn,J A. Psychology and education:A science for

instruction. New York :Wiley,1976

[143] Mussen, P. H. , Conger, J. J. , Kagan, J. & Huston, A. C. Child development and personality. 7th ed. New York:Harper & Row,1990

[144] Zigler, E. , Hodapp, R. M. & Edison, M. Themes in the debate about normalization:Rejoinder. American Journal on Mental Retardation,1990. 95:15~16

[145] Kohlberg, L. Revisions in the theory and practice of moral development. New Directions for Child Development,1978,2:83~88

[146] Mussen, P. H. , Conger, J. J. , Kagan, J. & Huston, A. C. Child development and personality. 7th ed. New York:Harper & Row,1990

[147] Rubin K H, Bukowski W, Parker J G. Peer interactions, relationships,and groups. In W. Damon(Gen. Ed.)& N. Eisenberg(Vol. Ed.), Handbook of child psychology: Vol. 3. Social, emotional, and personal development(5th ed. ,pp. 619~700). New York:Wiley,1998

[148]Foster S L,Ritchey W L. Issues in the assessment of social competence in children. Journal of Applied Behavior Analysis. 1979,12. 625~638

[149]Ladd G W, Mize J. A cognitive-social learning model of social skill training. Psychological Review,1983,90:127~157

[150]McFall R M. A review and reformulation of the concept of social skill. Behavioral Assessment,1982,(4):1~33

[151]Combs M L,Slaby O A. Social skills training with children. In B. B. Lahey & A. E. Kazdin(Eds.), Advances in Clinical psychology. New York: Plenmun,1977

[152] Morgan R G T. Analysis of social skills: The behavior analysis approach. In W. T. Singleton, P. Spurgeon, & R. b. Stammer (Eds.), The analysis of social skills. New York:Plenum Press,1980

[153] Hughes J, Sullivan K. Outcome assessment in social skill training with children. Journal of School Psychology,1988,(2):247~260

[154]Gresham F M,Elliot S N. Assessment and Classification of Children's Social Skills:A Review of Methods and Issues. School Psychology Review, 1984,13:292~293

[155]Stephens T M,Arnord K D. Social Behavior Assessment Inventory : Professional manual. Odessa,FL:Psychological assessment Resources,1992

[156] Caldrella P, Merrel K W. Common dimensions of social skills of children and adolescents:A taxonomy of positive behaviors. School Psychology Review,1997,26(2):265~279

[157] Quay H C. Classification. In H. C. Quay & J. S. Werry(Eds.), Psychopathological disorders of childhood(3rd ed., pp. 1~34). New York: Wiley,1986

[158] Merrell K W. Assessment of behavioral, social, and emotional problems. White Plains,NY:Longman,1994a

[159] McGinnis E, Goldstein A P. Skillstreaming the elementary school child: A guide for teaching prosocial skills. Champaign,IL:Research Press,1984

[160] Elliott S N, Gresham F M. Social skills intervention for children. Behavior Modification,1993,17:287~313

[161] Spivack G., Shure M B. Social adjustment of young children: A cognitive approach to solving real-life problems. San Francisco :Jossey-Bass,1974

[162] Dodge K A. A social information processing model of social competence in children. In M. Perlmutter(Ed). The Minnesota Symposion on Child Psychology,1986,18(pp. 77~125). Hillsdale,NJ:Lawrence Erlbaum

[163] Asher S R, Wheeler V A. Children's loneliness: A comparison of rejected and neglected peer status. Journal of Counseling and Clinical Psychology,1985,53:500~505

[164] Hymel S, Franke S, Freigang R. Peer relationships and their dysfunction:Considering the child's perspective. Journal of Social & Clinical Psychology,Special issue:The emergence of research at the interface of social, clinical,and developmental psychology,1985,3(4):405~415

[165] Lewinsohn P M,Mischel W,Chaplin W,Barton R. Social competence and depression: The role of illusory self-perception. Journal of Abnormal Psychology,1980,89:203~212

[166] Ronald E Riggio. Assessment of Basic Social Skills. Journal of Personality and Social Psychology,1986,51(3):649~660

[167] Cartledge G, Milburn J F. Teaching social skill to children and youth:innovative approaches(3rd ed),Boston:Allyn & Bacon,1995

[168] Chris S. Social skills deficits associated with depression. Clinical Psychology Review,2000,20(3):379~403

[169] Piaget J. The moral judgement of the child. London: Routledge &Kegan Paul,1965(Orignial work published in 1932)

[170] Shure M B, Spivack G. Interpersonal problem solving as a mediator of behavioral adjustment in preschool and kindergarten children. Journal of Applied Developmental Psychology. 1980,1:29~44

[171]Hartup W W. Agression in childhood : Developmental perspective. American Psychologist,1974,(5)

[172]Dodge K A. Social Cognition and Children's Aggressive Behavior. Child Development,1980,51(1):162~170

[173]Merrell K W, Gimpel G A. Social skills of children and adolescents: Conceptualization, assessment, treatment. New Jersey, LEA, Inc. Publishers: 1998. Merrell K W, Gimpel G A. Social skills of children and adolescents: Conceptualization,assessment,treatment. New Jersey,LEA,Inc. Publishers:1998

[174]Maccoby E E. Social development. New York: Harcourt, Brace. Jovanovich. 1980

[175]Dodge K A, Feldman E. Issues in social cognition and sociometric task. In:Asher S R,Coie J D,eds. Peer rejiection in childhood. New York,NY: Cambridge University Press,1990:119~155

[176]Booth C L,Mitchell S K,Barnard K E,Spieker S J. Development of Maternal Social Skills in Multiproblem Families:Effects on the Mother-Child Relationship. Developmental Psychology Vol. 1989,25(3),403~412

[177]Kerns K A, Lisa Klepac, AmyKay Cole. Peer Relationships and Preadolescents' Perceptions of Security in the Child-Mother Relationship. Developmental Psychology,Vol. 32,1996(3),457~466

[178]Katz L F,Gottman J M. Patterns of marital conflict predict children's internalizing and externalizing behaviors. Developmental Psychology,1993,29(6):940~950

[179]Fagot B I, Gauvain M. Mother-child problem solving: Continuity through the early childhood years. Development Psychology,1997,33,480~488

[180]Ladd G W, Hart C H. Creating informal play opportunities: Are parents' and preshchoolers' inmitions related to children's competence with peers? Developmental Psychology,1992,28(6):1179~1187.

[181]Piaget J. The moral judgement of the child. London: Routledge &.Kegan Paul,1965(Orignial work published in 1932)

[182]Goossens F A,Ijzendoorn M H. Quality of infaninst'attachments to professional caregivers: Relation toinfantparent attachment and daycare characteristics[J]. Child Development,1990,61:832~837

[183]Howes C,Rodning C,Galluzzo D,Rarlene C. Attachment and child care: Relationships with mother and caregiver. Early childhood Research Quarterly. Dec. Special issue:Infant day care:11. Empirical studies,1988,3(4):

403~416

[184]Yanghee A K. Necessary social skills related to peer acceptence[J]. Childhood Education,2003(4):23~45

[185]Ladd G W,Price J M,Hart C H. Predicting preschoolers' peer status from their play ground behaviors[J]. Child Development,1988,59:986~992

[186]Beaty J J. Prosocial guidance for the preschool child. Upper Saddle River,NJ:Merrill

[187]Sternberg,. R. J. The Nature of Creativity. New York:Cambridge University Press,1988

[188]Sternberg R. J. & Lubart T. I. An investment theory of Creativity and its development. Human Development,1991,34:1~32

[189] Newell, A. , Shaw,. J. C. & Simon, H. The process of creative thinking. In:H. G. Terrell & M. Wertheimer eds. Contemporary Approaches to Creative Thinking. New York:Atherton press,1962

[190]Guilford,J. P. Creativity. American Psychologist,1950,5:444~454

[191] Amabile, T. M. Social psychology of creativity: A consensual conceptualization. Journal of Personality and Social Psychology,1982,43:997~1013

[192]Torrance ,. E. P. Intersholastic brainstorming and creative problem solving competition for the creativety gifted. Gifted Child Quarterly,1974,18:3~7

[193] Amabile. T. M. The Social Psychology of Creativity. New York: Springer-Verlag,1983